| 最高人民法院审判理论重大课题结项成果
| 华中师范大学应用法学与法治社会研究院
  重大科研项目结项成果

U0589782

# 提升司法公信力的进路与方法

The way and method of
improving judicial credibility

杨凯 ◎ 著

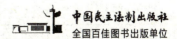

中国民主法制出版社
全国百佳图书出版单位

**图书在版编目（CIP）数据**

提升司法公信力的进路与方法/杨凯著 . —北京：
中国民主法制出版社,2018.1

ISBN 978-7-5162-1068-0

Ⅰ.①提… Ⅱ.①杨… Ⅲ.①司法制度—研究—中国
Ⅳ.①D926

中国版本图书馆 CIP 数据核字（2018）第 025672 号


**图书出品人**:刘海涛
**出 版 统 筹**:乔先彪
**责 任 编 辑**:逯卫光


**书名**/提升司法公信力的进路与方法
　　　TISHENGSIFAGONGXINLIDEJINLUYUFANGFA
**作者**/杨　凯　著

**出版·发行**/中国民主法制出版社
**地址**/北京市丰台区右安门外玉林里 7 号（100069）
**电话**/（010）63055259（总编室）　63057714（发行部）
**传真**/（010）63056975　63056983
**http**:// www.npcpub.com
**E-mail**:mzfz@ npcpub.com
**经销**/新华书店
**开本**/16 开　787 毫米×960 毫米
**印张**/27.25　**字数**/452 千字
**版本**/2018 年 1 月第 1 版　2018 年 1 月第 1 次印刷
**印刷**/北京中兴印刷有限公司

**书号**/ISBN 978-7-5162-1068-0
**定价**/86.00 元
**出版声明**/版权所有,侵权必究

本书为最高人民法院（2015—2016 年度）审判理论重大课题：《"新四化"背景下提升司法公信力研究》（课题编号：2015SPZD0005）子课题和华中师范大学应用法学与法治社会研究院（2016—2017年度）重大科研项目：《司法公信力的社会认同》（项目编号：2016ZDPY0002）结项成果。

# 序言:寻找新时代提升司法公信力的最佳路径与方法

党的十九大报告第六部分"健全人民当家作主制度体系,发展社会主义民主政治"明确提出:"深化依法治国实践。全面依法治国是国家治理的一场深刻革命,必须坚持厉行法治,推进科学立法、严格执法、公正司法、全民守法。成立中央全面依法治国领导小组,加强对法治中国建设的统一领导。加强宪法实施和监督,推进合宪性审查工作,维护宪法权威……深化司法体制综合配套改革,全面落实司法责任制,努力让人民群众在每一个司法案件中感受到公平正义……"习近平总书记在十九大报告中的这段话实际上对新时期人民法院提升司法公信力提出了更高的要求。在一定意义上讲,司法公信力就是司法体制改革的实际效果的试金石和度量衡,人民群众对于司法改革的成效更多的是从司法公信力的提升度来感受和感知的。"努力让人民群众在每一个司法案件中感受到公平正义"更突出的是感受,是法治建设和司法改革的获得感、成效感,只有努力让人民群众感受到司法公信力的提升,才是公正司法和公平正义的真正实现。

## 一、提升司法公信力课题研究的认知与聚焦

国外法学研究中很少有对司法公信力进行专门研究,仅在关于司法权理论的研究中涉及了一些司法权威和司法公信力的问题。例如,日本学者棚濑孝雄在《纠纷的解决与审判制度》一书中指出,司法公信力与公众对审判的信任程度密切相关,公众对审判的信任可以分为不包括自己努力在内的,相信法院会给自己作主的依存性信任和认为只要自己做出努力法院就不会使自己失望的主体性信任两个侧面。此外,国外许多著作则是关于法律信仰的。例如,古希腊亚里士多德在《政治学》中提出:"已成立的法律获得普遍的服从",这即是要全社会都尊重法律的最高权威地位。美国法学家伯尔曼在《法律与宗教》中认为,西方法律至高无上性的理念来自于超现实的宗教信仰,即基督教信仰的帮助,它不仅包含了人的理性,还包含了他的情感、直觉和献身以及他的信仰。这些论述对于我们研究中国新时期如何提升司法公信力有一定的参考借鉴价值。

　　国内对于司法公信力问题的认知和研究,从时间上看大致可以分为两个阶段:一是 2004 年之前,主要是从我国司法权威方面进行理论分析,直指司法公信力的研究不多;二是从 2004 年至今,国内关于司法公信力的研究开始多起来。其研究范围主要集中在以下几个方面:第一,司法公信力的概念、属性、要素及意义。现有研究认为,司法公信力是社会公众对司法审理裁判过程和结果的信赖、尊重和认同,是国家司法权良性运行的客观表现,具有公共权力和社会公众法律信仰的双向属性,其构成要素包括司法拘束力、司法判断力、司法自制力及司法排除力等。关注司法公信力一方面有助于司法制度和相关理论的完善与发展,另一方面是依法治国、建设社会主义法治国家和司法为民的必然要求,有助于实现司法的功能与价值,有助于加快社会主义法治进程和践行落实社会主义核心价值观。第二,司法公信力与司法权威、司法公正的相互关系。这些研究属于前期研究成果,深受国外法学理论的影响,认为司法公信力是司法权威的基础,司法权威是司法公信力的外化,二者既相统一又各有侧重。司法权威侧重于司法本身所具有的尊严和威信,司法公信力侧重于人们对司法的信赖和认同。公正的裁判是司法公信力得以产生的前提,而司法公信力的提升又促进了司法权威的提高。换句话说,司法权威又是促成公信力产生的条件,形成司法公信力的一个关键性因素是司法权威的树立和增强。第三,司法裁判文书。认为裁判文书是审判程序的载体,改革裁判文书制度有助于司法公信力的提升,裁判文书必须如实、客观地记录审理裁判的全过程,增强裁判文书的说理性、严肃性和公开性。第四,我国司法公信力现状、原因及提升司法公信力的路径与方法。研究成果普遍认为,当前我国司法公信力亟待提升是一个毋庸置疑的事实。研究成果普遍认为,造成司法公信力亟待提升的原因多样,主要有司法腐败,司法不透明,司法技术落后及司法不作为等。由此可见,提升司法公信力的重要环节还是应当聚焦在法官、法官助理、书记员等司法案件审理裁判责任主体的司法理念和职业技能提升上。因此,本课题研究的重点更多地聚焦在员额法官和审判辅助职业的司法理念、职业技能、法治思维和审判管理制度建构等领域。

## 二、提升司法公信力课题研究的基点与热点

　　司法公信力是作为司法主导者的法院、法官与作为司法受众者的社会公众之间的动态、均衡的信任与相互评价,它是司法审判能够赢得社会公众信任、依赖和尊重的资格、能力与社会公众充分信任、依赖、尊重司法两个方面的有机统一体。近几年来,全国四级法院每年审理的各类案件数量都在一千万件以上,一方面表明我国法院工作取得了较大的进步,法院的司法公信力也得到了提

高,另一方面也表明人们更愿意选择通过司法救济渠道来解决各类矛盾纠纷。由于我国正处于社会转型时期,"道德失范""诚信缺失"引发了全社会的"诚信危机",同时也诱发了大量的社会问题,从而严重妨碍了社会的健康发展、经济的良性运行和人民的安居乐业。在中国特色社会主义法律体系已经形成、我国社会主义法治建设不断深入和较为完善的今天,面对社会冲突、矛盾或纠纷,社会公众更为普遍地寻求公力救济、寻求司法保护,作为"主持公道、伸张正义、惩恶扬善、抑浊扬清"和实现社会公平正义的最后一道防线的司法,也因此被推在了解决社会矛盾纠纷的最前沿,为全社会所关注。因此,人民群众对司法公信力的要求日渐增强。

人民群众对人民法院司法公信力的评价取决于两个方面:一是所谓的"公道存乎人心",即人们的一般价值评价;二是所谓的"打铁必须自身硬",即人民法院法官的司法必须符合社会公众的一般价值评价。就前者而言,司法必须要努力让人民群众在每一个司法案件中感受到公平正义;就后者而言,司法必须强其"内功",努力实现让人民群众在每一个司法案件中都感受到公平正义这一司法价值目标。因此,只有司法公信力才能激发人们心中之"真公道",急切要求实现这一"真公道",同时,也才能真正促使司法审判努力在每一个司法案件中追求和实现人们心中的这一"真公道"。

研究提升司法公信力课题,首先需要科学合理地确立评判人民法院司法审判是否具有公信力,以及评判司法公信力的程度和标准。作为人民群众评判司法活动的价值尺度和价值准则,司法公信力的评判标准是人们对司法公信力的价值认识,必须坚持质和量相统一的评判标准,科学地、客观地对司法公信力作出评判。确立司法公信力评价标准,就是要为解决问题提供指引。司法公信力评判标准的确立,为提升我国司法公信力指明现实可行的方向。提升我国司法公信力,必须坚持"内外兼修"的原则,通过健全完善作为司法主导者的法院和法官的相关制度机制从"内修"角度增强司法赢得社会公众信任和尊重的能力,通过增强作为司法受众者的社会公众的法律意识和法律能力、确保司法权力的健康运行从"外练"来提高社会公众对司法的信任度和认同感。具体而言,需要通过提升人民法院员额法官、法官助理、书记员的司法职业技能、改革完善人民法院审判管理机制、改善新媒体时代司法审判与传媒、舆论监督的关系、改革完善我国的裁判文书制度和判后答疑制度等"内功"来增强司法赢得社会公众信任和尊重的能力,需要通过改革完善人民法院审判权力运行制度和坚定社会公众的法律信仰等"外功"来保障和促进司法具有更高的公信力。总之,必须坚持质和量相统一的原则,科学、合理地确立符合中国社会文化特质的司法公信力评判标准,必须坚持"内外兼修"的原则,全面健全、完善提升我国司法公信力的内部、外部机制,切实加强司法公信力建设,才能更进一步提升人民法院的司法公信力。

　　近几年来,随着社会转型和经济体制改革的深入,大量社会矛盾和复杂纠纷引发的司法案件陡然增加,人民群众对人民法院司法审判提出了更多的新需求、新期待,如何提升司法公信力就成为人民法院当下的一个非常重要的现实研究课题。司法改革除了要考虑人民群众的新需求和新期待之外,还有很多需要周全考虑的方面,司法改革是一个多元价值的整合过程,增强人民群众对人民法院司法审判执行工作的信任是这一过程的主要理念。基于此,本课题试图以对司法公信力基本理论的探讨为出发点,以转型社会时期司法信用危机等热点问题为切入点,在社会急剧转型,司法改革逐步深入和社会主义核心价值观的语境下透视我国司法公信力现状,进而寻找新时期提升司法公信力的最佳路径与方法,以期为我国司法改革的深入提供理论研究和实践运作的理论支点,为促进法律职业共同体形成而提升司法公信力的共识作出实践性理论研究的贡献。

### 三、提升司法公信力课题研究的内容和方法

　　研究提升司法公信力具有实际操作价值的内容就是新时期司法公信力评价标准指引下的法官司法职业技能。提升司法公信力的质的标准是司法公正,它是实体公正和程序公正的有机统一;提升司法公信力的量的标准是司法满意度,表现为社会公众坚定的法律信仰和司法为民。作为人们评判司法活动的价值尺度和价值准则,司法公信力的评判标准是人民群众对司法公信力的价值认识,必须坚持质和量相统一的评判标准,科学地、客观地对人民法院司法公信力作出评判,而对司法公信力的评价标准具体落实在人民法院司法审判案件的具体质量和效率上,同时,也落实在员额法官和审判辅助人员的司法审判职业技能上。因此,本课题研究将重点聚焦于法官、审判辅助人员的司法职业技能。

　　研究司法公信力的另一个重要内容是协调司法公开、舆论监督对司法公信力的促进。人民群众对司法的信任以司法公正和正义为基础。而人民群众要求司法公正和正义,会以司法公开为着眼点。阳光是最好的防腐剂,司法公信力在很大程度上取决于司法的阳光程度。通过推进司法公开,使司法工作置身于阳光下,对社会公众公开、透明,便于他们了解司法工作并对司法进行有效的监督,促进司法公正,最终实现公众对司法的完全尊重和高度信任。完善司法公开制度能为司法公正提供国家坚固的保障,巩固司法权威,提升司法公信力。研究提升司法公信力不可忽略网络舆情与司法公信力的关系。司法公信力的存在是实现社会公平正义的重要保障,就网络舆论监督对司法公正和司法公信

力的实现具有双重影响，网络舆论在监督着司法活动依法进行的同时又潜在地破坏了司法活动的秩序，影响司法公信力的树立。要想正确认识了解问题，应该着重分析网络舆情与司法公信力之间问题产生的原因，从而寻找它们之间的动态平衡关系，使网络舆论监督与司法公信力的关系得到良性发展。所以，本课题研究较为关注新时期传媒与司法、网络舆论与司法的新型关系。

本课题研究立足于人民法院司法审判实践，从实证研究出发分析我国司法公信力问题，提出要坚持从质和量相统一的标准来评价我国司法公信力程度，研究在中国的社会结构、经济制度、政治制度均在发生着深刻变化的转型时期，人民法院司法审判制度如何审时度势，通过合理的改革，使人民法院能够在对社会关系的良好协调的调整过程中，对政府权力进行理性的限制，对社会矛盾纠纷案件依法作出公正的判决，对人权加以妥帖的维护，逐渐提升人民对司法审判权力的信任和依赖，这一问题就是今天的中国法律人在司法体制改革中所面临的重大挑战。在课题研究进路上，提出要动态、立体建构提升司法公信力的内部、外部机制，并有针对性地提出一系列新时期提升司法公信力的路径与方法。例如，提出完善审判公共关系构建新时期人民司法群众路线协调机制、完善审判委员会决策机制、完善法院审判管理机制、完善审判辅助职业管理机制、完善庭审中心主义审判机制、完善诉讼调解机制和民事审判方法、完善刑事裁判理念和司法技能、完善刑事错案防范机制、改革完善裁判文书制度、完善判后答疑制度等等，从这些不同层面论述如何提升我国司法公信力的内部机制改革路径与方法。课题研究注重从重构人民法院审判管理模式、完善司法审判权力运行制度、完善司法审判权力监督制度和培育社会公众法律信仰等方面，研究如何构建提升我国司法公信力外部机制的改革路径与方法；从新一轮司法改革关于人民法院人员分类管理改革、法官员额制改革、司法责任制改革、审判权力运行机制改革等相关体制机制改革角度提出提升司法公信力的实际操作路径与方法。

中国社会发展目前正处在从"站起来""富起来"向"强起来"的社会转型时期，"法治国家、法治政府、法治社会"三位一体的法治化建设进程正在逐渐加快。在这样一个特殊转型时期，迫切要求人民法院的司法审判执行工作必须与现实国情、社情与民情相适应，走出保守、顽固、落后的思想牢笼，寻求提升司法公信力的沟通交流对话的路径与方法。注重提升司法公信力实际上就是新时期人民司法的群众路线，在人民法院和人民群众之间架起一座实现司法公正的司法公信力之桥梁。员额法官及其审判辅助人员必须在公正司法的同时积极关注司法公信力的提升，注重在司法审判实践中积极宣传法律精神和原则，使人民群众能够真切感受到法律的宗旨和原则，用人民群众看得见、摸得着、感受得到的方式传播法律的精神,使法律在全社会的范围里得到理解、遵从和信仰。世界上第一部成文法典《汉谟拉比法典》开篇明志:"我在这块土地上创立法和公正,在这时光里我使人们幸福。"正义和法律应当像美丽的星空一样指引着人们前行的路,也照耀着法官明净的心灵。从行为法学的视角来看,法官不仅仅只是法律的裁判者,更是法律精神的宣传者和传播者,法官对法律精神的宣传与传播应当贯穿于司法审判的全过程,法官不仅仅只是公正司法,还应当弘扬和传播法律和法治的精神,通过各种方式和方法提升司法公信力,使人民群众理解、支持和尊重人民法院司法审判的过程和结果。法律科学是一门实践性、经验性很强的科学,法律科学的成长总是与司法审判实践的经验携手共进的,期盼本课题研究的内容契合十九大报告"深化依法治国实践"的宏伟蓝图,贴近广大人民群众对司法的新需求、新期待,符合新一轮司法体制改革的改革方向,融合中基层人民法院员额法官和审判辅助人员的现实需求,能够为人民法院司法公信力的全面提升贡献审判理论应用研究智识。

 是为序。

 华中师范大学法学院教授

# 目　　录

# 第一章

## 公信路径:注重公共关系是司法权良性运行和提升司法公信力的重要方法

世界上第一部成文法典《汉谟拉比法典》开篇明志:"我在这块土地上创立法和公正,在这时光里,我使人们幸福。"[1]这句经典名言表明立法和司法的目的自古以来就是追求社会公众的共同幸福。然而,从当前我国司法审判的现实困境来看,司法审判给社会公众带来的幸福指数并不是很高,面对有的诉讼当事人常常对人民法院的司法审判表现出的不信服、不理解和不屑,面对居高不下的涉诉信访上访及缠讼缠访的现状,我们是否考虑到人民法院在司法审判的过程中还欠缺些什么?"好的法律应该提供的不只是程序正义。它应该既强有力又公平;应该有助于界定公共利益并致力于达到实体正义。"[2]现代司法审判实践普遍忽略了一个重要的司法功能,那就是法律的宣示功能和司法审判公共关系的协调功能[3]。所谓司法审判公共关系,是指人民法院在司法审判工

---

〔1〕 余定宇:《寻找法律的印迹——从古埃及到美利坚》,法律出版社 2004 年版,第 13 页。

〔2〕 〔美〕诺内特、塞尔兹尼克:《转变中的法律与社会:迈向回应型法》,张志铭译,中国政法大学出版社 2004 年版,第 82 页。

〔3〕 居延安等:《公共关系学》,复旦大学出版社 1989 年版,第 9 页。公共关系是一个社会组织或个体在运行中使自身与公众相互了解,相互合作而进行的传播活动和采取的行为规范。它包括以下几层含义:(1)公共关系是一种社会关系,是社会组织与公众之间的关系。其中社会组织是主体,公众是客体。(2)公共关系是一种传播活动。社会组织与公众之间的联系纽带是传播活动,这种传播活动具有一定的行为规范,以保证其正常而有效地开展工作。(3)公共关系是一种信息交流关系。社会组织与公众之间进行着双向的信息交流,社会组织不断发布信息给公众,并不断地从公众客体那里获取反馈信息。(4)公共关系具有一定的控制管理职能,从某种意义上讲,社会组织就是一个控制系统,这个系统能够根据不断获取的反馈信息随时调整自己的行为及其规范,以便于公众进一步交流与合作。(5)公共关系是一种有目的的自觉活动。作为传播活动行为的公共关系具有明确的目的性,其目的在于使社会组织与公众相互了解与相互合作,使社会组织在公众面前树立良好的形象,并与公众获得共同利益。(6)公共关系是一种关系、一种技术、一种将"要使自己发展必使他人也同时得到实惠和效益的思想"转化为实践的一种专业技能。(7)公共关系是现代社会的一种文化现象。"尊重、理解、支持、合作"是这种文化现象的基本概念。(8)公共关系是一种职业,是一种使社会组织与公众之间保持和谐、稳定关系的职业。

作运行过程中为使自身与公众相互了解,相互理解,协调配合而采取的一种行为规范和传播活动。实现现代司法审判权的良性运行,必须注重运用公共关系正确协调和处理好司法权与公民权的关系、司法权与人权保障的关系,员额制法官不仅仅是诉讼案件的裁判者,也是法治精神的宣传者和传播者,员额制法官的法制宣传和公共关系技能应当贯穿于人民法院司法审判工作的全部过程和所有程序环节之中,员额制法官需要学会运用法制宣传和公共关系的裁判辅助艺术,才能在司法审判工作中将法治精神和法律原则变成社会公众的信念和行为准则,从而妥善化解矛盾纠纷,维护社会公平正义,提升司法公信力。

## 第一节　司法审判权与公共关系的辩证分析

　　基于对法律的终极问题的深层需求,司法审判主要通过解决当今社会的矛盾纠纷来实现法律的人文关怀[1],因此,司法审判的过程实际上也是一种人文关怀精神的体现过程。人民法院作为司法审判的主体,与诉讼当事人及社会公众客体之间的关系形态要保持和谐与稳定,离不开公共关系,司法审判与公共关系之间有着千丝万缕的必然联系和相互促进的作用。司法审判公共关系活动的过程,其实主要就是人民法院司法审判组织与社会公众之间进行司法审判信息传播和沟通的过程。司法审判能否有效地利用各种传播媒介,遵循传播沟通活动的基本原则,造就有利的舆论环境,是组织开展各类公共关系活动成功的关键[2]。司法审判作为一种社会治理手段的发展与公共关系的发展具有一定的同步性,在司法审判过程中运用公共关系是实现人民司法"公正、廉洁、为民"核心价值观的必要方法[3],司法审判在社会治理结构中的作用越大,公共关系在司法审判工作中的地位和作用就越重要;而公共关系在司法审判工作中

---

　　[1]　陈金钊:《法律解释的哲理》,山东人民出版社 1999 年版,第 3 页。
　　[2]　熊源伟主编:《公共关系学》,安徽人民出版社 1997 年版,第 209 页。
　　[3]　罗书臻:《充分发挥模范和引领作用,积极实践司法核心价值观》,载《人民法院报》2010 年 8 月 21 日,第 1 版。

的作用发挥越充分,司法审判就会取得更大的成效[1]。司法审判与公共关系之间是一种辩证关系,司法审判公共关系的方法与技能实际上就是公共关系实务的操作水平,在某种意义上可以说就是对现代新闻传播观念的领悟、把握和运用的程度[2]。新闻传播学对司法审判公共关系最大的贡献就是使人民法院在司法审判过程中,对于信息收集、信息处理、传播策划、信息发布、信息反馈、效果评测等审判信息传播的全部过程及其各个环节都有科学的理论和方法。

## 一、中国社会转型的现实需求

世界上所有国家的法律都是用来调节复杂的利益关系,但相对而言,当代中国社会转型时期的法律所调整的利益关系具有特别的复杂性,而司法审判权所应对的利益关系则更为复杂,这种复杂性源于以下四个方面的现实:

首先,"当今中国社会与现代西方发达国家的社会相比,具有明显的二元性和复杂性"[3]。由于社会转型时期尚未形成完善的市场经济体系和有力的宏观调控机制,法制建设也还在不断探索、逐渐健全当中,这就决定了当今中国社会不可避免地充满各种矛盾纷争,而这些无法通过自力调和的社会矛盾最终都将走向司法,"正确认识我国社会现在所处的历史阶段、社会性质和基本国情是正确认识当代中国法的本质和目的的前提"[4]。这就是当前人民法院深入推进司法体制改革的重要原因,人民法院在面对纷繁复杂的利益冲突时,仅仅依靠法律的刚性调节手段是远远不能满足现实需要的,必须充分借助公共关系这种富有弹性的、间接的、略带温和的柔性调节手段来调整,刚柔并济地化解社会矛盾。鉴于司法审判工作的整体性和法律适用的统一性,以及与国情社情民意状况之间的不平衡性,司法审判也必须借助公共关系手段予以协调各种复杂利益关系,才能更好地发挥司法的社会治理作用和功能。

---

[1] 司法的法制宣传和公共关系的能力不仅仅是驾驭庭审能力、调解能力、证据审查判断能力、适用法律能力的延伸和拓展,而且是法官应当具备的一项基本的审判技能和司法能力,法制宣传和公共关系是人民法院法官整体司法审判技能和能力的重要组成部分,是现代中国法官必须具备的裁判技艺。司法审判公共关系艺术的技巧方法是员额法官裁判的一种传播和协助的操作方法,它的目的是在人民法院和社会公众之间建立一种信任、理解、和谐、协调、支持、配合的良好关系。这种和谐的良好关系不是自发形成的,必须经过司法审判的公共关系协调功能来策划和操作才可能形成。

[2] 居延安等:《公共关系学》,复旦大学出版社 1989 年版,第 157 页。

[3] 马怀德主编:《法律的实施与保障》,北京大学出版社 2007 年版,第 10 页。

[4] 沈宗灵主编、张文显副主编:《法理学》(第二版),高等教育出版社 2004 年版,第 36 页。

其次,"中国正处于新旧交替的社会转型时期,随着经济政治体制改革和政府职能的转变,原有的社会结构正在发生改变,新的利益群体不断产生,利益多元化的社会逐渐形成"。[1] 改革必然会触动一些既得利益,打破原已成型的各种利益关系;国家、集体和个人之间的利益矛盾,地域、部门、行业、企业、个人之间及彼此之间的各种利益纠葛,多数与少数、长远与近期、整体与局部之间的纷争不断加剧;各种经济利益关系的固有模式在新的利益要求的冲击下渐趋分崩离析,利益分配呈现多元性、分散性、流动性的特点。人民法院的司法审判工作必须与社会转型时期的特殊要求相适应,了解社会公众在这个特殊时期的特殊诉求并为之服务。公共关系的推广与应用将有助于员额制法官体察社会公众的特殊诉求并使司法审判水平能够适应转型社会的现实需求。

再次,社会转型时期的各项改革对过去的传统观念和习惯势力形成了有力的冲击,并催生新观念及新的思维方式。社会转型和改革带来的极端利己主义、拜金主义、享乐主义的副产品以及一些反常的、破坏性的心理因素,必然会加剧各种社会矛盾冲突,损害社会稳定与和谐。伴随着社会的转型与发展,现代社会公众呈现新的心理特征:独立意识普遍增强,社会群体交流日渐活跃、广泛、深入,社会公众的自发活动已经形成一股潜在的、独立的社会力量,其能量与势力足以与政府行政机关对峙,近几年接连发生的诸如"贵州瓮安"和"湖北石首"等多起群体性案件、事件就是最好的例证。司法是社会公正的最后一道防线,人民法院必须通过司法审判手段调整和平衡这些纷繁复杂的利益冲突,充分研究和运用公共关系的各种技能和方法,突破现实条件的限制,取得良好的办案效果。司法审判若能注重运用公共关系,将使司法审判与人民群众之间实现双向的信息交流与沟通,让社会公众更加了解和支持司法审判工作,从而使司法审判能以公开、公平、公正的形象展示于社会面前。从这个意义上说,公共关系就是司法审判职能的一个层面,公共关系是现代社会发展的产物,而公共关系的发展,又在不断推动现代社会的发展,公共关系在司法审判中的应用具有非常重要的现实意义。现代社会,公众对于公共关系是持欢迎、合作态度的,人民法院讲求公共关系在一定程度上就是尊重社会公众的存在价值,司法审判公共关系的运用可以协调、平衡人民法院与社会公众之间的关系,有利于司法审判的法律效果与社会效果的统一。

最后,司法审判公共关系在现代社会的发展有着深邃的哲学基础。从宏观方面考察,司法审判公共关系是现代社会的一种法律文化现象;从微观方面考察,司法审判公共关系是人民法院依法文明裁判的价值理念之一。司法审判公

---

[1] 贺荣:《行政争议解决机制研究》,中国人民大学出版社 2008 年版,第 1 页。

共关系实际上是一种裁判过程中的待人接物行为指导,是现代员额制法官必备的职业技能与素质要求,是现代人民法院与社会公众交流的文明程序。从中间层次考察,现在司法审判公共关系是现代社会整体运行过程中必要的润滑剂。人民法院运用法律这种刚性手段调整各种权利义务关系,需要有公共关系作为缓冲、润滑和协调,才能达到司法审判的最佳效果。

## 二、公共关系的诠释传播功能

员额制法官如何认识法律、如何认知法律、如何感悟法律、如何诠释法律,对于现代司法审判权的良性运行至关重要。司法审判运用公共关系的法理基础在于充分发挥法律传播宣传功能和公共关系的协调功能,全面深刻诠释法律的精神。司法审判法官对当代司法核心价值观和司法理念的重新理解即是如何重新理解"法律是什么"这样一个法理学的永恒课题[1]。从认知方法论来解构有两种方法:一是"瞎子摸象"的认知方法[2],在哲学认识论上"瞎子摸象"并不是讽刺笑话,而是一个认识论的哲学问题和认知方法,每"摸"一次都是一次认识和认知的进步。二是我国禅宗里"三重境界"的认知方法[3],中国现代社会说到底还是一个哲学社会,禅宗是中国传统文化中最高深的哲学思想,司法者只有学会运用"禅"的智慧来思考和认识司法理念问题,才能够更加深刻地认识和认知"法律是什么"的问题。掌握这两种认知方法,员额制法官就能在司法审判实践中不断去摸索、体验、感悟、总结和思考,也就能在每一天的庭审和审判事务中自觉地运用公共关系技能传播"法律是什么",从而实现当今实质法治

---

〔1〕 作为法律职业人,作为法律共同体中的一员,作为从事法律职业工作的人,在司法审判实践中天天在与法律打交道,然而,我们有没有思考过法律究竟是什么? 其实,我们在自觉与不自觉中,在主动与被动之中,都有过不同层面和不同深度的思考。法理学研究中关于"法律是什么"的问题既是法理学研究的永恒问题,也是社会主义核心价值观需要建构的主要内容。对于"法律是什么"这一问题的回答,每一位职业法官的答案可能都不会完全相同,因为不同的司法职业个体在司法理念层面认识和认知的角度、深度、广度都是不同的。过去我们的教科书上习惯从政治学的要素对法律的定义:法律是上升为国家意志的统治阶级的意志。而社会学家、经济学家对法律的定义则与此并不相同,当代法学家对此问题的解释也各不相同。实际上,如何回答"法律是什么"这一问题永远没有统一固定的答案,因为法官司法理念的建构是一个不断感悟和进化的过程。

〔2〕 瞎子们摸到大象的尾巴就认为大象是绳子;摸到大象的腿就认为大象是柱子;摸到大象的耳朵就认为大象是芭蕉扇;摸到大象的肚子就认为大象是墙;摸到大象的牙齿就认为大象是弯刀;摸到大象的鼻子就认为大象是蟒蛇。其实,每次摸的发现都是一次认知上的进步,都向真实的概念和认识在迈进。

〔3〕 第一重境界是"看山是山,看水是水";第二重境界是"看山不是山,看水不是水";第三重境界是"看山还是山,看水还是水"。这是一个螺旋式上升的认识进化的过程。

主义背景下的公平正义。

司法理念作为精神性的存在来自我们的司法实践和制度实践,是人们对司法的本质及其规则和对法的价值的解读而形成的一种观念模式,其作用在于能够指导司法者的行为和思维,能够指导特定价值观下的司法应然与实然模式的构建,最终目的是指导司法实践。"司法审查是审判机关的重要职权活动。"[1]而司法理念是司法审查制度的灵魂所在,是司法审查制度建构的合理基础和深刻内涵。没有成熟的价值理念就没有合理的司法审查制度建构,司法审查制度的设置没有理念的支撑,就像没有灵魂的躯壳一样。

司法审查制度首先应当是司法理念基础的确立,而司法审查制度和理念基础的确立需要法律传播宣示功能的辅助。我们需要从法理与实践两个层面来认真思考司法审查制度建构的深刻价值内涵和理念基础[2],社会主义核心价值观是社会主义法治的精髓和灵魂,是立法、执法、司法、法律监督等法治领域的基本指导思想,党中央提出的社会主义核心价值观是当代中国社会转型时期司法核心价值观的理念基础。社会主义核心价值观不仅对于现代司法审判权的良性运行具有重要的理论与实践指导意义,而且对于司法审判公共关系也同样具有重要的理论与实践指导意义。

"法律意识是人们基于法律知识而升华的、对法律这一客观现象的最高形式的反映,是人们对法的信仰和崇敬感,可以表现为一种信念、传统和习惯,也可以表现为系统的理论,它强调的是对"法治精神"的理解和领悟。"[3]法官裁判的过程实际上就是对"法治精神"和司法理念的阐释过程,法官的裁判是"活动着的法典",是活生生的法律。[4] 司法审判的过程实际上也是行政法律传播宣传的过程,传播宣传的是法律的精神和法治原则,司法审判的过程就是开展公共关系的过程,是人民法院司法审判组织通过公共关系推广、传播和实现"法治精神"的过程。

---

〔1〕 罗豪才主编:《中国司法审查制度》,北京大学出版社1993年版,第15页。

〔2〕 党的十九大报告提出,"深化司法体制综合配套改革,全面落实司法责任制,努力让人民群众在每一个司法案件中感受到公平正义。"这是今后一段时期人民法院司法审判工作的发展方向。

〔3〕 刘瑞川主编:《人民法庭审判实务与办案技巧》,人民法院出版社2002年版,第755页。

〔4〕 从一定意义上讲,法官裁判的过程就是法制宣传的过程,宣传的是法律的精神和基本原则;法官裁判的过程就是公共关系的过程,是法官通过公共关系推广、传播、实现"法治精神"。法官裁判之法制宣传和公共关系艺术的指导思想应当以通过审判阐释"法治精神",推广和传播法律精神与原则为目标,促进社会公众知法、懂法、守法,树立法治观念,致力于培育全体公民的法律意识,致力于繁荣法律文化,推动中国的法治化进程。

### 三、公共关系的协调引导功能

西方法官有一句座右铭,"即使世界毁灭也得维护正义"[1],其表达的是一种法律职业信念。信念需要法律精神的传播才能转化成法官的意志力,司法审判法官裁判案件不仅要考虑法律上的公正与否,还应当考虑如何更好地将裁判结果所体现的法律精神和原则为诉讼当事人和社会公众所认知、理解和接受。所以宣传和推广法律的精神也成为员额制法官的司法能力之一,是员额制法官司法技能的必修科目。在当今社会纠纷解决机制的司法运行程式中,法官审理裁判司法诉讼案件更多的还是习惯在法律的空间内展开,面对层出不穷的矛盾纠纷,员额制法官们乐于从法典中寻找解决纠纷的答案,而忽略了从转型社会现实需要和现代司法审判权的良性运行方式上完善答案。"法律的主要功能也许并不在于变革,而在于建立和保持一种可以大致确定的预期,以便利人们的相互交往和行为。"[2]实现现代司法审判权的良性运行必须导入公共关系是中国特殊的国情、社情、民情所决定的,在中国推行法治必须考量中国历史文化传统和社会现实状况,事实上,在中国审理司法诉讼案件需要比发达国家付出更多的智慧、艰辛和努力。

目前,我国司法审判体制存在的主要问题包括:"各级法院司法审判庭的地位太低,不利于司法审判工作的开展;司法审判队伍不稳定;司法审判立案难、审理难、执行难的情况普遍存在;现行法院体制不能满足司法审判的特点的需要。"[3]现实中有一种错误的观念,认为法官只管依法审判,法官职业是孤独的职业,法官不能抛头露面搞法制宣传,更不屑于开展司法审判公共关系之类的活动,法制宣传仅仅只是人民法院宣传部门和新闻媒体的事情,公共关系也仅仅只是人民法院综合部门的协调工作,这种观念完全曲解了司法审判的真正内涵。司法审判不仅仅只是依法作出判决,其精妙之处在于让人民法院的判决引导和规范人们在社会生活中的行为,使判决所蕴含的法律精神和法治原则成为社会规范和行为准则,这也是实现司法"公正、廉洁、为民"核心价值的目的和意义所在,司法审判公共关系是裁判者弘扬法治理念和法律精神的途径和场域,是司法核心价值观的闪光点。我国宪法和人民法院组织法明确规定了法官进

---

〔1〕　[德]叔本华:《人性的得失与智慧》,文良文化编译,华文出版社 2004 年版,第 257 页。
〔2〕　苏力:《法治及其本土资源》,中国政法大学出版社 2004 年版,第 7 页。
〔3〕　江必新主编:《中国行政诉讼制度的完善——行政诉讼法修改问题实务研究》,法律出版社 2005 年版,第 7—12 页。

行法制宣传的义务,这是公共关系法理基础的重要依据[1]。

在司法审判权运行中注重公共关系归根结底是为了促进中国的法治化进程。世界法治发展的历史清楚地表明,现代法治国家必须同时具备主观和客观两个方面的条件。客观条件是指完备的法律规范体系和健全的法律执行和法律监督制度,主观条件是指广大公民自觉依法办事的观念和遵纪守法的自觉性[2]。中国社会的现实情况离法治社会所要求的主客观条件尚有一段距离,在此前提和环境之下,对于提升司法审判法官水平提出了更高层次的要求。提高全社会的法律意识绝不是一个简单的过程,既需要新闻媒体的宣传教育,也需要在全社会开展的普法教育,更需要法官在裁判中的法制宣传和公共关系应用的传播作用。在司法审判实践中,常常可以看到有的法官因为案件多,压力大,工作繁忙,总是认为当事人难缠,不懂道理,因而不愿开展法制宣传工作;在处理社会各界关注的重大复杂疑难司法诉讼案件时,不能正确看待司法审判权的地位和作用,因此也不愿意通过做公共关系工作来协调平衡各种利益和关系,争取裁判取得最佳的效果,对于案件往往是一判了之,遇到诉讼当事人不服或有疑问时,缺乏耐心做宣传和服判息诉的公关协调工作,一句"不服上诉"或"不服申诉"就把当事人打发了。如此,简单粗暴的司法审判必然导致上诉率和申诉率居高不下,上访缠访的比例也在增加,这是司法审判忽略公共关系所造成的后果[3]。如果我们的司法审判能够注重运用公共关系,员额制法官能够树立法制宣传和公共关系是司法审判职能的延伸和拓展的理念,能够在司法审判的过程中注重法制宣传和公共关系艺术方法的应用,那么司法审判将会上升到一种更加符合国情、社情民意和更加有利于构建和谐社会的美妙的司法艺术境界,就能真正实现习近平总书记在党的十九大报告所提出的努力让人民群众在每一个司法案件中感受到公平正义。

## 四、公共关系的群众路线功能

当今司法改革给司法审判提出这样一个现实问题:群众路线的传统如何与现代司法审判权相融合? 应当赋予传统群众路线什么样的新内涵和新要求? 随着法治化进程的推进,现代司法审判方式改革和司法审查制度改革与传统的

---

〔1〕 《中华人民共和国人民法院组织法》第 3 条第 2 款规定:"人民法院用它的全部活动教育公民忠于社会主义祖国,自觉地遵守宪法和法律。"

〔2〕 刘瑞川主编:《人民法庭审判实务与办案技巧》,人民法院出版社 2002 年版,第 755 页。

〔3〕 近几年来,全国各地人民法院广泛开展的公开宣判和判后释法工作,实际上就包含有公共关系的运用,以武汉市中级人民法院推行判后释法一年时间取得的实际效果来看,公共关系的运用确实有效。

群众路线的操作运行存在一定的矛盾和冲突,传统的群众路线必须适应新的形势而有所发展创新,需要应用公共关系来继承和发展优良传统,进而构思中国现代司法审判权良性运行的"理想图景"[1]。"审判工作中忽视群众工作,脱离群众,孤立办案,不仅不利于查清案件事实,在许多情况下还会导致审判工作迷失正确方向,造成很坏的影响。"[2]在司法审判过程中注重公共关系意识和技能的应用是当代人民司法工作的群众路线,是对传统群众路线的继承和发展,是中国社会转型时期对人民司法优良传统的"扬弃"。"密切联系群众,从群众中来,到群众中去"是新中国成立五十年来人民司法工作的宝贵经验,是人民司法工作的优良传统,深入群众,调查了解,充分征求社会公众对司法诉讼案件的处理意见,使案件的最终判决建立在广泛调查的基础上,注重司法判决的社会效果,这是过去传统的职权主义审判方式的成功之处,也是"马锡五审判方式"的精髓所在,是人民司法工作与特定的历史条件相适应的走群众路线的成功经验,是社会主义司法审判工作的实践真知。当代司法审判权的良性运行也离不开群众工作,唯物史观告诉我们,一切纠纷总是发生在群众之中,群众了解案情,了解当事人的思想情况,有明辨是非的能力,人民群众是历史的创造者,他们有智慧、有责任、有能力帮助人民法院查明事实,分清是非,处理好司法诉讼案件,许多矛盾纠纷只有依靠群众才能得到及时、妥善、正确的化解。

随着社会的发展,司法审判工作参与化解社会矛盾和社会综合治理的作用与功能日益凸显,在现代社会应当更加注重做好群众工作,特别要注重改进群众工作的方式以适应时代的需要,继承和发扬党的群众路线优良传统是现代司法审判的现实需要。司法审判权在运行过程中必然会产生各种摩擦,而公共关系的调节功能具有减少各种摩擦系数的职能作用,可以避免矛盾的发生或激化,达到防患于未然的效果,最大限度地减少摩擦给法官和法院带来的危害[3],使司法审判与社会公众之间处于一种相互理解、相互合作的融洽关系之中。在司法

---

〔1〕邓正来:《中国法学向何处去——建构"中国法律理想图景"时代的论纲》,商务印书馆2006年版,第37页。

〔2〕马原主编,肖声、郑学林副主编:《民事审判的理论与实务》,人民法院出版社1992年版,第259—260页。

〔3〕公共关系的具体开展应当以法律事实为依据,法制宣传和公共关系是一项应用性、实践性很强的裁判艺术,与任何高超的艺术表演离不开具体的故事情节一样,公共关系的传播与宣传也同样不能超脱法律事实和实质法治主义的公平正义理念。缺少了法律事实和司法审判实践的基础,法制宣传和公共关系也就成了"无源之水、无本之木"。人民法院应当尽可能地全面客观掌握法律事实,实事求是地传播相关司法审判信息,传播宣传的前提是有利于当事人和社会公众掌握知晓司法审判信息,为裁判结果更加接近实质正义作铺垫。在司法审判遭到误解和形象受损时,人民法院与社会公众之间的良好和谐关系遭到破坏时,运用公共关系艺术可以进行抵御和应变,从而改变这种不良的紧张关系。

审判过程中运用公共关系对整个裁判活动进行监测,通过不断地收集相关涉案审判信息,及时处理和反馈,便于合议庭及时掌握法院内部和外部的各种变化和最新信息,对司法审判工作进展状况和司法审判任务顺利实现的可行性进行监测。通过各种信息传播媒介的信息反馈监测作用准确把握社会公众对司法审判的态度,防止民意产生对人民法院不利的影响和变化。同时,公共关系也是一门"内求团结,外求发展"的审判艺术,公共关系的凝聚功能可以让人民法院内部的内耗和分离倾向等负向作用不断向正向作用转化,从而使人民法院内部组织上下一心,团结一致,正常运转,司法审判公共关系能够起到增强司法审判组织的凝聚力和促进内部团结与和谐的作用。

## 第二节 司法审判公共关系应用的基本原则

司法过程主要是经过正当诉讼程序审理查明有合法证据证明的案件事实,法制宣传只能依据法律事实和立足于审判实践。在法制宣传和公共关系的范畴,应当建立以审理查明的法律事实来衡量裁判结果的事实观,公共关系作为传播及管理活动必然是建立在这种事实观的基础之上的产物。法律事实是经过法官审理查明之后的事实,它需要通过一定的方式和途径让各方当事人和社会公众知晓、认知和掌握,也面临着通过法制宣传和传播让社会公众接受这一事实的现实需要。司法审判应用公共关系的目的是通过审判阐释"法治精神",以宣传传播法律精神与原则为目标,促进社会公众知法、懂法、守法,树立法治观念,致力于培育全体公民的法律意识,致力于繁荣法律文化,推动中国的法治化进程。司法审判公共关系应用的基本原则是人民法院在司法审判过程中,运用公共关系方法促进法治精神终极目标实现过程中必须遵循的基本准则。

### 一、体现常理、常识、常情之原则

法官思维首先应当秉持规范性的法律,坚持法律至上的信仰和原则,把法律思维作为司法审判的逻辑起点,把合法性作为第一位的考虑因素,注重逻辑推理的缜密和连贯,谨慎对待情感因素及其他因素[1]。法官的职业思维是"职

---

[1] 法律思维不仅具有规范性,而且还是一种确定的单一思维,也就是说,法官在运用职业思维审理裁判案件时,只能作出确定的单一的裁判结果,因为法律思维排斥模糊运用和"两可"判断。

业法官在事实与规范之间形成法律判断,正确适用法律解决纠纷的一种思维方向"〔1〕。然而,面对社会转型时期中国农村乡土社会以及城市基层社区的现实情况,员额制法官仅仅运用法律思维来解决当今社会的矛盾纠纷是远远不够的,中国历史几千年来形成的"天理、国法、人情三者的和谐一致,以及它所体现的天理人情的交融,道德与法律的结合等社会现实",要求司法审判法官必须融合天理、人情和国法等生活经验和智慧才能审理好司法诉讼案件〔2〕,协助法律思维在具体个案中的展开。正如梁治平先生所言:"法律就像语言,乃是民族精神的表现物。它们是从一个民族的生命深处流淌出来的,渐渐地由涓涓细流,汇成滔滔大河,这样的过程也完全是自然的。就此而言,法意与人情,应当两不相碍。"〔3〕正所谓"法律不外乎人情"〔4〕司法审判更多的是在法律思维的逻辑起点上开展实用性的递进思维和综合思维,兼顾常识、常情、常理,集法律思维、道德思维、政治思维、经济思维、情理思维等于一体,才能最终解决矛盾纠纷。"社会不是以法律为基础的,那是法学家们的幻想。相反地,法律应该以社会为基础。"〔5〕司法审判的法律思维不应当与人情社会的现实需求相悖,因为,司法审判的法律思维毕竟还是建立在人情之上的〔6〕。

中国古代历来关于明敏断狱的记载,总少不了善体法意,顺道人情这一条。法律必须有人情,法官必须具有人情味,必须要有深刻领悟人情的技能才能提高自身素质和职业技能。从古到今,从形式上看,法律是越来越复杂了;从社会对法律的认同态度上看,法律越来越受重视,法律至上的信仰正在逐渐形成。然而,如果我们把法律看简单一点,法律其实就是平常人的良心〔7〕。法律必须要和平常人的良心保持一致,因为,它是靠人们的普遍认同、遵守才会发生作用。如果人们在良心上拒绝它,那法律就只是一种形式而已。老子曾说过一句至理名言:"民不畏死,奈何以死惧之。"其实,从事法律职业时间长了很容易犯

---

〔1〕　苏泽林主编:《法官职业化建设指导与研究》,人民法院出版社2008年版,第85页。

〔2〕　张晋藩:《中国法律的传统与近代转型》,法律出版社2005年版,第94页。

〔3〕　梁治平:《法意与人情》,中国法制出版社2004年版,第233页。

〔4〕　其实,在情与法的问题上,人情历来是大于法律的。古代法律的弊端是以情代法,导致法律没有权威,统治者治国无常,人存政举,人亡政息。而现代法律的弊端则是以法代情,人情被法律淹没。人情干扰法律可能会导致司法不公正,但法律没有了人情同样也不行。现代法律确有伤害人们正常健康感情的趋势。社会主义核心价值观,倡导的是一个情、理、法交融的境界,讲求法律与情理的统一,这也是现代法律职业应当具备的职业技能。

〔5〕　[德]马克思、恩格斯:《马克思恩格斯全集》(第六卷),人民出版社1956年版,第291—292页。

〔6〕　在中国传统民间社会的法律观念中,立法是一个总结"人情"、整理并尊崇升华"人情"的过程;司法是"人情"在争讼事件中的演练或操作过程;守法是以法律化的"人情"约束个人私欲的过程。

〔7〕　西方司法制度中最初设立陪审团的目的就是帮助法官找回平常人的良心!为此,西方创立了陪审团制度,让"法盲"摸着心口凭良心来判断被告的行为是否犯罪或有过错。

傻,容易偏激和固执,同样会犯类似"刻舟求剑"之类的错误,容易背离平常人的良心。法律需要符合社会人之常情和天地良心,才能得到社会的普遍认同和遵守。做一个有平常人良心的司法审判法官,其司法审判工作才能被社会公众理解和信服。"古代法官断案,依据法律,却不拘泥于条文与字句;明于是非,但也不是呆板不近人情。他们的裁判通常是变通的,但是都建立在人情之上,这正是对于法律精神的最深刻的理解。"[1]司法审判法官只有深刻领悟人情所蕴含的法律精神并兼顾常理、常情、常识的运用,才能更好地将法理与情理相融合,从而更加实质公正地解决矛盾纠纷,促进社会和谐。

## 二、坚持理论联系实际之原则

法律科学是一门实践性、经验性很强的科学,法律科学的成长总是与司法审判实践的经验携手共进的。霍姆斯大法官认为:"在决定人们应当遵循的规则时,现实感知的需要,盛行的道德与政治理论,对公认或不自觉形成的公共政策的直觉,甚至法官与其同僚共有的偏见,比演绎推理起更多的作用。法律体现了一个民族诸世纪以来的发展历程,不能将它视作似乎仅仅包含了公理以及一本教科书中的定理。"[2]司法审判公共关系必须坚持理论联系实际的原则,坚持结合司法审判实践宣传法律的精神和原则,使社会公众能够真切感悟到社会治理的宗旨和原则,用人民群众看得见、摸得着、感受得到的方式传播行政法的精神,使行政法在全社会的范围得到理解、遵从和信仰。"审判并不是一种毫无拘束的司法意志行为,而是一种要把判决立基于那些被认为是审判活动的合法工具的正式和非正式渊源资料之上的有意识的努力。"[3]只有让社会公众感受到行政法和行政诉讼法在他们生活中的实际效果,才能在人们心中真正树立起司法审查制度的权威,从而引起人们对司法审判权的重视,不至于等闲视之。也只有联系周围的现实生活和典型案例,才可以使接受法制宣传教育的人获得真切的认识和感受,只有真正做到行政法学理论与司法审判实践相结合,才能通过司法审判公共关系的传播途径实现行政法的价值功能。

司法审判公共关系的运用必须注重一定的时效性原则,必须针对司法审判过程的实际需求来确定公共关系应用的最佳时机。法制宣传和公共关系都有

---

〔1〕 梁治平:《法意与人情》,中国法制出版社2004年版,第236页。

〔2〕 [美]本杰明·N.卡多佐:《演讲录:法律与文学》,董炯、彭冰译,中国法制出版社2005年版,第75页。

〔3〕 [美]E.博登海默:《法理学——法律哲学与法律方法》,邓正来译,中国政法大学出版社2004年版,第86页。

很强的时效性,有些传播宣传时机和公共关系解决危机的时机稍纵即逝,必须在司法审判权的运行过程中及时准确地把握好。法制宣传的适时可以分为提前、及时和延时三种。对于重大的司法审判法制事件和典型案例应当提前进行宣传,通过提前宣传为重大法制事件与法制举措的顺利推行营造良好的氛围。对于大多数宣传任务而言,宣传行为必须做到内容新颖、反应敏捷、传播及时。对于那些新近发生的、大多数社会公众尚未知晓且渴望知晓的最新司法审判信息,要及时予以宣传报道[1]。而对于有的诉讼法律事件当时予以报道可能会产生负面效应的,则应当"冷处理"延缓一段时间,等待时机成熟以后再加以宣传报道。在司法审判权的运行中开展法制宣传和公共关系的目的就是要通过新闻传播手段为广大人民群众提供更丰富的司法审判法律信息和法律理论知识,增强全社会的法律意识。因此,需要重视依据现代司法审判工作的实际需要适时适度地来广泛开展社会治理宣传与公共关系活动,促进社会主义核心价值现在司法审判中的实现。

## 三、贯彻合法性与科学性之原则

司法审判公共关系在于激发大众对于司法审判组织的了解并产生信任。法律公正性要求在法制宣传过程中对于法律条文和司法解释的运用必须严格依照其内容和精神,不得有任何的编造和曲解;对于涉及的案件事实应当始终保持客观公正的态度,不得有所偏私。"公共关系就是促进善意。"[2]这种善意就是一种客观公正,运用司法审判公共关系的目的在于促进法律的公正性。司法审判权遵循的是合法性审查原则,"诉讼的一切活动和程序都是以此为核心而进行的"[3],进行法制宣传应当以法律事实为客观依据,不能先人为主、偏听偏信,凭主观感觉妄断是非,作出与案件事实不符的虚假报道;更不能借法制宣传之名行个人私利之实,肆意煽动舆论,故意向司法机关施加舆论压力,造成"舆论审判"的恶果。运用司法审判公共关系艺术的目的在于通过公关艺术促进客观公正的裁判结果,通过社会和谐关系,消解社会对司法审判权行使的各种阻力,达到一种顺利实现司法审判权职能的境界。司法审判程序合法性原则是程序正义的基本要求,应用公共关系必须严格遵守法定的诉讼程序,符合程

〔1〕　牛克、刘玉民:《法制宣传学》,人民法院出版社 2003 年版,第 62 页。
〔2〕　熊源伟主编:《公共关系学》,安徽人民出版社 1997 年版,第 4 页。
〔3〕　应松年主编:《行政法学新论》,中国方正出版社 2004 年第 3 版,第 428 页。

序正义的基本精神,保证法制宣传报道活动的合法性[1]。因此,在运用司法审判公共关系策略处理各种复杂关系和社会矛盾时,应当贯彻客观公正的原则。

法律的精神,也是法的本质。对法律家而言,追求法律本质的实践,"既是一种现实的期待,也是一种永恒的追求"[2]。应用公共关系的目的在于更广泛地阐释法的精神和原则,在于促进人们的真善美的情感,促进人们对司法审判的理解、支持和信赖,促进全社会的法律信仰。科学性就是坚持马克思主义的法学观点,坚持运用历史唯物主义的思想方法去看待和说明法律问题。公共关系是一门具备完整体系的科学,法制宣传以文字、图片、声音等各种方式借助各种媒介向社会公众传播宣传法制信息与观念,以影响人们思想和行为的一种社会活动。正如波斯纳大法官所说:"法律是一种艺术,也是一种神秘。"[3]揭开法律和司法神秘的面纱,法律的精神在熠熠生辉。从本质上讲,司法审判公共关系是一种有目的、有计划的传播宣传行为,它传播宣传的内容既包括静态意义上的法制,也包括以国家管理形式出现的动态意义上的法制,在运用之中应当遵循其学科规律,科学地运用公共关系学科内容,促进司法核心价值的升华,将法律的精神和立法者的真实意图完整地贯彻到全社会之中,通过法的科学性与确定性相结合使行政法律法规成为全社会的行为准则。

## 四、统一法律效果与社会效果之原则

司法审判权的运行充分考虑法律效果与社会效果的统一,并适度考虑民意价值取向与司法判决的契合是裁判艺术的另一种法社会学解读,也是司法审判工作的重要司法原则和司法政策。司法审判强调两个效果的并重和适度考虑民意的原则,要求员额制法官适用法律不能机械呆板,而是讲求灵活性与创造性,根据具体案情运用不同的法律方法来创造性地适用法律,弥补法律漏洞,达到最佳的效果。员额制法官对法律的解释适用不能违反国家利益或社会公共利益,同时,也不能违反法律的逻辑方法,当法律规范有两种以上的合理解释时,应当优先选择适用能够使社会效果最大化的解释[4]。员额制法官对法律的解释必须以善意的方式进行,而合乎民意的解释才能称为善意的解释,非善

---

[1] 牛克、刘玉民:《法制宣传学》,人民法院出版社2003年版,第60页。
[2] 刘瑞川主编:《人民法庭审判实务与办案技巧》,人民法院出版社2002年版,第756页。
[3] [美]理查德·A.波斯纳:《超越法律》,苏力译,中国政法大学出版社2001年版,第66页。
[4] 遵循法律的精神和基本原则是法官解释适用法律的客观性标准,"两个效果的统一"的法律解释方法应当始终在法律的基本精神和原则的范畴内展开,是"两个效果的统一",而不是法律效果的让步。

意的解释则是权力的滥用[1]。法律适用的裁判艺术与法律科学的成长是同步的,大部分的法律都是经过不断的司法审判过程才具体化,才获得最后清晰的形象,然后才能适用于个案,许多成文法的法条事实上是借典型案例的裁判才成为现行法律的一部分[2]。正如卡多佐所言:"在时事不断变化、亟须法律发展或延伸之时,法官如何发展和延伸我们前面所谓的一致性的法律体系?当我作为法官开始应付这个问题时,才从一个新的角度理解它。我发现,创造性因素多得超乎我的想象;曲径分叉司空见惯,路标也若隐若现。我试图将应当服从的力量和运用的方法分为四种:逻辑或者类比的力量,为我们带来哲学的方法;历史的力量,指示着历史的或进化的方法;习惯的力量,产生传统的方法;正义、道德和社会福利的力量,宣示或显现为社会学的方法。"[3]这样看来,法律的成长与司法审判公共关系艺术也是携手共进的。公共关系方法的运用已经成为推动法律科学不断成长的一股力量,法律与司法的未来还有许多值得我们探索的东西,员额制法官创造性适用法律的方法将会演绎为一种司法审判公共关系的法官智慧和裁判艺术的表达方式。

## 第三节　司法审判公共关系实践的路径选择

"道德的演进,理性的演进,个体对生存问题的解决,这些演进都是通过社会交往(行为和语言)的均衡状态而实现的。"[4]在现代司法审判权的运行中导入公共关系的方法,就是通过司法审判权与社会的交往沟通而达到一种司法权与化解社会矛盾需求的均衡状态。"中国法律文化传统的特点就是建立在重视法律运行的基础之上,即重视实际问题的解决和从社会的整体功能来考察法律和法律现象。"[5]法律不是"刑",不是"律",不是"铁",法律是人类的一种智慧,法官是智慧地思考法律问题的人,法官是解读人类这种智慧的人,所以,

---

[1]　法官裁判艺术之善就是要求法官在裁判过程中以善意来解释和适用法律,讲求"两个效果的统一"为法官追求裁判艺术之善提供了更广阔的空间和领域,使得法官能够在法律之内以人性的善谋求更大的社会福祉,这是法律适用的一种艺术境界。

[2]　[德]卡尔·拉伦茨:《法学方法论》,陈爱娥译,商务印书馆2003年版,第20页。

[3]　[美]本杰明·N.卡多佐:《法律的成长——法律科学的悖论》,董炯、彭冰译,中国法制出版社2002年版,第34—37页。

[4]　刘军宁等编:《自由与社群》(公共论丛),生活·读书·新知三联书店1998年版,第132页。

[5]　赵震江主编:《法律社会学》,北京大学出版社1998年版,第242页。

法官应当具备这种可贵的均衡思想。社会治理法治的推进,法律的精神和法律的智慧要得以实现,需要员额制法官关注司法审判权运行中的公共关系实践技能。

## 一、运用典型案例诠释法律精神

典型案例就是"活动的法典",以案讲法实际上是法律精神最为现实的传播方式[1]。运用典型案例开展法制宣传有助于提高公民法律意识和法律素质,有助于加深社会公众对法律的理解和加强法律规范的应用,促进公民自觉做到遵法、守法,并能积极运用法律武器,维护自身权益,监督司法公正,捍卫法律尊严[2]。通过选择有法制宣传意义的典型行政案例开示范庭,以案说法,能够最大限度地扩展司法审判的社会效果和法律效果。现代司法审判权运用公共关系的实践路径,首要的是注重选择社会影响大的、社会公众普遍关注的、具有典型教育意义的司法诉讼案件,作为开展法制宣传教育的主要内容。

一件具有普遍教育意义和示范作用的典型案例,若仅仅只在法院审理裁判的范围内运行,而不作法制宣传,则仅仅只能对涉案当事人、当事人的近亲属,以及来法院旁听的群众有宣传教育的作用,法制宣传和教育的范围非常有限,法律精神传播的范围也非常有限,而如果通过媒体进行适时适度的法制宣传和报道,则可以百倍千倍地扩大法官裁判所阐释的法律精神的传播途径,让案件审理所蕴含的法律规则的理念深入社会公众的心中,让法理之光在全社会闪耀。采取一个案例诠释一个法律条文内容的形式,可以使社会公众得到最直观的法制教育[3]。应用司法审判公共关系需要积极主动与传媒进行沟通,通过新闻传媒宣传报道各类案件审理和裁判的情况,以此来教育群众,达到法律的预防和规范功能,这些都有待于法院与传媒的合作。人民法院应当积极主动与媒体就司法诉讼案件的法制宣传内容进行沟通,赢得媒体的理解、支持和配合,

---

〔1〕 典型案件具有极强的示范教育作用,通过典型案例的法制宣传教育能够起到审结一案,教育一片,解决一个方面问题的良好社会效果。

〔2〕 李振宇:《边缘法学探索》,中国检察出版社 2004 年版,第 77 页。

〔3〕 例如,中央电视台举办的《今日说法》栏目就是因为选择典型案例作为法制类栏目的主要内容,才深受电视观众的喜爱,从栏目开办至今经久不衰,其生命力就在于对典型案例的选材上,典型案例就是一部"活动着的法典",其中所蕴含的法律精神和原则在一个又一个典型案例中的亮点,成就了中央电视台的经典法制类栏目。由此可见,选择典型教育和示范意义的案例开展法制宣传具有全面诠释法律精神的作用和意义。

将审判的功能通过传媒更好地作用于社会[1],这也是一种扩张司法裁判功能和司法审判权的沟通艺术。法制宣传的大众传播就是借助报纸、杂志、书籍、广播、电影、电视、网络等大众传媒来更广泛地传播法律信息,影响社会公众对法律精神和基本原则的认知理解态度,使司法审判的效果达到最佳。大众传播媒体是具有现代气息的重要传播模式,能够运用强大的法律传播网络,使社会形成一种舆论导向,有效地抑制社会盛行的歪风邪气,使作恶者有所收敛;能够弘扬社会正气,鼓舞人们依法办事的信心,把握社会政治现实,推动法制建设向纵深发展[2]。法制宣传要充分利用大众传播媒体组织开展多种形式、广泛深入的法律宣传教育。人民法院可以通过与报社、电视台、电台和网站联合办法制宣传栏目的形式来扩大法制宣传教育的效果。

应用典型案例开展司法审判公共关系宣传,可以选择到案发地巡回开庭的宣传方法,起到审结一案,教育一片的法律宣示作用;可以选择由电视台进行庭审直播来进行法制宣传,庭审直播等于在全社会范围内开庭审理案件,其传播范围之广是其他传播手段所不及的,能够直观、客观和及时反映典型案例的庭审情况,其受众覆盖面十分广泛,宣传与传播的范围突破了传统文字传播的概念,具有极强的社会性。庭审直播具有推动司法程序的公开化和普及法律知识的功能,能够将典型案例所蕴含的法律精神在更广泛的范围内传播和推广。庭审直播既可以让社会公众迅捷了解和监督国家司法权的运作过程,切实有效地保障社会公众的知情权,也能对广大人民群众进行生动直观的法制教育,这是庭审直播得以在司法实践中立足的根本原因[3]。此外,还可以通过纸质媒介和网络更加广泛地应用司法审判公共关系诠释法律精神和传播法治理念。

在审理典型案例时,要注意将庭审延伸和演绎为一种司法审判公共关系和法制宣传的方法,将庭审的功能延伸到法制宣传与法意传播的空间,使典型案例的庭审过程演绎成为一场生动的法制教育课。一方面,通过报刊纸质媒介的文字报道、案例评析、理论研讨和展开讨论等多种方式扩大司法审判工作法律效果;另一方面,通过互联网络和电视广播等电子媒介进行法律精神的宣传和传播,在更加广阔的领域里辨法析理。通过纸质媒介与电子媒介继续宣传的交替运用,把公开开庭审判演绎为生动现实的法制教育,把司法审判庭审的功能拓展到法制宣传教育传播的领域,通过庭审将典型案例所蕴含的法律精神传播

---

〔1〕　通过与传媒的沟通传播是人民法院更好地向社会公众传播审判信息和法律精神,与社会公众进行沟通与交流的主要渠道,是人民司法工作坚持走群众路线在现代社会的体现和发展,是司法审判方法作为一种社会治理功能的实际运用。

〔2〕　李振宇:《法律传播学》,中国检察出版社 2004 年版,第 83—85 页。

〔3〕　康为民主编:《传媒与司法》,人民法院出版社 2004 年版,第 145 页。

到全社会。

员额制法官作为案件的审理者和裁判者,对于司法诉讼案件有最深刻的感悟和体会,应当鼓励员额制法官、法官助理、书记员在办案之余积极撰写法制宣传稿件、编写典型审判案例进行法制宣传。如果每一个员额制法官都有进行法制宣传的意识和积极性,都能结合本职工作开展法制宣传,那么将会极大地促进法治精神在全社会得到推崇。此外,利用传媒广泛开展法律文化的传播也是一种法制宣传的方式,结合司法审判实践和典型案例,采用法律文学与法制文艺等宣传方式将会更加有利于法律基本精神在全社会的广泛传播。

## 二、运用裁判文书传播法治思想

美国大法官格雷曾说:"法官的判决就是法律,是活生生的法律。每一份判决书都是法官运用司法职业技能正确适用司法程序、正确分析推理认定事实、正确解释和适用法律所作出的裁判,是法律在社会生活中的具体运用。"[1]司法判决不仅体现的是行政法律适用,而且体现人的价值观和伦理观,从这个意义上讲,"判决不仅仅是法律意义上的,而且也是从属于整个社会文明的。"[2]裁判文书公示在现代一般均采取网上公布的形式,最高人民法院开办的中国法院裁判文书网目前已公开 3200 万份裁判文书,这实际上就是一种司法公开和审判公共关系最佳的法制宣传方式。互联网对人类社会生活的影响是全方位的,它涉及各个国家和地区现有的生产与生活方式、经济基础与上层建筑、价值观念、文化传统与社会意识形态等各个方面,它带来的不仅仅是社会或民族本身结构和经济状况的改变,更重要的是,它还冲击着我们最基本的认知习惯、思维习惯和生活习惯[3]。利用网络传播技术进行法制宣传教育是现代法制宣传的重要方式,是法院开展法制宣传应当重点掌握的宣传方法。将法院生效裁判文书在网上进行公示,实际上就是真正从社会公众的利益、愿望和要求出发,将法官裁判的法律信息以最现代的方式向全社会公开展示,让社会公众能够了解和知悉更多的司法审判信息,"充分吸收当事人以及社会其他人的不满"[4],消除怀疑和猜疑,能够真正理解法律的基本精神,从而在内心形成对法院司法和

---

〔1〕 [美]本杰明·N.卡多佐:《法律的成长——法律科学的悖论》,董炯、彭冰译,中国法制出版社 2002 年版,第 67 页。

〔2〕 梁凤云:《行政诉讼判决之选择适用》,人民法院出版社 2007 年版,第 14 页。

〔3〕 魏永征、张永华、林琳:《西方传媒的法制、管理和自律》,中国人民大学出版社 2003 年版,第 262 页。

〔4〕 张卫平:《琐话司法》,清华大学出版社 2005 年版,第 186 页。

法官裁判的信任和认同。

"法官裁判中所蕴含的法律精神主要是通过裁判文书的说理部分来阐释的,裁判文书公开本身就是一种法制宣传的方式,各级法院应当按照最高人民法院的要求,将生效裁判文书及时在适当地点定期向社会公示〔1〕。为增加司法诉讼判决传播的渠道和范围,除了司法审判裁判文书上网之外,还可选择在报刊上登载和在辖区繁华地带张贴等多种方式来进行公示。公示裁判文书是一种最直观、最真切、最形象宣传法治精神的法制宣传方法,司法审判法官的裁判过程和裁判理由及结果全部都展示在裁判文书之上,通过公示的方式可以将司法审判的法律意义全方位地向全社会传播。公示裁判可以针对典型案例的程序适用、证据认定、法律适用作出适当的宣传解释说明,使社会公众能够更加直观和深刻地了解裁判文书所蕴含的法律精神。

法制宣传是实现法律传播目的的一个重要手段,法律宣传的过程就是对公众施加法律影响的过程。法律宣传要从公众的利益、愿望和要求出发,让公众了解法律信息、消除疑虑、理解法律基本精神,在欣赏过程中接受宣传的法律观点和主张〔2〕。"裁判文书是人民法院在刑事、民事、行政诉讼中,适用法律,就案件的实体问题和程序问题制作的具有法律效力的司法文件。裁判文书可以说是整个司法文书体系的核心组成部分,也是特定时代、特定法律制度下法律文化的载体。"〔3〕司法判决是"活动着的法典",将生效司法裁判文书在网上予以全部公示其实就是在公布"活的行政法典",是将活生生的法律向社会公众展示和诠释的宣传与传播的过程。从这一层面上看,我们可以说法官的判决才是真正的法律,才是活生生的法律,法律就是法官的智慧、司法和公共关系技能的统一体。作为职业法官应当有这样一种认知和认识的境界,只有当我们真切地感受到自己所作出的每一份判决就是活的法律,只有当这种理念和价值观形成法律职业人的心灵确信时,我们才会对自己所从事的司法职业产生神圣和崇敬的心灵感应,才会去不断应用司法技能和公共关系技能,使自己所作出的判决更好地体现法律精神,更好地体现法律的公平正义与价值追求。

---

〔1〕　刘瑞川主编:《人民法庭审判实务与办案技巧》,人民法院出版社 2002 年版,第 759 页。
〔2〕　李振宇:《法律传播学》,中国检察出版社 2004 年版,第 102 页。
〔3〕　唐文:《法官判案如何讲理——裁判文书说理研究与应用》,人民法院出版社 2000 年版,第 1 页。

### 三、运用行为艺术拓展司法公信

人们对于法官个体的言行举止所起到的法制宣传的作用较为轻视,总是认为个体的力量是微不足道的,其实这是一种错误认识,没有认识到事物的本质和规律。假如设定一个司法审判法官为一个法制宣传员,而全国法院系统司法审判法官、法官助理、书记员、司法警察和司法行政人员的总和就是一个非常大的数字,成千上万的法制宣传员的法制宣传能量有多大是难以想象的,所以必须重视司法审判法官每一个个体的言行法制宣传作用,充分发挥司法审判法官个体宣教的主观能动性,使法官的个体人格魅力都变成法制宣传的力量。法制宣传的方式分为有形宣传和无形宣传,员额制法官在审判过程中的一言一行是无形宣传的最佳载体,司法审判法官谨言和慎行本身就是社会治理和法律精神的广告。无形宣传虽然没有有形法制宣传的影响大,但法官言行的影响意义深远。职业法官谨慎的言行所展示的良好形象和高尚人格会影响和感染周围所有的知情者。

"司法活动本身就是社会主体进行交往的一种具体形式,只有按照交往理性社会共同体的成员才能达到对客观事物的共同理解,建立大家一致认同的社会规范,从而保证和谐的人际关系并维护生活世界的合理结构。"[1]当前,社会转型对司法审判还有一个不满就是司法不贴近民众,司法不亲民。为此,推行司法审判贴近民众的公共关系也是实践社会主义核心价值观的一个重要体现。例如,全国各地各级人民法院都在对诉讼服务中心进行升级换代和改进,让服务成为一种司法审判的基本功能,以良好的诉讼便民服务赢得司法公信。这一诉讼服务举措实际上就是审判公共关系在司法亲民中的运用。又如,武汉法院行政庭针对形势严峻的涉诉信访问题,持续三年探索建立符合转型社会现实需要的、科学规范的、实用的涉诉案件信访上访管理制度,注重信访上访信息通报与调研,注重信访上访内容与诉讼程序的协调,注重对信访上访案件的协调工作,力争把信访上访工作中所暴露的问题解决在案件审理程序之中,真正做到案结事了,避免社会矛盾的扩大化,通过信访上访制度协调大量诉讼案件。这种在司法审判中注重涉诉信访工作公共关系功能的发挥也是一种司法亲民的公共关系方法。此外,在司法审判中推行判前释法和判后释疑制度也是司法审判权运用公共关系的例证。

---

[1] 江必新:《看得见的正义——司法透明的实践探微与制度完善》,载万鄂湘:《司法解决纠纷的对策与机制——全国法院第十九届学术讨论会获奖论文集》,人民法院出版社 2007 年版,第 3 页。

当前,司法审判工作不仅仅只是居中裁判和公正司法,还需要传导一种法律的精神和法律的思想,这就需要把恢复性司法的心理矫正功能作为司法审判工作司法为民的一个重要环节来把握。对已经审结的司法诉讼案件进行跟踪回访也是司法贴近民众的一个好方法,司法审判法官利用走访、电话、短信和网络等现代通信联络方式,对判决或和解达成协议的司法诉讼案件当事人进行回访,既能够安抚当事人的纠葛心理,觉得员额制法官是在为民做主,又能够增强当事人对法律的理解和尊重。在法制宣传的过程中要善于运用员额制法官言行的无形宣传作用,无形的宣传是让事实说话,能够产生"此时无声胜有声,此时无言胜万言"的法制宣传效果,如果再利用有形的宣传来扩大无形宣传的传播效果,慎言和慎行的司法审判法官形象将会更加高大,法官人格魅力也将会更加感人。

## 四、运用宣传沟通赢得理解尊重

法律领域作为艺术的发挥人为理性之所,不但需要深厚的法律知识和娴熟的司法职业技能,更重要的是需要有丰富的各学科知识和社会生活经验作为司法审判的辅助,包括运用公共关系、法制宣传和心理、思想、语言沟通艺术等学科知识技能弘扬法治理念,传播法律精神。

我国法学家吴经熊博士在其论文集《法的艺术及司法和文学文集》里作出法律、司法是艺术的论断。他认为:"正义是真善美的复合体,而正义是法律、司法紧密相连的,所以法律、司法也是真善美的复合体,真是正义的基础,善是正义的材料和目标,美是正义的品质。"他有这样一段论述:"当我把法律与其他艺术做比较的时候,我并非在比喻或修辞的意义上来讲话。我知觉到一方面是法,另一方面是音乐、诗歌、绘画,二者是相同的……表达手段在音乐是声音,在诗歌是词语,而在绘画是颜色,说到法律则是利益。不同只在于表现的材料和媒介,所有艺术的最重要方面都是一致的,那就是一种对称的、有秩序的、和谐的排列和对表现元素的有机组织。如果法律不是艺术,那它就什么也不是。"[1]

美国法学家富勒认为,法律制度是一项实践艺术。波斯纳则认为,法律是一种以法律进行社会管理的艺术及由受过法律训练有法律经验的人来实践。员额制法官应当把法律职业看作一门生活的艺术,看作创造真善美的艺术创造过程,才会在平凡的工作中时时体现真善美,传导幸福的感受和体验。司法审

---

〔1〕 吕世伦主编:《法的真善美——法美学初探》,法律出版社 2004 年版,第 554 页。

判法官在审理裁判案件过程中的心理、思想、语言沟通与交流也是一种非常积极有效的公共关系技能。《中华人民共和国人民法院组织法》(简称《人民法院组织法》)明确规定了法官具有法制宣传的法定义务,因此,司法审判法官在审理裁判司法诉讼案件的过程中,时刻要牢记这一法定职责和义务,在当好审判员的同时还应当做好宣传员。法制宣传是一种信息交流与沟通的艺术,再好的法制宣传也应当是建立在信息交流与沟通的基础之上的宣传,缺乏交流与沟通的宣传永远只是单边的宣传,永远也不会取得好的宣传效果。例如,司法审判法官在立案阶段的咨询接待就是一个法制宣传的过程,在咨询接待过程中既要释明相关法律法规,又要适时进行面对面的法制宣传,通过咨询接待传播更多的"法治精神"。司法审判法官在裁判过程中注重审理裁判的同时做好宣传沟通工作,能够使司法审判得到全社会的理解、支持和配合。

"马锡五审判方式"之所以能够在很长一段时间适应中国社会的现实需要,就在于其契合了中国法律文化传统[1]。就中国的法律文化传统和现实国情而言,"马锡五审判方式"在现代司法审判工作中仍然具有深厚的社会基础和强大的生命力,司法审判方式改革既要考虑历史文化传统因素,又要考虑国情和经济因素。当代中国的司法审判仍然需要"马锡五审判方式"中的巡回审理、就地开庭、方便当事人诉讼等审理方法和审判原则,仍然需要司法审判法官善于运用地方性知识、善于发挥个人人格魅力的审判方法,仍然需要群众路线式的贴近民生的审判方式。司法审判法官在办案过程中仍然需要开庭与庭外工作并举,不仅把调查证据和对当事人的释明当作审判的需要,而且将其作为自己的道德义务和职业义务。注重乡村习俗、风土人情等地方性知识,注重与其他社会纠纷解决机制的衔接与配合,在司法审判过程中注重运用道德、社会舆论、情理判断事实,说服当事人、教化当事人,积极发挥行政协调和解的特殊作用。在依法办案的前提下,讲求司法的人性化和人情味,在司法审判中与当事人保持一种良好的对话和沟通交流关系。

司法审判不仅要就审判工作情况及时与地方党政机关沟通情况,以取得地方党政机关的支持与配合,而且需要加强与民调组织、基层单位组织、相关行政执法部门、社区管理组织的联系与沟通,发挥基层组织的职能作用和解决纠纷的积极作用,促进司法审判工作法律效果与社会效果的推广与传播。进行法制宣传有一个最不可疏漏的宣传对象,那就是基层组织,当事人其实都是各基层组织的一分子,都有其生活和生存的"圈子",而在中国特殊的社会结构之中,这

---

〔1〕 现代的中国仍然是一个以儒家思想和传统观念为主导的国家,审判方式模式的选择不能脱离我们的历史文化传统和社会现实而存在,更不能割裂我们的传统文化和社会现实需求而施行。

种基层组织的影响和作用是不可忽视的,有时基层组织的作用力甚至强于法律的强制力威慑,因此,司法审判应当加强与基层组织的交流与沟通,将司法诉讼法制宣传的触角延伸到基层组织、社区、街道和乡村〔1〕。

　　司法审判法官在案件审理裁判过程中运用公共关系艺术应对和预防矛盾激化的情况是必须掌握的司法技能。应用司法审判公共关系的方法防止和预防矛盾激化,要善于疏导,运用调解和其他审判策略及时变逆为顺,通过与基层组织的配合与协作,及时化解矛盾,把可能产生矛盾激化的各种诱因消灭在萌芽状态,使司法诉讼案件审理工作顺利开展。公共关系策略艺术在司法审判中的运用,十分有助于化解和预防诉讼中的各种矛盾,使司法审判工作能够在一个相对和谐和理性的司法环境中展开。

　　古罗马《十二铜表法》最后一句话描述了法律最本质的价值:"人民的幸福是最高的法律。"〔2〕人们对法律和司法价值的解密从未停止,相关的理论始终处于变化和发展当中,对此没有独断的真理,只有永恒的对话和诠释。正义和法律应当像美丽的星空一样指引着人们前行的路,也照耀着司法审判法官明净的心灵。日复一日,司法审判的司法实践实际上在悄然地改变着每一个司法审判法官的人格和核心价值观,衷心希望通过对司法审判公共关系的法理学、新闻传播学和法社会学的解读,能够给现代司法公信力的提升和司法权的良性运行带来思想上的启示,带来认知方法的启发,通过司法审判公共关系方法的运用,将法律的精神与公正司法变成人民的幸福,这才是现代司法审判法官最佳的职业境界与追求。

---

　　〔1〕　此外,在司法诉讼案件的审理过程中还要注重及时与案件所涉及的工会、共青团、青联、学联、侨联、妇联、民主党派、各种学会和研究会等社团组织、民间组织和行业协会组织进行沟通交流,及时宣传相关的行政法律知识,取得各界的理解和支持配合,促进司法诉讼案件顺利审结。

　　〔2〕　余定宇:《寻找法律的印迹——从古埃及到美利坚》,法律出版社 2004 年版,第 13 页。

# 第二章
# 公信评测：法律职业共同体对司法公正与司法公信评价的调研报告

司法公信力来源于司法公正，"正义是法律的内在根据和法上之法，正义也是历久弥新的人类精神现象。"[1] 自古以来，关于何为正义，仁者见仁，智者见智。而司法正义作为个案正义形态之中的最终者尤其受到社会各层面的关注和重视。基于不同的利益、不同的视野、不同的角度、不同的信息等，来自社会不同层面的声音注定具有无法统一的属性。而法官、检察官、公安人员、律师均以法律为职业，虽然个体成员在人格、品性、价值观等方面各有千秋，"但是他们在从业过程中表现出的特有的法律思维模式、推理方式及辨析技术以及共同的法律话语所呈现的是一种群体的共性而非个人的性格及价值观"，[2] 这就使得这类主体对何为司法公正的看法和观点与其他社会群体有所区别。总结并分析法律职业共同体这一群体对司法公正的评价标准，不仅有助于构建科学、合理、客观的司法公正评价标准体系，而且也有助于司法环境的改善和司法公信力的整体提升。

## 第一节　课题研究开展调查问卷统计的基本情况分析

课题组分别针对法官、检察官、公安人员和律师设计了调查问卷，每类调查问卷下发 40 份，回收有效问卷 40 份。以下统计情况就是在总结这 160 份调查问卷的基础上得来的。

### 一、对法院司法公正整体性评价分析

法官作为裁判者，在问及"对当前我国司法的基本评价"时，40 名被访对象

---

〔1〕 江山：《再说正义》，载《中国社会科学》2001 年第 4 期。
〔2〕 张文显、卢学英：《法律职业共同体引论》，载《法制与社会发展》，2002 年第 6 期，第 14—23 页。

中有 37 名认为多数是公正的,比例高达 93%(见图一)。

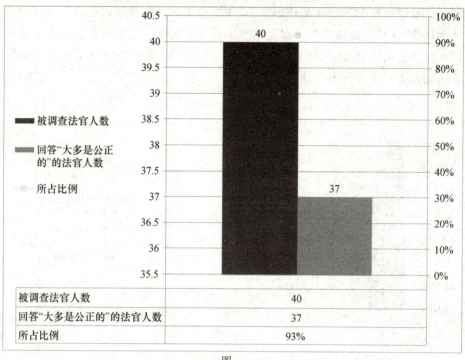

| 被调查法官人数 | 40 |
| --- | --- |
| 回答"大多是公正的"的法官人数 | 37 |
| 所占比例 | 93% |

图一

检察院作为法律监督机关,行使的是法律监督权。在对法院司法公正的整体印象中,认为"很满意,非常公正"的有 10 人,认为"比较满意,比较公正"的有22 人,两个选项的比例占到被访总人数的 80%。可见,检察官群体对司法公正与否持肯定和认可态度的占绝大多数(见图二)。

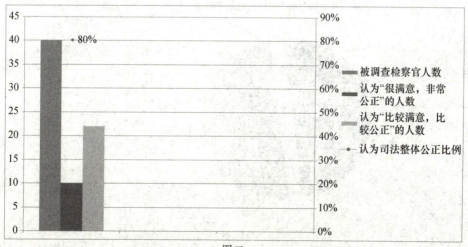

图二

公安机关尤其是其中的侦查人员在刑事司法程序中与司法有着近距离的接触。被访对象中71.8%的比例认为"司法公正体现在整体公正上",48.7%的比例认为"司法公正体现在个案公正上",认为"既要体现在个案公正上又要体现在整体公正上"的比例有28.2%(见图三)。可见,案件的审判结果直接决定着公安机关对司法公正的看法。

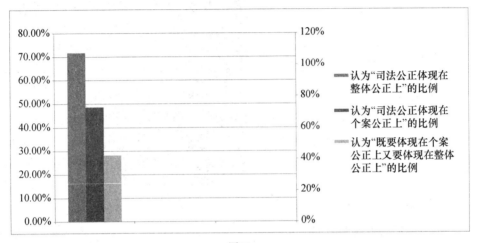

图三

律师主要是从判决结论这一视角对司法公正作出整体性评价的,司法判决所承载的公正观念在律师群体中起着衡量尺度的效用。在"您认为在您代理的案件中法院的判决是否公正"中,回答"公正"和"绝大部分判决公正"的比例各占50%(见图四)。

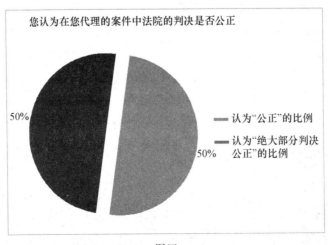

图四

### 二、对案件审理的评价分析

法官对于自己所承办的案件,认为"全部是公正审理"的仅为 11 名,认为"绝大部分是公正审理的,但受司法体制等因素影响,判决结果不可能完全反映承办法官本人的意志和司法公正的要求"的有 29 名,所占比例分别为 27.5% 和 72.5%(见图五),足见当前司法环境还存在影响法官独立审判的诸多因素。

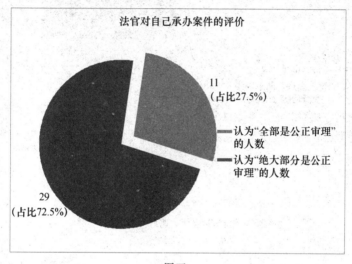

图五

在此环节,检察院将着眼点主要放在公诉案件、贪污、贿赂、渎职及抗诉案件的审理。在一般案件中,有 7 人认为"很满意,实体程序均比较公正",28 人认为"比较满意,偶尔程序上存在少量瑕疵",两项的比例占受访总人数的87.5%(见图六);在贪污、贿赂、渎职案件中,10 人认为"很满意,实体程序均比较公正",24 人认为"比较满意,偶尔程序上存在少量瑕疵",两项的比例占受访总人数的 85%(见图七);在抗诉案件中,10 人认为"很满意,实体程序均比较公正",20 人认为"比较满意,偶尔程序上存在少量瑕疵"(见图八)。

对于案件的审理,80% 的律师表示大多数案件中,审判人员能够耐心听取律师的答辩意见,并尊重其在诉讼过程中享有的各项诉讼权利,但是现实中存在严重的"立案难",在代理过程中,遇到法院拖延立案或者应当立案而不与立案的占 87.5%;法官拖延办案的情况普遍存在,87.5% 的人表示在自己以及同事代理的案件中遇到法官拖延办案(见图九)。

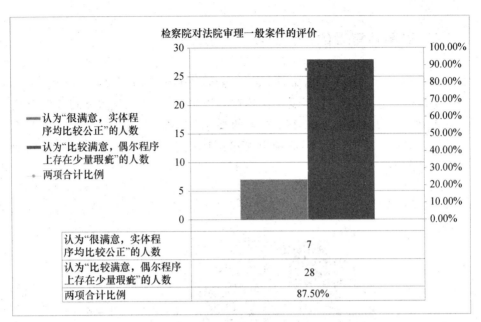

图六

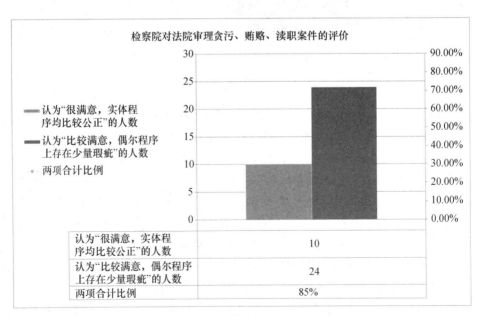

图七

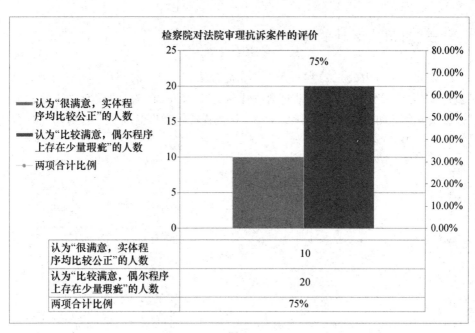

图八

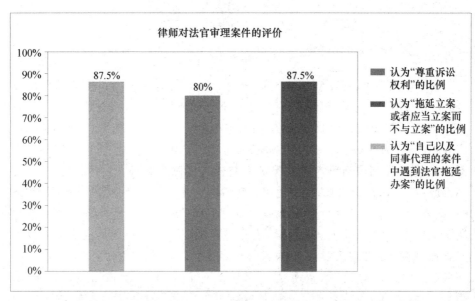

图九

## 三、对司法活动的评价分析

法官自身认为公正的判决是"完全符合法律规定"的判决,这一比例高达 90%,认为是"当事人都接受"的判决比例是 17.5%,认为是"没有被上级法院 改判或发回重审"的判决比例是 15%,认为是"社会舆论赞同"的判决比例是 7.5%,认为是"领导满意"的判决比例是 2.5%(见图十)。

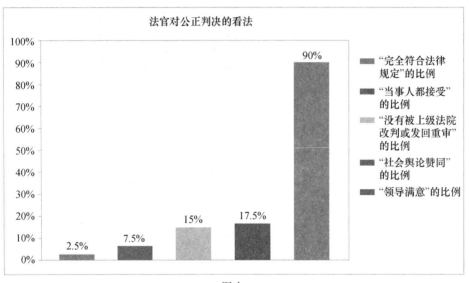

图十

检察院从实体、程序和刑事案件量刑三个方面对法院的司法活动作出评 价。在实体方面,认为"很满意,法律定性准确,裁判结果合法、合情、合理"的有 8 人,比例为 20%;认为"比较满意,偶尔存在量刑不太适当、赔偿金额计算不适 当等小瑕疵"的有 28 人,比例为 70%;仅有 4 人认为"不太满意,部分案件定性 不准确、量刑不当或当事人权益保护不充分",比例为 10%(见图十一)。在程 序方面,9 人认为"很满意,程序适用合法、规范、正当",比例为 22.5%;27 人认 为"比较满意,少量存在审限变更手续办理不及时或文书制作不规范等瑕疵问 题",比例为 67.5%;4 人认为"不太满意,偶尔出现案件不当退回补充侦查或规 避管辖回避规定办理渎职、贪污案件等程序性问题",比例为 10%(见图十二)。 在刑事量刑方面,认为"很满意,量刑规范统一"的有 6 人,所占比例为 15%;认 为"比较满意,量刑比较规范,个别时候不太满意"的有 25 人,所占比例为 62.5%;认为"不太满意,量刑不满意,对检察院建议考虑不足"的有 6 人,所占 比例为 15%;认为"很不满意,同一罪名量刑差异大,整体偏轻或畸重"的有 3

人，所占比例为 7.5%（见图十三）。

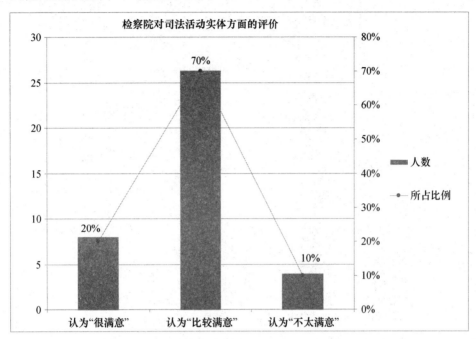

图十一

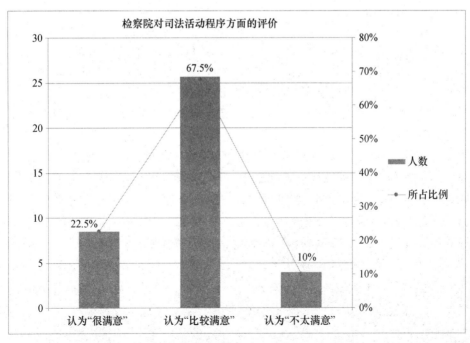

图十二

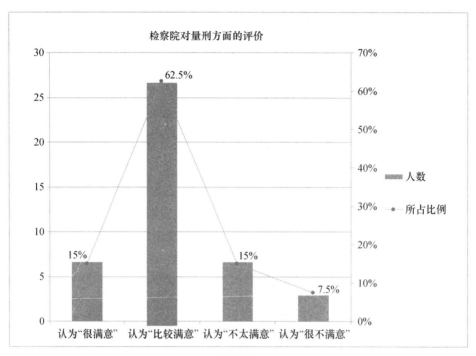

图十三

在问及对司法活动公正与否的看法时,公安人员认为"当事人认同判决结果,案件没有上访"的比例是 25.3%,"案件上诉后被维持"的比例是 25.9%,认为"当事人服判,没有引发信访"的比例有 36.3%,但是还有 12.5% 的被调查者对此有不同看法,认为评价司法公正的标准应是"事实清楚、证据确实充分、审判合法""严格依法办案""宽严相济"等,且不应该以"有无信访"作为评价标准(见图十四)。

律师从司法能力、化解矛盾及司法作风等方面对法院的司法活动作出评价。在司法能力方面,被调查的律师中,45% 认为"法官专业知识水平一般",42.5% 认为"法官专业知识水平较高",仅有 10% 认为"法官专业水平高"(见图十五)。在化解矛盾方面,绝大部分受访律师认为法官化解矛盾的能力一般,仅有 27.5% 认为"较高"。在司法作风方面,问及"同事是否在代理过程中遇到过法官有严重不廉行为"时,有 50% 选择"遇到过",32.5% 选择"不清楚",仅有 17.5% 选择"没有遇到"(见图十六)。

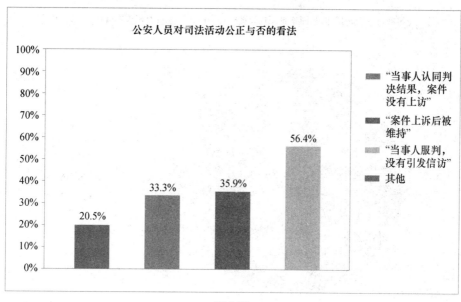

图十四

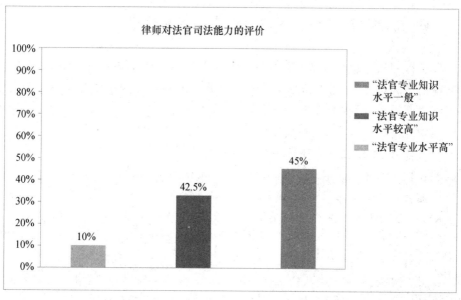

图十五

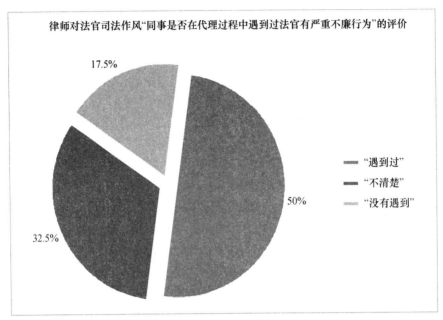

图十六

## 四、影响司法公正和司法公信力的因素分析

法官是从体制性因素和外部环境两个方面来论及影响司法公正的因素。在体制性因素方面,被调查法官在问及"哪一因素在影响司法公正的体制性因素方面最重要"时有22人认为是"司法体制的行政化,上下级司法机构之间不能确保独立性",比例高达55%;有17人认为是"司法机构的人、财、物受地方控制,难以独立行使司法权",比例为42.5%;有5人认为是"司法人员的职业化水平不高",比例为12.5%;有1人认为是"司法行为缺乏应有的足够的监督",比例为2.5%(见图十七)。在外部环境方面,有19人认为"影响法院公正、独立司法的外部环境""一般",所占比例为47.5%;有17人认为"比较差",所占比例为42.5%;仅有2人认为"比较好",所占比例为5%(见图十八)。

调查显示,62%的受访检察官认为影响司法公正的主要因素是"法官的职业素质",38%认为是"法官的职业道德与法院的管理体制"(见图十九)。

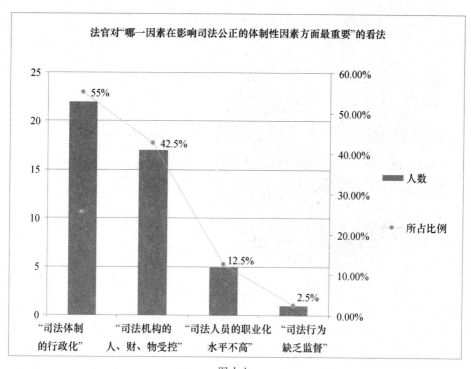

图十七

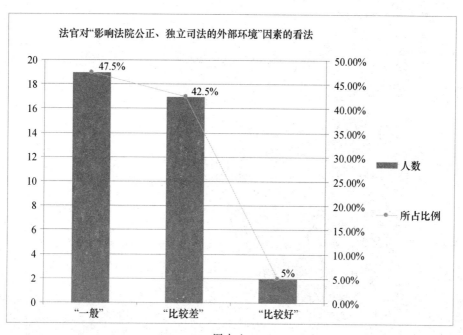

图十八

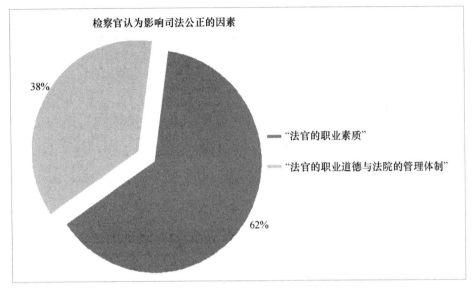

图十九

在问及"法院如何保持司法中立"时,被调查公安人员中高达 32.1% 认为是"应保证个案独立审判",31.2% 认为是"地方政府不干预法院的日常管理工作",18% 认为是"法院不参与地方政府社会治理工作",18.7% 认为是"地方政府不参与法院涉诉信访的处理"(见图二十)。

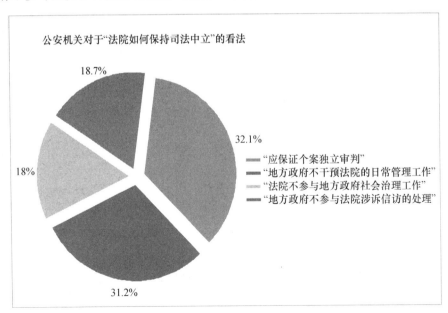

图二十

　　律师群体认为影响司法公正的因素有司法腐败、找领导打招呼托关系、司法能力不足、媒体的不当报道,选择这四个选项的人数比例分别为 42.5%、25.5%、25.5% 及 6.5%(见图二十一)。

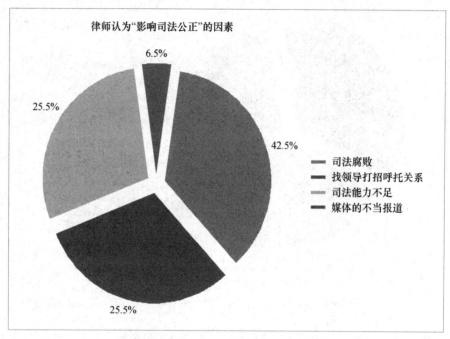

图二十一

## 五、司法公正与司法公信的评价标准

　　被调查法官中,高达 65% 认为司法公正与司法公信的评价标准是"法律标准",35% 认为是"法律标准和社会标准",没有人认为是"社会标准"或"其他标准"(见图二十二)。同时,在法律标准和社会标准不一致时,高达 85% 认为"把法律标准作为评价司法公正与否的根本标准,以法律标准引导社会标准,树立符合现行司法理念的民意"。

　　调查结果显示,80% 的检察官对法院工作的评价来自工作中与法官的接触,对司法公正的评价主要依据是法律公正。因此,高达 82% 的检察官认为法院应该在审判质量提升上下功夫,进一步加大审判公开与审判独立的力度。

　　受访公安人员中,95% 认为可从司法公开角度评价司法公正,82% 认为还应包括司法平等;66.7% 认为司法中立和高效应包括在内,还有 41% 认为司法和谐也是对司法公正的要求（见图二十三）。

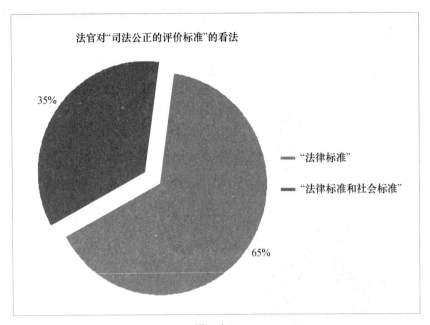

图二十二

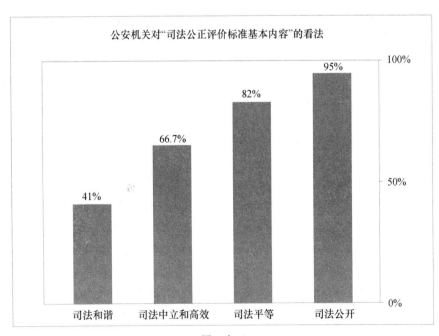

图二十三

虽然受访律师认为法院判决总体上是公正的,但对于败诉的案件,有33.3%仍然认为是由于人情、关系等因素导致的。可见,律师在评价司法公正的标准上难免具有主观性,有一定不确定性。这也预示着构建社会各个层面都认可、接受的司法公正评价体系实属不易。

## 第二节　调查问卷统计情况的分析

### 一、被调查对象——法律职业共同体

上述四类被调查对象有一个明显的特征,即均以法律为职业,且都与法院有着千丝万缕的联系。正是这种同质性让我们把这四类被调查对象聚合在一起并冠名为"法律职业共同体"。正如阿尔伯特·戴雪指出的:"当一个有20人的群体,或2000人,或20万人的群体,为了共同的目标,以一种特定的方式把他们自己约束在一起行动时,他们便创立了一个团体。这个团体不是由法律虚构的,而是事物的本性使然。它不同于组成它的那些个人。"[1]而根据波斯纳的研究可以得知,法律职业共同体不仅意味着这个群体"受过专门的法律教育、具备法律预先规定的任职条件、取得国家规定的任职资格而专门从事法律工作"[2],而且有一种特定的职业信仰和职业责任。法律专业共同体是社会发展到近现代才出现的一种新的社会结构成分,其具备如下特征:

第一,受过专门的法律教育和法律训练,具有职业性和专业性。从东西方国家来看,不管是行会式教育还是学院式教育,法律从业者在任职前,都要接受专门的法律教育和法律训练,掌握一套特有的符号体系,具备从业资格,方能担负起法律职业人所应承担的社会责任,用自己的专业知识和技能为社会进行"诊治"。"对法律的学习和由此获得的专门知识使一个人具有不同于社会中其他人的地位,并使得法律家成为一个某种特权化的知识阶级……他们还自然地构成一个团体。这并不是由于他们相互熟知和决定集中心力达到一个目标,而是由于相同的学习和相同的方法将他们的知识联系在一起,犹如共同的利益将他们的意愿联系在一起。"[3]

---

〔1〕 [英]丹宁勋爵:《法律的训诫》,杨百揆、刘庸安、丁健译,法律出版社2000年版,第174页。

〔2〕 [美]理查德·A.波斯纳:《超越法律》,苏力译,中国政法大学出版社2001年版,第10页。

〔3〕 [美]E.博登海默:《法理学——法律哲学与法律方法》,中国政法大学出版社1999年版,第305—307页。

第二,以法律为业,具有高度的统一性和同质性。"社会分工并不只是把人们分类化群,派做不同的活计;更高层次的社会分工在分别职业的同时也分别职业意识和行业准则,分别行为方式。"[1]作为法律职业共同体成员的法律职业者之所以能以主持诉讼,执行法律等为社会提供法律服务,以自己的专业性报效社会,就在于掌握了法学学科体系的基本知识,形成了系统而完整的学科知识体系,具备基本的职业技能,将权利意识、规范意识、公平正义观念内化于心,外化于行。

第三,具有任职资格认定、纪律惩戒、身份保障等一整套规章制度的自治性。在法律职业者发展历史中,国家均对法律职业者的素质有着强制性的要求,并以特定的道德准则和规范来约束职业成员的职业行为。根据昂格尔的描述性定义,所谓职业的自治性,即操纵法律规则、充实法律机构、参与法律诉讼实践的人员必须来自一个由其活动、特权和训练所确定的法律职业共同体。[2]这种自治性的表现有自主制定本行业的职业伦理规范、设定成员录用标准、惩戒违反职业伦理的成员。正是这种自治性一方面保证了法律职业共同体的同质性和统一性,另一方面维护了法律职业共同体的独立性和权威性。

## 二、司法公正主要评价标准——法律标准

何谓法律标准? 庞德指出,法律由律令、技术、理想三个要素构成,其中"律令"是由规则、原则、概念和标准组成的复杂体系。[3] 可见,法律标准是法律规范的构成要素之一。其紧接着又指出,法律标准即"法律所规定的一种行为尺度,离开这一尺度,人们就要对所造成的损害承担责任,或者使他的行为在法律上无效。"[4]那么,司法公正的法律标准意味着司法活动公正与否应以是否符合法律规定为准,法律规定范围内的裁判都是公正的。哈特认为法官按照法律标准判决,即使判错了,也是对的。因为法院的判决具有特殊性、最终性和不谬性。"记分员的裁判既是最终的,也是不谬的——或者说,记分员的裁决是可缪的或是不谬的,这个问题将是毫无意义的;因为没有什么标准判定他是'正确的'或'错误的'。在任何普通的比赛中,'记分就是记分员所说的'这并不是记分规则;它是规定记分员在具体情况下适用记分规则的具有权威性和最终性的

〔1〕 贺卫方:《司法的理念与制度》,中国政法大学出版社1998年版,第114页。

〔2〕 [美]昂格尔:《现代社会中的法律》,吴玉章、周汉华译,中国政法大学出版社1994年版,第53页。

〔3〕 [美]罗斯科·庞德:《通过法律的社会控制》,沈宗灵译,商务印书馆1984年版,第22—26页。

〔4〕 [美]罗斯科·庞德:《通过法律的社会控制》,沈宗灵译,商务印书馆1984年版,第26页。

规则。"[1]依此原则,法官裁判应当且只应当依据法律标准,只看法律效果。法律职业共同体具有以下几个方面的特征:

第一,法律标准具有技术性。法律标准的技术性显然源于法律自身的特色,这与社会标准具有较强的道德性具有明显的不同。尽管法律规范中也有很多道德性的内容,但是并不是所有的道德规范都可以上升为法律规范。社会标准的道德性使得其侧重从民俗、常理、伦理道德等角度来评判司法公正与否,而法律标准在评价司法公正时常常以法律规范中的技术性规范作为依据,侧重于法律条文的准确适用。

第二,法律标准具有确定性。与社会标准是民意的一种反映,具有极大不确定性相比,法律标准具有较强的确定性,这一确定性来源于法律的确定性。法律公开宣示哪些行为可以做,哪些行为不可以做,是一种明确的规范,且不可以随意变更,具有一定的稳定性。如此一来,"作为整体的法律要求法官尽可能假设法律是由一整套前后一致、与正义和公平有关的原则和诉讼的正当程序所构成的。它要求法官在面临新的案件时实施这些原则,以便根据同样的标准使人人处于公平和正义的地位。这种审判方式尊重整体性所假定的愿望,即成为一个原则社会的愿望"[2] 其最终结果就是类似案件、类似判决。

第三,法律标准具有客观性。与社会标准带着对案件认知和情感色彩来评判司法案件的随意性和主观性相比,法律标准作为一种制度性评价标准,具有一定的客观性。这一客观性与上述的技术性和确定性有密不可分的关联。依此标准评断司法案件必然将着眼点置于司法过程的程序性、规范性和证据性内容,不掺杂个人偏见,尊重司法裁决以事实为依据、以法律为准绳的办案规律。


## 第三节 法律职业共同体形成法律评价标准缘由的分析

法律职业共同体并不是一个实体,而是一种"想象的共同体"[3],即"被想象为一个没有疆界、没有组织结构,只有对法律的信仰的意念上的法律帝国"。[4] 由此可见,由共同的法律目标、法律价值、法律理念和法律伦理等所形

---

〔1〕 [英]哈特:《法律的概念》,张文显等译,中国大百科全书出版社 1996 年版,第 142—143 页。

〔2〕 [美]德沃金:《法律帝国》,李常青译,中国大百科全书出版社 1996 年版,第 217 页。

〔3〕 美国社会学家本尼迪克特提出的。

〔4〕 张文显、卢学英:《法律职业共同体引论》,载《法制与社会发展》(双月刊)2002 年第 6 期。

成的法律信仰是法律职业共同体的灵魂,这是一种发自内心的对法律权威的认同和对法律的信仰,正如伯尔曼在《法律与宗教》一书中写道的:"法律只有在受到信任,并且因而并不要求强制力制裁的时候,才是有效的;依法统治者无须处处依赖警察……真正能阻止犯罪的乃是守法的传统,这种传统又植根于一种深切而热烈的信念之中。那就是法律不仅是世俗政策的工具,而且还是生涯终极目的和意义的一部分。"[1] 离开了对法律的这种神圣性、权威性的自觉认同,再完美的法治模式也可能成为泡影;失去了这一灵魂,法律职业共同体仅仅是法律职业群体,已有的法律职业共同体也将在市场经济的冲击下,在内在价值多元的影响下,很快沦为利益共同体。也正是这一法律信仰使得法律职业共同体在判断何为司法公正时不约而同地倾向于法律标准。

法律职业共同体的法律信仰主要体现在三个方面:

第一,职业认同。由于分工不同,法官、检察官、公安人员为国家服务,律师为个人服务,公益与私益的划分泾渭分明,也导致一名律师与一位法官、检察官、公安机关之间在价值观方面的差异,有时甚至大于他与一个农妇之间的距离。[2] 而职业认同意味着法律职业者的共识和合力,表明他们尊重彼此的职业空间和意见立场,理解彼此的业务和工作性质,缩小了差距,排除了偏见,在潜移默化中遏制各法律职业者个体的发散思维,使其行为被限定和约束在统一的框架之内,避免游离于法治理念之外。"'职业认同'的构建不仅对于全社会尊法、守法倾向的普遍形成具有重要的示范意义,而且有助于良法的产生,形成限制滥用国家权力和威胁公民自由的行为的现实制衡力量,以及维护法律职业领域及其队伍的纯洁。"[3]

第二,法律职业道德的践行。法律职业共同体是典型的自我约束、自我管理的自治性共同体。而律师这一行业,其职业特性决定了律师在诉讼中以追求胜诉作为目的,以此为目的很容易令其偏离职业伦理,导致对道德准则的践踏。法律职业者只有严格遵守行业准则,把职业伦理的价值观念渗透到自己的日常言行之中,才能使共同体成为主张权利、限制权力、宣示正义之所。正如贺卫方教授指出的:"他们操纵着规则、充实着法律机构和参与着法律争讼的实践,使得这项事业不仅是通过处理具体纠纷、解释法律规则、阐释法学原理来体现,而且也是通过自身的行为、庄重的法律符号及仪式以及对法律程序和形式的敬重

---

〔1〕 [美]伯尔曼:《法律与宗教》,梁治平译,生活·读书·新知三联书店 1991 年版,第 5 页。

〔2〕 林喆:《重述法治社会的形成及其特点——兼论法律职业共同体的形成如何可能》,载《金陵法律评论》2002 年秋季卷。

〔3〕 林喆:《重述法治社会的形成及其特点——兼论法律职业共同体的形成如何可能》,载《金陵法律评论》2002 年秋季卷。

来向世人昭示的。"[1]

第三,法律思维的同质化。法律思维是法律职业者独特的思维方式,现代法治国家中,法律职业者之所以居于举足轻重的地位,除了他们的专业知识技能外,更为重要的是他们在长期实践中所形成的思维方式适应了时代的需要。这种思维方式使得他们在工作中易于消除认识和理解法律的分歧,以权利意识、规范意识为指引,追求公平正义,他们深切明白:"对利与弊的权衡,对成本与效益的比较以及对善与恶的评价,都不能代替法律的标准和结论,而且对于公共政策的制定和实施而言,法律思维方式应当具有优先的位次。离开合法与违法这个前提去单纯思考利与弊、成本与收益、善与恶等是法治原则所不能允许的。"[2]

## 第四节　强化法律职业共同体法律评价标准与共识的路径

从西方国家法律职业共同体的发展历程可知,法律职业共同体的形成一般需要两大前提性条件:一是外在制度条件,二是内在素养条件。就前者而言,一般包括:第一,实现普遍的社会法制化,从而能对权力进行相对有效的制约。第二,由于社会的高度认可而得到更加特许的市场保护。例如,禁止尚未取得相关职业资格者从事法律职业;从事法律职业的前提是必须接受长期、有效的职业培训;其决定和指导在法律知识和技术范围内获得尊重等。第三,法律职业的独立性获得国家的承认,律师协会或法官协会等组织的自治权受到尊重和保障。第四,法学教育制度在国家认可言论自由前提下获得蓬勃发展的机会,但是对师资等条件作出严格的限制。[3] 就后者而言,一般包括:第一,职业语言。职业语言承载着法律知识、技术和精神,法律人能从中获取无穷的权力和利益。第二,职业技术。包括实在法规则和复杂理论等。第三,职业知识。这是外人无法掌握、不可言说的职业技术。第四,职业思维。这是法律人特有的思维模式,以之思考法律问题,处理法律事务。第五,职业伦理。这种职业伦理合乎职业身份,且能在大众道德和职业利益之间保持良好的张力。第六,职业信仰。

---

〔1〕 贺卫方:《司法的理念与制度》,中国政法大学出版社 1998 年版,第 178 页。

〔2〕 郑成良主编:《现代法理学》,吉林大学出版社 1999 年版,第 10 页。

〔3〕 郑戈:《法学是一门社会科学吗?——试论"法律科学"的属性及其研究方法》,载《北大法律评论》1998 年第 1 辑,法律出版社 1998 年版,第 10 页。

即在多元化的哲学取向和宗教信仰基础上,信奉法治和法律。[1]

而当前我国的法律职业共同体面临着较为严重行政化、职业化和专业化程度不足、法律职业者之间相互猜忌、缺乏必要沟通、职业化培训和经验积累遭到忽视、法律职业人员缺乏身份保障等困境,这既有外在制度条件的不足,也有内在素养的欠缺,因此,必须从这两大方面入手,促成我国法律职业共同体的完善,使其成为一个评判共同体,这对保持程序公正、捍卫法律尊严、维护现存统治秩序的合法性具有十分重要的意义。正如有学者指出的:"中国法治国家的建构中的核心任务和基础工程乃是促生一个现代的法律家共同体"[2]。具体来说,促进我国的法律职业共同体的措施如下:

首先,法学教育是培养法律信仰的发源地和基础。那些法治建设走在前列的国家无一不重视法学教育。法律职业者在走向工作岗位形成法官与律师分工之前,是一个整体。无疑,在相同的学习环境下接受同样的法学教育,有助于构建同质的法律价值体系,最终形成共同的法律信仰。我国目前的法学教育存在的问题是过分注重传播法律知识,疏忽了法律职业道德教育。"法律教育不是培养法律工匠和现代讼棍,而是法律家、法学家;不是培养法律的工具,而是法治的维护者、捍卫者和创造者。"[3]法律诊所式的教学方式是缓解这一局面的有效手段,它既为学生提供了实践法学知识的平台,也使"学生通过提供无偿法律援助和法律服务,培养学生对社会的奉献精神、职业荣誉感和社会正义感,养成法律职业共同体意识和相互之间尊重的品质"[4]。

其次,职业培训有助于培育和固化法律职业者的基本价值和共识,并使其深化和发展。欧洲大陆和英国在形成"人的意志完善的统一体",构建法律职业共同体上虽走的是不尽相同的路径,前者是"理性的",后者是"经验的",[5]但它们都要求经过同样的职业培训,在系统的培训中形成共同的职业意识和职业理念,并通过未来长期的职业生涯不断强化。而我国目前法官、检察官和律师的职业培训采取各自为战的形式,"职业割据"现象明显,职业沟通壁垒重重。法律职业者一体化培训模式则能明显强化彼此间的认同感,促成法律职业者体

〔1〕 孙笑侠等:《法律人之治——法律职业的中国思考》,中国政法大学出版社 2005 年版,第74 页。

〔2〕 程竹汝:《司法改革与政治发展——当代中国司法结构及其社会政治功能研究》,中国社会科学出版社 2001 年版,第 353 页。

〔3〕 韩慧:《论法治实践中的法律职业共同体》,载《实事求是》2008 年第 5 期。

〔4〕 房文翠:《法学教育价值研究——兼论我国法学教育改革的走向》,北京大学出版社 2005 年版,第 12 页。

〔5〕 [德]马克斯·韦伯:《经济与社会》(下卷),林荣远译,商务印书馆 1998 年版,第 118 页。

味共同的使命。

最后,法律职业者之间的经常接触必不可少。法律职业共同体是由法律职业者个人组成,个体价值观、素养等方面的不同带来的分歧不可避免,要消除这种分歧,必须在彼此间保持对话、交流。在长期的接触中,共同体成员容易形成共同的语言体系,加深彼此间的认识和理解,内部沟通障碍减少,法律职业者的结合越加牢固和紧密,在专业上的判断越发趋于一致,在应对外界的评价和干涉时就能步调一致,易以统一的专业标准形成"同一声音",从而纠正对公众的误导,彰显法律的严肃性和权威性。当然,经常的接触并不意味着职权混淆,不分彼此,这里要把握一个度,否则无以形成职业的威严,那就是在法治的框架内权责分明、相互制约、相互监督。"具有专业性理解的法律职业者之间,基于对法律的敏感和同业者因相互熟知所自然发生的关注,能够对越权和权力滥用产生最有效的检测和否定。"[1]

作为法律精神、技术、文化的实施者和载体,"建立法律职业共同体的最大意义,在于形成一种建立在共同知识训练背景基础上所形成的共同的知识体系、思维方式以及由此而上升为更高级的共同的理念、共同的价值追求甚至共同的信仰(即对于法治的信仰)"[2]。在独立的法律职业共同体的参与下,司法公正评价标准体系的主要标准——法律标准就会得以彰显并日益被强化,这有助于引导社会其他主体对司法公正的评价,将社会标准、政治标准等转化为法律标准,最终形成法治国家司法公正统一的评价标准。因为虽然个人的信念和期望各不相同,但是法律职业共同体能通过传播法治价值、精神、实施和运用规范,公开表述和支持一种价值、一种文化体系,实现对支离破碎的道德、风俗、习惯、文化等的重组,使法律被信仰,并铭刻在公民们的内心里。

---

[1]　张文显、卢学英:《法律职业共同体引论》,载《法制与社会发展》2002 年第 6 期。

[2]　刘作翔、刘振宇:《对法律职业共同体的认识和理解——兼论中国式法律职业共同体的角色隐喻及其现状》,载《法学杂志》2013 年第 4 期。

# 第三章

# 司法公信:法官司法技能修养的理想境界与追求

　　司法审判的主体是法官,法官的司法职业技能与司法公信力息息相关,只有加强法官司法职业技能的提升,才能更好地提升司法公信力。法官的司法审判活动是一种实践性、经验性、知识性、技术性很强的法律职业工作,法官司法不仅仅只是做一个"法匠",机械地根据法律条文来消弭纠纷,而是要按照立法的精神和原则创造性地适用法律,通过司法审判维系社会的公平与正义。本章从法官司法审判艺术的多维视角研究入手,着力探究法官司法能力修炼,提高促进司法公信力提升的途径。法官审理裁判案件是一门充满美感和幸福感的职业艺术,通过加强法官审判技能的修养将会极大地促进司法公信力的全面提升,讲求法官审判技艺是中国法官在现实环境下提升司法公信力的主要途径,课题项目研究尝试运用法理学、法美学、法哲学、法社会学、政治学、宗教学、文学和实证应用法学研究方法等相关理论知识,从法律精神、法律功能、法律方法、法律文化等多维视角来分析和论证提升司法公信力的法理学基础问题,考量法官司法审判技能修养与提升司法公信力的辩证关系,以期有益于"新四化"背景下司法公信力的全面提升。

## 第一节　司法技能:法官的司法审判是一门专业化职业艺术

　　我国法学家吴经熊在其论文集《法的艺术及司法和文学文集》里得出法律、司法是艺术的论断,他认为,正义是真善美的复合体,而正义是与法律、司法紧密相连的,所以,法律、司法也是真善美的复合体;真是正义的基础,善是正义的材料和目标,而美则是正义的品质。他说:"当我把法律与其他艺术作对比的时候,我并非在比喻或修辞的意义上来讲话。我知觉到一方面是法,另一方面是音乐、诗歌和绘画,二者是相同的……表达手段在音乐是声音,在诗歌是语词,而在绘画是颜色,说到法律则是利益。不同只在于表现的材料和媒介,所有艺术的最重要方面都是一致的,那就是一种对称的、有秩序的、和谐的排列和对表现元素的有机组织。如果法律不是艺术,那它就什么也不是。"[1]富勒与波斯纳也都认为:法律制度是一项"实践艺术",是一种以法律进行社会管理的艺术,即由受过法律训练有法律经验的人来实践[2]。学者们的论断引导出一个共同的命题:法官裁判是一门实践的艺术。无论是普通法系还是大陆法系国家,法官职业艺术与方法早已在司法实践和理论研究领域发展成为一门独立的学问。法官适用法律、解释法律的方法和艺术,以及法官裁判的经验和习惯经过长期的积累和研究已升华为一门独特的职业科学和艺术,正是因为有了这样的职业科学和艺术,才使得西方的法官在法律治理国家的实践中能够以法律的精神裁判是非黑白,使世俗世界趋于秩序与和平,使人们感受到不同层面的安全和幸福。相比较而言,中国有其独特的国情,中国的法制环境也具有特殊的复杂性,在中国意欲推行法律治国,提高法官的司法能力,其困难程度要远远大于西方。中国现代的法学教育没有开设法律方法和司法艺术的课程,而中国的法院也没有专门培训审判艺术的传统。然而,中国的职业法官最迫切需要的教育和培训内容就是司法审判职业艺术和裁判技巧,而且,中国的法官不仅仅需要掌握法律解释和适用的一般方法,还需要掌握更高层次的审判艺术。法官审判艺术与法官职业具有天然的紧密联系。法官审判艺术的主体是法官,客体是法官、诉讼当事人、社会公众的公理、情感和对司法审判及法律精神的认知。法官职业既需要法律科学知识的理性支撑,又需要司法审判艺术与技巧以及办案经验习惯等职业艺术与经验的感性辅助,将理性的法律科学付诸司法审判实践,用法律手段调整社会生活中的各种纷争,维护社会生活秩序,维护社会公平与正义。这个实践的过程既是一个理性的实践过程,又是一个建立在理性基础之上的超越理性的感性实践过程;既是一个有法定程序且公开透明的实现正义的过程,又是一个法官进行自由心证、道德判断、价值取舍、利益衡量的心灵感悟的过程。因此,法官裁判是一门职业艺术,司法能力的提升也就是审判艺术修养水平的提升。

从卡多佐盛赞霍姆斯大法官的审判艺术的评语中,我们可以更深刻地领悟到法官审判艺术的内涵,卡多佐认为,霍姆斯大法官是一位兼备法律学识与传

---

〔1〕 吕世伦主编:《法的真善美——法美学初探》,法律出版社 2004 年版,第 554 页。

〔2〕 吕世伦主编:《法的真善美——法美学初探》,法律出版社 2004 年版,第 553 页。

统技巧的大师,人们可以从每一个环节,无论是最细微的还是最伟大的工作中,发现与其使命相契合的法律智慧……发现他可能正在探索一些已消失的东西。带给我们的,都是对永恒的透视。[1] 霍姆斯大法官的高明之处在于,他能敏锐地发现,"在法律过程中,总有一些幽幽不明的部分,虚无缥缈,太模糊而无法被注意到,太具有象征意义而无法加以解释。他不仅注意到利益的权衡,而且,力图将有限融入无限之中,力图在有限中看到无限。这些都不是逻辑思维可把握的,而必须诉诸感性,这种神秘、无限的回响,这种不可触摸的在运行过程的回眸一瞥,这种无边宇宙在心灵中的轻轻一痕,正是审美的境界"。[2] 霍姆斯的审判艺术在于他对法律方法的正确认识,他说:"在决定人们应当遵循的规则时,现实感知的需要,盛行的道德与政治理论,对公认或不自觉形成的公共政策的直觉,甚至法官与其同僚共有的偏见,比演绎推理起更多的作用。法律体现了一个民族诸世纪以来的发展历程,不能将它视作似乎仅仅包含了公理以及一本数学书中的定理。"[3] 霍姆斯大法官对于法律方法的深刻理解和认识,给予我们职业法官一种全新的启迪,使我们对法官审判艺术有了一个更直观、更感性、更贴切的理解和感悟——法官裁判的艺术是一门职业的艺术、实践的艺术,是方法的艺术、思维的艺术,更是生活的艺术。我们可以将法官审判艺术定义为法官在履行司法审判职能过程中,正确理解和阐释法律的精神、立法宗旨及原则,按照美的规律和幸福的价值观,依据具体案件的不同情况,确立审理案件的方针、策略、重点等的技巧与方法,准确恰当地选择适用最佳法律规范,公正裁判案件的职业艺术。

如果说艺术是人类共同的追求,那么审判艺术就是职业法官共同的追求。讲求法官审判艺术实际上是解放了司法官的个性,让司法官在司法活动中展现个体的知识判断力和价值追求等个体魅力。[4] 法官裁判的个性与能力并非作为人的个体的性情、品质、习惯的外化,而是建立在法学理论基础之上的法理的品格与风范的延伸。因此,审判艺术的个性美带有法学理论的共性特征,而审判艺术的生命力正在于其深厚的法理内涵和精神实质。法官审判艺术这支法苑奇葩只有根植于法理学及相关学科诸如法哲学、法社会学深厚的土壤里才能争奇斗艳,尽展芳华。法官审判艺术实际上是一种当代司法能力的真善美的艺术体现。

---

〔1〕 [美]本杰明·N.卡多佐:《演讲录:法律与文学》,董炯、彭冰译,中国法制出版社2005年版,第75—76页。

〔2〕 吕世伦主编:《法的真善美——法美学初探》,法律出版社2004年版,第555页。

〔3〕 [美]本杰明·N.卡多佐:《演讲录:法律与文学》,董炯、彭冰译,中国法制出版社2005年版,第75页。

〔4〕 郝铁川:《法治随想录》,中国法制出版社2000年版,第92—93页。

## 第二节　法律精神:法官审判艺术的
## 法理与法意诠释

古往今来,人类对"法律是什么"的理解各异,对法律精神的追问也很多,至今也没有标准的答案。法律是能够给人类带来权利、利益、安宁、自由、和谐、秩序、尊严、文明等幸福感的规则与制度,是人类理性价值的集中体现,是洋溢着诗意之美、和谐之美的社会规范,是人性真善美的制度表达。这是笔者对法律本质的个人理解和诠释,抛却了恶法的不人道、反人类的特征,是对法的理想化的认识和描述。

法律的精神,也是法的本质。对法律家而言,追求法律本质的实践,"既是一种现实的期待,也是一种永恒的追求"[1]作为法律家的法官对于法律的本质内涵应当有更深邃的理解和认识。柏拉图在其《法律篇》中这样阐释法律:每一个人心中都有两种意向,一是希望幸福,二是害怕痛苦。人能思考关于希望、幸福、痛苦等的善恶,这种思考体现在国家的政令中就叫法律。[2]柏拉图所说的"思考"其实就是"价值的选择"。基于这种价值的选择,法律最终成为对"专断权力之行使的一种限制,因此,它同无政府状态和专制政治都是敌对的,法律试图通过把秩序与规则性引入私人交往和政府机构运作之中"[3]实现价值。因此,法律虽然包括令人厌烦、使人畏惧的强制与干预力量,人们仍然忐忑不安地对法律力量的良性运行抱有希望,这种矛盾心态既体现于立法,又反映在执法,更贯穿于司法的裁判过程,使得立法、执法、司法行为在面对法律现实的时候必须经常反思法律的真意、法律的美德和法律的精神。于法官而言,理解法、法律及法律的精神,通过审判艺术积极诠释法律的德性,克服法律的暴政,更是一种美学的、带有真理性的行为方式与思维方式。法官在审判实践中应当时时注重通过法律方法充分体现法律精神,当法官的司法艺术成为一种法律精神的转化途径,法官的司法艺术也就上升到艺术的层次了。

伽达默尔在谈到美学(艺术)与诠释学的关系时指出:"倘若我们要将解释

---

〔1〕　谢晖:《法的思辨与实证》,法律出版社 2001 年版,第 148 页。

〔2〕　何勤华:《西方法学名著》,中国政法大学出版社 2002 年版,第 3 页。

〔3〕　[美]E.博登海默:《法理学——法律哲学与法律方法》,邓正来译,中国政法大学出版社 2004 年版,第 246 页。

学的任务界定为沟通两个精神之间的个体或历史间距的桥梁,那么,艺术的表现则似乎完全处于解释学的领域之外。对于在自然和历史中与我们照面的所有事情来说,最为直接地向我们说话的应当是艺术作品。它拥有一种神秘的亲和力,这个亲和力把握了我们的整个存在,似乎没有一点距离,似乎与它的日常遭遇就是与我们自己的遭遇一样。"他引用黑格尔的观点将艺术视为一种绝对精神的形式,认为我们"在艺术中看到一种精神的自我认识之形式,在此形式中,没有什么外来的和不可补救的东西,也不存在现实的偶然性,不存在仅仅是被给予之物的不可理解性"。[1] 伽达默尔的论断,为我们诠释法官审判艺术的精神内涵指明了路径——以追求美学和艺术的境界为目的,一切艺术,无论是文学、音乐、美术还是诗歌、舞蹈,都会给人以与君相知,物我两忘之陶冶,艺术及美的享受不仅仅是感性的形式,更是一种人的知性的寄予。真正的艺术和美不须言说、不须欣赏,也不须体验,它是投入、是融化、是对人与对象的整合境界,[2]这种整合境界正是法律与司法的追求。循着艺术化的路径,我们追问法律的精神与法官审判艺术的法理共通:法是人类美和幸福价值观的体现,法律是以追求自然与人类之本真为目的的规范,法律是为了提高人类的幸福指数而使用的集体强权,法律的根本原因是社会福利的失衡与不均分配,法律的真正目的是人类社会的最大幸福。幸福是美学与艺术的本源,是社会福利的标志。法官审判艺术则是追求法律精神的美学与艺术境界的职业艺术。我们追求的不是单纯的美,也不是简单的幸福,而是一种既符合美的规律又能实现多层级幸福生活的整合境界,是一种唯美的诠释。因此,法官若能将法律的精神作为裁判的基础,并将司法审判职业视为一门艺术来修行,将会是一种美德,更是一种善行。

波斯纳说过:"法律是一种艺术,但也是一种神秘",[3]揭开法律神秘的面纱,法律的精神在熠熠生辉。由于法律精神的抽象与玄妙,笔者愿意将这种法律的神秘诠释为一种"未知"之前对美的揣测和"得知"以后对幸福的参悟。这个思索与领悟的过程就是对法律精神的解读过程,并通过法治实践来引导。法官裁判的过程也应当是这种揣测和参悟的过程。法治是人类的崇高理想,但由于法治的非全能性和不完善性,使法治永远是人类向往和努力的方向,法官实践法治也就具有永远的过程性,表现为一种不能完全适应的状态,这就决定了司法能力永远存在被艺术化的必要和可能,相应地,法律精神始终是司法意欲

---

〔1〕 谢晖:《法律的意义追问——诠释学视野中的法哲学》,商务印书馆 2003 年版,第 446—447 页。

〔2〕 谢晖:《法律的意义追问——诠释学视野中的法哲学》,商务印书馆 2003 年版,第 447—448 页。

〔3〕 [美]理查德·A.波斯纳:《超越法律》,苏力译,中国政法大学出版社 2001 年版,第 66 页。

揭示的神秘力量,这种抽象的神秘力量借助法官审判艺术的传导表现为现实的裁判风格。

　　课题研究对法律精神和法官审判艺术的诠释可能与其他的诠释方法不同,但可能恰恰因为视角的不同,才会产生"和而不同"的异趣效果。不论差异多大,有一点是必须认同的:从古至今,人们对法、法律、司法的解密从未停止,相关的理论始终处于变化和发展当中,对此没有独断的真理,只有永恒的对话和诠释。[1] 或许有人要问,为法官审判艺术搭建一个法律精神的"后花园"是否仅仅意在追求一种理念上的时尚? 答案是否定的。我们对法官裁判的这种理想化的期待不是为了装点法治的门庭,而是为了到达真理的彼岸。正如伽达默尔所说,"艺术无疑是不同于那种提供给科学以最终数据的感性认识……但它却是一种传达真理的认识"。[2]法官审判艺术的魅力在于,不是国家、也不是政治,而是法律的精神引领职业法官追求真理,裁判的目的不是表达强权,而是还真理与正义以本来面目。课题研究将评判法官司法能力和裁判水平的标准提升到艺术层面,就是为了促使法官认真对待司法裁判可能证明的巨大美学价值,从而珍惜自己的职业荣誉,将对法律职业的理解从实用层面提升到理想层面,从功利层面提升到精神层面,最大限度地为法律的精神代言。

# 第三节　法律功能:法官审判艺术的功能与价值分析

　　法律的功能和价值问题是法律科学所不能回避的问题,在法律史的各个经典时期,无论在古代还是在近代社会里,对价值准则的论证、批判或合乎逻辑的适用,都曾是法学家们的主要活动。[3] 关于法律价值的含义,不同学者有不同观点:一种观点认为,法律价值是法律基于其自身的规定性满足主体需要的属性。[4] 另一种观点认为,法律价值是主体通过认识、评价和法律实践促使法律适应和服从主体的内在尺度而形成的法律对主体的从属关系。[5] 还有观点则认为,法律价值是社会性和阶级性的统一,主观性和客观性的统一,相对性和绝

〔1〕　谢晖:《法律的意义追问——诠释学视野中的法哲学》,商务印书馆2003年版,第602页。

〔2〕　蒋孔阳、朱立元主编,朱立元、张德兴著:《西方美学通史第七卷:二十世纪美学(下)》,上海文艺出版社1999年版,第254页。

〔3〕　[美]庞德:《通过法律的社会控制——法律的任务》商务印书馆1984年版,第54—55页。

〔4〕　李龙:《良法论》,武汉大学出版社2001年版,第283页。

〔5〕　谢鹏程:《基本法律价值》,山东人民出版社2000年版,第6页。

对性的统一,目的性价值和手段性价值的统一。[1] 笔者认为,法律的价值是属于内在的、抽象的意识;是本质的,潜藏于法背后的观念;是间接的通过法律的特征,尤其是法律的运行及其结果被人感知的制度力量,是人性的真实流露。法律价值观是指人们对法律价值的认识、体悟和适从的心理状态,包括感性认识和理性认识两大方面,具体表现为人们对法律价值的认识、体悟、需求。[2] 以笔者观察司法审判实践的视角,指导法官审判艺术的法律价值观是良法论的价值观,是以法律的真、善、美相统一为标准的人文主义价值观,是为人类社会谋求公共福利的法律价值观。

现代法律的权利本位范式引导人文精神的回归,使之成为现代法律精神的要素,并成为研究法律价值观的起点。人文精神是一套观念体系,其要义是:一切从人的需要出发,以人为中心,把人作为观念、行为和制度的主体;人的解放与自由,人的尊严、幸福与全面发展,应当成为个人、群体、社会和政府的终极目的;作为主体的个人和团体,应当有公平、宽容、诚信、自立、自强、自律的自觉意识和观念。人文精神以弘扬人的主体性和价值性、对人的权利平等尊重和关怀为特征。[3] 市场经济和市民社会是人文精神的原生点,人文精神在市民社会和市民文化的基础上逐渐发展,并以法律的面目到达文明的层次,法律的真、善、美成为人文精神的另一种表达方式。美的实质、美的真谛、美的规律和人民对幸福的感受都是人文精神的价值形式。当今社会的全面进步以人文精神为先导,构建和谐社会离不开人文精神,人文精神是现代法律价值观的深刻内涵,法官审判艺术所遵循的良法价值观、幸福的价值观都曾受到人文精神的启发。

法律之真是法律的合规律性与合目的性的统一。首先,从法的三维结构角度来思考,法律之真是法的合规律性、合目的性的自然结论;其次,从法哲学的角度透视,法律之真实质上表达的是法作为真理的规定性、稳定性、可靠性。在法的真善美之间,法律之真是法律之善和法律之美的基础,法律之真是公平正义秩序的根基,是法官职业艺术的德性,是法官良心的渊源,是悟法的慧根。"真,是从世界的运动、变化发展之中表现出来的客观事物自身的规律性",[4]真是获得了真理、达到了真理的境界,即主体在思想和行为上充分接近和适合于客体的必然性。[5] "法律之真"指"法是由事物的性质产生出来的必

---

[1] 张文显:《法哲学范畴研究》,中国政法大学出版社 2001 年版,第 191—195 页。

[2] 李龙:《良法论》,武汉大学出版社 2001 年版,第 283 页。

[3] 张文显:《法哲学范畴研究》,中国政法大学出版社 2001 年版,第 389—390 页。

[4] 王朝闻主编:《美学概论》,人民出版社 1981 年版,第 32 页。

[5] 李秀林:《辩证唯物主义和历史唯物主义》,中国人民大学出版社 1995 年版,第 373 页。

然关系",[1]法律之真就是法的本质属性,即法的规律性。为追求真理,"立法者应该把自己看作一个自然科学家。他不是在制造法律,不是在发明法律,而仅仅是在表达法律,他把精神关系的内在规律表现在法律之中"[2]。法官审判艺术之真指法官"把法律当真,以毕生精力去实践和捍卫法律这个'真'",[3]以追求法的合规律性、合目的性为价值取向,通过审判艺术坚持真理、追求真理,并引领向往法治理想的人民大众走上寻善、寻美乃至寻找幸福的道路。

如果把善定义为道德上或功利上的正面价值,那么法律之善就是法律所追求的建构在法律之真基础上的正面价值。法经过主观化了的客观必然性和人们赋予它的主观想象构成了法律之善的正面价值内容,概括起来也就是正义、自由、民主、秩序和效益等价值观的体现。法律之善表现为:客观的、外部的、实证的法即真实意义上的法向着人的主观的、内部的、形而上学的法转化;合乎规律的法向着合乎目的和理想的法转化;自在的法向着自为的法转化;进而直接地起到启发人的主观能动性和对人行为的规范作用。由法律之真到法律之善,是法运行中的第一个否定或自我扬弃,是法律本身的一大进展。[4] 法律之善是在法律之真基础上的进化,由法律之真到法律之善是法律的精神与法律真理价值的一次飞跃。如果说人性的善像太阳的光能够驱散人们心中的阴霾,那么,法律之善则是这样一种曙光,将法律所保护的各种价值,散播到处于矛盾纠葛中的人们的心中,不仅排除疑惑,而且开解心结。法律与司法行为的善由正义的实现来证明。正义既是适合于法律的善,也是诸善中最具法律性质的善。[5] 法律之善既包括法律所保护的个人的善,即个人在法律允许的范围内所追求的各种善意的愿望,也包括法律所追求的各种公共目的,还包括法律所维护和促进的各种功利价值,如财产利益、人身利益和公共福利,甚至也包括它所维护和促进的社会伦理价值,如诚实信用、平等关怀、忠义与仁爱等。法官审判艺术之善,即指法官在裁判过程中所探寻和追求的建构在法官审判艺术之真基础之上的行为适当与结果正当,以及实现良法的基本价值体系:正义、自由、民主、秩序与效益。法官审判艺术追求的法律之善融会了多种法律价值,既指法律本身是有价值体系支撑的良法,也指司法过程的人性化、司法行为的人格化;既指法律的合乎理性,还特指司法官的性情善良,厚德重义,行为端庄。以法律之内的正义谋求最大多数人的最大福利是法官的职业义务与道德责任。

---

〔1〕[法]孟德斯鸠:《论法的精神》(上),孙立坚等译,陕西人民出版社 2001 年版,第 1 页。

〔2〕[德]马克思、恩格斯《马克思恩格斯全集》(第一卷),人民出版社 1956 年版,第 183 页。

〔3〕范忠信:《信法为真》,中国法制出版社 2000 年版,第 2 页。

〔4〕吕世伦主编:《法的真善美——法美学初探》,法律出版社 2004 年版,第 268 页。

〔5〕郑成良:《法律之内的正义》,法律出版社 2002 年版,第 107 页。

美是一个有着悠久历史的迷人话题。美的含义非常丰富,几乎涵盖了社会生活的方方面面。柏拉图最先提出了"什么是美"的疑问,他从唯心主义立场提出"美是理念"的学说,并提出"法律之美"的概念。[1] 拉德布鲁赫认为,艺术和诗歌可使法律职业者达到最高境界,并明确提出建立一门法美学。[2] 法美学的提出和建构,为法官审判艺术的研究提供了更多的美学理论支撑。中国传统法律文化也非常重视美学气质和品格。以孔子为代表的儒家主张人治、德治和礼治,极力推崇艺术在人类生活和政治秩序中的价值,强调艺术之美与政治统治在社会目的上的一致性,主张将虚无之美与实在的礼法紧密地结合在一起。道家则强调法律内涵之美,以法之最高的道义和境界为美。当今中国以建设法治社会、和谐社会为理想,既力导法律主治,又鼓励人民通过自我完善追求完美的人生。完满的人生需要有审美境界,和谐的社会也需要有鼓励审美的法治环境,因此,法美学在当代中国的构建并不突兀,实为必然。法律与美之间的理性与感性、现实与浪漫、保守与自由的品格之分,实际上仅仅只是各自特征和表现形式上的差异,二者之间初看似乎毫无关联,但内在却有自然的共生性,具有相互渗透的关系,只不过这种融合与渗透不像其他艺术形式那样明显,也不像其他艺术形式那样有丰富的表达方式,因而不被人透彻地观察和理解,但是法与美的联系是客观的。

法官审判艺术之美是法美学研究内容中与司法实务联系最紧密的部分,是从审美的主体意识、主客体的关系,社会性和客观性相结合等视角来探讨法官审判艺术的本质。法美学是一门新兴的边缘学科,是法学与美学的结合,法官审判艺术已成为美学的重要研究内容。在人们的印象当中,法具有理性、保守、现实的品格,而美具有感性、自由、浪漫的特质,两个看似截然不同的事物如何结合在一起而形成一门新兴的学科?其中,有历史与现实的原因。在美学研究领域,美学家们最初只是研究艺术领域中的美,其后,才开始研究自然美和社会美,更多的只是注重研究美的形象性和情感性,而忽略了美的抽象性和理性,现代美学已将研究领域拓展到社会生活的方方面面,力图将人类社会的审美世界探究穷尽,学者们通过研究已经认识到人类对于美的界定范围过于偏狭,导致了美学研究的偏狭;人们开始认同感性与理性,形象与抽象之间并非截然对立,而是相互包涵、相互融合、相互转化的辩证统一关系,因此,美学研究的范围不断扩大,出现了技术美学、科学美学和法美学等更多的边缘学科研究领域。

---

〔1〕 吕世伦主编:《法的真善美——法美学初探》,法律出版社 2004 年版,第 401 页。

〔2〕 吕世伦主编:《法的真善美——法美学初探》,法律出版社 2004 年版,第 403 页。

在审判实践中,我们常常听到诉讼当事人或者旁听的群众评价某某法官裁判水平高,某某法官处理问题巧妙,某某法官的判决书写得精彩,这实际上就是人们对法官审判艺术之美的朴素感受。法官审判艺术之美存在于人们的立体意识之中,是不同的人在见证法官职业艺术时产生的主观感受。从主客体的关系来分析,当法官裁判过程中表现出的高超艺术和技巧适合社会公众和诉讼当事人主观意识中关于美的评价标准,二者融为一体时,就成为美的艺术。从社会性和客观性相结合的视角来分析,人们对法官审判艺术的审美标准在现实的审判实践中显现出来,这种现实之美与想象之美的完美结合是美的基本存在方式。法律是人类理性的载体,通过权利义务的规定表达理性的、抽象的要求;同时,法律也积淀着人类的情感,它通过不同的方式表达,展示出可感受的形象,法官审判艺术是以法律表达人类情感的最佳方式。在法官职业艺术之中注入审美情趣和艺术生机,可以使法官职业上升到审美之维,帮助职业法官群体在司法审判实践中准确地找到个体发展的价值基础,从而实现个人理想与社会责任的和谐。我们探讨法官审判艺术之美的意义在于:探求法官职业的理想之需及现实任务,探求职业艺术的提高途径。法美学的构建是法的本质和时代发展的必然要求,而开展法官审判艺术之美学研究则是法官队伍建设和法官群体职业化、精英化发展的必然要求。法官审判艺术之美包括法官的仪态美、言辞美、气质美,法庭的整洁美、肃穆美、威严美,庭审的秩序美、节奏美、规范美,裁判的文字美、法理美、论证美等,凡是能够引发社会公众对法律、法治、司法过程产生诸如景仰、信服、认同等内心感受的裁判行为、裁判过程或裁判气氛,我们都不妨认为具有一种艺术的美感。遵循美的规律构建法官的职业艺术,就是要在司法审判实践中体现法律的人性化和法律的精神,从而使法律真正成为体现人类本质需求的法律,而不是统治和专制的工具;使司法审判成为人们领略法律之美的桥梁,而不是人们感受法律丑恶的场所。这是我们倡导法官审判艺术、评价法官审判艺术的理念基础。

法律的真善美都导向一个终极价值——使人民幸福。人类历史上的第一部成文法典——古代巴比伦《汉谟拉比法典》开篇明志:“我在这块土地上创立了法和公正,在这时光里我使人们幸福。”[1]法律最本质的价值精神就是追求幸福,使人们感受到幸福的法律才是好的法律。崇尚幸福的价值观是法官审判艺术的终极追求。法官裁判的结果若是产生暴政、压制善良、充满不公和偏私,那它就比罪恶的东西更可怕。罪恶只是污染了水流,而司法的不公或暴政污染的是水源,这是最大的罪恶,最大的悲哀。相反,法官裁判的结果若能使人们产

----

〔1〕　余定宇:《寻找法律印迹——从古埃及到美利坚》,法律出版社2004年版,第13页。

生幸福的感受,那将是社会最大的福祉,因为幸福就意味着法律和司法带来了安全,维系了和平,尊重了平等,表达了自由;幸福就意味着人们能够在一个理性的社会里享受生活,意味着法律理想的实现带给了人们真诚、善良和美好,意味着人们的世俗利益得到最公正的均衡。因此,法官裁判必须构建幸福的价值观,以一种保障人民幸福的胸襟重新诠释裁判为目的,这是法官审判艺术的灵魂所在。

我们将法官审判艺术的价值标准确定为裁判之真、裁判之善、裁判之美,以及其中蕴含的幸福观,这是法的价值体系的抽象集成。只有当法律的真善美相统一才是情理交融、自然和谐、圆满幸福的至美境界,也只有在美的境界里,才能实现法官职业的社会责任和历史责任,实现法官的职业价值和法律的全部价值。任何事物的存在与发展都内含对立统一的矛盾性。这种矛盾性的展开便是从肯定到否定,再到否定之否定,即所谓"正、反、合"。法的存在与发展也不过如此。法作为一种基本的、制度性的社会上层建筑的组成部分,它的"正、反、合"三维结构型构了"真、善、美"的框架。法是社会文明的产物,并同文明一起发展。从总的趋势上说,社会文明的水平越高,法的真、善、美的成分越多。真、善、美的真正完备和紧密统一的法即最理想的法,[1]与此同道,法官裁判实现了法的真、善、美,也就实践了法律的功能和价值,达到了政治文明、社会文明的艺术境界,真、善、美因此不再是法官审判艺术的目的,而是法官审判艺术本身。

## 第四节　法律方法:法官创造性适用法律的职业艺术启示

起源于美国 19 世纪末的实用主义法学派,是当代美国影响最大的哲学流派之一。实用主义产生于美国绝不是偶然的,作为一个以移民为主的国家,实用主义与这个新兴的国家有着某种特别的亲和力,产生伊始,就对其产生了巨大的影响,被称为"美国精神"。霍姆斯在其《普通法》一书中提出"法的生命在于经验",强调在尊重历史传统的基础上赋予先例新的含义,为实用主义法学的产生奠定了基础。[2] 在霍姆斯看来,法律推理是判例法的精髓,但是,"这种推理不是形式逻辑中的三段论式的推理,而是法官根据经验的推理",[3]他跳出

〔1〕　吕世伦主编:《法的真善美——法美学初探》,法律出版社 2004 年版,第 1 页。

〔2〕　苗金春:《语境与工具——解读实用主义法学的进路》,山东人民出版社 2004 年版,第 30 页。

〔3〕　徐爱国等:《西方法律思想史》,北京大学出版社 2002 年版,第 365 页。

了只对法律进行分析的框框,而是将法与政治、经济、道德、历史、心理等许多因素相联系,强调法的本质在于实用的主观经验。[1] 霍姆斯所说的"实用的主观经验",指法官在遵循先例的前提下,充分根据变化中的社会生活,给予先例以新的生命。[2] 卡多佐将霍姆斯确立的语境论和工具主义的进路运用到司法实践中,深化了司法过程中"法官造法"的理论,使当时一些案件的审判被深深地打上了"法律实用主义"的烙印。[3] 实用主义法学理论对于法官审判艺术的理论构建有着非常重要的指导与借鉴作用。可以看出,法官审判艺术的构成理论在很大程度上接近于实用主义法学理论。法官审判艺术也非常注重"司法审判经验",认为审判经验和习惯是法官裁判智慧的积累,已有的裁判经验和习惯完全可以根据新案件之新情况而灵活应用。经验主义从某种意义上讲也是一种实用主义。两者的类似之处在于尊重历史的成就并适当地予以修正、补充,以适应时代前进的需要。

我国虽然不是判例法国家,但很多案例对其他案件的处理有参考、指导价值,在一定意义上讲也还是"注重经验和习惯";随着社会生活的发展,法官对于成文法典的理解在不断加深,法官裁判的"经验和习惯"也在不断应用于新的案件时得到新的生命和发展。客观地评价法官审判实践的过程,裁判经验和司法习惯展现的活力确实富含了大量的创造成分,那些经过社会实践反复检验、被证明合理的部分,能够积淀成智慧的认识,将过时的认识冲刷干净,具有法律创新的意义。这种现实而流变的司法眼光既满足了法制统一的需要,又使经验和习惯的积累成为一个辩证的过程,这无疑是一种艺术的处理方式。

卡多佐对法官在司法过程中的角色进行了系统的阐述,他是第一位告诉人们自己如何断案,如何造法的现代法官,他在美国法学界经久不衰的声誉源于他对裁判方法深刻的洞察力。他认为,法官在裁判案件的时候,有四种裁决方法可资利用,"一个原则的指导力量也许可以沿着逻辑发展的路线起作用,我称其为类推的规则或哲学的方法;这种力量也可以沿着历史发展的路线起作用,我称其为进化的方法;他还可以沿着社区习惯的路线起作用,我称其为传统的方法;最后他还可以沿着正义、道德、社会福利、当时的社会风气的路线起作用,我将其称为社会学的方法"。[4] 卡多佐对司法过程性质的分析对于法官审判艺术水平的提升作了有益的提示。法官应当准确定位自己的职业角色,根据司

---

〔1〕 苗金春:《语境与工具——解读实用主义法学的进路》,山东人民出版社 2004 年版,第 46 页。
〔2〕 苗金春:《语境与工具——解读实用主义法学的进路》,山东人民出版社 2004 年版,第 46 页。
〔3〕 苗金春:《语境与工具——解读实用主义法学的进路》,山东人民出版社 2004 年版,第 30 页。
〔4〕 [美]本杰明·卡多佐:《司法过程中的性质》,苏力译,商务印书馆 1998 年版,第 16 页。

法过程的性质来选择不同的裁判方法。

对于法官造法的界限以及利益衡量的问题，卡多佐说："你们要问，法官将何以得知什么时候一种利益超过了另一种利益，我只能回答，他必须像立法者那样从经验、研究和反思中获取他的知识；简言之，就是从生活本身获取。事实上，法官都在他的能力限度内进行立法。无疑，对法官来说，这些限度都比较局促，他只是在空白处立法，他填补法律中的空缺。他可以走多远，并且不越出这些空缺，这都不能在一张图表上为他标示出来。"[1]我国虽然不是判例法国家，但法官造法的功能并非先天缺失。制定法的先天不足，立法的整体滞后为法官裁判设置了障碍；先例的有限约束力，法律解释的司法必然性又为法官裁判提供了现实的依据。传统与制度的两面性经过社会生活的整饬，不得不为法官创造性地适用法律开绿灯。事实上，法官创造性地适用法律的艰苦努力已经卓有成效地改变了固有的僵化局面，使司法行为呈现出一定的活力，成文法也因为得到实践的充分检验而显出优劣来。法律共同体与社会公众已经开始宽容法官享有一定自由裁量权的事实，职业法官群体也已经认识到，只要不甘于做"法匠"，法官"造法"的领域和空间是相当广阔的。这种认识上的飞跃实实在在地来自社会现实的强烈要求，并得益于法官的裁判经验和习惯，因为，法律的科学总是与经验携手共进的。

正是在现实的不圆满状态的压力下，法官基于不得拒绝裁判的原则，在法律没有具体规定的情况下，必须依据法律的原则和精神、道德和习惯作出裁判。在适用法律的过程中遇到法律之间相互冲突或法律有漏洞的情况下，法官也应当正确选择法律规范，弥补法律漏洞，创造性地适用法律；在解决纠纷的过程中，法官发现法律与其他社会治理结构不和谐或运用法律手段难以达到最终目的的时候，可以运用司法建议的方式予以弥补，这些实际上都是法官运用其智慧"造法"，只不过我国的法官造法与实行判例法国家的法官造法表现形式不同而已，但由法官创造性适用法律裁判案件所带来的艺术美感是一致的。因此，尽管实用主义法学产生于以判例法为法的主要渊源的美国，但实用主义法学的很多理论仍然对于我国法官裁判能力与艺术的提高有积极的借鉴和指导作用，它的戏份包括但不限于注重"经验"的司法态度与注重"现实"的法官造法。经验与现实需要的紧密结合与法官审判艺术构成"同时的互存关系"[2]

<hr/>

[1] [美]本杰明·卡多佐：《司法过程中的性质》，苏力译，商务印书馆1998年版，第70页。

[2] 这里借用了佛学的说法。"同时的互存关系"与"异时的互存关系"一起构成"缘起"定义的内涵。"缘起"指"若此有则彼有，若此生则彼生；若此无则彼无，若此灭则彼灭"。"同时的互存关系"指同时的互相依存的关系，"异时的互存关系"指因时空上的先后导致的依存关系，两者都是"因果"。本处作者借此说明法官注重经验和注重现实与审判艺术是互为存在的原因和结果。

法官裁判中的法律适用是一项充满智慧、思辨和艺术的创造性活动,需要法官运用精深的法理知识和娴熟的法律方法来"找法""释法""造法"和"用法"。法官适用法律裁判案件大致可以分为四个步骤:第一,法官对案件事实证据的调查了解和分析判断;第二,法官根据审理查明的案情在现行法律体系的诸多法律规则中寻找或选择可适用的法律,或者在没有可资适用的法律时,根据现行法律体系以某种方式提供的素材创造一个规则;第三,法官对所选择的法律进行解释和说明;第四,是适用找到的、创造的或经过解释的法律对案件作出判决。这就是法律适用的全过程,贯穿法律适用技术,即"找法""造法""释法""用法"的法律方法。法律方法以培养、训练法律艺术与法律思维为目标,是法官审判艺术的鲜明外现。法官在适用法律裁判案件时面临各种各样的复杂情况,当法律条文清楚明晰时,可直接适用于裁判;当法律条文模棱两可或模糊不清时,可通过法律解释方法澄清法律条文所蕴含的真实法意;当法律条文由于历史局限落后于现实,法官运用相应的法律解释方法对其作出合乎现代生活的全新解释;当法律有漏洞、有空白,而法官又不能拒绝裁判时,法官可以通过积极"造法"填补法律漏洞,或通过"找法"寻找法律依据;当法律之间有冲突时,可通过法条整合或其他解释方法从整体的法律体系中获取法律适用的答案。在任何一种特定的场景下,我们并不认为单一的法律适用方法可以解决问题,也不认为法官可以轻易得出唯一正确的答案。或许正是因为法律适用的这种深奥,法官的法律适用艺术常常被蒙上一层神秘的面纱。在裁判案件的"神秘"过程之中,法律适用的技巧性与知识性贯通始终。法官高水平地法律适用既需要学识渊博、逻辑缜密,又需要阅历丰富、洞悉世事;既需要一定的保守,又需要与时俱进、求是拓新;既需要恪守法律的安定性和可预见性,又需要敢于和善于突破现有理论的教条;既需要应用法学的知识和研究能力,又需要法理学、法哲学、法美学、法社会学等基础理论法学知识及法律解释、法律思维等专业司法艺术。法律适用如此艰深的思想性、经常的疑难性,以及法官自身如此之高的诉求,使得法官地位的尊崇和法官形象的神秘都不是人为地故弄玄虚。更大胆地设想,如果不能兼具思想家、哲学家、历史学家、预言家、艺术家、法学家的品质和潜质,法官职业仅仅只是职业。正是法律适用的思想性和疑难性决定了并非所有人都能够成为称职法官,除却天生的逻辑判断能力与对法律的热爱,勤奋、专注、执著的态度是法律人修养法律适用艺术的基础,也是法律人研究法学方法论及法律哲学的动力来源。对一位只想追求当一名目光如豆的"法匠",而不想当法学家的法律人而言,法学方法论及法律哲学必定会被他认为是没有必要加以重视的学问;而他也永远不可能知道,这种基础法学的涵养对培养一个风骨卓然的法律人及伟大而有深度的法律文化有何等的重要性。[1] 成为一个风骨卓然的法律人是我们现代法官审判艺术所追求的理想境界,也是我们不断追问、反思、验证法律方法的原因。

过去法官适用法律往往是在具体的法律文本中寻找可对号入座的法条,法律适用的方法和过程非常简单;当前法官面临的纠纷日益纷繁棘手,而立法速度也始终跟不上社会矛盾和纠纷的发展步伐,法律自身又常常因有漏洞或冲突而不能自足,法官不得不尝试多种方法厘清法律的脉络,探索法律背后的意义。法律基本原则和法律精神是极为宝贵的法律适用基础,制造性地适用法律基本原则和法律精神来裁判案件是司法的技术核心,这不仅是一种理念,也是一种实用的方法。德沃金曾在其名著《法律帝国》中说道:"法院是法律帝国的首都,法官是帝国的王侯。"[2] 这句至理名言道出了法官适用法律之重要性。离开了法官的法律适用,法律是一纸空文,而法律非经解释不能适用。现行司法解释权力设置体制对法官解释法律权力的控制与限缩,导致法官适用法律的教条化与弱化,遇有疑难案件,无法正确解读。目前,要完全改变这种状况尚需时日。但是,法官在法律适用过程中完全可以先行尝试通过对法律基本原则的解释与适用来提高法律适用能力。适用法律基本原则裁判对法官司法能力提出了挑战,这种法律适用方法完全可以作为法官司法能力培养的良好开端。法官适用法律能力的提高与法律基本原则的适用应当形成一种良性互动关系,由此推动法官整体素质的提高和司法能力的增强。

法官适用法律裁判案件应当充分考虑"两个效果的统一",应当适度考虑民意价值取向与判决的契合,这是法官审判艺术的一种社会学艺术解读。强调案件处理的法律效果与社会效果的统一是我国法院审判工作的重要司法原则或者司法政策,司法审判工作强调群众路线也是适度考虑民意的重要政策依据。在法律适用中强调两个效果的并重和适度考虑民意要求法官适用法律不能机械呆板,而必须有灵活性、创造性,要能够根据具体的案情运用不同的法律方法来创造性地适用法律,弥补法律漏洞,达到最佳的效果。遵循法律的精神和基本原则是法官解释、适用法律的客观性标准。法官对法律的解释适用不能违反国家利益或社会公共利益,同时,也不能违反法律的逻辑方法,当法律规范有两种以上的合理解释时,法官应当选择适用那种能够使社会效果最大化的解释。"两个效果的统一"的法律解释方法应当始终在法律的基本精神和原则的范畴内展开,是"两个效果的统一",而不是法律效果的让步。法官对法律的解释必

---

〔1〕 林立:《法学方法论与德沃金》,中国政法大学出版社 2002 年版,序言部分。
〔2〕 [美]德沃金:《法律帝国》,李常青译,中国大百科全书出版社 1996 年版,第 361 页。

须以善意的方式进行，而合乎民意的解释才能称为善意的解释，非善意的解释则是权力的滥用。法官审判艺术之善就是要求法官在裁判过程中以善意来解释和适用法律，讲求"两个效果的统一"为法官追求审判艺术之善提供了更广阔的空间和领域，使得法官能够在法律之内以人性的善谋求更大的社会福祉，这是法律适用的一种艺术境界。法律的成长总是与法官的审判艺术携手共进的，未来还有许多值得探索的东西。正如卡多佐所言："在时事不断变化、亟须法律发展或延伸之时，法官如何发展和延伸我们前面所谓的一致性的法律体系？当我作为法官开始应付这个问题时，才从一个新的角度理解它。我发现，创造性因素多得超乎我的想象；曲径分叉司空见惯，路标也若隐若现。我试图将应当服从的力量和运用的方法分为四种：逻辑或者类比的力量，为我们带来哲学的方法；历史的力量，指示着历史的或进化的方法；习惯的力量，产生传统的方法；正义、道德和社会福利的力量，宣示或显现为社会学的方法"[1]法律适用的审判艺术与法律科学的成长是同步的，大部分的法律都是经过不断的司法裁判过程才具体化，才获得最后清晰的形象，然后才能适用于个案，许多法条事实上是借裁判才成为现行法律的一部分。[2]法官审判艺术所推崇的法律方法的巧妙运用已经成为推动法律科学不断成长的一股力量，法官创造性适用法律的方法已经演绎为一种法官智慧的艺术表达方式，当然也成为提升司法公信力的艺术表达方式。

## 第五节　法律文化：法官审判艺术的法律文化传统与人文感悟

关于法律文化的释义，以学者观点，可以从两个角度来认识，即作为方法论意义的法律文化和作为对象化的法律文化。"法律文化"既是一种用文化的眼光来认识法律现象的思维方式和研究方法，也是一种具有实体内容和对象化的文化结构，并且，这两个方面是互相联系的。[3]法律是一种文化，凝结着人们调整社会关系的智慧、知识和经验，其作为上层建筑的组成部分，不能

---

〔1〕　［美］本杰明·N.卡多佐：《法律的成长——法律科学的悖论》，董炯、彭冰译，中国法制出版社2002年版，第34—37页。

〔2〕　［德］卡尔·拉伦茨：《法学方法论》，陈爱娥译，商务印书馆2003年版，第20页。

〔3〕　刘作翔：《法律文化理论》，商务印书馆1999年版，第67页。

不包括文化的内容。法律文化是人类社会在漫长的历史发展过程中从事法律实践活动所创造的智慧结晶和精神财富,是社会法律现象存在与发展的文化基础。[1]法官审判艺术与法律文化息息相关,与法律文化联系最紧密的是庭审和裁判文书,庭审和裁判文书的艺术品质应当体现一种现代法律文化的表达和传播。法官通过庭审和裁判文书传播法律文化的艺术是审判艺术的重要内涵。

艺术的建构必然有深厚的文化底蕴,法官审判艺术之所以能称为艺术,与法律文化是分不开的。现代意义上的法官审判艺术实际上已经融入我国传统的法律文化和西方法律文化,是中西方法律文化结合的产物。

两种文化的交融既给法官审判艺术的发展提供了更为丰富的思想资源和理论基础,同时也给法官审判艺术的发展提出了严峻的挑战,对法官个体的执业素质和能力提出了更高的要求。笔者认为,法官在现代法律文化的重新构建和法制体系的动态调整中起到积极的作用,职业法官群体的司法审判活动实际上就是一种法律文化的现实展现。从法律文化的视角来判断,我们倡导法官审判艺术实际上就是倡导一种符合新时代需求的中国现代法律文化。这种现代法律文化的形成在很大程度上与法官群体的集体努力息息相关,在很大程度上有赖于法官审判艺术的形成与发展。同时,法官审判艺术也深受法律文化的影响,也展现一定的法律文化特色,是连接法律文化与社会现实的桥梁。

本土文化资源是审判艺术的土壤。法律的背景是文化和社会,法律体系是政治、经济、宗教、伦理道德等文明成果的社会影像。任何时代,任何风格或形式的文明秩序均有其伦理内核。伦理是文明秩序的灵魂。任何国家民族的法律制度,实际上是为保障这种伦理不受践踏蔑弃而存在。中国传统社会的法律正是这一规律的典型代表。我国传统法律文化的基础主要是儒家思想,就中国传统社会而言,历两千年治乱相循,形成一种立法文化,即法律的礼俗化和伦理化。一方面以"礼法不分""引礼入法""礼法合一"的方式将伦理的原则转化为法律条规,另一方面以"出礼入刑""礼法刑取""德主刑辅"的方式保障"礼"的威信与效力。这两个途径对于强化作为一种文明秩序的精神支柱的伦理而言,特别是对于强化经济的宗法政治秩序的亲亲尊尊而言,是相当成功的。[2]此外,儒家伦理思想体系十分强调和重视宗族与阶级,强调维系一个有等差、有秩序的社会,强调构建一个"伦理本位"的和谐社会。中国传统法律文化当中,社会的法律运作是相当多元的,宗族、行会、邻里三个组织的法律功能都有发挥,

〔1〕 刘作翔:《法律文化理论》,商务印书馆1999年版,第93页。

〔2〕 范忠信:《中国法律传统的基本精神》,山东人民出版社2001年版,第333页。

宗法、行规、地方风俗等活生生的法律扮演了比国法更积极持重的角色。乡土社会是个"反诉讼的社会",因为一切以和为贵,即使是表面上的和谐,也胜过公开实际存在的冲突。[1] 中国国法是建立在最高道德之上,民间法律则建立在习惯的道德之上。就法律的实质内容来看,无论国法或民间"法律",都深受儒家伦理的强烈影响。儒家的理想社会是贵贱、尊卑、长幼、亲疏都有分寸的社会,有上下、有远近,本乎人情(自然发生的社会关系),有来有往地互动。五伦则是对自然发生的社会关系的一种归纳:父子有亲,君臣有义,夫妇有别,长幼有序,朋友有信。[2] 儒家伦理成为贯穿大小传统的主要力量,不仅在大传统里对礼经、法典深有影响,并制约皇帝与士大夫等统治阶层的行为;而且随着风行草偃、上行下效,礼教深入民间,与小传统的风俗习惯合流,成为规范日常生活的准绳。[3] 儒家伦理在中国社会经过长期发展已经成为一种社会关系的初级规范,即使是在今天的社会,儒家伦理仍然是一种主流的法律文化传统,在现代社会各种关系的调整运行过程中随处可见其痕迹。因此,儒家伦理主导下的法律文化是现代中国法官审判艺术的本土法律文化资源,是可资借鉴的、重要的理论源泉,中国法官在裁判过程中应当吸收其精髓,这将既有利于法官深刻理解法律本身的历史含义,又有利于理解司法职业艺术作用的土壤。

我们推行的法治并非原生于中国传统文化,也是借鉴西方社会先进法治文明的结果。中国司法文化的变革过程,就是一个传统司法文化与西方司法文化的冲突过程,也是中国传统司法文化扬弃自身,进而实现创造型转换的过程。[4]

# 第六节 政治文明:法官审判艺术的社会功用与政治功用

司法审判应属于政治学与法学交叉的领域,它在宏观上涉及制度、组织、角

---

〔1〕 林端:《儒家伦理与法律文化——社会学观点与探索》,中国政法大学出版社2002年版,第4—10页。

〔2〕 林端:《儒家伦理与法律文化——社会学观点与探索》,中国政法大学出版社2002年版,第10页。

〔3〕 林端:《儒家伦理与法律文化——社会学观点与探索》,中国政法大学出版社2002年版,第16页。

〔4〕 万鄂湘主编:《现代司法理念与审判方式改革——全国法院第十六届学术讨论会获奖论文集》,人民法院出版社2004年版,第317页。

色等结构及功能领域,应属于政治学的研究范畴;在微观上涉及法律方法和法律程序及司法职业艺术运用领域,应属于法学的研究范畴。我们探讨法官审判艺术应当考虑其政治学因素,法官审判艺术的理论建构应有政治学的内容;在中国这样一个国度里,法官审判艺术当然包含政治艺术的内容,考量法官审判艺术需要开辟政治学视野。就本质而言,中国近代以来司法结构的发育无非是中国政治发展的一部分,因此,研究中缺少政治学的视角肯定会使理论缺少周延性。[1] 我们研究探索司法结构中的法官职业艺术与司法公信力提升也需要汲取政治学的理论养分。

现代意义上的法官审判艺术应当契合现代政治发展和社会治理的内在逻辑。现代政治发展的成果是政治文明理论与模式。政治文明是近代以来处于主导地位的民主政治形态,它的基本价值概而言之是通过规约政府权力来维护和发展人的尊严和权利。[2] 政治文明的核心要义在于将政治问题转化为法律问题,以宪法和法律的形式规范政府的权力,通过法律制度化的途径,使政治权力的实际运行有利于维护和促进人的尊严和权利的实现,以真正实现人民主权和基本人权。司法在现代政治中的重要性来源于现代政治的文明治理形式,法官司法与裁判也是以政治文明为背景,并以政治文明追求的文明形态为理想。法官审判艺术是文明治理要求下的职业艺术、政治艺术。法官通过司法途径解决问题的时候是在完成一定的政治使命,相关的职业艺术也表现为一种政治艺术;法官在裁判过程中关注法律的政治背景及其与文明治理的和谐关系,就是一种社会责任的自觉与自适。可以理解的是,法官从来不是在政治真空下裁判,无论多么公正的司法都会带上或多或少的政治色彩,受到主流政治意识的影响,即使在法制发达的国家,大法官的政治偏见也时常在裁判里若隐若现。因此,法官审判艺术是特定政治文明背景下的行为艺术、思想艺术,常常不自觉地成为政治的侧影。法官完全脱离政治科学谈论艺术是徒劳的,修炼必要的政治内涵反而是对法律与政治关系的深刻理解。司法公信力在一定层面也反映了人民群众对政治文明的认同与向往。

---

〔1〕 程竹汝:《司法改革与政治发展——当代中国司法结构及其社会政治功能研究》,中国社会科学出版社 2001 年版,第 8 页。

〔2〕 程竹汝:《司法改革与政治发展——当代中国司法结构及其社会政治功能研究》,中国社会科学出版社 2001 年版,第 52 页。

# 第七节　宗教意识：法官审判艺术的
## 信仰效应与文化效应

法律与宗教是联系十分紧密的两个范畴。法律不仅是一套规则，而且是价值、观念、态度、意识形态的总和；它分配权利与义务，平息愤怒，弥补伤害，创造合作。宗教也不只是一套信条和仪式，它使人们表明对终极意义和生活目的的集体关切——它是一种对于超验价值的共同自觉与献身。[1] 法律以其稳定性制约着未来，宗教则以其神圣观念挑战所有既存的社会结构。与此同时，法律与宗教互相渗透。两者在学科特征上都包含对自然与社会的认识、对生命与权利的体认、对未来与理想的寄情，尽管力量的来源不甚相同，但都具有不同程度的强制性，且均具有内心基础。从相互关系的角度分析，一个社会对于终极之超验目的的信仰，当然会在它的社会秩序法律调整过程中显现出来，而这种社会秩序的法律调整过程同样会在其终极目的的意识里看到。事实上，在有的社会，法律就是宗教教义，例如，古以色列的《摩西五经》。即便在那些严格区分法律与宗教的社会，法律与宗教也从来没有截然分开过。法律赋予宗教以社会性，宗教则给予法律以精神方向，使法律带有神秘色彩从而使人神往，深感敬畏。在法律与宗教彼此分离的地方，法律则很容易退化为僵化的法条，宗教则易变为狂信。[2]

人类学的研究证实，在所有的文化里，法律与宗教都共同地具有四个要素：仪式、传统、权威及普遍性。在任何一个社会里，这四个要素都标志着人类在不断努力寻求超越己身的真理。他们因此将任何社会的法律秩序与这个社会终极的超验实体的信仰联系起来。同时，这四个要素赋予法律价值以神圣性，并且因此强化了民众的法律情感：权利和义务的观念，公平审判的要求，对适用法律前后的反感，受平等对待的愿望，重视法律的情感及其相关物，对于非法行为的痛恨等。这类构成任何法律秩序的必要基础的情感，不可能在纯粹的功利主义伦理学中得到滋养。它们有赖于人们对其自身所固有的终极正义性的信仰。[3]

---

〔1〕 ［美］伯尔曼：《法律与宗教》，梁治平译，生活·读书·新知三联书店1991年版，第11页。
〔2〕 ［美］伯尔曼：《法律与宗教》，梁治平译，生活·读书·新知三联书店1991年版，第12页。
〔3〕 ［美］伯尔曼：《法律与宗教》，梁治平译，生活·读书·新知三联书店1991年版，第12—13页。

因此,法律与宗教是相通的,有某些层面的东西可以互为借鉴。就法官裁判而言,法官有必要吸纳宗教的精神内涵,借助宗教精神的神圣力量以及抱持信仰的坚定力量来建构艺术的生命。首先,法官对法律的忠诚,应如信徒对宗教的信仰。法律划定公民行为的界限以及司法官权力的界限,公民逾界须受法律惩罚,法官越权须受制度的苛责与内心信仰的考问,法官始终以法律的意志为上,对社会利益、政治需要、公序良俗、道德传统的考虑都必须建立在法治原则之上,毕生信法为真。其次,法官审判艺术的过程是法律价值与宗教价值相融合的过程,法官裁判的艺术灵性在于,法官通过高超的司法艺术将宗教信仰的热忱演化为法律的精神,同时通过法律的规范性作用与普遍性作用演化为类似宗教的内心强制,使法律与宗教在不同的时空里发挥作用,共同构成人类社会的理性规范,作用于人类的灵魂。我国古训"抬头一尺有王法,举头三尺有神明"就是对法律与宗教关系的最佳表达,这证明古人已经开始在未知的世界里寻求法律与宗教的交叉点,并且已经有了较为深刻的认识,宗教神圣的教义甚至已经成为法律得到信任的巨大支撑。

法律乃是爱与信仰的一个方面,也是恩典本身的一个方面,这既是犹太教也是基督教的基本观念,只是被人忽略了。这两种宗教都宣布,上帝本人乃是立法者和法官,而且,他的法律和判决是神妙之物,是崇高与欢悦之物,是给予人类的福泽[1]。法律失却了爱与信仰,就不是真正意义上的法律。法律正是因为有了爱与信仰而获得被人遵守的人文基础,享有威望。法官裁判的艺术在于法官在案件审判过程中体现了法律的爱与信仰,让诉讼当事人和社会公众体验了法律的理性以及温情的一面。宗教想象中的上帝之法、上帝之裁判之所以是神妙之物、崇高与欢愉之物,是因为它被认为是实践了幸福,带来了心灵的安慰、达成人们之间真诚的谅解。

促使一个社会的成员相信未来,增强人群的内聚力,并非依靠某种思想的宗教和理想的法律的静态存在,而是特定社会宗教与法律的信仰与实践。而特定社会宗教与法律的信仰与实践又总是与这个社会独特的经验、独特的历史紧密联系在一起[2]。

---

〔1〕 [美]伯尔曼:《法律与宗教》,梁治平译,生活·读书·新知三联书店 1991 年版,第 93 页。

〔2〕 [美]伯尔曼:《法律与宗教》,梁治平译,生活·读书·新知三联书店 1991 年版,第 41 页。

# 第八节　文学艺术:法官审判艺术的民间表达与文化传统的形成

　　法律与文学具有天然的同生性。从形式上看,法律与文学都通过文字来表达,普通法系国家以判决记载法律,大陆法系国家以法典形式将法律意志变为铅字;法律文字讲究合语法性、准确性、易读性,文学表达方式更加复杂,但文字的简明易懂,便于交流与沟通是一般文学形式的基本要求;从内涵上看,法律平淡的文字背后充满理念、精神、价值,文学作品多彩的表现形式背后也无一例外地反映作者的思想与好恶,追求一定的社会效果,谋求思想的交换与共鸣。如果我们弱化法律的强制性与暴力特征,如果我们发掘法律成长的社会土壤,我们会发现法律与文学一样揭示了现实生活的真相,或者说试图揭示现实生活的真相。从这个意义上讲,法律实际上是具有多重情感质素的文学作品,虽不表现为夸张的文字和戏谑的情节,但借用了记述、描写、说明等基本的文学手法。

　　司法是法律的运行过程,裁判是法律的活化。法官在裁判的过程中将法律的文学性焕发出来,在裁判文书里表现这种文学修养。裁判的文学化在我国有悠久的历史。古代判词的一个突出特点就是追求结构的对称、文字的华美、意蕴的深厚、伦理的通达、情感的丰沛。宋朝苏轼的判词与其说是判决,不如说是文学艺术品,具有浓厚的文学色彩和骈文的独特美感,体现了古代司法官审判艺术的特色。现如今的裁判几乎褪尽了文学的风格,变得格式化、公文化、简单化。模式的固定与简约降低了裁判对文字、结构、美感的要求,退化成一种简单的公文。

　　法官审判艺术在很大程度上依赖于文学的技巧与方式的表达,法律与文学的结合是提高法官审判艺术的重要途径。我国关于法律与文学理论研究开展较晚,直到 20 世纪 90 年代以后才逐渐有了一些研究成果,一方面是通过法律文本来研究法律文学理论,如贺卫方、汪世荣等学者对古代判词的文学理论研究;另一方面是通过文学来研究法律与文学理论。由于我国法律史研究仅仅局限于法律文本,因此,难以把握古代法律制度与法律文化的真实情况,近几年来,以徐忠明教授为代表的法律史学者开始通过研究文学中的法律来突破研究领域和方法的局限,例如,通过解读《水浒传》中武松怒杀西门庆案研究宋代刑事诉讼制度。研究法律史学的学者们试图将法律的文学叙事视为解读我国民间法律文化的一种材料与途径,因为这些文本之中有百姓对社会事物的观察,有集体的记忆,有古代社会公众对法律的认识和形成的法律意识,有民众思想、情感、愿望的表达,有法律效果的反映。苏力、梁治平、刘星等学者也通过对文学作品中法律故事的解读进行法律与文学的理论研究,例如,苏力教授通过研究《秋菊打官司》和《被告山杠爷》描述现代法治在我国农村的尴尬境遇,提出法制的本土资源问题,等等。

法官审判艺术在一定程度上属于法律与文学的交叉领域,法律与文学的理论研究应当关注法官审判艺术这一课题。在灿如繁星的历史长河中,法官审判艺术的案例比比皆是。一个民族的生活创造它的法制,法学家创造的仅仅是关于法治的理论,而文学家解读的是法治的灵魂,文学家的文学作品是对法律精神的另一种诠释。生活规则与法律规则之间存在的紧张关系,在法律人那里始终没有得到很好的解决和足够的关注,而恰恰文学家常常对此给予了本能的、足够的、深刻的揭示。关注文学中的法律现象使法律人紧迫地感到应当努力尝试建立一种新型的法理学,即从我国的法律生活现实出发,从我国法制进程的现实问题出发,发掘和提炼理论问题,探寻法治的中国含义。[1] 法律与文学的理论研究不应忽视了法官裁判的理论探寻,法官审判艺术是法律职业人的司法职业艺术,更是一种生活的艺术。我们应当从法律文本与文学文本之中提炼出具有法律学意义的法官审判艺术的理论问题,注重从中找到提高现实法官职业艺术的路径和方法,立足于中国的实际谋求法官队伍整体素质和裁判水平的全面提升。

无论是古代还是现代,无论是国内还是国外,通过对法律与文学的研究,我们可以感受到不同时代,不同法域的法官裁判的不同艺术及风格:英国法官的判决意见无疑是一个知识的源泉,一个乐趣的宝库,充满了值得回味的妙思、蕴含深刻的警句和可以随时适用的检验标准。[2] 中国古代的白居易、苏东坡写的判文与辞赋无异,至今仍脍炙人口,传诵不绝。这都是法官裁判的文学艺术之妙。

法官裁判案件时,吸纳文学艺术的内涵将使案件的处理更加契合法律人性化的理念,使得充满感性的人类语言美感能够渗透到严肃的、刻板的司法活动当中,使法官的职业艺术更加具有文化内涵,具有专业风采;使法官的裁判文字因为有了文学的渲染而增添艺术的气质;使社会公众对司法的认同与接受带有

---

〔1〕 康天军:《"法律与文学"研究:可能与意义》,载《人民法院报》2005 年 5 月 19 日。

〔2〕 [美]本杰明·N.卡多佐:《演讲录:法律与文学》,董炯、彭冰译,中国法制出版社 2005 年版,第 121 页。

更多自觉的成分,而不是受制于法律的强制与专断。离开了文学素养的滋养,法律文字将变得干涩,司法过程将显得委顿,缺乏生活气息和亲民色彩。因此,我们倡导司法的文学性,倡导法官加强文学素养的培育,并期望通过文学素养的浸润,法官裁判能成为社会学领域里的一门高雅艺术。

## 第九节　法学教育:法官司法审判 职业艺术的培育与养成

　　法官的审判艺术源于司法实践的经验,但基础部分还是源于法学理论教育和法律职业的艺术培训。法学教育应当包括法学理论教育和司法职业艺术培训两个方面。法学教育从恢复法学独立学科地位以来,到现在已经发展成为一门显学,从 1976 年全国仅有两所院校开设法律系,[1] 到现在已有 600 多所院校开设了法学院或法律系。随着法治化进程的推进和立法速度的加快,法学理论获得了长足的发展,理论联系实际也得到实际的增强,教学科研人才也开始形成梯队,法学教育蓬勃发展。

　　然而,站在司法审判实务的角度,我们的法学教育还存在很多问题,其中最突出的就是我们的法学院系对司法职业艺术教育与培训的疏忽。迄今为止,没有名牌院校法学院正式开设系统的司法职业艺术教学课程,仍然只是理论法学的教育,缺少实务教育;最多只是请实务界法官、检察官开办讲座,派遣学生到实务部门参加实习,临时开设的实务课程也没有发挥应有的作用,法学院(法律系)毕业的学生(包括本科生、硕士研究生、博士研究生)还要经过一段时间才能胜任工作,有的甚至始终难以适应实务部门的工作需要。

　　现代法学教育中,理论知识与实务艺术仍然是分离的两个领域,600 多所院校所开设的法学院(系)还是只能培养掌握法学理论知识的毕业生,法学教育更多的是局限于理论法学的教育领域。国家法官学院、检察官学院以及各省市法院、检察院开办的法官、检察官培训中心(或进修学院)目前更多的是从事在职法官、检察官的专项培训和晋级晋职培训,没有系统专业的司法职业技能艺术课程设置。法律职业技能与办案审判艺术教育目前还是法学教育的一个盲点。目前,法学本科和法律硕士教育应当转型重视法律思维、法律检索、法律谈判、法律写作和模拟法庭等司法职业技能教育,为法官审判艺术打下坚实的基础。除

---

〔1〕　苏力:《法治及其本土资源》,中国政法大学出版社 1996 年版,第 292 页。

了法学基本理论知识之外,尤其应当注意加强对能力的培养,使学生熟悉法律术语,熟悉支撑这一法律的基本理论和这部法律力图解决的具体问题,能够熟练地进行法律推理,进而能够在无须课堂教授的情况下也能依靠法学教育培养起来的素质和基本知识迅速理解和运用新颁法律。[1]

将能力培养孕育于理论知识的教学之中是现实迫切需要解决的问题,法学教育不仅要教授法学理论知识,更要教授如何分析、运用这些理论知识。教学过程中要特别注重培养学生运用所学理论知识分析解决问题的能力。因此,我们可以借鉴国外案例教学法的教学方法,同时,也可以考虑让更多的法官、检察官和律师在法学院作兼职教授,系统讲授司法职业艺术和实务操作技巧。

2002 年国家首次举行统一司法考试,这一制度提高了法律职业的准入门槛,从而提升了法律职业工作者的职业素养,是一项具有积极意义的改革措施。统一司法考试制度对于法学教育可以起到指挥棒的导向与调节作用,实行统一司法考试的隐性意义在于通过统一法律职业的准入条件构筑法律职业共同的学识背景和职业共识,为司法职业共同体的形成创造有利的条件。[2] 所谓"司法职业共同体"就是基于共同或近似的司法理性、司法知识、思维方式和司法艺术而形成的抽象共同体,包括法官、检察官、律师、公证员和其他法律工作者。统一司法考试将有助于司法职业共同体的形成,但是,目前我国的统一司法考试还没有真正起到法学教育指挥棒的作用,考试内容还是过多地停留在理论知识层面和法条记忆的层面,依靠死记硬背亦可通过,由此出现了博士生考不过硕士生、硕士生考不过本科生,法学专业考不过非法学专业的怪圈。此外,考试严重忽略了对司法能力和职业艺术的测试,对于法律思维方法和司法职业艺术的考核内容太少。2017 年的司法考试被称之为"末代司考",从 2018 年开始,改革为国家统一法律职业资格考试,在新的法律职业资格考试中,考试的内容设计将会进行重大改革,改革的重点是加大对考生法律思维能力、司法写作能力、法律解释能力和相关司法职业艺术以及审判艺术的测试,借此推动法学教育的革新,使教育摆脱既定框架,走向时代发展的现实需要,此举将为未来司法官的成长打下基础。

---

〔1〕 苏力:《法治及其本土资源》,中国政法大学出版社 1996 年版,第 306 页。
〔2〕 刘武俊:《享受法律——一个法律人的思想手记》,法律出版社 2003 年版,第 182 页。

## 第十节　理想追求:遵循美的规律和幸福价值观 来构建法治意义的和谐

美是幸福的言说,是使人幸福的东西。美作为蕴含真又高于真,蕴含善又高于善的实证形态和价值形态,可以使法官裁判的真与善得到更充分的体现。美与真与善是统一体,符合美的规律的职业艺术往往也是真和善的。当我们以美的规律来评价法官司法能力的时候,法官裁判就成为一门真正的专业化职业艺术。

法官审判艺术是职业法官的品德、人格、才能、学识、智慧、灵感和司法审判经验等要素的综合体现与运用。审判艺术的境界在于法官司法能够向人民传达法律的真善美和幸福感,实现司法下的和谐与安全;同时意味着我们的法律共同体能够认真对待尊贵而神圣的司法权力,并能遵循美的规律行裁判、论是非,保障人民的平等与自由、实践社会的幸福与大同。

现阶段法官司法能力不强,法官的裁判技能尚未达到艺术境界,主要是因为法官裁判割裂了理性思维与感性思维、抽象思维与形象思维的联系,仅仅只有理性思维、抽象判断与推理而忽略了真、善、美的统一,而"法律人的责任不仅仅是机械精细地、刻板而冷峻地操作法律,而且是要把伟大的博爱精神,人文关怀,美学的原则和正义的情感以专业化的理性而艺术的方式表现出来"[1]。因此,我们期望现代意义上的法官能兼具审美意识和对美的感悟能力,不仅善于阐释与解决法律与司法中的反题(矛盾),而且习惯于通过审判艺术的实践充分展现人性的温厚与达观。

中国已经走上了法治的征程,当我们的社会由"人治"迈向"法治",不仅需要良法之治,更需要好的法官来忠诚地、智慧地捍卫良法的尊严和经由良法建立起来的良好的社会秩序。正所谓,奉法者强则国强,法官职业兴则法治兴。职业法官群体是法律的忠实守望者,是中国迈向法治国家、法治政府、法治社会的主体力量。法官裁判应当关注社会生活,体恤人民感情,实现法律对幸福的价值追求,从而创立实践真、善、美的法官审判艺术。提升司法公信力是我们职业法官群体在为构建法治社会、文明社会与和谐社会的司法实践之中,孜孜以求的职业理想境界与职业追求。

---

〔1〕 舒国滢:《在法律的边缘》,中国法制出版社2000年版,第58页。

# 第四章

## 公信基础:马克思主义法理学视域中的
## 法官审判艺术

从马克思主义法学理论的视域来看,确立法官审判艺术的评价标准应当从其审判价值即法官审判工作的社会价值和法律价值入手,法官审判实现了法的真、善、美,也就提升了司法公信力,实践了法的精神,达到了政治文明的艺术境界,真、善、美不再是法官审判艺术的目的,而是法官审判艺术本身,亦是司法公信力的内涵。法官审判艺术作为一种高超的司法职业技能,需要从内涵、特征和原则三个维度思考评价标准。法官审判是为了实践法的精神以及法追求的体系价值,对法的体系价值的实现程度是法官审判艺术的基本评价标准,这既是研究法官审判艺术评价标准的起点,也是终极的价值目标。任何一门职业技能都会有水平高低之分,都存在评价和衡量的标准。我们从马克思法学理论的法学理论视域来分析,确立法官审判真、善、美艺术的评价标准应当从司法审判工作的社会价值和法律价值入手。离开了司法审判的真、善、美价值体系,任何评价标准都是不科学的。通过学习马克思法学理论经典,结合马克思辩证唯物主义和历史唯物主义哲学原理研究发现,法官审判艺术作为一种高超的司法职业技能需要从内涵、特征和原则三个维度来思考其真、善、美的评价标准,从而探寻提升司法公信力的路径与方法。

## 第一节　法官审判艺术与司法公信力的法理内涵解构

法作为一种基本的、制度性的社会上层建筑的组成部分,它的"正、反、合"三维结构构成了"真、善、美"的框架。法是社会文明的产物,并同文明一起发展。法官审判实现了法的真、善、美,也就是实践法的精神来提升司法公信力,达到了司法文明的艺术境界,真、善、美不再是法官审判艺术的目的,而是提升司法公信力的底蕴和基础,是法官审判艺术本身。

## 一、讲求法官审判艺术之真

孟德斯鸠在其名著《论法的精神》中对法律之真如此定义:"法是由事物的性质产生出来的必然关系。"〔1〕"必然关系"就是指规律性,法律之真就是法的本质属性,即法的规律性。黑格尔在其著作《法哲学原理》中凭借深刻的辩证法独特地构思出一整套体系严密的法的运行规律(抽象法—道德—伦理法);〔2〕马克思对法律之真也作了精辟的论述:立法者应该把自己看作一个自然科学家。他不是在制造法律,不是在发明法律,而仅仅是在表达法律,他把精神关系的内在规律表现在法律之中;〔3〕综观上述对法律之真的论述和理解,法律之真主要应从法律的规律性和目的性这一层面来理解和把握。首先,从法的三维结构角度来思考法律之真,是将"法律之真"当作法的合规律性、合目的性的自然结论;其次,从法哲学的角度透视,法律之真实质上表达的是法作为真理的规定性、稳定性和可靠性。这种从法哲学意义上思考法律的真理价值,提出了真实法和法治的重要形式价值,从而给我们一些思考法价值问题的新思路。〔4〕

在法的真、善、美之间,法律之真是法律之善和法律之美的基础,法律之真是公平正义秩序的根基,是法官职业技能的德性,是法官良心的渊源,是悟法的慧根。正如范忠信教授在其《信法为真》一书中所说,我们把法律当真,我们以毕生精力去实践和捍卫法律这个"真",〔5〕法律之真需要法官在司法审判过程中去寻找、去追求、去实践。追求法官审判艺术之真就是指法官在审理裁判案件过程中以追求法的合规律性、合目的性为价值取向,通过审判活动充分体现法律的真理价值。法官审判艺术追求的法律之真并非指抽象的法律整体的正当性、正义性和真理性。法律之真有其具体内涵,包括法律规范之真、法律事实之真、法律程序之真、法律结论之真、法官表达之真。

〔1〕　[法]孟德斯鸠:《论法的精神》(上),孙立坚等译,陕西人民出版社 2001 年版,第 1 页。
〔2〕　吕世伦主编:《法的真善美——法美学初探》,法律出版社 2004 年版,第 2 页。
〔3〕　[德]马克思、恩格斯:《马克思恩格斯全集》(第一卷),人民出版社 1956 年版,第 183 页。
〔4〕　吕世伦主编:《法的真善美——法美学初探》,法律出版社 2004 年版,第 72 页。
〔5〕　范忠信:《信法为真》,中国法制出版社 2000 年版,第 2 页。

## 二、讲求法官审判艺术之善

正义在法律价值论中居于首要地位，是人类最基本的价值追求和理想，自人类社会产生以来，正义就成为人类在道德、情感和意识领域的一种高尚的追求，法律之善首先应当是正义之善。正义理论是真正能够体现社会公众善良情感的价值评价标准。我们评价法官审判艺术之善也应当将正义作为首要的价值尺码，如何正确判断正义的标准，是法官审判艺术的重要内容。法官审理裁判案件的过程应当是通过法律职业技能和技巧实现社会正义的过程，每一起案件裁判的结果都应当体现公平正义的价值追求，以法律之内的正义谋求大多数人的最大福利。

判断法律自由的标准不在法律本身，需要法官从复杂的社会生活中去探寻自由的原因与程度。从纷繁复杂的社会生活中寻找法律自由的评价标准是法官职业技能的应有之义。法官应当从物质和精神的层面来寻找符合标准的法律自由，特别是要从良法的目的性来展开审判工作，趋善避恶，维护和发展个体的自由，通过高水平的司法审判工作，在一定程度上促进人民的自主意识，扩大人民的行为范围，完成宪法和法律赋予法官的职业使命。

现代意义上的民主，是指一种人民自治制度，一种社会自主管理体制，是人们对政治生活和社会生活的理想追求。法律规则的产生和实施与民主价值息息相关，只有民主社会才能产生民主的法律规则；法律与民主观念也是紧密相连的，法律制度因遵循人们对民主的不断追求而持续发展，实现和保障民主是法律的基本任务，民主是法治的前提和基础。民主思想的养育能够促进人们权利意识、自由观念的强化，帮助培育社会公众的守法精神。

法律是民主制度的主要载体和表达形式，能够使民主制度的内容规范化、具体化；法律原则是民主活动的基本准则，能够弥补民主的内在缺陷。人类追求民主的理想，需要在法律铺设的轨道上运行，法官审判就是纠正偏离轨道的行为，保护良善的自主行为与自理机制。保障民主是指导法官审判实践的价值观之一，法官是否具有现代社会的民主观念，是否以民主价值观追求办案的最佳效果，是审判艺术之善的体现。

通过司法裁判的方式，法官一方面构建法律之下的规范的秩序，另一方面帮助建立道德之上的友好民风，实践善良的人们所向往的规则之治，从而实现对社会秩序的法律控制。从这个意义上说，法官审判艺术的层次与司法对社会秩序的控制程度息息相关。

效益作为法律追求的正面价值目标之一，同样也是法官审判艺术追求的正面价值取向。迟来的正义乃非正义,没有效益的裁判带来的不是公正,而是司法资源的浪费和当事人利益的折损,当然也不是法官审判艺术追求的境界。审判艺术的效益观是指在司法审判实践中,法官通过不断提高职业技能和技巧,掌握案件审理的共性特征和程序发展的规律,在不减损案件裁判质量的前提下,不断提高办案的效率,达到法律调整的目的。

### 三、讲求法官审判艺术之美

中国传统文化非常重视美学气质和品格,传统法律文化作为其中之一也非常重视美学与法律的融合。在中国五千年文明发展的历史中,美的感悟与政治、法律总是紧紧联系在一起的。以孔子为代表的儒家主张人治、德治和礼治,非常推崇艺术在人类生活和政治秩序中的价值,强调艺术之美与政治统治在社会目的上的一致性,主张将虚无之美与实在的礼法紧密地结合在一起。道家则强调法律内涵之美,以法之最高的道义和境界为美。

美是幸福的言说,是使人幸福的东西。亚里士多德认为,幸福不是品质,而是"至善",合于德性而生成,是灵魂的现实活动,是一种以其自身而被选择的现实活动。他把理智的思辨归结为幸福,认为思辨是最高的至福和完美的幸福,"凡是思辨所及之处都有幸福,哪些人的思辨能力越强,哪些人所享有的幸福也就越大"[1]。我们认同思辨的过程是幸福的过程,但也认为法律思辨的意义不仅如此,除了思辨主体的幸福感之外,法律思辨的结果又可引导思辨对象幸福感的生成,是多维的幸福经验。德性的力量在于实践,思辨的美感也来自实践,法官职业就是一门永远实践着的职业,也是充满了思辨的职业,法官的思辨与实践构成了法官审判艺术的全部,构成司法对象幸福的源泉。法律的幸福价值是法官司法的至真、至善、至美之果,是审判艺术的最高境界。

## 第二节　法官审判艺术特征的法理辨析

基于法官职业的特殊性质和司法行为的独特规律,法官审判艺术有其特有

---

〔1〕〔古希腊〕亚里士多德:《尼各马克伦理学》,苗力田译,中国社会科学出版社1990年版,第228页。

的职业属性,诸如法律性、程序性、经验性、复合性、创造性、文化性、社会性、艺术性、技术性、思想性等。

## 一、法律性

法官行使宪法和法律赋予的司法审判权,审判权来源于法律,裁判的依据也是法律。法律性是法官审判艺术最基本的特征。首先,法官审判必须树立法律至上的信仰,只服从法律与法律精神,以法律信仰为最基本的职业操守和品质,不屈服于世俗和权势;其次,法官必须正确理解法律的本意,对法律条文规定的实质内容能够作出符合法律精神和立法原旨的解释,不曲解、不误解、不滥用,正确理解法律与道德、政策的界限;最后,法官必须在法律规定的范围内行使审判权,依照法定程序推动诉讼进行,而不可逾越法律划定的界限,以非法的手段达到伪艺术的效果。法律性是法官审判必须遵从的戒律。法官不仅应当自觉接受法律的约束,而且应当运用法律武器制裁并杜绝诉讼活动中的一切违法行为,使诉讼活动在法制的轨道上运行。为了契合法官审判艺术的法律性,法官必须注意获取立法的新信息和法学知识的更新。对于立法机关的最新立法以及最高司法机关、最高检察机关的最新司法解释,法官应及时掌握和了解,确保法律适用的正确性与法制的统一。

## 二、程序性

法官审判艺术是建立在正当程序之上的艺术,离开了正当程序,艺术就会偏离正确的方向。解决任何问题都要有一定的方式方法,都要有一个科学的过程,即程序。法官审判必须遵循法律规定的程序,职业艺术的拓展空间应当建立在严格的程序规范之上。法官依据程序进行的阶段性特点,运筹裁判的策略,在程序法恒定的维度内寻求实体法可能的变数,从而实现裁判的正义。

法官审判为什么必须遵循程序正义的理念?程序正义是中外法治实践的经验总结。程序对于案件审理来说,首先是一种解纷机制在形式上和方式上的平等,解纷机制必须要有方法和形式的预设,离开了这一预设,就丧失了解纷机制构建的基础。不同程序自然会有不同的审判结果,并不是任何程序都可以导致公正的结果。这就不奇怪为什么有的西方人说"程序决定着公正"[1]。

西方的程序正义可以通过美国著名的辛普森案予以诠释,尽管这个案件的

---

[1] 刘星:《西窗法语》,法律出版社 2003 年版,第 100 页。

结论令许多人难以接受。从辛普森案审理过程看,不论是美国还是中国公众内心都确信辛普森就是杀害其前妻及其男友的凶手,辛普森绝对构成故意杀人罪。然而,由于取证程序的瑕疵,有关证据不能作为证据使用,尽管该证据能够直指被告的罪行。美国民众接受了法官作出的这个看似匪夷所思的判决,原因在于民众普遍认为辛普森已经受到了法定程序的公正审判,并认为法官拒绝接受警察因歧视性原因获得的证据是符合程序正义要求的。依据美国的程序法,宣告辛普森无罪是法院能够得出的唯一结论。

## 三、经验性

法律科学总是与经验携手共进的,法律的发展更多地来自对经验的提炼与反思,而不是建立在一般逻辑上的空想。法官审判经验是法官审判艺术化的原始材料和基础。离开了法官审判的实践经验,就难以形成高超的审判艺术。

经验多指实践中的感性认识。法官审判经验是法官在审判实践中不断获得各种感性认识的积累与总结。感性认识始于实践感受,这种感受积累到一定程度,表现出规律性、经验性,被法官认同,其中积极的、有效的规律和经验成为审判艺术的源泉。

司法实践中,法官往往凭借经验判断案件事实、寻找对应的法律,经验成分较多,经验在这个判断过程中强烈地影响着法官的主观倾向,具有启发的作用。法官在其职业生涯里会或多或少地积累裁判经验,有的具有共通性,有的符合个人性格,但都无一例外地始发于法官接触的第一个案件,并随着职业生涯的延展而日益丰富。这些实证色彩浓厚的司法经验是难以经由阅读理论专著获取的,法官必须通过职业培训和日常的自我完善使其日臻成熟。

法官作为实质上的普通人,在审判过程中会产生直觉并固执地影响思维,这也是一种基本的经验形态。我国古代"法官"审理案件采取的"五听"诉讼法就是一种直觉经验的固定法则。经验的实践性表现为经验发生的经常性和具体性,实践越多,经验得以检验的机会越多,经验被修正的机会越多,经验的内容和层次越丰富。

法官的经验可能部分地来自前人的成果,但大多数来自法官个体对特定案件的观察和思考,这种个案的特殊性与法官审判不可避免的主观性共同决定了法官经验的创造性无所不在,并成为一种职业的特征。

从哲学认识论的角度来分析,法官审判都受制于建立在直观认识基础上的经验法则的作用。无论法官审判艺术达到了多么高的境界,都无法脱离经验的深刻影响,反而是成熟经验的反映。尽管我们无意将法官审判艺术等同于法官审判经验,也无意抬举一种单纯的经验论,但是,我们确实无法否认法官审判艺术化与法官审判经验之间千丝万缕的联系:艺术的灵感来源于经验的启示;艺术的创意来源于经验的丰富;艺术的恒久来源于经验的变迁;艺术的美感来源于经验的历练;艺术的成熟来源于经验的升华。

## 四、创造性

重复使人厌倦,创造令人向往。艺术的生命在于创造,创造性是艺术成长的根基,离开了创造,艺术将不复存在。

法治原则下,法官是沉默的人,保守的人。但是,法官同时是有思想的人,有智慧的人,其在法律面前的能动性使法官自觉地冲破旧有观念,创造性地适用法律、创造性地运用法律原则,实现法治的价值。从价值层面理解法治的法官摆脱了机械办案的束缚,为审判艺术化奠定了理念的基础。机械办案的标准不包括法官的创意,甚至排斥法官的创意,艺术裁判的标准则保护、鼓励法官根据世事变迁和法律变迁考量法律适用的正义标准与正义方式,从而将固定的法律条文与多变的社会生活紧密联系起来,激活法律对现实的适应能力。

法官审判艺术化倡导的法官创造性不是要求法官追求一种简单任意的不重复状态,而是要求法官在复合型知识体系和经验体系之上理性地、正当地履行裁判职能,实现艺术的和谐与美感。那种单纯追求新奇、个性,忽视法制统一、偏离法的精神的裁判方式不仅是非艺术的,而且违背裁判的基本规律,不值得提倡。

## 五、文化性

文化人向来有济世救民的热忱。法官被认为是文化人。法官职业的文化特征对法官审判艺术具有深刻的影响:文化特征的强弱取决于法官的文化观念,而法官的文化观念又决定着艺术的价值取向和内容。法官正向的文化观念将指引法官倾听民众呼声,扶持社会贫弱,使艺术因贴近市民社会而生机勃勃。相反,如果没有丰富文化内涵的支撑,法官审判将是机械的、乏味的、缺乏知性的。

任何时代的法官审判都深深地打上了当代文化的烙印,具有不同的文化特征。职业法官生活在时代的文化氛围里,法官成长的过程也是文化渗透的过程,职业艺术化的观念和行为方式的养成离不开特定文化特别是法律文化的浸染。对传统与现实文明成果的体验，对中外文化的认知、克服、汲取与借鉴为法官形成裁判风格奠定了基础。不同的文化积淀将形成不同的裁判风格，我们可以轻易地从法官审判的最后载体——裁判文书上鉴定法官审判的文化内涵及艺术成分。

## 六、艺术性

法律具有艺术价值，法官职业同样具有艺术上的价值。法律制度本身是一项"实践艺术"。法官的作为是"作为艺术的法律"通往"法律的艺术"的桥梁，"作为艺术的法律"与"法律是艺术"的结论之间只有一步之遥。作为一种解释模式，"作为艺术的法律"最重要的意义在于法律理论从"科学的"到"艺术的"之轴心转换已经开始，法律哲学开始立基于艺术的本体论，法律学说也必须在法律艺术品的烛照下重新思索。[1]

司法过程是一个理性的过程，是一个可以用语言来言说也应当用语言来言说的过程，同时，司法过程又是一个超越理性的过程，是一个无法言说的神秘过程，兼具科学性与艺术性，使司法成为实践的艺术。[2] 艺术性贯穿司法实践的全过程，也寓于法官审判艺术的内涵之中。艺术性作为感性认识的特征，体现了法官审判的程序与结论所蕴含的对人性的关怀、对权利的尊重，揭示了司法本身的正义属性和法官的人格魅力。

# 第三节　法官审判艺术原则的法理辨析

法官审判艺术有感性思维的成分，但并非法官审判可以凭感情和直觉来随心所欲。相反，法官审判艺术也必须遵循一定的原则和规范。原则指依据事物发展规律而制定的相应的行为准则。法官审判艺术的原则就是根据法官职业特征和司法特殊规律以及法官审判艺术的客观性要求而制定的规制法官审判的基本规则。

---

〔1〕 吕世伦主编：《法律的真善美——法美学初探》，法律出版社 2004 年版，第 550 页。
〔2〕 吕世伦主编：《法律的真善美——法美学初探》，法律出版社 2004 年版，第 555—556 页。

## 一、原则性与灵活性相结合

法官必须严格依照法律规定进行裁判,这是法官审判的原则底线,是不可逾越的鸿沟。"以事实为依据,以法律为准绳"是法官审判艺术的基本原则,讲求原则性是指法官审判必须符合法治的精神和原则,所有的职业技能和技巧都要建立在合法理的基础上,然后才有"合情理"的问题。坚持法律的精神和法治的原则性要求法官抵御权势与金钱的诱惑,抛开各种人情和私欲的羁绊,做到公正司法、公正裁判。但是,原则性要求不是孤立的、静止的,必须与灵活性结合起来,二者是相辅相成的辩证统一关系。只有原则性与灵活性相结合,审判艺术才是一个有机的整体。若只有原则性而没有灵活性,或只有灵活性而丧失了原则性,审判艺术就没有存在与发展的空间。人们常说"法律是死的,人是活的""法律不外乎人情",其实都是讲的原则性与灵活性的辩证统一以及审判实践中二者的创造性结合。

坚持原则性是法官审判艺术的基础,艺术的养成应当具有明确的范围和特征,法官审判艺术的范围应当是裁判,而裁判是有严格的程序性要求和严格的法律适用要求的。所有的灵活性都建立在原则性基础之上,离开了原则性要求,灵活性即失却了存在的依托与价值。

灵活性是对原则性的有益辅助,基本原则是普适的,在解决具体案件的个性问题时,需要灵活性发挥补充作用。灵活性的这种补充作用以审判艺术的基本原则为指导,法官不脱离基本原则确定的行为方式进行裁判,又拥有相对广阔的自由裁量空间,可以具体问题具体分析。法官在审理不同案件的时候,应当在恪守原则的基础上,灵活把握个案特征,关注个案细节,避免机械地遵循原则。

灵活性的运用要求法官应当具备一定的创新精神。法官灵活裁判应当不受制于既有模式,灵活性的本意即在于鼓励法官在遇到奇特案件时对其中的新问题保持敏感,善于思考,并提出多种可以适用的方案,选择其中最符合实际需要的处理办法。同时,灵活性不是简单无序的自由状态,创新精神也不是盲目的标新立异,灵活性下的创新精神是指在坚持基本原则基础上科学的创新、合理的创新、成本经济的创新、能承受法治严格审视的创新。

## 二、理论性与实践性相结合

所有社会科学研究领域都讲求理论性与实践性的紧密结合。理论性与实践性相结合既是科学的研究方法,又是思维的正确路径。理论与实践相结合的过程表现为,人们以实践需要为研究的起点,以深厚的理论为研究的工具,以实践经验来丰富理论的成果,以理论的素养来设计符合实践需要的制度,以制度运行的事实结果来验证理论的科学性并推动理论的发展,从而服务实践的新需要。这是一个不断联结、不断冲突、不断分裂又不断接近的过程,充满斗争,但走向统一。

司法审判是特殊的社会活动,同时,是法律学作用的主要场域。法官审判是司法的重要形式,既是国家权力行使的方式之一,又是个体权利的保障平台,是一个不断发展、不断试错、综合协调的行为系统,包含多层次的制度,需要制度执行人——法官近乎完美地履行职责。法官履行职责的具体形式是主客观统一,主客观统一的基础就是理论性与实践性的紧密结合。法官审判的理论性与实践性相结合包括两个方面的含义:其一,法官的法学理论知识与实践经验相结合,理论与经验互为检验,互为补充,共同作用于裁判的过程;其二,法官的法律学理论体系接受事实结果的检验,理论随实践的发展而发展,法治通过优化的理论走向现实,现实的法治经验不断洗练法官既有的法律学知识体系。

法官审判艺术化要求法官注重应用法学的研习,提高实践的艺术含量,不断丰富理论的积淀,并善于将理论的更新与现实的变迁联结起来,注意理论的实用性,同时,注意现实需要的多样性,以理论规制实践的理性,以实践激发理论的生命力,使理论性与实践性相结合不仅是法官审判艺术的原则,而且成为法官行为的习惯。

## 三、法律性与社会性相结合

法官审判艺术兼具法律性与社会性特征,一方面,法官的司法审判活动是宪法和法律赋予的职责,法官必须在法律规定的管辖范围、管辖领域、管辖权限和法定程序之内履行职务。法官作出的裁判必须是正确适用法律的结果,法律性是法官审判艺术的基本特征。另一方面,法官的审判实践是在社会中的实践,是与社会公众息息相关的异常活跃的法律实践。审判工作的目标是实现社会期待的自然的正义,而不是某一个特权阶层设计的矫饰的公平。法官审判的法律社会性只有融入社会性之中才能实现法律的价值。离开了社会生活的土壤,再精妙的法律都只能是空中楼阁。法律性只有与社会性紧密结合才能有助于实现法律的社会功能。

法律产生于社会生活的现实需要。对于法律规则与社会生活结构的关系,哈耶克的"社会秩序规则二元观"表达了这样的思想:尽管人们不能很好地证明社会秩序自然产生其内部规则,即事物的秩序本来就恒久地扎根于社会的人的本性之中,但人不能推断出指导人们行为的规则必定产生于人的刻意选择和设计,也不能推断出人通过所选择的规则来型构社会。[1] 哈耶克的观点实际上含蓄地揭示了社会生活养育法律生成的客观过程,同时,也不否定人的主观性和规则的独立性格,为我们理解法律性与社会性之间的关系开创了重要的认识路径。

1959 年在印度新德里召开的国际法学家大会讨论了法治问题,大会报告的第一条宣布:"在一个自由的社会里,奉行法治的立法机构的职责是要创造和保持那些维护基于个人的人类尊严的条件,这种尊严不仅需要承认个人之公民权利与政治权利,而且要求促成对于充分发展起人格乃是必要的、各种社会的、经济的、教育的和文化的条件。"[2] 法律规范是推行法治所需要的必要条件,法治以法律规范作为调整社会秩序的工具,订立法律的目标是实现市民社会的文明生活状态。时至今日,法律规范越来越被理解为一种具有普遍性的社会规则,其目的在于约束国家权力从而保障社会经济的发展,"权利本位"已然让位于"义务本位",社会生活的走向比以往任何时候更强烈地制约着法律的生成与变迁,同样也比以往任何时候都更加依赖于法律的态度和作为。

从历史的角度看,司法是政治社会普遍存在的政治系统中的结构性元素。自从人类进入文明社会以来,司法组织就稳定地存在。最早的国王也就是最早的法官。人类社会的发展同司法结构性发展是同步的、密不可分的。社会越发展,社会关系越复杂,社会对司法的功能需求、对司法的结构的依赖就越强烈。[3]

法官审判艺术在司法结构中占据相当重要的地位,是司法结构与社会的联结点。司法是社会秩序的构成,而法官审判艺术又是文明司法的构成,法官的职业行为通过作用于裁判的对象而影响社会成员的行为进而影响一定人群的社会实践,法官职业技能的层次直接决定着这种司法影响的精密程度。

法官通过裁判的艺术诠释公平,扩大司法对社会秩序的张力。司法对社会秩序的作用不限于被动的恢复,对社会的弱者也不仅仅是补偿和安慰。相反,司法是一种积极的、有时略带侵略性的力量,有变革社会结构、拓展社会关系、调整社会失衡的倾向。司法的这种能动作用描绘了法律性与社会性相结合原

---

〔1〕 邓正来:《哈耶克法律哲学的研究》,法律出版社 2002 年版,第 47 页。

〔2〕 梁治平编:《法治在中国:制度、话语与实践》,中国政法大学出版社 2002 年版,第 93 页。

〔3〕 程竹汝:《司法改革与政治发展——当代中国司法结构及其社会政治功能研究》,中国社会科学出版社 2001 年版,第 18 页。

则的又一个侧面。

正如我国法学家吴经熊先生在《法的艺术及司法和文学文集》中所说的:"当我们意识到我们的生活是一场梦时,这是我们生命中最真实的时刻,因为意识到我们在做梦,这不是比做梦本身更接近清醒的情况吗?"法官审判是为了实践法的精神以及法追求的价值体系,对法的价值体系和司法公正的实现程度是法官审判艺术的基本评价标准,也是提升司法公信力的基本法理路径,讲求法官审判艺术提升司法公信力既是研究法官审判艺术评价标准的起点,也是法官审判艺术的终极价值目标。从马克思法学理论的视域来看,法官审判是一种社会性活动,法官审判的方式应当具有良好的社会基础,司法审判的结果应当产生良好的社会效果,法官本人则应当具有纯正美好的社会形象,这是提升司法公信力的基础所在。法官审判具有存在的影响性、发展的前瞻性,需要改革精神,追求未来的、积极的生存意义,法官审判艺术的真、善、美三维评价标准因而应当具有普遍性和长效性,不因时代变迁而失去理论与现实意义。

# 第五章
# 公信言说:法官审理裁判案件的司法口才技能

立法过程既是一个逻辑严密的科学活动,也是一种修辞精湛的艺术活动。作为一种诠释,法学理论普及的目的是把高深的相关理论运用浅显的语言文字交代给读者、听者。[1] 法官裁判之司法口才技能是指法官在审理诉讼案件时依法直接运用口头语言正确、高效阐释法律精神,促进案件顺利审结并取得良好社会效果的表达能力。法官裁判的司法口才技能是法官必备的一项专门职业技能,是法官在长期审判实践中总结出来的实践性的司法艺术,这种表达的能力充分体现了法官综合运用法学知识、法律思维方法、各种社会学知识、社会生活经验、裁判经验、裁判技艺、心理学及公共关系学技巧艺术地审理案件的素质与水平。

法官裁判的司法口才技能是法官审判艺术的重要表现形式之一,一个口才好的法官在办案过程中常常具有一种不可思议的神奇力量,能够凭借得体的语言争取当事人对司法程序的理解与认同,平息偏狭、愤怒、不安的情绪,为妥善化解矛盾纷争营造和缓的氛围,使裁判达到最佳效果;而一个口才不好的法官,常常不愿表达、不善表达、错误表达,在面临矛盾时不是束手无策,就是言词荒唐、激愤、专横,甚至与当事人激烈争吵,既有失身份,又使审判陷入僵局,错失调解良机,甚至激化矛盾。因此我们说,口才是人类交往中最难能可贵的艺术和技术,也是法官职业技能的重要内容,这种职业技能既有天赋因素,也是后天有意识培养的结果。主要受之于天赋的因素包括准确吐词、清晰发音、逻辑陈述、丰富音调、衡平语速;可后天有意营造的包括词汇运用、内容编排、情感传播、对象区别、表情调整等。口才的修养综合性很强,不仅要求法官精通法律和有丰富的社会阅历,而且要求法官具备良好的心理素质,具有灵活敏捷的思维能力和幽默风趣的谈吐,同时还应具备辩论、演讲等多种口语表达的技巧,值得

---

[1] 谢晖:《法律的意义追问——诠释学视野中的法哲学》,商务印书馆 2003 年版,第 189 页。

研究。

　　早在明清时代，我国学者便认识到口才在办案中的作用，并开始研究法律语言学，如明末清初学者李渔在其著作《资治新书·慎狱刍言》中对诉讼用语的风格、色彩作了有益的阐释，开创了法律语言研究的先河。[1] 清代著名法学家王又槐在他的《办案要略》一书中，对诉讼活动中的言语交际和法律文书所用语言发表了许多精辟的见解，比较全面、系统地勾勒了当时诉讼文书的语言特征，大大地推进了法律语言学研究的发展，并认识到司法语言必须确切。[2] 从明清至近现代，在法律语言学的研究范畴中，都有对法官裁判口才的研究内容。无论是中国古代的注释法学研究，还是西方的注释法学研究，都或多或少地涉及法律语言学和法官裁判口才的内容，不同程度地推进了法律语言学和法官裁判司法口才技能研究的发展。

　　20世纪60年代，西方兴起新分析法学运动，其创始人是英国牛津大学法律学教授哈特。他提倡法律与语言分析，用语言方法解释法律，形成了一个新的派别——新分析法学或语言法学。[3] 新分析法学派是通过将法律与语言相结合来研究法理，这种研究视角和方法对于法律语言学，特别是法官裁判之口才有较大的启发作用。大陆法系的法官现代职业技能研究也对法官裁判的口才技能有更多的涉及。在中国特定的社会环境之中，法官更是需要高超的口才技艺以面对现实的工作需要。在这个日益开放、不断加速的社会里，作为现代职业法官，我们比以往任何时候更深刻地认识到，法官的口才技艺是表达法律、重塑司法形象和提升司法公信力的重要途径之一。

## 第一节　司法口才的艺术标准

　　口才因作用的门类不同而有不同的衡量标准。教师口才侧重标准、流畅，善于传播与灌输；文艺口才侧重音色专业，富有表现力，具有独特个性与特别美感，不排除夸张、诙谐、反主流的态度，善于渲染；文职公务口才侧重词句简洁有力、表达稳重、态度适中、善于传导意志。法官口才基于审判效果之特别要求而有特别的衡量标准，追求用语的职业化与丰富的内涵，自觉遵循特殊的规律与原则。

---

〔1〕　李振宇：《边缘法学探索》，中国检察出版社2004年版，第133页。
〔2〕　李振宇：《边缘法学探索》，中国检察出版社2004年版，第133页。
〔3〕　李振宇：《边缘法学探索》，中国检察出版社2004年版，第154页。

## 一、言辞与法律原则

法官裁判的司法口才技能是法官职业的专有技能,法的烙印无处不在。法律原则是法律精神的体现,是立法宗旨的阐释,是法之本质内涵。离开了法律原则,法律条文就成了片面和孤立的东西,丧失了应有的活力。法官裁判口才应当是建立在法律原则基础之上的艺术,遵循法律原则是法官裁判司法口才技能的前提,法官口才的运用应当是法律原则指导下的裁判艺术。指导裁判司法口才技能的法律原则主要包括:客观性原则、真实性原则、合法性与合理性原则。

第一,遵循客观性原则,即按照法律事实的本来面目客观地认识和表达相关事实,既不能夸大,也不能缩小,更不能编造、变造、隐瞒;不能以个人情感的立场来看待有关法律事实,而是要客观地表述和评价事实的本质内容,避免因为主观色彩过于浓烈的表述而引起误会,使诉讼当事人怀疑法官的客观公正。一旦失去了客观性原则的基础,法官的口才就会变成先入为主等主观性错误的表现形式,成为妨碍司法公正的因素之一。因此,"唯有客观,才有公正",客观性原则是法官裁判司法口才技能必须遵循的基本原则。

第二,遵循真实性原则,即法官裁判司法口才技能应当按照法律真实的原则要求来施展。法官口才技艺追求的理想是体现法律真实,所谓法律真实是以诉讼证据为支撑的法律意义上的事实。体现法律之真应当是法官裁判司法口才技能的要旨,而法律之真又应当通过有诉讼证据证明的法律事实来表现,因此,法官裁判司法口才技能应当遵循法律真实性原则,努力将法律意义的真实成功地表述成诉讼当事人和社会公众普遍认同的事实,达到裁判司法口才技能之真的佳境。此外,真实性原则并不排斥灵活表达与艺术表达。我们坚持法官在办案过程中应当讲真话,但也并不是死板地要求在任何时候、任何地点和对任何人都必须采取直白的方式进行表达;根据办案的客观需要和办案策略的要求,法官的言辞表达可能在"真实"二字上有所变通,体现一定的灵活性,这与我们强调的真实性原则并不矛盾。在特定情况下,我们可以采取婉转、含蓄、隐晦的方式传达意志,既表明了法官对特定事实的态度,又不伤及已经建立的裁判氛围和诉讼调解的既有基础。遣词造句在这种情况下实在是一门艺术!

第三,遵循合法性与合理性原则,即法官的口才表述应当在法律允许的范围内施展,再好的口才也应当是合法的口才,离开了合法性基础,貌似"高超"的口才不仅是非艺术的,而且可能祸从口出,损害司法公正的形象甚至艺术的生命力。同时,所谓的司法口才技能应当是一种超然、理性的口语表述能力,无论是语言的形式,还是语言的内容,都应当具有一定的合理性,符合或者不明显违背常识与公理,能够被人理解,引人思考。因此,法官的口才应当是一种理性的表达与贯彻艺术,既脱离了语言形式的随意性与世俗特征,又克服了语言内容的易感性与个性风格,能够将法律理性的思辨演绎成为诉讼当事人及社会公众普遍认同的社会价值观。

## 二、言辞与诚实信用

法官是法律与正义的化身,是运用法律方法化解社会矛盾与纠纷的艺术家,诚实信用是法律职业者应当遵循的基本原则,同样也是法官裁判司法口才技能应当遵循的基本原则。法官在裁判过程中通过口才所体现的诚信度是诉讼当事人判断法官裁判公正与否的标准之一。讲诚信的法官通常能够得到诉讼当事人和社会公众更多的认同与配合,从而有利于案件的顺利审结与调解。庄子说过"至信辟金",他认为最大的诚信是不需要用金玉来作为信物的。孔子也主张"轻千乘之国,而重一言之信",讲话中也有"一言既出,驷马难追"的意思。[1] 商鞅在树立法律权威之前首先树立的是诚信,他在闹市竖起一根木桩并发布告示:谁将此木桩送到衙门赏五百金。老百姓观看许久都认为是官府在戏弄百姓,没有人相信告示上的承诺会兑现,更没有人为得到五百赏金来运送木桩,因为在百姓眼里,官府缺乏诚信,五百赏金是根本不可能兑现的。后来有一位壮士抱着试试看的心理把木桩送到了衙门,商鞅果然兑现了五百赏金。围观的百姓们一传十、十传百,很快就把商鞅的诚信态度传播开来,商鞅变法也由此顺利展开。从这个故事我们可以看出,诚信是交易的基础,在法律与信仰的创立过程中,诚信是行为与制约的起点,也是最基本的游戏规则。

法官在裁判案件的过程中,必然要与诉讼参与人有言辞上的交流,这些言辞上的交流是反映法官信用乃至司法信用的直接信息,最终成为"法律"诚信度的判断依据。法官对案件可能的预期结果、处理程序的表述,对案件事实的看法等,一定要有相当的内心确信,一旦传达给受众,无论是有意还是无意,也无论是明示还是暗示,都是一种确定的信息,成为受众调整自己诉讼行为的起因。因此,法官必须理解,自己在司法程序中的言辞并非仅仅代表法官个人,任何关于法律与案件事实的表达都会对当事人的心理、行为产生影响,引起反馈;任何

---

〔1〕 雷池:《说话的艺术——把话说到心窝里》,中国致公出版社 2004 年版,第 338 页。

不负责任,言而无信,出尔反尔的作为都会引起受众的反感,成为诉讼障碍,甚至成为缠诉缠访的诱因。

诚实信用是一种做人的习惯,也是法官言辞的修为。口若悬河确实是一种才华,但如果缺乏对言辞后果的正确估量,可能仅仅只是口无遮拦,口是心非。诚实信用意义上的口才发挥建立在诚实、诚挚、诚恳、诚信的心理态度上。如同法律预设了规则,法官就必定践行规则的要旨,诚实信用基础上的法官言辞内含了法律的"一言九鼎"和结果的一致性,而非平常想象的"言辞后果不及文字的后果"。如果常人信仰的诚实信用只是一种道德上的义务和伦理上的习俗,法官的诚实信用则是一种法律上的德行和政治上的责任,不能减等,也不能随意。因此,法官如果没有形成内心确信,就不可随意言说,无论是审判还是调解,欺瞒和哄骗的方式都是极不可取的。这是我们推行"慎言"姿态的必然结论。

## 三、言辞与礼性

法官裁判案件的权力是人民托付的,也是宪法和法律所赋予的,法官应当时刻牢记司法为民的宗旨,恪守为人民服务的信念。法官裁判的口语表达相应地应当体现出法律严肃与人情温暖的统一。法官言辞呈现法律的严肃自不必说,对人文的关怀则是一种特意的技术、持续的精神,其表达要领是注重言辞的礼仪、庄重、节律、衡平,我们称为"礼性","礼性"是言词背后的态度,是从人性善的角度尊重每一个参加诉讼的当事人、代理人,使当事人、代理人在参与诉讼的过程中真正体验和感触到法律的真实、平等和自然的正义基础。法官司法口才技能遵循"礼性"原则,从政治学角度来讲体现了司法为民的宗旨,从法学视角来看体现了权利意识与平等观念,从社会视角分析体现了对人权与发展的尊重。从公共关系学的视角考察,注重礼节则是一种良好的沟通与交流手段,是一种寻求合作的公共关系方法。

法官"慎言"的表观除了言辞简短、谨慎规范,还包括礼仪严整,情绪适度。其中言辞的礼仪、礼节不仅体现在言辞用语本身,而且更多地体现在言辞渗透出来的情绪当中。因此,我们认为语言学的讲究并不仅仅在于词语的形式精致,而更多的在于词语的灵魂,也就是说我们通过词语与词语的组合,词语与语气的对应,以及词语表达的轻重与缓急传达一种修辞意义上的情感。这种情感的释放不是一个任意的过程,而是以一定的理念为基础,包含明确的司法意图,体现深厚的修养自觉。

裁判言辞的"礼性"修养在实用的司法活动中是一种确定无疑的沟通艺术。

司法官应当以人性平等的理念作指导,保持尊重与理解的姿态,所使用的言辞必须显示重视与关切,讲求言辞的对话功用,淡化权力的冷漠与强制。言辞"礼性"与侮辱、歧视、贬损的言辞习惯和风格是格格不入的。

中国是文明之邦,我们的传统中有很多被称为繁文缛节的社交规则,曾经被现代化拒之门外,然而,现代化的畸形发展、道德生活指数的下挫、人民安全与幸福感的折损却向我们证明了社会仍然需要"礼"的内心约束。这里我们无意宣传传统的伦理道德,因为这实在不是法官裁判的艺术支撑,但是,社会"礼性"的缺失真实地妨碍了我们进行有序、规范、和谐的社会交往,增加了交往的成本,浪费了交流的情感资源。对于司法活动而言,缺乏"礼性"的言辞带来的不是单纯的情感的疏离,而是信任的崩塌和结构的失衡,其直接后果是司法的滞阻甚至言辞对象的抗拒。

为防止"言辞失礼",法官内心需建立"人生而平等"的人权观念,尊重人作为个体和集合体的独立人格与尊严,理解当事人寻求司法救济的急切心理与权利行使的急躁心态,言辞引导与对话应讲究理性与"礼性"。法官言辞以"尊重"为理念先导并非玄虚之说,"尊重"的态度无疑是置换合作与进步的丰厚资源。正如汉代徐干所说,"君子必贵其言,贵其言则尊重其身,尊其身则重其道,重其道所以立其教"。相反,不善于"尊重"言辞对象的法官不会懂得"失礼"的后果不仅仅是礼节上的不周,还有可能是秩序上的失范,这种伤害与破坏就是晋朝葛洪形容的"伤人之语,剑戟之痛"。如果我们真正理解了民间习闻的"良言一句三冬暖,恶语伤人六月寒"的说法,我们不会轻易地让冲动之词说出口;如果"礼性"成为一种司法文化,我们也就深谙了"人敬我一尺,我敬人一丈;人敬我一丈,我将他顶在头上"的诙谐与知性!

## 四、言辞与逻辑

在百姓看来,法官是法律的化身,是理性的象征,是正义与公平的守护神,法官说话代表法律理性。因此,法官的言辞逻辑一定要严密,有条理,有智慧,要能通过逻辑分析的方式,清晰地表述理性内容与态度。法官的理性与智慧通过逻辑思维和符合形式逻辑基本规律的言辞表达出来。

法官说话首先要严格遵守形式逻辑的基本规律,体现思维规律的基本内容。思维规律是我们在运用概念、判断、推理进行思维活动时必须遵守的规律,包括"同一律""矛盾律""排中律""充足理由律",即要求人们思考问题和表达思想时,要保持同一性,不能自相矛盾,不能模棱两可,要有充足的理由。遵循这四条基本规律,是说话具有严密逻辑性的总体表现和要求,必须贯穿于说话的全过程,体现在说话的每一个环节中。[1]

法官口语表达以事实为根据,以法律为准绳,对事实与法律的判断应当尊重法律的逻辑性与法律思维的逻辑规律。法官所讲的内容应当符合事理与法理,同时应当给逻辑规律中的变化规律留有一定的变通余地,避免言过其实、无法兑现时的尴尬。法官在对概念的表述上应当注意法律概念的确定性,防止混淆和偷换概念;对于自己所讲的话要特别注意形式与内容上的和谐一致,避免前后对立、矛盾重生、违反常理;法官在讲述法理的时候应当有充分的论据,口头论证的过程要条理清楚,结构严谨,言之有物。法官对案件事实所作的事理和法理的评价,是法官进行逻辑思维的结果,法官的言辞应当依照审判工作的特殊规律与性质以及法律思维的路径逐次展开。如果法官不能确信自己能够很好地把握言辞的逻辑表达,那么"慎言"更是重要的救济规则。

## 第二节 裁判言辞的运用技巧

口才是一门艺术,凡艺术都有技巧,例如,幽默风趣的曲艺表演始终贯穿着轻松、夸张、诙谐、双关的言词,以此渲染气氛,打动人心,诠释民间艺术的美感;法官裁判的言辞艺术虽然在目的上与曲艺表演大异其趣,但裁判的每一阶段也都离不开言辞技巧的良好运用,两者在这一点上有着惊人的相似。

### 一、告知语言

告知,即告诉通知,带有释明的含义和内容。法官在审理裁判案件过程中,根据法律程序性规定,需要向诉讼当事人或其他人告知相关权利义务以及有关诉讼程序的执行事项。依法告知涉法程序性规定是法官的释明义务,在审判过程中起着非常重要的作用。法官释明义务通过告知语言来表达。告知语言根据其性质和内容的不同,具有如下特点:

1. 告知语言具有法定性

程序法规定的告知权利义务事项是法官法定的义务。我们对这样一句关于沉默权的告知词(米兰达警告)再熟悉不过:"你有权保持沉默。如果你不保持沉默,那么你所说的一切都能够用来在法庭作为控告你的证据……"这句告

---

〔1〕 雷池:《说话的艺术——把话说到心窝里》,中国致公出版社 2004 年版,第 340—341 页。

知词应用于国外刑事诉讼,警察在侦办案件过程中必须依法予以表述,否则就是程序违法。

在程序公正日益受到重视的今天,法官审理裁判案件必须正确履行法定的告知义务,宣告当事人的诉讼权利与义务,告知诉讼和执行可能存在的风险与不利后果,告知相关程序性规定,下达口头裁定,等等,这些都是告知语言的用武之地。表述告知语言的主体是法官或书记官,告知内容具有一定的法定性并相对较为固定。告知语言是最能体现程序法定意义的话语形式,应当按照法律规定来表述。

2. 告知语言具有程序性

根据法定程序规定的不同,告知内容具有严格的时间性与阶段性特征,无论是告知诉讼风险、诉讼权利与义务、庭审注意事项等都有相应的程序阶段空间与时间的严格要求,告知必须遵循相应的程序性规定。

3. 告知语言具有准确性

法官告知的内容都是在程序法有明确具体规定的,即法官告知的内容必须与法律一致,具有相当的准确性。同时,告知内容必须准确具体,不能泛泛而谈。由于对象质素的差异,我们并不要求法官采取僵硬刻板的言辞告知模式,法官应当区别被告知对象的年龄、性别、受教育程度等个体不同特征,采取被告知对象能够理解、接受的言辞准确告知,使其不仅听清法官讲的是什么,而且能够真实掌握告知语言的内容,感受到告知语言表达的具有约束力的意志,从而慎重对待自己的权利与义务。这是口头告知与书面告知的重要区别之一。

根据告知语言的上述特点,法官在使用告知语言时应做到严格按照程序法的规定告知相关内容,并符合告知的时间性要求、阶段性要求。告知时需有理有据,内容需合情、合理、合法,态度镇定严谨,语气干脆干练,用语准确规范,适度讲求法言法语,不失具体生动。

## 二、调解语言

法院调解表现法官耐心细致调处纠纷的艺术,这个艺术过程经由口语来推动。法官的调解语言具有如下特性:

1. 调解语言具有释明性

法官调解并非无的放矢,法官在调解之前以及调解过程当中,即使对案件事实与法律尚未建立十足的内心确信,也至少对整个纠纷有一个大概的把握,对于可能的事实判断与法律选取有必要的直觉,而不是茫然不知,更不能糊涂官打糊涂百姓。因此,我们认为法官在调解时应当经常就涉及案件的审理程序、证据认定、适用法律、预期结果、可能存在的诉讼和执行风险以及可能因诉讼带来的负面影响等问题进行解释、解答与说明,确立一个至少符合民间正义的调解基础。这个良好基础的建立得益于法官的不断释明,法官的适当言辞促进诉讼当事人认识与心态的转化,释明水平的高低决定着调解成功的概率。法官调解释明集中反映了法官耐心、细致、周到、体恤的为人态度和做事风格。

我们知道,法官调解释明的过程具有一定的反复性。人性的多疑本质以及长期非法制因素的影响决定了当事人对同一事物的看法经常处于变动不居的状态。在不同的认识阶段,在不同的认识背景之下,甚至在受到不同人文环境刺激的情况下,当事人会形成不同的心理状态,对法官的释明有不同的反应,对调解的期望值随之涨落。对此,法官首先应坚持调解释明的延续,通过释明的语言技巧和方法来矫正当事人有偏差的、错误的认识与心态,克服释明过程中的反复性,要求法官的言辞平和、稳定,忍耐性强。

2. 调解语言具有劝导性

法官调解纠纷,既是解释宣传法律的过程,也是运用法理劝导当事人的过程。所谓运用法理,就是运用法律思维、法律推理的方法来影响诉讼当事人的思想和行为,将法律的精神和原则演绎成通俗的道理来劝导当事人,促使当事人的主观认识与心态朝着纠纷解决的方向转化,从而促进案件的顺利解决。劝导的特点是依法及法理进行,是说服,而不是诱导;劝导的基础是事实与法律的基本判断,而不是法官的主观臆断;劝导的言辞应具有亲和力,弱化强制力。

3. 调解语言具有策略性

调解最终通过当事人自身心理与认识的积极转变而成就。法官的作为归根结底是一种外在的力量,不能起到决定性作用。但是外因对人内心的作用空间也是非常广阔的,不同的言辞会有不同的内心感召力,具有不同的语言效应。这就是我们所说的策略与方法。法官在不违背法律精神的原则,不违背事实,不违背社会的合理预期以及良知的前提下,可以根据案件及诉讼当事人的特殊情况,采用不同的语言策略和方法来促进调解。具体的言辞策略包括以下几点:

一是"给当事人戴顶高帽子",即遣词造句应注重维护当事人的自尊心和荣誉感。

法官在调解过程中通过语言保持对双方当事人的自尊心的平等尊重,特别是对双方的名节、荣誉的小心维护是非常重要的。与判决不同的是,调解机制追求的首要价值是和谐与合作,特别关注未来的共生与发展,因而调解的言辞应当避免对处于纷争之中的双方当事人的不妥言行进行过度的批评指责,甚至夸大,而应客观评价双方的优点,肯定双方的正面价值与法律意识,以及为达成谅解已经做出的积极让步与回应，使双方当事人感到继续纷争会有损自己的形象，认识到诉讼可能带来的名誉不利益，因而主动改变过去的偏执认识与心态，积极和解或达成调解协议。因此，维护当事人自尊心，在一定程度上顾全双方的"面子"，帮助其树立荣誉感，能够促进当事人采取高姿态来处理纷争。

二是"给当事人找个出气筒"，即通过消除当事人心中的怨气与不满来化解纠纷。

诉讼中双方当事人之间可能因为利益之争而在心中充满了怨气和不满情绪，这种不满和怨气必须得到排解，即俗语所说的"出气"，才能使当事人重新趋于理智和理性。因此，需要法官在调解时通过语言技巧及时化解双方当事人心中的怨气，即俗语所说的"消气"。令当事人"消气"的方法既包括"听"，也包括"说"，说而不听，则口无遮拦，听而不说，则事倍功半。法官在耐心听取当事人"诉苦"甚至激烈的咒骂、埋怨以后，应能以知性的言辞表示理解，表达一些关注的回应，等待并促使当事人归于平静，使双方在"消气"以后看淡纷争，缓和矛盾，理智地回到谈判桌，重新期待解决问题。

三是"为当事人解心结"，即指法官善于通过调解语言技巧解开当事人的"心结"，融化当事人心中的"冰点"。

调解的语言技巧是解开心结的钥匙。将调解语言技巧与心理技艺相结合是融化当事人心中"冰点"的良方，这种结合的技巧包括动之以情、晓之以理、喻之以质、劝之以行。动之以情是指法官在调解案件时以真实感人的话语来感化当事人，使当事人真切地感受到法官在审理案件过程中所体现的人文关怀，促使当事人对纷争产生遗憾、悔恨的心态，从心浮气躁恢复到心平气和，继而能够换位思考，从而达到调解处理的最佳效果。晓之以理是指法官在调解过程中认真讲清事理与法理，通过明白、公平的言辞将事理和法理说深、说透、说明，使当事人能够紧跟法官思维脉络，合理预期案件处理结果，这是调解成就的理性基础。喻之以法是指法官通过通俗的口语表达，耐心细致地讲明法律的精神与原则，阐释法律解释的方法与内涵，使当事人真正明白法律精神的内涵与实质，并调整原有的民间正义观念，逐渐认同并形成法律思维意识，使当事人的心态和行为依法定轨道发展，为在事实与法律基础上达成谅解铺平道路。劝之以行是指法官在调解过程中通过巧妙运用劝导性的语言及时疏导其思想观念与认识上的不良想法或偏见，及时防范其对立情绪与过激行为，使诉讼当事人的言行重新归于理智，特别是使当事人的行为成为法律规范能有效控制与调整的行为，为调解的顺利进行打下良好的基础。

四是"为当事人当参谋"，即指法官在调解过程中，在当事人犹豫不定或难以均衡利益与损害时，及时给当事人提出合理化建议以及恰到好处的调解方案。

处于利益纷争旋涡中的双方当事人有时在利益与损害的衡量中迷失判断的方向,甚至在枝节问题上难以取舍,此时需要主持调解的法官根据客观、公平、公正的原则给予双方调解方案的提示与参考,以供双方选择。法官在表述参考性意见或建议时,一定要注意语言表述的艺术性,避免给一方或双方当事人留下法官强加意志或压制一方的印象。这就要求我们法官正确认识自己在调解中的位置虽是主导,但也只是参事,调解的言辞不能以命令性代替建设性,既要积极主动参与调解,又要适当放权于当事人自治。

法官的建议因其法意性和引导性而具有双重特征。一方面,法官提出的意见须以事实与法律为基础,建立在基本的公正、客观、平等基础上,兼顾双方当事人的既往利益状态,具有法意性,因而具有法定性;另一方面,法官的意见不具有强制力,不代表案件实体审理后的确定结果,可以在一定程度上考虑当事人未来的心理承受力、物质承受力和其他法外因素,适当偏离案件实体处理的正果,因而法官意见具有引导功能,可能跨越法意的僵化界限。鉴于法官调解意见的双重性质,法官提出调解方案,表述参考性意见时既要有一定的意志力量,又要尽量采用商量、商榷的语气,以引导为主。

五是"为当事人搬下楼的梯子"。当事人在诉讼之初可能因为各自不同的心理认知和情绪化等原因,呈现一种"公说公有理,婆说婆有理"的僵持争执的局面,但经过庭前证据置换、庭前调解以及法庭调查,可能在认识上发生很大的变化,认识到法官的最终裁判结果可能与诉讼预期大相径庭,也有可能认识到诉讼成本明显高于预期利益,萌生悔意,但又因为"面子上"过不去,或自己说了"过头的话"收不回来,而硬撑着诉讼。此时,需要法官在调解语言上讲究技巧,寻找合适的理由和时机,将当事人心中真实的意愿变成现实。这就是俗语所说的"搬梯子下楼",好比两个人为争斗而爬上了高楼,站在高处才看到了危险,权衡利弊,高处不胜寒,因而也就看淡了争斗,然而上山容易下山难,此时想下来却没有了阶梯,倍觉尴尬。如果能够体面地下台,"搬梯子"的人也算讲了一点艺术,增了一分功德。

## 三、庭审语言

庭审是法官审理查明案件事实的主要途径,是法官审判案件最重要的能力之一,庭审通过语言来组织和完成。作为庭审的主导者和主持者,法官驾驭庭审语言的技巧与方法不可或缺。

首先,法官的庭审语言应当具有规范性与完整性。法官在主持庭审时应当尽量使用规范性的、意义完整明确的语言来表述庭审的程序性规定,使参与庭审的当事人、代理人及旁听群众能够在法官规范与明晰的法律语言引导下开展交互式诉辩语言的交流,或通过旁听这种交互式语言观察讼争所在。法庭审理的交互式语言是典型的由话语互动促成的言语链现象,并且由多方主体构成。由于讼争各方的话语目的不同,各自语言智慧的成分也不一致,因而很容易造成各说各话的争吵局面,需要法官运用规范性语言技巧将双方讼争纳入庭审程序的规范之中。法官主持庭审时的言辞特点是统一、规范、完整、正确有效并具有一定控制力。

其次,法官应当注重在庭审言辞表达方式上做到客观公平,无论是双方当事人的陈述、举证、质证、辩论过程,还是在法院释明、纠错、鼓励、抑制的实际程序驾驭过程,法官所选取的言辞轻重、褒贬色彩应与言辞针对的对象的行为保持平衡,此所谓客观;还要对双方当事人在相同语境下使用基本一致的用语,此乃公平。

最后,法官在主持庭审时,其语言应当有一种主持驾驭的平衡技巧与坚定风格,即把握庭审方向的内在力道。法官主持庭审应当通过平衡的语言技巧引导和规范诉辩双方的矛盾与冲突,掌控庭审的局面,使诉辩双方的语言争辩与交流始终能沿着理性的方向和规则展开,使双方的讼争始终在庭审规则和秩序之内进行。通过法官理性的主持语言技巧使法庭成为一个讲事实、说法理的地方,而不是一个争吵的场所。这就需要法官个人具有稳定持重的个性特征,反映在庭审言辞上就是外弛内紧、声平意重、简洁精练、坚定有力。

## 四、判令语言

判令语言是指法官向诉讼当事人宣读或直接用言辞表述法院依据审理查明的事实和选择适用的法律作出的判决结论或者关于程序性的裁定结论。宣读和口头表述判令的语言与一般语言不同,其表现力、表达技巧与内在气势均有特殊要求,宣读时字正腔圆,语句流畅、语调、语气、重音、停顿均能表达宣读的法律文书的主旨及文意,并体现司法宣读的威力与生活语言向司法语言过渡的桥梁。[1] 司法宣读和判令性语言是法官主持审理案件过程中的主导性的口头语言,法官始终是这类语言的主体。判令性语言的依据是法院的法律文书或根据相关程序法规定所作的口头裁定,法官在使用判令性语言时,应以法律文书或相关法律程序规定为准,不得根据自己的情感来随意发挥。判令性语言是宣读或表述法院的判决结果或裁定,表达的是国家的意志,其内容具有法律的

---

〔1〕 安秀萍编著:《司法口才学教程》,中国政法大学出版社 2005 年版,第 151 页。

强制性特征,在口头表述时需要有一定的气势和威严,使当事人能明显地从法官的言辞之中感受到法律的至高无上与尊严,因此不宜使用带有明显感情色彩的词句,在语音、语调上使人产生文学化的错觉。

# 第三节 法官裁判司法口才技能之技巧

口才由一个人的综合素质带动,同时又是人的综合素养的必要构成。人的综合素质由知识面、理论素养、社会生活经验和阅历、判断力、鉴赏力、表达力等诸多因素构成,对人的综合素质的判断一般从口语表达开始,良好的口才往往留给人美好的印象。法官审理裁判案件的口才技能同样也是法官综合素质的体现,是法官法学知识,法学理论研究水平、社会生活经历和阅历、驾驭庭审的能力、解释适用法律的能力、调解的能力、裁判文书写作能力、从事法制宣传能力等素质与能力的体现。同时,法官口才技能也是判断法官裁判艺术的重要一环,之所以我们认为法官的口才技能可以成为艺术,是因为法官的口才要领既不是"滔滔不绝",也不是"文采飞扬",更不是"激情四溢",而是法律意义上的得体、正确。

## 一、法官口才的形象化技巧

法律是从具体的社会生活当中抽象出来的社会规范,但法律的适用又要将抽象的社会规范还原成社会生活实践并应用于社会实践,法律适用的技能就是把法律精神和原则从抽象到具体,从一般到特殊,进行巧妙转化。对于普通老百姓来说,法律是抽象的,要求法官审理裁判案件应当具有把抽象的法律精神和原则以及法理演绎成形象化的具体社会生活的技能,口才技能在其中占了很大的比重。

心理学研究成果告诉我们,人类百分之八十五以上的知识,是通过视觉印象被我们吸收的。因此,法官的口才技能需要讲求形象感与视听效果,需要通过形象的艺术表达方法将抽象的法律演化为老百姓可以接受和理解的普适性知识。法官在口头表述时应当注意自己的外貌形象和体态语言,要善于运用语言表达的手段与技巧,将抽象的法理物化为社会生活与实践的景象,使空洞的说教转化为鲜明翔实的生活画面,让枯燥的法条转化成生动的法律,让法律的精神转化成全社会认同的生活规范。

法官口才的形象化,需要充分运用比喻和比拟的修辞方法,以及以案说法的教化方式。例如,中央电视台开办的《今日说法》栏目历经数年不衰的原因就在于这个法制性质的电视栏目充分运用了形象化的表现手法,通过一个个鲜活的案例来形象化地讲述法理。案情介绍以后,既有记者的采访和当事人的讲述,也有办案法官或检察官、警察、律师的说法,更有专家学者的精彩点评,给观众非常直观的形象化思维感受,深受观众的喜爱。法制类电视节目很难长期保持一种演绎模式,但《今日说法》是个特例,表明社会公众对其形象化的表达方式予以认同。

因此我们推论,具有高超的口才技艺的法官总是善于把枯燥的法条和理性的法理转化成生动、具体的案例和故事加以阐释。正如法国哲学家艾兰所说,"抽象的风格总是差的,在你的句子里应该充满了石头、金属、椅子、桌子、动物、男人和女人",[1]法官需要在法制框架内通过言辞的艺术为法律填充生动的故事情节,通过形象化的比喻、类比、比拟,使法律深入而浅出,贴近生活又不落于俗套。

## 二、法官口才的逻辑化技巧

逻辑思维的能力与方法搭建了口才的施展模型,在口才的运用中占据重要地位。前面我们提到,法官的口才特指法律意义上的表达得体、正确,其中得体包含两个方面的要求,一是言辞有对象性,二是言辞有逻辑性。法官的口才如果缺失了逻辑思维和方法,就好比人体失去了骨骼,而无法显现法理身躯的匀称与力量。因此,法官的口才应该特别注重运用逻辑思维方式,语言表述要有很强的逻辑性特征。口才逻辑的技巧在于:其一,讲究逻辑层次与结构;其二,讲究归纳与分析。

法官在具体的裁判过程中,口语表述应当在法律思维的逻辑层面展开,在结构安排上要起承转合,错落有致,讲求一定的层次结构和表述的章法,体现法官审判的逻辑思辨之美与缜密严谨之美。首先,法官的任何一段言辞,无论发生在裁判的哪个阶段,都应当有明确的主题,即法官要表达一个意思,传达一个意念,施加一种意志,这个主题应当以鲜明的方式得到提炼、突出,加强。其次,围绕主题,法官必须提出若干个方面的小问题,或者是论证资料,或者是法理剖析,或者是补充交代,始终强化主题的法律意义,形成一个具有紧密张力的言辞结构。在言辞表达的过程中,最忌词不达意、层次不清、不知所云,结构与层次

---

〔1〕　雷池:《说话的艺术——把话说到心窝里》,中国致公出版社 2004 年版,第 350 页。

是法官口才逻辑性最大的技巧,也是最难修炼的技艺,需要法官有宏观把握的能力,与法官思维方式与思维习惯有关。

除了结构与层次,逻辑性还要求适时的归纳与分析。法官言辞的主题来自法官适时的归纳与分析。法庭审理展开的程序与步骤、当事人诉辩的内容与核心、案件争议的焦点与法庭对特定问题的态度等,都需要法官及时总结、梳理、归纳,以引导诉讼各方的注意力始终集中在法官认为需集中解决的问题上,同时通过对当事人反应的观察,调整、补充、修正归纳与总结中的缺漏,与当事人的诉讼行为进行互动。同时,法官言辞的结论不应空洞,应积极地对归纳的问题进行分析,由这个理性的分析过程对结论进行支撑,也就是我们常说的"言而有据"。

法官在裁判过程中应进行调查小结、辩论小结、庭审小结与调解小结,其中庭审小结是充分展现法官言辞逻辑能力的重要窗口。一个标准的庭审小结要求法官当庭对证据质证、认证情况以及双方争执焦点进行归纳与分析,一方面帮助当事人对案件结论形成正确的预计,另一方面展现法官自由心证过程。

## 三、法官口才的应变性技巧

法官审理裁判案件应对的是纷繁复杂的讼争局面,在面对难以预料的各种意外和变故的过程中,法官口才的应用应当具有较强的应变性。法官也是人,情急之下,口语表述会出现各种各样的错误和疏漏,实为在所难免,需要法官反应敏锐并有补救意识。首先,法官应当有一种"每临变故有静气"的境界,做到遇事不慌,处变不惊、临危不乱。面对出现的意外,慌是无用的,心慌则意乱,意乱则智穷。只有处变不惊,才能急中生智。[1] 其次,应变应讲求技巧:一是借力打力,巧问妙答,四两拨千斤。有时可以借用当事人的言论或其他人的悖论来作答,从而改变当事人的观念,达到自己的目的。还可以运用危言诡辩的方法,"危言耸听",起到引起重视和警觉的作用,诡辩与反诡辩的技巧是法官应当掌握的,只是需要把握分寸。二是正话反说、反话正说,巧妙运用反语来表达对变故的真正态度,反语偷换的过渡或铺垫,使用反语技巧的合理性就在于通过幽默、激励的言辞使口语表达者的真正意图得到对方的理解与尊重。

---

〔1〕 安秀萍编著:《司法口才学教程》,中国政法大学出版社 2005 年版,第 81 页。

## 四、法官口才的幽默技巧

法律救济虽然号称社会公正的最后一道防线,但从中国目前的社会现实来看,它并不是解决矛盾与纠纷的最佳方法与最终途径。有的案件因为涉及敏感的社会问题或其他原因,仅仅依靠法律难以终结,面对这种尴尬局面以及诉讼中的各种无奈,幽默与自我解嘲的方法有助于淡化矛盾,消除尴尬。

幽默的语言技巧是法官与当事人、代理人及旁听围观群众之间建立良好外围关系的最有效的手段之一。幽默的语言技巧既能促进友善,又能增进思想交流。幽默的技巧主要有:一是夸张,即运用丰富的想象,扩大或缩小法律事实的特征与后果,增强语言表述的效果与印象,构成幽默。二是正话反说,最终表达言辞的正面意义,更容易接近受众理解的边缘。三是绵里藏针,即语言外表平静柔和,但内含锋刃使听者有刺痛之感且不露痕迹。四是对比错落,即通过对比提示案件现象或事实陈述的不一致、不合理,由不和谐产生幽默感。五是寓意于谐,即运用诙谐的词语来比喻庄严、庄重的事物。六是含而不露,即因为明言会使对方难堪,而采用含而不露、耐人寻味的口语表达方式来表达自己的意志。

法官口才的幽默技艺是一种高雅的艺术,绝对排斥低级庸俗。法官的幽默应当是一种机智和宽广胸怀的体现,也是积极乐观生活态度的自然流露,在健康的心态之下,幽默的语言宛如缕缕春风,能催开尘世间的一张张笑脸,去除内心积聚的阴霾。法官的幽默不是自娱自乐,也不是哗众取宠,而是诉讼(特别是民事诉讼)顺利进行的催化剂,是打开当事人心结的一把钥匙。法官正确运用幽默的口才技艺,能够赢得当事人、代理人及群众的钦佩与景仰,能够体现法官的坦荡、睿智与才华,将审判过程中的难堪、难题化解成人生的洒脱与大度,使充满怨恨的心灵趋向善良。

# 第六章

# 公信聚焦：以庭审为中心的
# 法官司法审判道场

十八届四中全会决议报告提出以审判为中心的诉讼制度改革，以审判为中心更多的是指庭审中心主义和庭审实质化改革，这一司法改革的方向和举措为提升司法公信力指明了改革的方向。现代意义上的审判是原告与被告在公开的法庭上各自提出自己的主张和证据进行争辩，法官站在第三者的位置上，基于国家权力对该争执作出裁判的过程。[1] 庭审在整个审判过程中居于核心地位，是法院依法行使审判职能的基本形式，也是每一个法官必须娴熟掌握的基本职业技能。所谓庭审艺术，就是指法官在开庭审理过程中所表现出的驾驭和指挥诉讼的方式、方法。庭审艺术的基础在于法官对诉讼程序的理解和把握。在充分理解立法本意的基础上，根据案件的具体情况，采取相应措施，体现庭审艺术。[2] 庭审是法院依法独立行使审判权，履行宪法和法律赋予的保护国家、社会、公民合法权益的神圣职责的重要阶段，庭审涉及法官的智力、法学知识、专业能力、文字表达能力、社会阅历、组织驾驭庭审能力、逻辑分析归纳推理能力、语言运用能力、心理调控能力等多种素质和能力，是充分展现法官才华的重要职业技能，法官在庭审过程中所展示的不仅仅是审理案件的职业技能，更是法官个人长期修为的学术修养和文化、智慧等各方面的综合素养的集中体现。"艺术都是相通的"，不仅书画同源，音乐、建筑、摄影、舞蹈，等等，莫不如此。就庭审艺术而言，就内，刑事或民事，简易或普通，一通而皆通；就外，与其他艺术同宗同源，不仅一个成功的庭审所表现出的艺术美感与其他艺术所表现的美感大同而小异，其表现的手法也大有相似之处。[3] 法官裁判艺术的美感大部分来源于庭审艺术，庭审是法官尽展其才华的空间与舞台。提升法院庭审的审判

---

〔1〕 左为民、周长军：《刑事诉讼的理念》，法律出版社1999年版，第58页。

〔2〕 晋煌：《庭审艺术漫谈》，载《人民法院报》2004年5月17日，"天平周刊"B2版。

〔3〕 晋煌：《庭审艺术漫谈》，载《人民法院报》2004年5月17日，"天平周刊"B2版。

水平，让公信聚焦在程序公正的庭审之上，才能让老百姓在庭审过程中感受到公平正义。

# 第一节　庭前准备工作的技巧和方法

庭前准备工作，就是法院受理案件后、在案件庭审之前，为了保证庭审的顺利进行所做的程序性准备工作，这些准备工作是整个诉讼活动的一部分，是庭审的基础和前提。

## 一、庭前准备程序的必要性和重要性

自 20 世纪 90 年代初以来，我国法院系统先后开展了审判方式改革。在民事审判方式改革过程中，许多法院基于对原有的先判后审、庭审走过场、庭审形式化的传统庭审弊端的认识和对提高诉讼效率、促进程序正义这一民事诉讼基本价值目标的追求，大力推行"一步到庭"的审判方式。据某些法院介绍，"一步到庭"的审判方式要求法官在开庭前基本上不在庭外做调查询问，明确争议焦点的工作，而把审理的重点放到正式的开庭上，通过庭审来逐步把握案情。[1]推崇"一步到庭"审判方式的目的在于避免因法官在审判前介入实体问题而先入为主，进而导致开庭审理的形式化；同时，"一步到庭"也符合现代民事诉讼法关于全面公开审判的原则。在过去的司法改革实际操作"一步到庭"庭审方式的实践过程中，对于案情简单的案件运用"一步到庭"审判方式，省略庭前准备工作，对案件审理并无大碍，一般均能顺利审结或调解；而对于复杂的案件或者案件虽然简单但当事人运用程序策略拖延时间的情况，庭审的效率就非常低下，常常要开两次、三次甚至多次庭，才能审理查明案情，这种方式反而降低了诉讼效率。经过一段时间的实践，学界和理论界呼吁重建庭审准备程序的呼声越来越高，"一步到庭"的审判方式改革也基本上在审判实践中被搁置起来。由于诉讼法对于审前准备程序规定不太明确，实务操作中的审前准备活动内容简单，尚未形成一套完备的程序性制度，因此，法官必须结合自己的实践经验和案件的具体情况，灵活处理。但是必须认识到，就目前的法官素质来看，推行"一步到庭"还有一定难度，进行适当的庭前准备还是很必要的。

---

[1]　齐树洁：《民事司法改革研究》，厦门大学出版社 2000 年版，第 120 页。

第一,做好庭前准备工作有助于平等保护诉讼当事人的诉讼权利。目前,法院实际上成为庭前准备活动的唯一主体,当事人在程序中应有的参与权利被剥夺了。[1] 法官在庭前准备工作中应当树立权利保护意识,让双方诉讼当事人在庭审前充分行使各自的法定权利,确保庭审前权利的平等保护和诉讼信息获取的公平与对称。

第二,做好庭前准备工作有利于当事人实现民事诉讼处分权。《中华人民共和国民事诉讼法》(以下简称《民事诉讼法》)明确规定了处分原则,赋予了当事人诉讼上的处分权。与当事人处分权相对应的是人民法院的审判权,民事诉讼活动是在这两种权力(利)的相互作用下逐步展开的,诉讼任务的完成须依赖于这两种权力(利)在各自领域内的行使。[2] 法官在庭前准备的程序中应起到一种指导和协调作用,应当尊重诉讼当事人的处分权,并通过庭前准备工作的正常指导、协调确保诉讼当事人处分权的正当行使。

第三,做好庭前准备工作有助于确保程序公正。程序公正原则在庭审准备和庭审过程中具体表现为法官中立原则、当事人平等原则、程序参与原则和程序公开原则。法官的庭前准备工作有助于程序公正原则的落实。庭前公布合议庭组成人员名单和开庭时间与地点,可以保证当事人对合议庭人员组成的知情权以及群众旁听庭审的权利,确保程序公开。法官在庭前准备阶段对有关程序性问题进行充分的研究和准备(如诉讼当事人资格审查、告知诉讼权利和义务、追加当事人、证据交换与展示等),能够确保法院严格依照诉讼程序审理案件,确保程序公正。

第四,做好庭前准备工作有助于诉讼效率与诉讼经济原则的实现。法官在庭前准备过程中,应当根据案情繁简情况,选择适用不同的程序,对事实简单、双方当事人争议不大的案件,完全可以选择简易程序,庭审准备工作也可以相应简化。对于案情复杂、证据材料较多或争议较大的案件,则应当在庭前准备阶段充分做好准备,适用普通程序审理。庭前程序性准备工作有助于案件的繁简分流,防止审判资源的浪费,有利于法官办案效率的提高,快审快结;同时,也有利于减少当事人的诉累,降低诉讼成本。

第五,庭前准备工作有助于提高庭审效率和办案质量。在庭前准备工作中,法官通过审查当事人起诉状和答辩状等书面诉讼材料,可以对案件是否属于受诉人民法院管辖,当事人主体资格,是否需要追加诉讼当事人等问题依法作出程序性裁定或决定;对案件的基本事实、当事人的争议焦点、法庭调查的重点、涉案可

---

〔1〕 齐树洁:《民事司法改革研究》,厦门大学出版社2000年版,第124页。

〔2〕 齐树洁:《民事司法改革研究》,厦门大学出版社2000年版,第124页。

能适用的相关法律法规的解释与适用等问题进行必要的研究。从而能够对即将开庭审理的案件的基本情况有一个总体的认识与把握,做到心中有数,为庭审取得良好的效果打下基础。审判实践证明,庭前准备是否充分,庭审的效果是完全不同的。若庭前未做好充分的准备工作,即使有一定的审判技能和经验,法官在庭上也难免出现这样或那样的问题,甚至不得不休庭重新准备。例如,开庭审理之前未将被告答辩状副本送达原告,开庭审理时,原告提出这个问题,法庭不得不休庭。再如,法官在庭审前未认真审核、研究当事人诉状、答辩状、证据等相关书面材料,遗漏了必须共同参与诉讼的当事人,或是应当合并审理的案件没有合并审理,或是应当在庭审前作出鉴定的没有主持鉴定,导致诉讼行为的多次反复,必然会延误或影响庭审的效率,造成诉讼资源的浪费和法官的重复劳动,同时,也增加了当事人的诉累和诉讼成本。没有经过充分准备的庭审还有可能造成认定事实证据的差错或审理程序违法,影响案件审理与裁判质量。

综上所述,庭前准备程序对于庭审和公正裁判起着举足轻重的作用,应当视为庭审活动的一部分,所谓"预则立、不预则废",法官在庭前准备阶段施展审判才能和智慧的空间与庭审上尽展审判技艺的重要性是相同的。

## 二、庭前准备技巧与方法的特征

任何工作,只要认真去修炼和琢磨,都会有创意的产生和创造性的发挥,使其产生艺术的美感,庭前准备工作亦同此道。法官庭前准备工作的艺术有如下特征:

### 1. 严谨与审慎的特征

庭前准备工作是庭审的基础与前提,法官在进行庭前准备时,应当始终保持一种严谨与审慎的态度,在具体的准备工作中做到认真负责、一丝不苟,重视每一个细节,要有一种细节决定成败的意识,把庭前准备阶段的每一个细节都考虑周全,避免由于细节的疏忽而影响庭审的顺利进行或给案件裁判遗留实体或程序上的瑕疵。同时,法官不能认为庭前准备工作只是辅助性的工作,是细枝末节,可有可无。有时候,在细节上发生差错,很可能成为错案的诱因。例如,传票上的时间写错了,当事人就不能按时到庭参加诉讼,就会造成诉讼的迟延甚至错误剥夺当事人亲历诉讼的权利。庭前未告知合议庭组成人员名单,当事人在庭上提出来,就是一种程序违法,必须休庭补正。

### 2. 全面与准确的特征

开庭审理前的准备工作要围绕庭审进行,应有一定的预见性和前瞻性,应当综合而全面地考虑整个诉讼包括执行工作在内所涉及的方方面面。仅就民事案件的庭前准备工作而言,一般情况下有以下内容需要在庭前准备阶段予以完善：审核诉讼材料、开庭前的准备会议、排期开庭、送达诉讼文书（包括被告应诉通知书、原告起诉状副本，被告答辩状、当事人举证通知书、告知合议庭组成人员通知书、参加诉讼通知书、退出诉讼通知书、出庭通知书、传票等）、开庭公告、人民法院依职权进行必要的调查、当事人庭前证据交换、追加当事人、诉讼财产保全、先予执行、证据保全、庭前调解、鉴定、庭前合议和拟写庭审提纲、对新颖、复杂、疑难案件可适用法律的解释性研究，等等，这些涉及庭审过程及案件最终裁判与执行的每一项准备工作都应当在庭前准备阶段周密细致地考虑，遗漏了任何一个环节或者任何一项工作都会造成诉讼延误，直至影响案件质量。在庭前的准备过程中，法官每个行为都应当准确无误，减少案件质量差错。例如，庭前证据交换时，法官应当在举证时限内主持双方对所有的诉讼证据进行交换，避免庭上出现新的证据，而形成证据偷袭。在庭前证据交换过程中要贯彻一种"即时举证"的理念，在举证时限内穷尽相关诉讼证据，对于有争议需鉴定的要在庭前做好鉴定工作，防止庭审时难以应对。

### 3. 原则与机变的特征

做任何事情都要既有原则性又有灵活性，原则性与灵活性相结合是一种工作的艺术和方法。在庭审准备阶段，所有的程序性准备工作都应当严格依照程序法、其他法律规定、司法解释进行，都应当在法定的期间内完成，这是原则性要求。依法定程序和法定原则开展庭前准备工作是必须坚持的原则。在实际的庭前准备工作中，因为实际情况的限制或阻碍，为使庭前准备工作更加富有效率，采取一定的机变、灵活的应对措施也是非常必要的。例如，被告在收到原告的起诉状副本时，明确表示只在庭上作口头答辩时，就可以记入笔录，节省答辩期的时间耗费。再如，双方当事人在举证时已穷尽所有证据，明确表示没有新的证据，并放弃法定举证期限的，也可以记入笔录，既保护了当事人对诉讼权利的处分权，又节省了举证时间，提高了办案效率。

## 三、庭前"预审"

所谓庭前"预审"，是指法官在庭审之前对相关诉讼材料的预先审查，是庭前了解案件全部情况，厘清法律关系和确定审理方向的重要环节，是法官审理裁判案件的必要前提。

### 1. 对书面诉讼材料、立案咨询及送达后情况的审查和了解

就民事案件审判而言，首先要审核书面诉讼材料，包括起诉状（或上诉状、申诉状、反诉状等）、答辩状以及围绕这些法律书状所提交的相关证据材料并进行必要的证据收集。我国《民事诉讼法》第129条明确规定："审判人员必须认

真审核诉讼材料,调查收集必要的证据。"因此,法官在庭审前审核诉讼材料是开庭审理前一项重要的准备工作。审核诉讼材料的目的在于帮助法官在庭审前对案件的管辖权、诉讼主体的适格性,案件事实及当事人的争议焦点等情况有一个概括的认识和把握,对于应当由法院依职权调查取证的证据先进行证据收集,为庭审的顺利进行做好完备的"预审"和准备。具体审查的内容包括:一是审查诉讼材料是否翔实、完备;二是审查有无违反主管、管辖规定应驳回起诉或移送的情形;三是审查诉讼主体是否准确、适格,是否需要更换当事人,是否漏列诉讼主体,是否需要追加第三人等;四是审查是否将诉讼文书及时准确送达双方当事人;五是审查双方所提交的诉讼证据是否齐全,是否需要法官依职权调查收集证据,是否具备组织进行庭前证据交换的条件,是否有特定事项需要进行证据真伪及效力的鉴定;六是审查有无财产保全和先予执行的必要。

就刑事案件而言,一是除审核检察机关起诉书和被告人及辩护人的辩护意见等诉讼材料之外,还要审查受诉人民法院管辖权限;二是审查被告人被采取强制措施的种类,审查被告人的主体身份;三是审查刑事案件是否附带提起民事诉讼;四是审查普通刑事案件的主要证据复印件和刑事自诉案件的相关证据,完善证据开示和相关条件。

2. 证据材料审核情况的初步归纳,当事人诉争焦点的确定

庭审前"预审"的目的在于帮助法官对双方当事人的争执焦点、事实理由和相关证据有一个初步的了解,并在此基础上确定案件的审理方向。法官应当根据案件所涉及的法律关系准确地归纳和提炼出双方争执的焦点,抓住了双方争执的焦点也就抓住了案件审理的关键。法官确保庭审围绕当事人争执的主要问题进行审理,可以避免双方当事人在庭审过程中陈述与案件讼争焦点无关的其他内容,节约庭审时间,及时审理查明案件事实,分清双方的是非责任,提高庭审效率。

3. 做好排期开庭和送达开庭公告等事务性准备工作

送达相关诉讼文书是庭审前的重要事务性准备,是法院依照法定程序和方式,将诉讼文书送交给当事人及其诉讼代理人的诉讼行为。案件在立案阶段的送达是有限的,而在审前的送达工作范围则相当广泛。因此,在审前应加强送达工作的责任意识,将事务性准备工作做细做好,确保送达工作的准确无误。送达的方式有直接送达、留置送达、委托送达、邮寄送达、转交送达和公告送达等,需要法官灵活把握和综合运用,避免因送达方式的选择不当而事实上剥夺了当事人参加诉讼的权利。排期开庭是指在案件受理之前,根据案件受理顺序及时确定案件开庭的时间、地点及合议庭组成人员的行为。[1] 现在许多法院

---

〔1〕 王双喜:《审判艺术》,机械工业出版社 2004 年版,第 111 页。

改革规范立案工作和流程管理之后,将排期开庭的权力归于立案部门,由立案庭在立案时根据审限规定来安排、确定庭审的时间,以确保及时开庭审理,杜绝超审限情况的发生。但立案庭的排期开庭与主审法官的庭前准备工作可能会有一些冲突和矛盾,需要法官在庭前准备阶段认真审核,需要更改和变通的要及时通知诉讼当事人并完善送达手续。开庭公告是人民法院依照法律规定,对于应公开开庭审理的案件,预先向社会公布包括诉讼当事人的姓名或名称、案由、开庭时间和地点、主审法官及合议庭组成人员等内容的公示性诉讼文书。庭前准备阶段对于应当公开开庭审理的案件应当预先在人民法院公告栏内张贴开庭公告,并将张贴公告的情况记入笔录附卷。

4. 证据交换

在审理民商事案件时,常常会遇到这样的情况:当事人无的放矢地将自己认为与案件有关的所有材料均作为证据向法院提交,既无针对性、关联性,又没有侧重点,庭审时往往冲淡所举证据的分量;有的当事人因缺乏参加诉讼的常识、经验,以致在庭审中往往遗漏至关重要的证据而要求休庭补充证据,从而导致多次开庭;[1]有的当事人在庭前故意藏匿有关证据,到庭上以突然袭击的形式提出,使对方措手不及,客观上造成庭上难以质证;有的当事人则在庭上故意为难对方,在质证时以吹毛求疵的姿态审查证据,往往一份证据阅看多时,导致"马拉松"式的质证。[2] 上述这些问题成为影响庭审效率和质量的重要原因,而在庭审前细心组织证据交换可以有效杜绝上述问题带来的影响,强化诉讼当事人的举证责任意识,使庭审能够在证据交换的前提下得以顺利开展。新修改的《民事诉讼法》和《最高人民法院关于适用〈中华人民共和国民事诉讼法〉的解释》明确规定了庭前证据交换的内容,这些规定应当作为法官组织进行证据交换的依据。庭前证据交换过程中,主审法官应当做好相关的诉讼举证指导工作:一是释明举证责任的相关法律规定,强化诉讼当事人的举证质证意识,使其对事实的认识和认定归结为诉讼证据证明的范畴之内;二是释明举证责任的分配原则和举证期限,讲明举证责任倒置的情况;三是对于有所遗漏的证据及时告知补正;四是对于属法院依职权调查取证的应当由法院收集相应证据,对于当事人确有困难收集的证据,可告知当事人申请法院依职权调查取证。在组织双方当事人进行证据交换过程中,对于双方认可的证据,记入笔录,不再在庭审过程中举证和质证,只对双方有争议的证据进行举证和质证调查。

---

〔1〕 乔宪志等主编:《法官素养与能力培训读本》,法律出版社 2003 年版,第 96 页。

〔2〕 乔宪志等主编:《法官素养与能力培训读本》,法律出版社 2003 年版,第 96 页。

5. 庭前听证

所谓庭前听证,是指在开庭审理前,依法由主审法官组织双方当事人及其诉讼代理人就案件审理的争议焦点和相关证据进行举证和核对,以更好地促进案件审理顺利开展的一项庭前诉讼准备活动。庭前听证必须由双方当事人及其代理人参加,其重点在于对证据的认识和判断进行庭审前的预先听证,目的在于预先厘清庭审证据审核的思路,为庭审的顺利进行做好充分准备。庭前听证一般用于案情相对复杂、证据繁多、法律关系交错、现行法律规定不明确的案件以及其他新颖、疑难案件,在证据交换的基础上进行庭前听证,有助于这类案件的顺利审理。举行听证的目的在于通过组织双方当事人进行庭前听证更好地梳理庭审举证、质证的思路,对于尚不完善的证据进行必要的举证引导,对尚有欠缺或举证不足的证据,明确各自的举证责任,限定举证期限。

6. 准备庭审提纲

在阅卷审核书面诉讼材料、组织进行证据交换和听证之后,法官应当就"预审"查明的相关事实、证据及时归纳、提炼出诉讼争执的焦点,根据诉讼材料反映出的法律关系、需要审理查明的事实、相关证据以及可能涉及的法律适用等内容拟写庭审提纲。拟写一份详细的庭审提纲对于庭审非常有用,可以说是法官对庭前准备阶段"预审"结果的总结与提炼,是庭审"作战"的"作战计划",是庭审的思路与路标。

7. 组织一个轻松的审前准备会

作为审判长或者是合议庭组成人员的法官,或者是作为独任审判员的法官,都存在一个组织协调的问题。主审法官担任审判长时,需要调动参与合议庭的其他法官或人民陪审员共同组织好庭审工作;担任合议庭成员时,需要协调和组织好本合议庭其他成员与审判长共同审理好案件;独任审判员也需要组织协调好书记员工作,这些组织协调工作都可以在庭前准备会上进行。一是要做好庭审时的分工,对于庭审的程序、庭审的主持、法庭调查、法庭辩论、法庭调解、休庭评议、当庭宣判等都要进行周全的安排。二是主审法官要向合议庭其他成员及书记员介绍案情,便于庭审前了解情况和庭审时的配合与合作。三是组织联系好书记员、速录员和法警的配合工作,便于庭审顺利开展。四是讨论确定案件程序上的有关问题。五是听取合议庭其他成员对庭审的意见和建议。俗话说:"三个臭皮匠,顶个诸葛亮。"主审法官一个人难免会有疏漏之处,正所谓挂一漏万,要善于听取不同的意见,善于发挥合议庭的整体合力。六是研究确定有关实体方面的问题,针对可能适用的法律交换意见。七是研究庭审中或庭审后可能会出现的意外情况,预设突发事件的应对措施和处理办法。通过召开庭审前的准备会,能够使合议庭对案件的程序和实体问题以及其他情况进行充分研究和商量,做到心中有数。

总之,法官要想提高庭审驾驭能力,提高庭审的艺术,必须重视庭前的准备工作,要把庭前准备工作视为庭审的一部分,充分发挥诉讼当事人的主观能动性,组织协调好合议庭成员发挥整体合力,概括而言,法官在庭审前的准备阶段必须认真准备并切实完成如下任务:一是引导当事人尽可能周全地提出诉讼请求。包括反诉、变更、增加、减少诉讼请求。二是根据双方书面诉讼材料及相关证据及口头咨询接待记录的审核初步归纳双方争执焦点并分配举证责任。三是组织双方进行证据交换和听证,确定举证期限。四是审查并修正诉讼当事人主体资格,包括通知第三人参加诉讼,追加必要共同诉讼人,变更诉讼当事人等。五是完成送达、排期开庭公告等事务性准备工作。六是大致确定实体处理的法律依据。包括法律关系分析、法律定性、适用法律的选择以及对相关法律的理解与运用。七是拟订庭审提纲和召开审前准备会,确定合议庭成员的分工与配合。

## 第二节　驾驭庭审的技巧与方法

驾驭庭审是法官职业最重要的也是必须掌握的基本功之一,庭审也是整个审判工作的中心环节,庭审功能是否能够充分发挥以及庭审质量的高低直接决定着审判工作的质量和效率,因此,庭审是法官依法行使审判权,高效率、高质量地运用法律手段处理纠纷的一门艺术。庭审阶段法官的庭审驾驭能力是极为重要的,它最直接地体现出庭审法官的综合素质和临场发挥的效果。法庭是一个舞台,各个法官根据各自的能力审理不同的案件,导演出具有鲜明个性的"话剧",充分展示法官的风采,执法的形象。[1] 古往今来,多少司法官在威严的法庭上,运用其高超的智慧和娴熟的审判技艺,在公堂上明察秋毫、明辨是非、辨法析理、秉公裁判,被人民称颂为"清官",在流传至今的文学作品之中,我们可以尽情地欣赏到包公、海瑞等古代"清官"在庭上的威严与艺术,感悟"清官"的公正形象和人格魅力,同时,也感悟"清官"透过庭审所展现的法律权威和正义的力量。

---

〔1〕 乔宪志等主编:《法官素养与能力培训读本》,法律出版社 2003 年版,第 99 页。

## 一、庭审艺术的评价标准

成功的庭审应当符合如下标准:一是在审判作风方面,法官着装规范整洁,按照有关规定穿着法袍,形象良好,精力集中,举止端庄,语言文明,规范使用法槌,没有不公平的训诫和审判忌语。二是在庭审程序规范方面,庭审程序诸要素齐备、程序规范,当事人陈述、辩解结束后,能够及时、准确归纳争议焦点,能够正确引导当事人举证、质证,能够准确依据程序法和实体法的相关规定释明当事人的疑问,能够当庭认证并公开说明认证的理由和依据,能准确归纳和总结法庭调查审理查明和认定的事实,能够较好地组织诉讼当事人围绕争执焦点进行辩论,并能及时总结、归纳辩论的焦点和结果,能够灵活地运用当庭调解的技巧和方法开展当庭调解,所作的庭审小结认定事实清楚、法律关系分析透彻、责任明确、说理充分。三是驾驭庭审的能力方面,能够按照程序法规定主持庭审,宣布的事项内容清楚、完整,无遗漏,有一定指挥控制和灵活主持把握的能力,指挥得当,控制有力有节,能够组织、协调、引导当事人围绕争执焦点举证、质证和和辩论,组织举证、质证、认证、辩论繁简得当,注重效率,能够及时阻止和限制与案件无关的问题介入庭审范围,及时制止诉讼当事人及旁听人员违反法庭秩序的行为。四是在庭审公正方面,能够做到形式公正与实质公正,能切实、平等地保障当事人的诉讼权利。五是在适用法律方面,能够正确适用程序法平等保护当事人和其他诉讼参与人的诉讼权利,能够正确适用实体法,适用法条准确,裁判公正,法律效果和社会效果相一致。六是庭审整体效果方面,庭审特点鲜明、突出,法庭秩序井然有序,能够体现出法庭的威严与力量;同时注意发挥合议庭的集体智慧和整体合力,保障合议制的正确实施;此外,庭审过程应当在裁判文书中得到明确的体现与表述。

## 二、驾驭庭审之指挥控制艺术

### 1. 注意法官的形象和言行举止

法官的审判权威与法官的审判作风、形象和审慎严谨的态度紧密相连。树立法官和法院的权威,需要法官加强审判作风建设,注意法官形象,形成审慎严谨的工作态度。法官坐在法庭之上就代表着国家法律,端坐在法椅之中的法官就是生动的法律的象征。因此,法官一定要通过自己规范、威严、严谨、端庄的形象和仪表,向诉讼当事人展现一种威仪四射的法官之威,只有首先做到了形象上的威严,才会有精神威严的可能。法官在庭审过程中应当努力从以下几个方面加强修养:一是衣着规范整洁,法官着装应当严格依照相关规定穿着法袍或统一的制式职业装,不着饰物,衣扣严密,在衣着形象上要向当事人传导法院与法官的权威信息。在咨询接待等日常工作中也应当保持衣着的严肃、端庄、职业化,显现出法官职业的严谨与规范。开庭审案时应当穿着法袍,除巡回开庭外,应当选择在审判庭开庭审理案件,通过规范的法庭、统一的着装和法槌来营造法庭威严的气氛,彰显法官的威仪。二是在庭审过程中,法官要举止规范、精神振作、精力集中,不做其他与庭审无关的事情,在庭审前要关闭通信工具,不能在庭上接听手机、阅读手机短信或把玩手机、钥匙挂件或记录工具。三是特别需要注意的,在现实的庭审模式中,往往只是主审法官一人在唱独角戏,其他合议庭成员往往由于参与意识不强而表现随意,要么经常出入审判庭,要么在庭上看杂志、"干私活"或神游天下,呈现一种极不负责的态度,难以体现合议庭的整体合力和良好的精神状态,更难以使当事人产生对法庭的敬畏和臣服。

法官从事法律职业就应当有对法律的信仰与忠诚,法官始终应当谨记,自己的言行举止都在当事人及其诉讼代理人、旁听群众的密切关注之下,稍有不慎就会使当事人心生不满。特别是在对待熟悉的当事人或者代理人时,态度上更要谨慎,对于应当回避的情形,应当主动申请回避;对于仅仅是认识而对案件审理没有影响的情形,要保持一定距离,严守中立形象,避免当事人因此产生合理的怀疑。此外,法官在庭审过程中一定要注意守时与守信,守时就是按传票列明的时间准时入庭、组织当事人准时开庭,对当事人无正当理由延迟到庭的应予以严肃批评。守信就是要信守庭前、庭上作出的安排、承诺,不可失信于人。

### 2. 正确指挥

法官是庭审的指挥者,庭审过程中的各方当事人和代理人应当服从法官的指挥。但法官的指挥权不是绝对的,法官应当学会正确处理好审判权与诉讼权利的关系,只有将法官的诉讼指挥权与当事人诉权的行使相结合才能开好庭、审好案。法官在庭审中既要避免完全以法官意志为转移,恣意行使超职业主义审判权,又要避免对当事人诉权的任意放纵。法官要指挥各方当事人紧紧围绕争议焦点来展开诉讼,庭审只对双方争议焦点问题进行法庭调查和辩论,对于一案涉及多个争议焦点的,应该根据各焦点对案件所起作用的不同及焦点之间的逻辑关系,注意找出前置性焦点,[1]通过前置性焦点的审理来逐步厘清全案。通过审判指挥权的正确行使防止庭审中的举证烦琐、质证不深入和辩论不切题等。

---

[1] 刘瑞川:《人民法庭审判实务与办案技巧》,人民法院出版社 2002 年版,第 696 页。

3. 指挥控制权与主持权的适当行使

法官既是庭审的指挥者,又是庭审的主持者,如何恰当地行使控制指挥权和主持调配权来组织好庭审也是一门艺术。指挥控制权行使的恰当之处在于正确指挥和引导当事人诉讼和有效地控制庭审节奏两个方面。法官指挥控制权的行使主要发生在法庭调查和法庭辩论这两个阶段。法官控制的目的在于突出争执焦点,提高举证、质证和认证活动的质量,提高庭审效率,避免无益争讼。法官要通过对诉讼指挥的引导作用,克服举证烦琐、质证不深入和辩论不切题的诉讼弊端,抓住能够决定案件性质的关键事实和能够证明案件事实的关键证据展开举证、质证和辩论;通过对能够证明案件事实的关键性证据的审查,引导当事人从证据的客观性、关联性、合法性进行质证和辩论,使举证、质证、辩论有机结合起来。对于当事人的辩论,应始终注重将其引导在争执焦点的范畴内进行,使辩论真正与举证和质证相结合,避免无效争吵、任意跑题。庭审的节奏应当能够体现一种起伏跌宕之美,平铺直叙的庭审过程,累赘、拖沓的庭审过程都会消磨参与庭审者的激情和耐力,使庭审的效率低下。一般来说,对于程序性过程可以适当加快节奏,而对于双方争议较大、证据繁多的法律争议,则应放慢庭审的节奏,这样既有利于查清事实,又有利于书记员、速录员的记录。只有快慢相间、张弛有度的庭审节奏,才能给人以美的享受,才能在节奏的韵律变幻之间达到庭审目的。

## 三、驾驭庭审之小结艺术

法官主持庭审时,应当在不同的审理阶段及时对审理情况进行归纳和总结,当庭陈述完毕,应作陈述小结;当庭举证、质证的调查阶段完毕,应作法庭调查小结;当庭辩论完毕,应作法庭辩论小结;整个庭审的调查和辩论终结之后,法官还应当作庭审小结。法官进行各种审理阶段的小结,实际上是一种综合概括能力的体现。所谓综合概括能力是指法官在庭审中具有善于归纳争议焦点、引导当事人围绕争议焦点有针对性地举证、质证和辩论,以查明事实、辩明责任的能力。[1] 综合概括能力的具体要求,一是要客观准确,综合概括虽然是主观能动作用的过程,但这种主观能动作用是建立在客观案情以及当事人现实诉讼行为的基础之上,是对客观情况的准确提炼与总结;二是简洁精练,既然是阶段性小结,就应当高度概括、精练,要有提纲挈领、拾遗补缺的效果。庭审小结是法官庭审艺术重要内容,特别是最后的庭审小结是法官庭审艺术的画龙点睛之

---

〔1〕 乔宪志等主编:《法官素养与能力培训读本》,法律出版社 2003 年版,第 104 页。

笔。衡量一个法官庭审水平的高低,主要看其对于每一个庭审阶段进行小结水平的高低,能否做好庭审小结是评价法官驾驭庭审能力的重要依据。庭审小结主要包括四个方面的内容:一是对于双方当事人陈述、答辩之后所作的陈述小结,要求能归纳双方陈述之中的争执焦点;二是法庭调查过程中和结束后所作的庭审调查小结,要求对法庭调查的事实和证据进行综合概括;三是对双方当事人的辩论观点进行辩论小结,要求既能在每一轮辩论之后进行归纳小结,也能在辩论终结后作总结性概括;四是在法庭调查、法庭辩论(法庭调解)结束后对整个庭审所作的庭审小结,是对庭审的综合性总结。

## 四、驾驭庭审之语言艺术

法官主持庭审的主要方式是语言,语言表达能力是法官指挥和主持庭审的基本表现形式,法官语言表达能力高低直接影响着庭审的质量和效率。语言表达能力是庭审艺术、技巧的一项最基本的内容,应当成为法官庭审的职业用语规范。庭审的语言艺术主要包括以下几个方面:一是要准确运用普通话开庭,这是现代法官驾驭庭审的基本技能;二是要注重使用法言法语,体现庭审语言的专业性、规范性和严肃性的特征,避免不规范语言在庭审中的使用;三是要讲究庭审语言的表达艺术,针对不同情况调整语调和语速;四是要运用语言的重复表述和加重语气的表达方法,对于庭审中的重点问题进行重点复述,方便书记员、速录员记录;五是要注意形体语言的表达。由于前面章节已对法官的语言艺术作了充分论述,此处从简。

## 五、驾驭庭审之处置、预防突发事件艺术

庭审中可能会出现各种各样的突发事件和意外情况,需要法官反应敏捷并及时作出妥善的安排与处置。

1. 预防突发事件的技巧和方法

庭审中各种突发、意外事件的出现总是会预先有一些先兆或表现的,法官应当保持一种细致入微的观察习惯,只有做到细心观察,才能及时发现庭审中当事人的细微变化,才能见微知著,对可能发生的突发、意外事件有一定的预见性,从而采取相应的应对策略和措施,防患于未然。当法官在庭审时发现突发、意外事件可能发生先兆和苗头时,可以采取以下应对措施和方法:一是"慢处理",既放慢庭审节奏,通过对庭审节奏的掌握从心理和语言上给诉讼当事人一个心理缓冲的适应阶段,避免情绪激动而诱发冲突。二是"冷处理",即推迟开

庭时间,或休庭暂缓一段时间,当事人在庭审中的矛盾激化大都源于受到情绪性和情景性的刺激,有预谋在法庭上闹事的毕竟是少数,"冷处理"的办法可以使情绪激动或群情激愤的各方暂时脱离接触,防止事态扩大和矛盾扩散,拖一段时间,激情过后,当事人自然会逐渐变得冷静和理智。所以,有时法官要有耐心,不能急躁,时间可以消磨一切矛盾、仇恨和误解,要学会暂避锋芒的"冷处理"艺术。三是变换审理方式,即庭审可能无法继续进行时,法官可以休庭进行调解,使可能即将发生的矛盾因审理方式的变换而消解,通过调解等方式使双方先冷静下来,避免矛盾激化。四是变更庭审地点,针对当事人因地缘而聚众参与诉讼预备闹事的情况,可以采取变更开庭地点的方法避开锋芒,如在基层法庭不便于处置的,可以变更到基层法院开庭,陌生而威严的场所有助于当事人克制自己的冲动,而基层法院有众多干警,特别是法警的威慑和震慑作用也是预防突发事件的一个重要力量。五是及时疏导,做耐心细致的思想工作,针对矛盾激化的先兆和苗头,法官要有防患于未然的意识,及时发现问题的同时还应当及时解决问题,要善于运用庭审语言和心理的艺术及时在庭上做好各方的思想工作,通过心理疏导及时化解矛盾。六是及时增派值庭法警,形成预警防范机制,预防可能发生的冲突,增派值庭法警能够对当事人产生强烈的威慑作用。

2. 处置突发事件的技巧和方法

应对和处置庭审中的突发事件、意外事件,第一,法官在心态上要保持镇定,要有一种泰然自若、气定神闲的气度和胸襟,只有法官心理上做到不慌不忙、不急不躁,才能稳定整个法庭的情绪。第二,法官在处理突发事件时,要严格依法进行,应对、处置措施既要合法,又要合理,还要公正。第三,要果断、及时处理突发事件、意外事件,防止事态扩大和矛盾继续激化,处理突发事件的措施一旦选择就要及时付诸实施,最大限度地控制事态发展,缩小和消解激化的矛盾。第四,针对蓄意闹事者,要及时调配法警和其他警力予以制止,及时取证,果断采取相应的强制措施,维护法庭的尊严。第五,应对处置突发事件要在合法的前提下兼顾情理,要根据案件情况和当事人的特殊情况具体对待,做到合情合理,恰到好处。第六,处理突发事件和意外事件要特别慎重,要综合考虑各种社会因素和社会效果,将法律的手段、方法与处理的最终结果结合起来,根据突发事件的社会影响程度和具体情节,作出慎重而稳妥的处置,避免因处置不当而造成不好的影响。

## 六、驾驭庭审之调解艺术

调解艺术是指法官在民事案件的庭审中,运用调解的诀窍和方法处理诉讼纠纷的职业技能,是中国法官在中国特殊的社会环境当中审理裁判案件必备的一项职业技能,是庭审驾驭能力的一部分。在我国《民事诉讼法》中,调解是一项基本原则,因此,民事诉讼的调解是庭审的重要组成部分,是法官在修炼庭审驾驭能力时必须重点掌握的内容。民事案件的性质属于人民内部矛盾,关系到老百姓的切身利益,因此,民事诉讼庭审追求的目的就是通过法律手段进行利益衡量、调解纠纷、化解矛盾、和解关系、构建和谐社会。现实有一种观点认为,法官审理裁判案件的法律效果与社会效果常常是不一致的。这种观点有失偏颇,是因为有些法官对法律效果的好坏有认识上的误差。从立法的精神和法律的原则来看,法官裁判的法律效果与社会效果应当是统一的,法律效果好的裁判结果,就应当有好的社会效果;法律效果差,社会效果则必定差。法律不外乎天理和人情,在理性的基础上,法律应当具有更多的人性化内容和方法,法官应当以一种法律人性化的理念来指导司法审判实践。法官审案不应当是就案办案、机械办案、孤立办案,而应当真正明白法官的职责是运用法律手段和方法化解纠纷,维系社会的公平和正义,最终使社会达到和谐的状态。审案要达到定分止争的作用,要做到"官了民了,案了事了",实现好的法律效果。法律的精神在于维护社会的公平和正义,推崇这样的法律信仰和精神,法官就会在庭审中摈弃"官老爷"的习气,树立一种司法为民的信念,才会更加注重运用调解的艺术更多地化解民间纠纷和社会矛盾。因调解技巧和方法在后面章节有专章展开论述,此处不再展开。

## 七、驾驭庭审之评议艺术

从诉讼进程看,合议庭的庭审运作过程包括开庭审理、评议和判决三个基本阶段,合议庭在暂时休庭后对案件处理进行评议是庭审的最终决策,在庭审中的作用至关重要。合议制是一种集体决策的形式,其特征是多人参与、平等参与、共同决策和独立审判。合议庭的评议是指合议庭在作出裁判决定之前,由合议庭成员之间就案件互相交换意见并进行讨论的过程。[1] 合议庭的评议有以下要求:(1)合议成员原则上全部参与。(2)评议秘密进行。(3)评议有其具体形式,它可以是口头的,也可以是书面的。(4)评议的时间长短因案件性质而不同。(5)评议既可以一次完成,也可以经过多次。[2]

合议庭评议是庭审阶段的发展和结果,是在庭审阶段的基础上由合议庭成

---

〔1〕 左卫民等:《合议制度研究——兼论合议庭独立审判》,法律出版社2001年版,第52页。

〔2〕 左卫民等:《合议制度研究——兼论合议庭独立审判》,法律出版社2001年版,第52—53页。

员共同讨论、认定事实,确定并适用法律,最终对案件作裁判的阶段,是水到渠成、瓜熟蒂落的阶段,是合议庭成员展现法律思维能力、分析判断能力的舞台。合议庭在经过对案件的庭审调查、辩论之后,在查明事实的基础上对案件的事实证据进行分析判断,对涉案的法律关系进行法律思维,通过相互交换意见,确定案件事实的真伪、证据的真伪,认定是非曲直和责任归属,最终作出评议意见。合议庭在评议、分析、判断阶段应当做到以下三点:一是应当运用法律思维的方法,合议庭成员应当运用法律思维方法来分析和判断案件事实。二是分析判断要符合逻辑规则。法官应当将逻辑知识与法律知识结合起来,形成逻辑思维的习惯,始终在评议过程中贯彻逻辑思维的理性。三是认证要合法、正确,分析、判断主要是针对案件事实而言,而案件事实主要是针对证据而言,分析、判断的过程实际上是对诉讼证据的认证过程,也是法官自由心证的过程。法官审查、认证证据的能力是审案的关键,法官认证有一定的自由裁量空间,但一定要遵循合法正确的原则,坚持从证据的“三性”(真实性、合法性、关联性)来进行审查判断,认证的过程一定要符合法律思维和逻辑规则的要求。

合议庭评议除了分析判断证据和案件事实之外,还要熟练、正确地引用法律规定,作出公正、恰当处理。正确理解、解释和适用法律的能力包括两个方面:一是准确适用程序法,程序公正意识的觉醒使我们的诉讼逐步走向程序正义的目标,而程序正义的实现有赖于程序法的准确适用,程序法既有独立的程序保障功能,又是实体法实施的保障。[1] 法官在庭审过程中应当树立程序优先的理念,首先考虑准确适用程序法的规定,确保案件审理在程序上的公正性。合议庭在评议案件时应当将对案件设立的程序法适用作为评议的首要内容,首先应当保证案件审理在程序上的合法性。二是科学理解和适用实体法,法官应当熟练、正确地理解和引用实体法的条文内容,对案件作出具体处理意见,在法律有漏洞或法律有冲突的情况下,能够运用法律解释的方法予以弥补,或者按照法律的精神和原则来公正裁判。

## 八、庭审驾驭之宣判艺术

庭审的最后是宣布判决结果,有当庭宣判和择期宣判两种形式。判决是评议的后续阶段,合议庭评议完毕后应当就案件作出判决。合议庭的判决一般以投票方式进行,除因合议庭意见分歧较大而提请审判委员会决定之外,根据少数服从多数原则决定判决结果。宣布合议庭的判决应当在公开的法庭上进行,

---

〔1〕　乔宪志等主编:《法官素养与能力培训读本》,法律出版社 2003 年版,第 108 页。

以示判决的权威性。由合议庭作出的判决原则上在合议庭全体法官到庭的情形下，由合议庭中的一名法官（通常是审判长）予以宣读[1]判决是整个庭审的"压轴戏"，是经过庭审程序得出的法律意义上的结论。关于判决的技巧与方法，应着重注意以下三个方面：一是选择最佳判决方案，不同法官对同一案件可能会有不同的处理意见，应当明确这样一种观念，即不存在绝对正确或唯一正确的答案，特别是民事纠纷，案情纷繁复杂，救济方式与途径多种多样，价值判断也是多元的，当事人的权利与义务是相对的，公平也是相对的，因此，完美无缺的判决也不经常存在，有时候我们甚至很难判断一种判决方案的利弊得失。因此，法官在确定判决结果时，以最大限度地保障双方当事人的合法权益以及最大层面体现法律精神为价值取向，将实际的案件情况与社会环境同时纳入视域，综合取舍，选择主审法官和合议庭多数成员内心确信的最佳裁判方案，而不能单纯考虑"法律效果"，避免对法律精神机械和僵化的理解。二是审慎考虑案件裁判两个效果的统一问题，前文笔者已有论述案件的法律效果与社会效果的统一问题，认为不存在两个效果分离的逻辑推理结果。合议庭应当在作出判决结果之前审慎考虑案件处理的两种效果是否统一，便于及时修正判决的不当之处。案件判决的社会效果不佳大都是因为忽略了对法律的辩证理解：（1）法律条文是僵硬的，而社会生活是活跃的、发展的，反映现实生活的道德观念与政治理念也是变动不居的。（2）法律条文之间有冲突，不同条文可能是在不同背景下出台，代表的道德观念不完全相同。（3）法律条文的概括性与文字本身的多义性，易导致歧义，在不同价值取向作用下，会产生不同理解[2]合议庭在对两种效果进行评判的过程中要充分考虑上述三种对法律性质的理解，当得出社会效果不佳的预计时，应考虑是不是所作的判决意见的价值取向不当，是不是对立法的原旨和法律的精神有错误的理解，是否正确运用了法律思维和逻辑推理的方法，是否正确运用了法律解释的方法。从这个意义上讲，社会效果是检验法律效果的一面镜子，是引导法官适用法律的向导[3]三是充分考虑宣判之后可能出现的各种不良反应，预先准备应对措施。由于当事人对判决的心理预期过高，或心理纠葛难以解开，在宣判之后，可能会出现矛盾激化的问题，因此，法官在宣判之前要有一定的预见性和前瞻性，提前采取预防措施。四是选择恰当的宣判时机，对于有些案件，时机的选择相当重要，有的宜急，有的宜缓。例如，需要"冷处理"的案件就可以稍缓一缓，等经历一段时间之后，待当事

---

〔1〕 左卫民等主编：《合议制度研究——兼论合议庭独立审判》，法律出版社2001年版，第58页。
〔2〕 刘瑞川：《人民法庭审判实务与办案技巧》，人民法院出版社2002年版，第782页。
〔3〕 梁慧星：《民法解释学》，中国政法大学出版社1995年版，第236—243页。

人情绪稳定，矛盾缓和时再宣判不迟。再如，对于矛盾的主要方面已经发生转化的案件，就应当抓住时机，及时宣判，防止矛盾冲突再行回转。五是做好服判息诉工作。在审判实践中常常听到有的法官对不服判决的当事人生硬地说："你不服判决去上诉，去申诉吧。"每每听到这样的话语，常常为当事人感到揪心，当事人也许一辈子只到法院打一次官司，也许是因为重大的变故才诉诸法院，作为普通公民，他们也许并不了解法律的精神和诉讼的程序，对于法官的判决也许有这样或那样的疑问，他们需要法官的辨法析理，需要法官对判决适用的法律条文中所蕴含的法律精神进行讲解，需要法官在判决书之外宣讲裁判的理由。所以，法官在判决之后应当注意做好服判息诉的工作，这应当是判决的延伸，也是法官人格的写照。法官在宣判以后，要注重做好解释工作，当事人并非都是缠诉的人，只要法官把判决所依据的理由解释清楚，把案件的法理和事理解释明白，当事人自然会经过深思熟虑后决定是否继续诉讼，如果法官把工作做透，当事人多半会服判息诉。目前涉法上访以及申诉案件不断上升的原因之一就是法官在判决之后不注重做好服判息诉工作。

法官裁判应当有这样一种意识，即把服判息诉作为判决必备的后续程序。判决的目的是运用法律手段解决社会纠纷，要让当事人接受法官所作出的判决，也要讲究方法和技巧，做好服判息诉工作就是一门让判决融入当事人和社会公众心中的裁判艺术。宣判绝不仅仅只是将判决书的内容向当事人宣读一遍，而是要将法律的精神撒播到当事人的心田。美国大法官格雷曾说过：判决即是法律。判决是法律条文在实际生活中的阐释和运用，法官作出的判决是法律精神在社会生活中的复活与再现。因此，法官不仅要准确适用法律作出判决，还要艺术地将判决所彰显的法律精神和原则传播到社会生活当中，让当事人以及公众理解法律精神、服从法律精神，按法律精神指引的原则去重新理解和认识生活。做到这一点，法官的判决即成为艺术，司法公信力就会进一步提升。

# 第七章

# 公信内涵：寻找法律解释与适用中的和谐

　　法官裁判中的法律适用是一项充满智慧、思辨和技能的创造性活动，需要法官运用精深的法理知识和娴熟的法律方法来"找法""释法""造法"和"用法"。法官适用法律裁判案件大致可以分为四个步骤：第一，法官对案件事实证据的调查了解和分析判断；第二，法官根据审理查明的案情在现行法律体系的诸多法律规则中寻找或选择可适用的法律，或者在没有可资适用的法律时，根据现行法律体系以某种方式提供的素材创造一个规则；第三，法官对所选择的法律进行解释和说明；第四，适用找到的、创造的或经过解释的法律对案件作出判决。这就是法律适用的全过程，贯穿法律适用技术，即"找法""造法""释法"的法律方法。法律方法以培养、训练法律技能与法律思维为目标，和谐思维的引入是社会转型时期法官裁判技能的重要内容。

　　法官在适用法律裁判案件时面临各种各样的复杂情况，当法律条文清楚明晰时，可直接适用于裁判；当法律条文模棱两可或模糊不清时，可通过法律解释方法澄清法律条文所蕴含的真实法意；当法律条文由于历史局限落后于现实时，法官运用相应的法律解释方法对其作出合乎现代生活的全新解释；当法律有漏洞、有空白，而法官又不能拒绝裁判时，法官可以通过积极"造法"填补法律漏洞，或通过"找法"寻找法律依据；当法律之间有冲突时，可通过法条整合或其他解释方法从整体的法律体系中获取法律适用的答案。在任何一种特定的场景下，我们并不认为单一的法律适用方法可以解决问题，也不认为法官可以轻易得出唯一正确的答案。或许正是因为法律适用的这种深奥，法官的法律适用技能常常被蒙上一层神秘的面纱。

　　在裁判案件的"神秘"过程之中，法律适用的技巧性与知识性贯通始终。法官高水平的法律适用技能既需要学识渊博、逻辑缜密，又需要阅历丰富、洞悉世事；既需要一定的保守，又需要与时俱进、求是拓新；既需要恪守法律的安定性和可预见性，又需要敢于和善于突破现有理论的教条；既需要应用法学的知识和研究能力，又需要法理学、法哲学、法社会学等基础理论法学知识及法律解释、法律思维的专业技能。法律适用如此艰深的思想性、经常的疑难性,以及法官自身如此之高的诉求,使得法官地位的尊崇和法官形象的神秘都不是人为地故弄玄虚。更大胆地设想,法官如果不能兼具思想家、哲学家、历史学家、预言家、技能家、法学家的品质和潜质,法官职业仅仅只是职业。正是法律适用的思想性和疑难性决定了并非所有人都能够成为称职法官,除却天生的逻辑判断能力与对法律的热爱,勤奋、专注、执着的态度是法律人修养法律适用技能的基础,也是法律人研究法学方法论及法律哲学的动力来源。若是对一位只想追求当一名目光如豆的"法匠",而不想当法学家的法律人而言,法学方法论及法律哲学必定会被他人认为是没有必要加以重视的学问;而他也永远不可能知道,这种基础法学的涵养对培养一个风骨卓然的法律人及伟大而有深度的法律文化有何等的重要性。[1] 成为一个风骨卓然的法律人是我们现代法官所追求的理想境界,也是我们不断追问、反思、验证法律方法的原因。

大而全的罗列并不是我们的研究方式,也实在不敢说思维已经有了特别的覆盖面,但无论怎样,在舍弃大家谈论较多的问题以后,对于如何寻找法律解释与适用中的和谐,下面的三个方面的问题值得研究和思考。

# 第一节 法律基本原则:寻找立法宗旨与社会现实的和谐

过去法官适用法律往往是在具体的法律文本中寻找可对号入座的法条,法律适用的方法和过程非常简单;当前法官面临的纠纷日益纷繁棘手,而立法速度也始终跟不上社会矛盾和纠纷的发展步伐,法律自身又常常因有漏洞或冲突而难以取舍、难以适用,法官不得不尝试多种方法厘清法律的脉络,探索法律背后的意义。法律基本原则和法律精神是极为宝贵的法律适用基础,创造性地运用法律基本原则和法律精神来裁判案件是司法的技术核心,这不仅是一种理念,也是一种实用的方法。课题研究着重探讨法官适用法律原则,理解原则内蕴的法律精神的适应性以及适用法律基本原则进行创造性司法的方法。

## 一、法律基本原则在法律体系中的引入

传统之中,主流的观念是将法律基本原则排除在法律体系之外,很少有法

---

〔1〕 林立:《法学方法论与德沃金》,中国政法大学出版社 2002 年版,序言部分。

官在适用法律时认真考虑法律的基本原则。法官在裁判案件时能否适用法律基本原则,取决于法律基本原则是否具有法律效力。西方分析主义法学派代表人物哈特提出了"规则模式论",将法律看作一个规则的集合体,把法的要素全部归结为各种"规则",而将"原则"等要素排除在外,是一种典型的"规则中心主义"。[1] 在规则中心主义理论框架下,法律基本原则被排除在法律体系之外,且没有法律效力,法官只能适用具体的条文,而不能适用法律基本原则。规则中心主义理论最大的缺陷是导致了"恶法亦法"的后果,使法官的法律适用只能囿于具体法条而无法拓展和创造。新分析法学派的规则中心主义理论受到了美国新自然法学派和社会法学派的批判。美国新自然法学派代表人物德沃金提出了"规则—原则—政策模式论",他认为,法律除了规则成分之外,还包括原则和政策的成分,而且在疑难案件的处理过程中,后两种成分往往起着更重要的作用。[2] 而美国社会法学派代表人物庞德提出了"律令—技术—理想模式论",他认为,如果把法律理解为一批据以作出司法或行政决定的权威性资料、根据和指示,那么,法律就是由律令、技术和理想三种要素或成分所组成。其中"律令成分"本身仅是"由各种规则、原则、说明概念的法令和规定标准的法令组成的。"[3]庞德和德沃金所倡导的原则中心主义理论对哈特把法的要素归结为规则的观点持批判态度,认为法律基本原则同样也是法的要素,德沃金甚至认为原则是比规则更重要的一种法律要素构成。原则中心主义理论将原则引入法律体系,使法律体系从一个在逻辑上和正当性上自立自足的体系转换到一个流动的、开放的体系。审视规则中心主义理论与原则中心主义理论,两者都有一定的缺陷。规则中心主义理论为了克服绝对自由裁量主义的弊端而产生,但它力图从司法过程中排除法官的自由裁量权,否定法官的自主创造性,使法律陷于僵化而不能满足社会生活的需要,使法官的司法过程毫无生气甚至压抑公正的需求。原则中心主义理论虽然克服了规则中心主义理论的不足,但因过分强调原则至上的权威,又可能忽视规则的权威,因赋予法官更多的自由裁量权,而可能导致绝对自由裁量权的弊端重现。因此,我们应当正确认识引入法律基本原则的目的与价值。

原则的引入是人们为了摆脱"绝对自由裁量权"和"绝对严格规则主义"这两种极端的主张而寻求严格规则与自由裁量相结合之路。[4] 基本原则的引入

---

〔1〕 周佑勇:《行政法基本原则研究》,武汉大学出版社 2005 年版,第274—275 页。

〔2〕 周佑勇:《行政法基本原则研究》,武汉大学出版社 2005 年版,第274 页。

〔3〕 周佑勇:《行政法基本原则研究》,武汉大学出版社 2005 年版,第274 页。

〔4〕 周佑勇:《行政法基本原则研究》,武汉大学出版社 2005 年版,第278 页。

一方面弥补了成文法规则的不足以应对法律适用的机变之需，另一方面承认了法官在法律适用上的自由裁量权，承认了法官适用法律的创造性和主观能动性。当规则无法适应法律适用需要时，隐藏在幕后的法律基本原则便走到了前台。将法律基本原则引入法律体系之中，既是为了弥补成文规则之不足，也是为了限缩自由裁量权；它既为司法能动性提供了依据，也为司法能动性界定了合理的范围。[1] 近几年来，各法理学派几乎都将法律基本原则纳入法律体系之中，承认法律基本原则是法律的一部分，认为法律原则与法律规则一样具有法律效力。法律基本原则体现了立法的基本精神，是整部法律的精神所在，应当与法律的具体条文共同构成完整的法律体系。大家已经不再否认，只有把价值、形式、事实结合起来才是完整的法律，法官适用法律必须综合考虑法律的价值、形式和事实的统一。法律基本原则是法律价值的抽象与综合，是法律精神在法律中的外化，必须得到充分的理解与重视。

## 二、法律基本原则在法官裁判中的适用及其效率分析

受规则中心主义理论的影响，法官在审理裁判案件时普遍将法律适用理解为法律条文的适用，法官在裁判文书中"认为"部分的说理也仅限于对制定法具体条文的解释与适用。就司法审判的现状而言，制定法的法律条文所调整的范围是有限的，而法律事件和纷争却是无穷的，任何制定法都存在不周延性和局限性，都无法包含对所有争讼的对应性、适用性。一些法学家甚至戏称制定的成文法一经颁布就落后于现实需要。

为了补救成文法天生的"落后"性，法官必须具备正确解释法律和弥补法律漏洞的司法技能。我们认为，法官最重要的司法技术之一就是灵活运用法律基本原则，如何在审判中学会适用法律基本原则是法律适用的关键所在。法官应当能够根据法律基本原则以及其中蕴含的法律精神来推导案件事实，作出符合法律原则和精神的裁判。法律基本原则的引入为法官正确理解和解释法律提供了一条路径，运用法律原则来说理必然需要法理的延伸，需要对法条进行综合、整合性解释。法官是否具有开拓创新精神，法官裁判案件是否能够并善于适用法律基本原则判案，是判断现代法官法律适用水平的重要标准。目前，我国法官运用法律原则裁判案件还存在一些问题，有一些缺陷。究其原因，主要有两点：一是长期受规则中心主义理论的影响，法官的司法理念局限于简单的法条适用。二是由于体制上的原因，法官思维长期受现行司法解释体制的禁

---

〔1〕　周佑勇：《行政法基本原则研究》，武汉大学出版社 2005 年版，第 279 页。

锢,不知、不愿、不能发挥司法的创造性。我国法院体制的设置只将司法解释的权力赋予最高人民法院,而将个体法官在审理具体案件时的裁判解释排除在外,最高人民法院垄断司法解释权,排除了地方法院和法官的司法解释权,使法律适用成为机械的逻辑三段论的一环。这种模式不符合现实需要,也违背了司法裁判的运行规律,应当予以改变。

倡导法官对法律原则的适用能力,首先体现的是法官对法律精神的理解与解释的能力。法律解释包含三方面内容:一是指确定法律规范内容,探求立法意图(包括立法者立法时的主观意图和法律本身所反映出的客观的立法目的与意图),说明法律规范的一种行为和过程;二是指规定法律解释的主体、权限、程序、方式和效力等问题的独立解释制度;三是指法律解释过程中作为技术所运用的一系列规则和方式。[1]

对法律基本原则的解释与适用实际上就是对立法意图的探求,法官寻找最佳法律规范的过程,实际上也就是寻找法律精神与立法宗旨的最佳阐释的过程。司法中所说的法律解释,其最终目的不限于对法律(文本)的理解,或者说不是为理解而理解。法律解释者对某个法律文本进行解释,不只是限于理解该法律文本,而是要将该法律文本作为判决的准据,亦是为了解决具体案件即正确适用法律而理解。换言之,法律解释以法律适用为目的。[2] 法官适用法律应当对法律所蕴含的法律精神和立法意图有个整体把握,只有先弄清了法律条文和原则之中的法律精神才能更好地适用法律,才能在裁判中体现法律的精神。

德沃金曾在其名著《法律帝国》中说道:"法院是法律帝国的首都,法官是帝国的王侯。"[3]这句至理名言道出了法官适用法律之重要。离开了法官的法律适用,法律是一纸空文,而法律非经解释不能适用。现行司法解释权力设置体制对法官解释法律权力的控制与限缩,导致法官适用法律的教条化与弱化,遇有疑难案件,无法正确解读。目前要完全改变这种状况尚需时日,特别是体制的问题还依赖于司法体制甚至政治结构的有效调整。但是,法官在法律适用过程中完全可以先行尝试通过对法律基本原则的解释与适用来提高法律适用能力。适用法律基本原则裁判对法官司法能力提出了挑战,这种法律适用方法完全可以作为法官能力培养的良好开端。法官适用法律能力的提高与法律基本原则的适用应当形成一种良性互动关系,由此推动法官整体素质的提高和司法

---

〔1〕 陈金钊:《法治与法律方法》,山东人民出版社 2003 年版,第 323 页。

〔2〕 梁慧星:《民法解释学》,中国政法大学出版社 1995 年版,第 201—202 页。

〔3〕 [美]德沃金:《法律帝国》,李常青译,中国大百科全书出版社 1996 年版,第 361 页。

能力的增强。

法律基本原则系宪法的具体化、法律之抽象化,其在法律体系中并非仅仅只起宣示性作用,而是具有实在的法律拘束力量。法律基本原则的适用价值在于:

首先,法律基本原则是法官进行法律解释的基本准则。法律解释的内容不得与立法的宗旨或基本原则,也即法律精神相违背。成文法的局限性是指法律基于其防范人性弱点的工具特质在取得其积极价值之同时不可避免地要付出的代价,是法律由于其技术上的特点不能完善地实现其目的的情况。法律局限性包括:不合目的性、不周延性、模糊性和滞后性。[1] 由于成文法的局限性,必须要求法官在适用法律的过程中通过法律解释的方法来加以弥补和矫正。所谓法律解释就是法官对法律精神和立法意图的阐明。德国法学家萨维尼曾对法律解释以高度评价,他说:"解释法律,系法律学之开端,并为其基础,系一项科学性之工作,但又为一种技能。"[2]法律解释的方法多达十几种,包括文义解释、法意解释、扩张解释、限缩解释、当然解释、目的解释、合宪性解释、比较法解释、社会学解释等。如此众多的解释方法,法官在适用法律的时候究竟以哪一种解释方法为主呢? 学者的认识并不一致。我们认为所有的解释方法都应当是在法律原则基础上的解释,都是体现法律精神和立法宗旨的解释。法律解释应当以法律基本原则所蕴含的法律价值为基准,法律解释应取向于价值,而这些价值则以法律原则的方法表现出来。[3] 以法律原则为标准,有助于法官正确认识法律的精神实质,准确理解立法的目的,从而减少法律解释超出合理界限的可能。

其次,法律基本原则是法官补充法律漏洞的根据。相对于制定法,法律漏洞就是"制定法漏洞",即对于需要解决的法律问题,在制定法中通过法律解释来得到答案,而要对其是否有漏洞进行探讨;如果相对于"法",即把"法"思考为整个实证法,除制定法外还包括习惯法,那么在制定法和习惯法均不能提供答案的地方,才可能出现漏洞。[4] 对于"开放的"漏洞要用类推适用来填补,对于"隐藏的"漏洞要用目的论限缩来填补。[5] 法律原则以其极为弹性的规定授

---

〔1〕 徐国栋:《民法基本原则解释——成文法局限性之克服》,中国政法大学出版社 1992 年版,第176—182 页。

〔2〕 梁慧星:《民法学说判例与立法研究》,法律出版社 2003 年版,第5—6 页。

〔3〕 黄茂荣:《法学方法与现代民法》,中国政法大学出版社 2001 年版,第286 页。

〔4〕 孔祥俊:《法律规范冲突的选择适用与漏洞填补》,人民法院出版社 2004 年版,第362—363 页。

〔5〕 [德]卡尔·拉伦茨:《法学方法论》,陈爱娥译,商务印书馆 2003 年版,第258—272 页。

予运用者广泛的价值判断空间,实际上等于承认法官在必要的情况下有补充立法的权责。对法律漏洞的补充应当是法官适用法律原则的一项重要内容,法律漏洞的补充,是法律解释活动的继续,在性质上属于一种造法的尝试,而非立法活动。[1] 法律漏洞的填补方法大体上可以分为三种:其一,依习惯补充方法;其二,依法理补充方法;其三,依判例补充方法。其中依法理补充方法就是依据法律原则补充法律漏洞的方法。杨仁寿先生认为:所谓法理,指法律之原理,亦即由法律之根本精神演绎而得之法律一般原则。[2] 依法理补充方法即指法官必须以法律基本原则作为补充法律漏洞的工具。

综上所述,法律基本原则的适用是法官准确适用法律裁判案件的重要职业技能。正如丹宁勋爵在《法律的训诫》中引喻的:"法官应该向自己提出这么个问题:如果立法者自己偶然遇到法律织物上的这种皱褶,他们会怎样把它弄平呢? 很简单,法官必须像立法者们那样去做。一个法官绝不可以改变法律织物的编织材料,但是他可以,也应该把皱褶熨平。"而法律基本原则就是熨平这皱褶的"熨斗"。

## 第二节　法条整合:寻找法律条文体系与逻辑的和谐

法条整合是法官在适用法律的过程中经常用到的一种重要的法律方法。法官常常会碰到这样的情况,不同的法律对同样问题有互相矛盾的规定,或同一部法律前后条文之间有明显冲突,或几部位阶相同或不同的法律对同一事实的法律适用都有不规则、不系统、不完整的表述,此时法官适用法律就需要进行法条整合。所谓法条整合是指将不完整的、不规则的、不协调的法条整合为完整的、规则的、统一的可适用的法律规定。法条整合的目的在于清楚表述法律规定的主项和谓项,使之形成一个从形式上一看便知的完整逻辑规范,从而便于法官将案件的法律事实与判断的主项法律要件进行比较,为适用法律做好准备。

现行有效法律规范是一个由法律规则、法律原则和一般的法律思想及法理念构成的复杂"体系"。只是这一"体系"并不是概念发现学所致力建构的那种封闭的、逻辑自足的体系,而是一个开放的体系。它在个案裁判中逐渐形成,并

---

〔1〕　梁慧星:《民法解释学》,中国政法大学出版社 1995 年版,第 265 页。
〔2〕　梁慧星:《民法解释学》,中国政法大学出版社 1995 年版,第 270—271 页。

且内容被不断地具体化和填充。[1] 波斯纳法官认为现行法规范的开放结构虽然产生了疑难案件,但也正是由于法规范的这种开放性,才使得疑难案件得以解决。[2] 法律规范的这种开放性决定了法官适用法律时需要发现法律。法律发现是指在某一特定的制度内用来发现与解决具体问题或在具体问题上确定与案件相关的法律原则、规则的意义而使用的方法。[3] 法律发现包含了法的整合技能,是法律方法之一种。法律方法是以某个特定的,在历史中逐渐形成的法秩序为基础及界限,借以探求法律问题之答案的学问[4],是法官在现行的法律规范群落之中寻找最佳法律规范的裁判方法。

法律规范的开放性构建了法条整合的逻辑性,当一个法条明确表述一项完整的法律规定时,我们不需要进行法条整合,只需直接适用。当一个法律条文表述多项法律规定时,就需要法官将拟适用于案件裁判的法律规定从中抽取出来,并按"主项、模态词、谓项"的逻辑结构进行整合。当一个法律条文虽然在形式上表述了一项法律规定,但实际上需要与其他相关法条整合之后才能构成一项完整的法律规定时,就需要法官在适用时将几个法条整合成具有完整逻辑结构的法律规定。当一个法律条文表述法律规定的主项,一个法律条文表述法律规定的谓项,则需要把两个条文整合起来才能构成一项完整的法律规定。当一部法律之中的法律条文表述法律规定的主项,而其他一部或几部法律中的法条表述法律规定的谓项,或一部法律条文虽然同时表述了一项法律规定的主、谓项,但实际上还是需要与其他法律中与其相关的法条整合之后才能构成一项完整的法律规定,则需要将不同法律中的条文进行整合构成逻辑结构完整的法律规定。

从当法官完成对案件事实的认定以后,法官开始适用法律的过程。法官适用的过程就是一个法官寻找最佳适用法律规范的"寻法和找法"的法律发现过程。在这个过程中,法官以审理查明的法律事实为依据,凭借自己对法律体系及法律规范的理解,为案件的处理寻找可适用的最佳法律规范。英美法系国家是判例法制度,法律规范寓于无数法官创造的判例之中,只要法官找到了与本案事实基本相同的前案判决,也就找到了可适用于本案的法律规范;而在大陆法系国家,实行的是成文法制度,法律规范寓于预先制定的成文法条之中,法官必须找到足以解决本案争议问题,能够形成完整逻辑结果的全部相关的法律条

---

[1]　葛洪义:《法律方法与法律思维》(第 2 辑),中国政法大学出版社 2003 年版,第 115 页。
[2]　[美]波斯纳:《法理学问题》,苏力译,中国政法大学出版社 2002 年版,第 54—59 页。
[3]　陈金钊:《法治与法律方法》,山东人民出版社 2003 年版,第 261 页。
[4]　[德]卡尔·拉伦茨:《法学方法论》,陈爱娥译,商务印书馆 2003 年版,第 19 页。

文(包括法律基本原则),并进行整合,"寻法和找法"才算是基本完成了任务。

在成文法国家,法律体系的特征、形式与内容的相互关联,既给法律适用带来了方便,也给法律适用造成了一定的困难。成文法体系在形式上通常由基本法和若干特别法组成,如我国的民事制定法就是由《中华人民共和国民法总则》、《中华人民共和国合同法》和《中华人民共和国继承法》等各单行民事法律以及具有(或包含)民事性质的综合法规组成,每一项法律或法规之内又有基本原则与具体条文之分,其中有的还细分为编、章、节、条、款、项等,这无疑给法律适用提供了"寻法和找法"的线索。但是,成文法的体系化要求又常常使法律规范的实质内容与表述形式发生错位,从而使得处理某一具体问题的相关法律规定常常被分置于不同的法律法规或分置于同一法律不同的编、章、节之中,从而给法律的协调适用制造了非故意的障碍。要克服成文法之找法的困难,为案件的公正处理寻找最接近的法律规范,要求法官必须掌握寻找最接近法律规范的技能,必须全面掌握法律体系知识,善于运用法律解释方法,理解法律规范的结果及与法律条文的相互关系,娴熟运用找法的操作技巧和法条整合的基本方法,其中全面了解法律规范的结构与法律条文的关系是找法的基础和前提。

解决某一具体纠纷的法律规范可能由多个相关法律规定构成,这种现象表明按照相应完整的逻辑结构来进行法条整合是一项重要的法律适用技能。一项完整逻辑结构的法律规定包括主项、谓项和模态词三个组成部分,主项表述法律要求,谓项表述法律效果,模态词是将主、谓项连接起来的判断性词语。法官适用法律需要找到相对应的完整逻辑结构的法律规定,而成文法的体系化又造成了法律规范的不规则和不完整。因此,法官在适用法律时必须掌握法条整合的技能,法条整合是法官找法的重要法律适用技能,是法官在某一特定的法律制度内用来发现与解决问题或在具体问题上确定与案件相关的法律原则、规则的意义而使用的方法。[1]法条整合的过程实际上也是一个法律发现的过程。

成文法并非对所有纠纷的解决都给出现成的答案,事实上法律完全对应事实的情况都很少,法条必须经过法官的思维加工,对可适用法律进行法律识别并结合法律与事实之间的互动关系对法律进行重新理解和解释才能构建适用于个案的裁判规范。法律的模糊性、不周延性甚至法律漏洞需要在司法过程中由法官来发现,法律之规范内容有待法院之解释适用而具体化、生活化。因此,法院的判决不论其是仅为法律解释,或进一步法律补充,事实上最后皆赋予法律以与时俱进的生命力。法院裁判工作的重点越来越从单纯根据法源、适用法

---

〔1〕 陈金钊:《法治与法律方法》,山东人民出版社 2003 年版,第 261 页。

律,移至法的发现。[1] 法律条文之中有时没有直接可适用的条文,这就需要法官运用法律方法在现成的成文法中找寻可供适用的法律,现实生活中的案件有许多是新颖、复杂、疑难案件,单个的法律条文有时难以涵摄相对应的法律事实,法官只有在现实的法律规范之中运用法律整合的方法来发现法律。法条整合的法律方法一方面保证成文法的安定性,使法官在具体的案件中不得为独立之评判,在一定程度上恪守成文法本身的固有法律精神和立法意图;另一方面又发挥了法官的主观能动性,使法官能够通过法律方法创造性地适用法律。

## 第三节 天理人情:寻找民意与法律适用的契合

法官适用法律裁判案件应当充分考虑"两个效果的统一",应当适度考虑民意价值取向与判决的契合。强调案件处理的法律效果与社会效果的统一是我国法院审判工作的重要司法原则或称司法政策,司法审判工作强调群众路线也是适度考虑民意的重要司法政策依据。在法律适用中强调两个效果的并重和适度考虑民意要求法官适用法律不能机械呆板,而必须有灵活性、创造性,要能够根据具体的案情运用不同的法律方法来创造性地适用法律,弥补法律漏洞,达到最佳的效果。

### 一、法官如何看待和适当考虑民意

法官判案是否应当适度考虑民意?民意对法官审理裁判案件有什么作用?这是一个非常值得法官在适用法律时予以认真思考的问题。

民意,又称民心、公意,是大多数社会成员对与其相关的公共事务或现象所持有的大体相近的意见、情感和行为倾向的总称。它是一切社会机制赖以运行的基础。[2] 法律要求社会公众来遵守,社会公众如果不遵守法律,或者法律的价值与民意相背离,那么法律就失去了价值与作用。因此,民意是在适用法律过程中应当予以适度考虑的一个重要因素。法官所要发现的乃是立法者的意图,而立法者的意图又来源于公众意见,因此,法官需要根据现行立法者心中的规则、原则和精神,努力将立法者的意图与公众意见、要求相联系、相结合,寻求

---

〔1〕 陈金钊:《法治与法律方法》,山东人民出版社 2003 年版,第 268 页。
〔2〕 张隆栋主编:《大众传播学总论》,中国人民大学出版社 1997 年版,第 249 页。

公平、正义、安全、效率的法的价值的实现,寻找最佳的适用法律规范。[1]

随着人类社会的不断变迁,随着人类文明进程的发展,民主的意识在不断增强,民意在社会生活和社会发展中起着越来越重要的作用。古语说"得民心者得天下",民心向背注定谋事之成败。古人对民意尚有如此深刻而精辟的认识,我们现代人就更应当充分认识民意的重要作用。

在一定意义上,人类自觉活动构成的文明史,就是"民意"地位不断被认识和提高的历史。民意之所向,可以建设一切,也可以毁灭一切。[2] 如果不能正确地认识和把握民意,必然会在它的力量和变化面前陷入盲目、被动和手足无措的境地。[3] 曾经轰动一时,在网上引发民意极端反对的沈阳黑社会头目刘涌案的审判对民意缺乏适度考虑就是法院判决与民意向背关系的一个典型例证,尽管此案最终的处理结果还是顺应了民意的价值取向。当最高人民法院以审判监督程序撤销辽宁高院的终审判决,直接提审此案时,法官们是否感觉到了民意客观存在的极其强大的力量。一切社会发展的事实,包括政治的、经济的、思想文化的、法律的等都昭示着关于民意的社会规律:只有更准确、更深刻、更直观地理解、掌握和运用民意,才能更好地在此基础上推动社会的发展和进步。法律的推行,只有让法律精神更好地顺应民心,合乎民意,才能在全社会获得更好的遵从。正因为如此,对民意的认识、测度和把握的努力从人类社会诞生那一天起便开始了。[4] 古往今来、在社会发展的浪潮中,人们无时无刻不在强烈地感受民意的客观存在与巨大作用,但却难以准确地描述它、深刻地把握它、有效地追踪它,这都是因为对民意缺乏科学的认识造成的。民谚既有"民意不可违"的训诫,也有"民意如流水"的说法,说明了把握民意是必需的也是异常艰难的。

我们理解法官裁判与民意的关系,应当从民意与法律的价值取向来思考。严格地说,法官的裁判是依据法律作出的,而民意是社会公众的价值判断标准,二者似乎是不相契合的;但从二者更深层次的价值取向来看,又是非常相同或者相似的。法律不外乎天理人情,法律的精神就是人性的理性化价值观的体现,从这一意义上讲,法律精神与民意的价值观是相一致的。法官裁判案件如果只是机械地理解法律条文,只讲求法律技术上的正确性,那么似乎与民意无关;但如果要求法官的裁判体现法律的精神,讲求办案的良好社会效果,就必须

---

〔1〕 杨凯:《寻找适用法律的最佳方法——由一起"民间讼师索酬案"看法官对法律的适用》,载《法律适用》2002 年第 2 期,第 47 页。

〔2〕 张隆栋主编:《大众传播学总论》,中国人民大学出版社 1997 年版,第 249 页。

〔3〕 张隆栋主编:《大众传播学总论》,中国人民大学出版社 1997 年版,第 249 页。

〔4〕 张隆栋主编:《大众传播学总论》,中国人民大学出版社 1997 年版,第 249 页。

适当考虑民意。民意好比一种朴素的正义观念之集成,从一定意义上讲是衡量法官裁判是否公正的度量衡。如果一个法官作出的裁判结果,遭到社会公众的普遍反对,那么不是法官判错了,就是现行的法律存在问题。因为合乎法律精神的判决必然也是合乎民意的判决,社会公众普遍持否定态度的判决肯定是曲解了法律精神的判决。一个时代的法律应当是合乎这个时代民意价值取向的法律,违背民众意愿的法律缺乏被遵从与执行的道德基础。

当然,司法与民意不是没有界限。法官判案讲求法理,民意则讲求的是情理,情理与法理之间有一致的地方,也可能会出现冲突。一般来讲,法律如果制定得不符合情理,不可能得到有效的实施。不合情理的法,即使是实施,也会有障碍,会因强行实施而带来很多的负作用。我们可以理解,同情理冲突很大的法,至少不是良法。但是,情理与法理契合只是现象的一部分,情理与法理之间也可能存在冲突,因为情理是基于一般的社会伦理道德规范来衡量;而法理往往会超越或是高于,甚至是严于伦理道德规范。此外,法有其本身的逻辑规则,这与情理不一样,情理的走向更加感性、偶然、难以预测,而法理更加理性、恒定、有预见性,所以法理与情理本性上又有难以沟通的一面。

那么,法官在遇到情理与法理相冲突的情况应如何面对? 法官应该做到的是法不容情。依法办事是法官最大的法理。但如果法律规定本身有弹性、有幅度,或有选择的空间,法官应当适当照顾情理,但必须在合法的范围内照顾情理。如果有的法与情明显地相冲突,说明此法应修改,但在修改之前,法官还得依法办事。[1] 法官自由裁量权既要在法律的弹性和幅度内行使,又要符合情理。寻找法理与情理的最佳结合点,既是法官运用自由裁量权的最佳尺度,又是裁判技能适度考虑民意的技能体现。

此外,在民意之中还有专家意见的问题,专家是专业人士、精英分子,是社会公众思想的提炼者,他们的意见在一定意义上代表了民意价值观理性的那一部分。现在有很多法院都专门成立了法律咨询委员会,聘请大量的专家教授担任法律咨询委员会委员,专门对重大、复杂、疑难、新颖案件的判决出具法律咨询意见,这是法院在判决中关注民意的一种形式。作为民意体现的专家意见渗入审判,是不是一种进步? 法官如何正确面对专家意见? 我们认为:首先,必须正确认识专家意见对于法官裁判案件有一定的影响力和决定作用。在目前法官素质还有待进一步提高的情况下,适当听取专家意见有利于促进司法公正,也有利于提高司法能力。就目前的情况来看,最高人民法院、部分高院、中院甚

---

〔1〕 杨凯:《寻找适用法律的最佳方法——由一起"民间讼师索酬案"看法官对法律的适用》,载《法律适用》2002 年第 2 期,第 47 页。

至有的基层法院都聘请高等院校、研究机构的专家教授进行案件会诊,证明了专家意见对于司法审判实践确有一定的指导和参考借鉴作用,同时也证明了法官的裁判对专家意见的现实需要。与此同时,当事人在诉讼过程中也常常向法官提供专家意见书等专家意见,因此,适当考虑专家意见从某种意义上也就是适当考虑民意。专家意见至少是法院以外的一种专业的声音,也是一种民意。其次,法官裁判案件如何正确对待专家意见是一门技能。专家意见并不会直接影响司法公正,不会影响法官公正裁判,关键在于法官对于专家意见是否具有鉴别力,是否能从公正与客观的角度来鉴别和采纳专家意见中的合理成分。专家意见是一把双刃剑,一方面可以促进司法公正,另一方面又可能影响司法公正,专家意见渗入审判,是利多还是弊多,全在法官的权衡和掌握之中。[1] 法官在裁判过程中需要适当考虑和听取专家意见,但对于专家意见不能迷信和盲从,而应当有比较、有鉴别地借鉴、学习和研究各种不同的专家意见,综合全案案情和社会公众的普遍意见来采纳其合理部分,从中甄别和发现最佳法律规范,依合法程序形成最终的裁判结果,而不是为专家意见所左右。

还有一种民意的表达是人民陪审员的判决意见。人民陪审员来自民间,选任陪审员参与审判就是为了更好地听取民意对判决的意见,因此,人民陪审员制度的设立其实也就是一种适当听取民意的制度的设立。法官在裁判案件的过程中要真正理解人民陪审员制度的内涵,使作为民意代表的人民陪审员的意见能够真正在合议庭评议案件中发挥作用、产生影响。法官裁判应当充分重视在审判过程中运用陪审程序听取民意,特别是对于社会公众较为关注的案件,更应当注重陪审制度的民意听取功能,而不应以是否专业来衡量裁判的功用性。

## 二、法官如何看待和实现两个效果的统一

法律效果并不是指机械地适用法律,社会效果也不是随意创制和废除法律规则。社会效果是裁判技能的度量衡,是对案件处理结果的评价尺度,对于法律效果和社会效果的判断必须具有客观性,追求"两个效果的统一"是法官适用法律的一条重要经验法则。"两个效果的统一"不是应时的提法和权宜之计,而是具有深刻法理内涵的科学命题。从社会学解释来看,强调"两个效果统一"是法律适用的基本原则和方法。古今中外的司法审判实践经验都证明,机械地适用法律有时会带来荒谬的错误结果。

---

〔1〕 杨凯:《寻找适用法律的最佳方法——由一起"民间讼师索酬案"看法官对法律的适用》,载《法律适用》2002 年第 2 期,第 46—47 页。

　　法官适用法律要避免两个极端:一是机械地理解现行法律,把现行适用法律变成僵化呆板的教条;二是完全无视法律的基本原则和法律精神,把现行适用法律变成法官裁判案件随心所欲的工具。强调"两个效果的统一"则能有效地校正这两种极端。法律效果和社会效果并非截然对立,相反是统一的,社会效果本身是法律效果的有机组成部分,两者不是两种效果,而是一种效果的两个侧面,两者之间根本就不存在着所谓的对立关系。虽然法律解释的方法是多种多样的,但无论采用哪一种解释方法,都应当最终阐释法律的精神和立法的意图,无论是从纯理论的角度,还是从社会学的角度,其解释的要旨和结果应当是趋同和一致的。在进行法律解释时曲解"两个效果的统一",将原本统一的法律价值和功能人为地分离,并以此作为背离法律的托词或借口,其本身就是错误的解释方法。在前提错误的情况下所作的解释必然是对法律精神和原则的曲解。法官解释法律的真正作用就是要运用法律解释的正确方法来创造性地解释和适用现行法律,而绝对不能曲解法律。强调"两个效果相统一"实际上是运用社会学解释方法来对现行适用法律所作的解释,是为了追求正当的社会效果而对现行适用法律条文作出更为符合法律精神和民意的解释,这种解释本身不但没有偏离法律效果,而恰恰就是对法律效果应有文义的正当性诠释。正如丹宁勋爵在其名著《家庭故事》中所论述的:"法官的真正作用就是在他的当事人之间做到公正。如果有任何妨碍实现公正的法律,那么法官要做的全部本分工作就是合法地避开——甚至改变那条法律,以便在提交给他的紧急案件中做到公正。他不用等立法机构来进行干预:因为这对紧急案件不会有任何帮助。但是,我要强调'合法地'这个词。法官自己应该服从法律,并且必须坚持法律。"[1]强调"两个效果相统一"实际上是对法官法律解释的合法性的强调。

　　法律具有安定性和稳定性,一般不能随意突破法律的安定性和稳定性的界限,即使法律在适用于某个特定的案件时可能会存在不公正的情况,也不能轻易违反法律的精神和原则。但如果这项法律遭到民意的普遍反对和抵制,或是经常造成不公正的判决结果,那么法官在适用法律的时候就应当考虑运用社会学解释方法来更好地解释这项法律所蕴含的法律精神和基本原则,将其作合宪性解释。但是,法官的社会学解释不是随意创制立法或废除现有法律规则,而是正确诠释法律的应用之义,其实质还是一种法律发现。正如卡多佐法官所说的:"试图使每个案件都达到绝对的公正就不可能发展和保持一般规则;但是如果一个规则不断造成不公正的结果,那么它最终将被重新塑造。"[2]但是,即便

---

〔1〕　[英]丹宁勋爵:《家庭故事》,刘庸安译,法律出版社2000年版,第226页。
〔2〕　[美]本杰明·卡多佐:《司法过程的性质》,苏力译,商务印书馆1998年版,第10页。

是为了赢得民意的支持,也"并没有授权法官随意按照变化着的关于便利或明智的看法来制作或废除规则"[1] 提出"两个效果相统一"的法理蕴意表明:法官解释和适用法律的目的是实现社会福祉,能否达到真正实现社会福祉的目标是衡量法官解释和适用法律的重要衡量标准,因此,"法律效果和社会效果相统一"是检验法官解释、适用法律的重要参数,在法律解释和适用上追求"两个效果的统一"是与法律的终极目标相一致的。

社会效果从某种意义上讲是民意的反映,社会学解释方法是一种适当关注民意的解释方法,社会正义感往往萌生于民意和民间习俗的历练。法官在审理裁判案件的过程中应当适度考虑社会可能的态度与过往的价值经验与偏好,这将有助于法官正确理解和解释现行法律的道德基础,也有助于法官正确适用法律作出拥有公正内涵的裁判结果。法官在适用法律时,应适当考虑现行法律的解释与适用所体现的法律人文精神和法律所体现的终极关怀,适度考虑法律是否合乎民间正义和平常人的良心,是否符合当下社会公众普遍所持道德观念与价值判断标准,是否符合现实法律文化所蕴含的法律精神和原则。只有在充分考虑上述诸因素的基础上,法官的法律解释才符合现代社会学解释的要求。

在基层法院的许多法官看来,"办案不是判决,而是一种办法,平衡各方利益的办法",[2]其实就是用社会学解释方法在表述"两个效果的统一"的社会学意义和价值。但我们对于社会效果的价值判断一定要建立在合法的基础上,一定要坚持客观性的判断标准。当前在司法审判实践中常常碰到以"两种效果的统一"为借口来干涉法官正当审判案件的外部阻力,对此,法官对于"两种效果的统一"要有合法、客观的理解和应对,一定要坚持合法、客观的价值判断标准。

所谓合法性标准就是要确保法律规范和法律适用的"确定性、统一性、程序性和连贯性,"[3]在法律解释与适用过程中,法官裁判案件大都是根据既定的原则通过类推定案,这就是法律解释和适用的逻辑方法。只有通过逻辑的方法,才能保证法律解释和适用的确定性、统一性、程序性和连贯性。法官即便是考虑法律的社会效果也应当是在合法的基础上来考虑,这种考虑必须符合法律的逻辑。所谓客观的标准是指法官对法律的解释和适用不能是法官恣意专断和随心所欲,而必须是遵循法律的逻辑和民意的普遍性价值观的判断标准,绝

---

〔1〕 [美]本杰明·卡多佐:《司法过程的性质》,苏力译,商务印书馆1998年版,第41页。

〔2〕 葛洪义:《法律方法与法律思维》(第2辑),中国政法大学出版社2003年版,第333页。

〔3〕 孔祥俊:《法律解释方法与判解研究——法律解释·法律适用·裁判风格》,人民法院出版社2004年版,第463页。

不允许借社会效果而背离法律的精神和原则,甚至达到媚俗的境地。

　　遵循法律的精神和基本原则是法官解释、适用法律的客观标准。法官对法律的解释适用不能违反国家利益或社会公共利益,同时,也不能违反法律的逻辑方法,当法律规范有两种以上的合理解释时,法官应当选择适用那种能够使社会效果最大化的解释。"两种效果的统一"的法律解释方法应当始终在法律的基本精神和原则的范畴内展开,是"两种效果的统一",而不是法律效果的让步。法官对法律的解释必须以善意的方式进行,而合乎民意的解释才能称为善意的解释,非善意的解释则是滥用解释权。裁判技能之善就是要求法官在裁判过程中以善意来解释和适用法律,讲求"两个效果的统一"为法官追求裁判技能之善提供了更广阔的空间和领域,使得法官能够在法律之内以人性的善谋求更大的社会福祉。这是法律适用的一种技能境界,是真善美标准的统一,也是幸福价值观的具体表达。

　　在法官法律解释与适用的裁判技能之中,其实还有很多的技巧与方法。对此,我们始终认为,法律的科学总是与经验携手共进的,法律的成长也总是与法官的裁判技能携手共进,未来还有许多值得探索的东西。正如卡多佐所言:"在时事不断变化、亟须法律发展或延伸之时,法官如何发展和延伸我们前面所谓的一致性的法律体系? 当我作为法官开始应付这个问题时,才从一个新的角度理解它。我发现,创造性因素多得超乎我的想象;曲径分叉司空见惯,路标也若隐若现。我试图将应当服从的力量和运用的方法分为四种:逻辑或者类比的力量,为我们带来哲学的方法;历史的力量,指示着历史的或进化的方法;习惯的力量,产生传统的方法;正义、道德和社会福利的力量,宣示或显现为社会学的方法。"[1]法律适用的裁判技能与法律科学的成长是同步的,大部分的法律都是经过不断的司法裁判过程才具体化,才获得最后清晰的形象,然后才能适用于个案,许多法条事实上是借裁判才成为现行法的一部分。[2] 愿法官的法律适用技能能够成为推动法律科学不断成长的强劲力量,更愿法官的法律适用技能能够成为构建和谐社会与提升司法公信力的强劲力量。

---

　　〔1〕 [美]本杰明·N.卡多佐:《法律的成长——法律科学的悖论》,董炯、彭冰译,中国法制出版社2002年版,第34—37页。
　　〔2〕 [德]卡尔·拉伦茨:《法学方法论》,陈爱娥译,商务印书馆2003年版,第20页。

# 第八章

## 公信载体：培养裁判文书
## 透彻说理的创作技能

    法官审理裁判案件必须天天与裁判文书打交道，裁判文书是对人民法院的裁判过程、当事人对争议的事实以及法律问题进行诉辩的诉讼过程，以及人民法院对裁判依据的法律进行论证的过程和法律适用过程的真实记录，裁判文书具有法律的约束力和强制性，是展示人民法院司法公正的载体，是连接法院和社会公众的纽带。[1] 制作裁判文书是人民法院依法履行国家审判职权的一项经常性工作，写好裁判文书是法官职业的内在要求，裁判文书制作水平的高低是衡量法官职业技能水平的标尺。随着审判方式改革与司法体制改革的不断深化，社会公众对于裁判文书的重要性的认识亦日渐深入，人们已不再把裁判文书单纯看作是向诉讼当事人宣布裁判结论的书面告示，而把它视为展示现代社会诉讼民主、程序公开、司法公正的重要载体。对社会而言，裁判文书是人民法院向社会公众展示司法公正的重要平台和宣传法制的生动教材；对当事人而言，裁判文书是其认同法律权威、息讼服判的主要依据所在；对法官而言，裁判文书是考察法官政治、业务素质的重要尺度。[2] 制作裁判文书是法官裁判技艺中的重要环节，是裁判艺术的文字和书面展示。我们之所以将法官裁判文书写作技艺定位为"创作"，是基于对法官职业技能特征的艺术解读。法官是运用裁判艺术将普遍化、抽象化的法律条文转化为能够运用于具体案件、富有生命与活力的法律职业，假如我们把法官裁判的职业技能和技巧定义为一门将理性的法律条文转化为程序与裁判结果艺术，那么我们就可以推断，主导诉讼的职业法官是通过裁判案件将理性的法律、条文的法律与生活的法律融为一体的艺术家，进而推断法官制作、写作的法律文书是法官创作的职业艺术作品。裁判文书作为司法公信的载体和司法艺术

---

〔1〕 刘瑞川：《人民法庭审判实务与办案技巧》，人民法院出版社 2002 年版，第 627 页。

〔2〕 乔宪志主编：《法官素养与能力培训读本》，法律出版社 2003 年版，第 138—1139 页。

品的核心价值在于创造,在于法官创造性地解释和适用法律,寻找案件审理裁判理由中的法理光辉。法官写作裁判文书判决理由是一项艰巨的创造性劳动,充分体现了法官深厚的法学素养与人格魅力,是法官的创意与哲思在裁判文书创作过程中的成型化,也是提升司法公信力的主要路径与方法。

## 第一节　裁判文书说理艺术创作的基本能力和素质修养

裁判文书说理的创作过程既是周密严谨的法律思维过程、法律论证过程和法律适用过程,又是法律精神传播与法官智慧展现的过程,更是法官融理性、感性与悟性的创造过程。创作一份精美的裁判文书,必须要有裁判经验和生活经验的积累,必须要有法理的思辨和法官的思想,必须以法官真实的情感和道德价值观念、高水平的文化素养和知识底蕴为支撑,法官必须要有一定的艺术修养和品位。因此,创作裁判文书对法官的基本素质和能力提出了更高的要求。由于法官裁判艺术既需要恪守理论与理性,又需要体验实践与感性,所以法官必须注重基本素质与能力的修炼,练就创造性写作裁判文书说理的基本功。

### 一、理论与实践相结合的能力

法律的科学总是与经验携手共进,法官裁判是一门将理论科学与实践经验紧密结合的实践的艺术,这门艺术既有很强的理论性,又有很强的实践性,是法理的实证与思辨的艺术。所谓理论性是指法官在审理裁判过程中,不仅要运用程序法和实体法中的具体法律条文去裁决当事人之间的纷争,还要根据这些法律中所蕴含的法律精神、立法意图和基本原则来主导裁判。由于法官不得拒绝裁判原则的确立,在法律有漏洞或法律之间有冲突的情况下,法官应当依据法律的精神、立法的本意和基本法理来准确解释法律和适用法律,从而公正、合理、妥善地解决纷争。法官要具备深精的理论知识结构,除了准确掌握相关法律条文的基本规定之外,还必须掌握具体法律条文的立法原意和立法背景,以及所体现的法律精神与基本价值,并熟悉每一条文或每一个具体制度在这一法律领域的地位和作用,这样才可能在审判实践中正确地解释和准确适用法律,依法作出公正的裁判。法官在裁判过程中除了法学理论知识之外,还应当注重法理学、法社会学、法哲学、司法伦理学、法经济学、法律文化、艺术学、文学、心理学、语言学、传播学等多学科理论知识的修养。法官裁判案件包括创作裁判文书的过程,就是法官创造司法审判艺术品的过程。这一过程不仅充满了逻辑推理和法律解释,而且蕴藏着天理、人伦和道德情感等多种因素,更有文化与文艺演绎的成分。法官制作一份精美的裁判文书需要精深而广博的理论知识作支撑,理性思想的光芒是法官裁判艺术文化的根茎。假如没有法律思维和法律方法的理性来指导审判,法官的逻辑推理或法律解释就会出现偏差;假如没有融入社会学、伦理学等人文关怀精神来审理裁判案件,就难以建立和拥有法官裁判的现代司法理念,也会导致裁判出现偏差。因此,法官裁判艺术的生命力来自理论知识的源泉,法官的创造首先是法学理论知识和道德、伦理理论知识的融合贯通,是理论的诠释与创新。法官裁判艺术的生命力同时也来自审判实践。司法审判是实践性很强的艺术创造过程,是法官运用理论和理性在实践中消弭纠纷的艺术过程,法官所有的理论功底和理性只有和司法审判实践结合起来才会产生创意,只有能动地运用于司法审判实践,才会有法官的创造。创作和创造的前提是法官要有丰富的审判实践经验的积累,只有在经验积累的基础上,才会有正确的观点和真实的思想感情。经验积累是创作的基础。

司法审判实践经验与法学理论知识只有紧密结合成为一个相互关联的整体,才能形成法官创作裁判文书所需要的能力和素养基础。这种能力和素养的获得是长期实践经验的积累与感悟的结果。理论知识与实践经验的积累如鸟之双翼,车之两轮,缺一不可。因此,它们之间又是一个互动的过程,一方面,我们通过不断地汲取国内外最先进、最前沿的理论成果,加强理论对司法实践的分析和指导,另一方面,长期司法实践经验的积累,特别是通过对那些重大、复杂、疑难案件的处理,有助于对理论知识的理解和取舍。恩格斯有一句著名的格言:理论中的困惑要到实践中寻找答案,实践中的困惑要从理论中寻找答案。其意在如此。[1] 我们将法官制作裁判文书的过程定义为创作的过程也意在如此:法律条文只是法律精神和基本原则的抽象概括,而真正的内涵与精髓蕴含在生活与实践之中,通过裁判文书昭示成为可接近的实在理性。

## 二、创造性解释和适用法律的能力

创作裁判文书说理的精髓在于法官适用法律的创造性,法官适用法律的创造性是裁判文书的创作源泉。适用法律的难点也在于创造性的适用,而不在于对清晰明了的法律规定简单地对号入座。法官如果仅仅是一个机械适用法律的"法匠",是无法创作出有创意的裁判文书透彻说理的,而只有创造性地适用

---

〔1〕 刘瑞川:《人民法庭审判实务与办案技巧》,人民法院出版社 2002 年版,第 628—629 页。

法律才能写出有创新意义的裁判文书透彻说理。

正如波斯纳所言,在法律和经济学中同时存在的问题是,疑难问题都不发生在原则上而是在适用上。几乎所有人都同意宪法体现的一般原则,而这恰恰是因为这些原则是一般性的;或者他们也会同意那些无关紧要的具体宪法规定(例如,总统用多少天来否决一个法案),而引出争议的都是如何把这些原则适用于宪法创制者没有预见到的各种情况。宪法创制者给我们的是一个罗盘,而不是一张蓝图。[1] 无论是成文法国家还是判例法国家的法官在适用法律时都面临着同样的难题:如何创造性地适用法律。条文中的法律是静止的,而个案中的法律适用是动态的,法律适用的效果是通过法官的创造性适用来实现的,法律解释必须具有创造性,否则无法达到应有的适用效果。这就是为什么有人说"好的判决胜过好的规则"。[2] 以色列最高法院院长巴拉克曾说过,"我不同意法官只是表述法律而不创造法律的观点"。这是一种虚幻甚至幼稚的看法。孟德斯鸠关于法官不过是宣读法律条文的喉舌的论调,同样是不可信的。笔者觉得,大多数最高法院法官相信除表述法律外,他们有时还创造法律。就普通法而言,它当然是,今天的任何普通法制度都不会与五十年前的情况相同,而这些变化是由法官促成的。这种变化涉及创造。法律文本的解释亦然。司法判决前后的法律的含义是不同的,在判决之前,在疑难案件中有几个可能的答案。判决之后,法律就是判决所说的含义。法律的含义发生了变化。新法已被创造。[3] 西方著作普遍认为,无论是有意还是无意,任何解释都固有其创造性和裁量性,无论法律解释还是其他解释(如对音乐、诗歌、哲学等的解释)均概莫能外。解释意味着要悟透他人的思想、精神和语言,而就法官而言,需要在不同阶段和不同的时空下对法律进行再造、实施或者执行。而且,再造和实施在很大程度上取决于解释者的素质、理解和心境。[4] 法官裁判依据的成文法或判例法都是前人所订立的规则,而将其适用于现实的新的纠纷之中必然要作出符合现实需要的解释,这种解释其实就是一种创造,即将过去的规则的含义解释拓展为现实的可适用的规则,法官裁判看似在重复前人所作的判例或法律条文,

---

〔1〕 〔美〕理查德·A.波斯纳:《法理学问题》,苏力译,中国政法大学出版社2002年版,第178页。

〔2〕 孔祥俊:《法律解释方法与判解研究——法律解释·法律适用·裁判风格》,人民法院出版社2004年版,第52页。

〔3〕 孔祥俊:《法律解释方法与判解研究——法律解释·法律适用·裁判风格》,人民法院出版社2004年版,第50页。

〔4〕 孔祥俊:《法律解释方法与判解研究——法律解释·法律适用·裁判风格》,人民法院出版社2004年版,第51页。

其实在适用的过程中已不知不觉地介入或完成了法律的重新解释与创造。法官对具体案件适用法律的解释与适用可能已经超越了原有法律的含义,法官裁判的艺术性就在于对法律的超越和发展。

在法律解释中,创造性的固有性不能与解释者的完全自由画等号。解释中的裁量不是全然地随心所欲,法官虽然不免是造法者,但不能恣意和信马由缰。任何文明的法律制度均对这种自由设计和实施设定一些限制,不论程序性的还是实体性的。[1] 程序性的限制取决于司法过程的性质。实体性限制在不同的时代和不同的社会均有极大的不同。在不同限制的条件下创造性的程度是有差别的。在有制定法详细规定及有先例的情况下,创造性的空间较小;而在依据法律原则判案的情况下,创造性的空间较大。[2] 法官对具体案件适用法律的解释具有填补漏洞与拓展法律内涵的功能作用,这就是所谓的"法官造法",实质上是法律解释创造性的自然延伸。法官根据时代提供的各种素材,诸如法律素材、政策、法律文化、民俗与习惯等,通过具体案件的法律解释与适用检验法律精神原理、规则及标准,把条文中的法律或判例中的法律创造成现实生活中的法律,这就是法官创造性适用法律的能力。

法官创造性地解释和适用法律的能力最终都要通过裁判文书说理体现出来,裁判文书说理创作的主要内容之一就是将法官理解法律、解释法律、创造性适用法律的过程表现出来,通过裁判理由的公示为说服提供条件。可以说,撰写裁判文书是集中展现法官创造性适用法律的能力与素养的最佳途径。

## 三、法律思维与逻辑分析判断能力

法官审理裁判案件需要运用法律思维来对具体案情进行思考和判断,司法权的本质就是一种判断权,法官审理裁判案件的过程就是一个不断运用法律思维进行判断的过程,是针对案件审理过程中的真与假、是与非、曲与直、善与恶等问题,根据特定的证据、事实以及既定的法律和法理,通过一定的程序进行认识,并运用法律思维的方法作出判断的过程。裁判文书的创造中也包括准确进行逻辑分析和推理论证并作出判断的内容。缺乏法律思维和逻

---

[1] 孔祥俊:《法律解释方法与判解研究——法律解释·法律适用·裁判风格》,人民法院出版社2004年版,第53—54页。

[2] 孔祥俊:《法律解释方法与判解研究——法律解释·法律适用·裁判风格》,人民法院出版社2004年版,第54页。

辑分析推理判断的能力，法官难以创造出论证严密、说理充分的裁判文书。在裁判文书写作的过程中所展现的是法官对一系列法律关系和事实的分析判断。法官的办案思路与法官的法律思维能力紧密相联，法官对全案的整体分析与判断是一个沿着办案思路不断深入推理和论证的过程，这一过程表现在裁判文书之中就是对证据和事实的分析、判断、推理与认定，对法律的甄别、解释与适用。

在法律思维与逻辑分析推理判断的过程中，法官需要对审理查明的事实作出分析判断，并与裁判理由相结合，表现在裁判文书之中就是审理查明事实部分和判决说理部分。审理查明的法律事实是裁判理由之源泉，裁判理由是根据审理查明的法律事实所作的法律阐释与分析判断，裁判理由是建立在经审理查明的案件法律事实之上的理由。裁判理由是法官判决的论理部分，裁判结果是论理得出的结论。二者之间的因果关系需要论证分析清楚。判决是将法律条文运用到具体个案的法律精神的阐释，阐释法律精神必须说明法理，裁判文书首先是给当事人看的，特别是给败诉方当事人看的，裁判文书写明判决理由的目的是向诉讼当事人说明判决结果形成的原因和理由。当事人不仅希望知晓案件胜诉与败诉的结果，更希望知晓法官为什么会作出这样的判决。一份好的裁判文书应当让各方诉讼当事人都满意，胜诉方赢得清清楚楚，心安理得，败诉方输得明明白白，心服口服。

法官裁判要坚持一心为民的执业宗旨，要坚持走群众路线，第一位的工作就是要从裁判文书的说理性上来体现。老百姓到法院来打官司，就是为了讨个公道，就是为了寻求司法救济，如果法官写出来的裁判文书不讲理，或讲理不充分，就难以满足诉讼当事人的现实需要，怎么能谈得上一心为民。群众利益无小事，法官裁判必须做到"法为民所用，文为民所需"，裁判文书是司法审判实体公正和程序公正的最直观的表现形式，也是司法审判实体与程序终端的载体与结论。法官裁判的公正性只有通过裁判文书的充分说理和论证来体现，否则，社会公众无法判断司法过程和裁判结果的公正性，法官判决的公正性、合理性、合法性就会受到怀疑和质疑。现如今败诉方当事人反复上诉、缠诉的原因之一就是没有弄明白自己为什么败诉，官司到底输在哪里。裁判文书加强说理和论证是促使败诉当事人服判息诉的最好方法。假如我们的法官所创作的每一份裁判文书都能详尽讲明裁判的理由，肯定能帮助败诉方自觉接受法官裁判，服判息诉，减少讼累。假如每份判决的理由都清楚明了，使当事人通过阅读裁判文书就能明白法理和事理，法律的教化功能将更加明显。这些都有赖于法官法律思维与逻辑分析判断的能力的提升。

## 四、写作与艺术创造的能力

裁判文书说理的创作首先是法官写作能力的体现,需要相当的写作能力来支撑。裁判文书说理的写作实际上是对一个案件的思维逻辑模式进行书面反映,而思想与其载体——书面文字之间有时并不具有十分精确的对应关系。因此,抽象的思维逻辑或办案思想要想通过文字这一媒介准确地表达出来并做到言简意赅,就必须要有较好的语言文字的表达能力,否则就会词不达意或者成分残缺。所以,一名法官不仅要具备较高的理论素养和丰富的实践经验,还必须有较强的写作能力。[1]

思维、语言与文字表达能力并非常相对应,写作能力需要经过长时间的训练和积累才会有所提高,特别是阐述法理需要相当高的语言、文字的规范表达能力,更是需要长期的训练与审判工作经验的积累。想、说与写是不同的思维表达方式,法官裁判结果的最终表达可以归结为写作一类,写作的过程就是创作的过程,通过写作将精深的法理和法律条文所蕴含的法律精神阐释为深入浅出、通俗易懂的裁判文字,是法官运用写作能力进行创造的过程。在社会公众的心目中,法官是"文官""笔杆子","文"就"文"在有自己独到的思想,能够创作出高质量的裁判文书,优秀的裁判文书应当是法官智慧、才情与法理的融合,是法官创作的艺术品。因此,写作能力是法官创作裁判文书的必备技能,提升裁判文书的质量必须不断提高法官的写作能力。

提高写作能力首先是要多看,虽说"文无定法",但"多看",总还是一条领略别人创作甘苦,汲取思想、艺术养分的有效途径。[2] 法官除了多读法学名著及相关裁判文书写作教程等书籍、文章之外,还应当广泛涉猎国内外的优秀裁判文书,通过阅读判例法国家的判决书,可以汲取其依据判例说理的写作技巧和方法;通过阅读我国古代裁判词,可以学习古代判决创作中的精妙绝伦的文采;通过阅读国内各地法院及最高人民法院的优秀裁判文书、精品裁判文书,可以领略现代法官的经验之作。多看犹如蜜蜂采蜜,可熏染不同的芬芳。其次是要多写多练,所谓"拳不离手,曲不离口",写作能力的提高需要坚持不断的练习,法官应当养成一种写作的习惯,不仅要多写作裁判文书,还要多写学术论文、案例评析等各种不同文体的文章,将写作视为一种思考和表达思想的方法,通过勤于动笔的长期坚持,掌握写作的技巧与方法,提高写

---

〔1〕 刘瑞川:《人民法庭审判实务与办案技巧》,人民法院出版社 2002 年版,第 629 页。

〔2〕 路德庆主编:《写作艺术示例》,华东师范大学出版社 1983 年版,第 1 页。

作能力。此外,创作裁判文书说理不是一个孤立的写作过程,它与法官裁判
的其他艺术紧密相联,例如,裁判文书应当充分反映法官庭审的艺术、适用法
律艺术等。再如,法官道德与情感在裁判文书中不便于表达,却可通过判后
语(法官后语)的方式来表达。

# 第二节 裁判文书透彻说理的创作艺术

## 一、说理的艺术

说理就是讲明判决的理由,所谓判决理由是指法官根据当事人各方的主张
和抗辩的取舍,认定事实和适用相应的法条或法律原则,进而得出判决结论的
推理过程。[1] 判决理由具有合法性、逻辑性、实在性和连接性的特点。[2] 说理
的艺术是法官创作裁判文书艺术中最重要的内容之一,是改革实践中产生的
司法文明成果。裁判理由是整个裁判文书的灵魂,是裁判文书创作的重点内
容。说理的逻辑形式为:小前提,既然查明的事实是如此;大前提,而法律规
定和法理又是这样;结论,所以这样判决。裁判文书的说理在裁判文书中居
于核心地位,是任何一篇裁判文书的主干和结构主体,也是防止错判的保障
机制。[3]

### (一)证据说理

关于说理的艺术在于证据的说理。云南省高级人民法院对云南烟草大王
褚时健等贪污、受贿、巨额财产来源不明案审理终结后所作的刑事判决书是证
据说理的典范。这一判决书与传统的判决书模式相比有一个最大的特点是在
"事实与证据"部分打破了高度概括控辩主张之后千篇一律地叙述人民法院"经
审理查明"的事实和证据的写法,而是在"事实与证据"部分开宗明义地用"评
析如下"作为开头,围绕控辩主张和双方举证、质证的内容,将法官认证的过程、
理由和结论予以充分表述。[4] 对证据进行说理是说理艺术的一大亮点,强化

---

〔1〕 叶自强:《民事诉讼制度的变革》,法律出版社 2001 年版,第 265 页。
〔2〕 叶自强:《民事诉讼制度的变革》,法律出版社 2001 年版,第 266—267 页。
〔3〕 乔宪志等主编:《法官素养与能力培训读本》,法律出版社 2003 年版,第 193 页。
〔4〕 徐安住主编:《司法创新——从个案到法理的展开》,中国检察出版社 2004 年版,第 232 页。

对证据进行说理有利于突出控辩双方争议的焦点并有针对性地对双方在举证、质证中涉及的问题,进行有理有据的认证。司法审判的过程在查明事实部分主要是通过对证据的审查判断来认定案件事实,裁判文书说理首先就是应当针对证据进行说理。对证据进行说理实际上是对法官心证过程的文字说明,法官的心证是法官对证据的审查判断并形成内心确信的证据认定过程,法官心证由证据而来,心证的形成必须以诉讼证据的存在为前提。我国三大诉讼法均未对法官是否对证据的证明力享有自由评估的权力作出明确的规定,而《最高人民法院关于民事诉讼证据的规定》第 64 条明确地授予法官对证据有无证明力以及证明力大小享有独立评估的权力,并且规定应当运用逻辑推理和日常生活经验。法官的这种评估权力的行使需要在一定的规则范围内进行,同时需要一定的监督,裁判文书对证据进行公开论证就是一种监督,而且是一种最有效的直接监督。

对证据的价值评估问题涉及作为审判主体的法官对于经过调查与辩论的证据的证明效力进行价值权衡与取舍的问题,法官基于证明待证事实的考虑,对证据的审查判断,通常要依据相关的经验与逻辑思维方式,对证据的价值评估要经过一个缜密的推论过程。[1] 这个缜密的推论过程若能在说明裁判理由的内容中准确表述出来,将会十分有助于裁判理由的说明。对证据进行说理,可以使法官的归纳综合和逻辑思维能力得到锻炼和提高,可以促进法官心证的规范性和程序性,从一个侧面大大提高裁判文书的说理水平。对于证据的说理首先应当根据诉讼请求和争议焦点来展开,对双方当事人的诉讼主张要进行归纳,对于双方讼争的焦点也应当予以归纳,围绕归纳的诉讼主张和争议焦点来进行证据的展示和罗列,其次根据法官心证过程对审理查明的法律事实予以表述。

### (二)对适用法律进行说理

对适用法律的说理包括以下几个方面的内容:一是援引法律条文;二是对法律条文进行解释,特别是在澄清不确定概念、填补法律漏洞和作价值补充时,应当说明其解释方法和依据;三是对法律与审理查明的法律事实之间的关系进行分析。之所以强调要在裁判文书中强化法律解释,一方面为了说服当事人,促使当事人服判息诉;另一方面为了促进主审法官在裁判时审慎解释法律,认真研究和思考,避免恣意理解和随心所欲的解释。此外,还可使二审法院法官了解一审法官对法律精神与含义的具体把握,对一审法官所作的合理解释给予

---

〔1〕 毕玉谦:《民事证据原理与实务研究》,人民法院出版社 2003 年版,第 707 页。

尊重,而不是任意推翻或者简单地以自己的解释替代一审法官的合理解释。裁判文书的说理,不完全等同于议论文的论说,它既不需要上纲拔高,也不具有煽动性,更不宜作长篇大论。说理必须立足于法律,以法论理,要力求客观,公正、充分、平实,真正做到上承事实,下接结论。法律条文是据以作出裁判的法律依据,一定的法律事实决定适用一定的法律,适用一定的法律决定一定的处理结果。裁判文书在论证裁判理由时,必须准确全面地引用有关法律条文,不能张冠李戴,错误引用。[1] 引用的法律条文,必须经过解释才能成为可适用法律。裁判理由是法律解释与适用的重要载体,法律解释与适用的过程与结果基本上都是通过裁判理由来展现的,因此对适用法律进行解释是裁判理由的重要内容。法律解释需要一定的技巧和方法,也需要一定的价值衡量方法,价值衡量或者价值判断在法律解释中具有重要意义,甚至可以说价值衡量是法律解释的灵魂所在。法律解释不仅仅是解释的技巧和方法的问题,更是一个进行价值衡量和选择判断的问题。因为,绝大多数有争议案件的法律解释与适用必须放到具体的情景中去考量。如果要使法律适用过程超越单纯的技巧与方法,则价值在可能的情况下必须被解释和阐明清楚。立法分配正义,司法实现正义。法官在实现正义的过程中有很强的主观能动性,这种主观能动性是通过法律解释体现出来的。价值衡量始终是裁判的中心,也是法律解释的中心。法官如何进行价值衡量并作出选择?卡多佐法官在其名著《司法过程的性质》中给出了答案:"如果你们要问,法官将何以得知什么时候一种利益已超过了另一种利益,我只能回答,他必须像立法者那样从经验、研究和反思中获取他的知识;简言之,就是从生活本身获取。事实上,这就是立法者工作和法官工作相接的触点。方法的选择,价值的评估,最终都必须以类似的、用以支持不同方法和价值的考虑因素作为指南。实际上,每个法官都在他的能力限度内进行立法。无疑,对法官来说,限度都比较局促。他只是在空白处,他填补着法律中的空缺地带。他可以走多远,并且不越出这些空缺,这都不能在一张图表上为他标示出来。他必须自己学会这一点,就如同从多年的某种艺术实践的习惯中他获取了什么才算得体和什么才算比例匀称的感觉一样。甚至就是在这些空白之内,某些难以界定而只能为各个法官和律师感觉到的限制——而不论它们是何等难以捉摸——都在妨碍和限定他的活动。这些限制都由多少世纪的传统建立起来的,是其他法官——他的前辈和同事——的范例建立起来的,是这一行当集体判断建立起来的,以及是由遵从——通行的法律精神的义务建立起来的。"[2] 卡多

---

〔1〕 乔宪志主编:《法官素养与能力培训读本》,法律出版社2003年版,第173页。
〔2〕 [美]本杰明·卡多佐:《司法过程的性质》,苏力译,商务印书馆1998年版,第70页。

佐法官对法律适用的解释中的价值衡量和取舍的分析非常形象和精辟,很有启发意义。法官裁判就是通过不断的解释法律和进行价值权衡来得出判决结果,解释与价值衡量的过程之中会考虑很多因素,目标在于发展法律,超越法律来实现社会的公平与正义。法律解释是否有标准答案?是否有法理上常说的唯一的正解?由于法律规范的情况差异较大,有的法律规范可能得出唯一的正确答案,例如,一些没有裁量余地的羁束性规范、已形成社会公众普遍认同的或约定俗成的解释的法律规范等,然而,对于一些有裁量余地的法律规范,可能多个解释内容都有一定的合理性,在解释上很难说哪一个答案是唯一正确的。因此,法律解释是否具有唯一的正解不能一概而论,在不同情况下有不同的结论。所以,法官解释法律只能寻找最佳答案,而不能寻找唯一正确标准答案,因为法律规范是在不断被发展和创造着的。

## 二、体现法律文化的艺术

西方唯实派法学家十分强调法官对于法律性质与内容的影响。在他们看来,所有的立法文件在没有得到法官的解释和适用之前,还算不上是法律,只可以说是法律的渊源。19 世纪末至 20 世纪上半叶,英美的几位著名的法学家如格雷、波洛克、戴雪、弗兰克等,都近乎一致地断言法官是真正的立法者,法官所制定的法律是真正的法律。[1] 法官对法律的解释除了法理解释和价值衡量之外,还有一个重要的解释内容是对法律规范中蕴含的法律文化的解释,法律文化也是对法律精神的另一种诠释。从法律文化的视角,我们可以更好地领略法官裁判的风格与精神。对于法律文化,国内学者结合我国实际总结出它的六种内涵。

第一种观点认为,法律文化属于社会精神文明,它反映了法作为特殊的社会调节器的素质已经达到的水平,反映了历史积累起来的有价值的法律思想、经验和有关法的制定、法的适用等的法律技术,反映了法的进步内容,有很大的实际应用价值。[2] 第二种观点认为,法律文化是人类文化的一部分,它是社会上层建筑中有关法律、法律思想、法律制度、法律设施等一系列法律活动及其成果的总和。它是人类法律活动的凝结物,也是现实法律实践的一种状态和完善程度。法律文化由法律思想、法律规范、法律设施和法律艺术组成。[3] 第三种观点认为,法律文化一词指的是社会群体中存在的较为普遍的某些生活

---

〔1〕 贺卫方:《司法的理念与制度》,中国政法大学出版社 1998 年版,第 188 页。
〔2〕 刘作翔:《法律文化理论》,商务印书馆 1999 年版,第 58 页。
〔3〕 北京大学法律系:《法学论文集》,光明日报出版社 1987 年版,第 317 页。

方式,它们或者直接构成了法律秩序的一部分,或者与法律秩序的性质和状态有关,它们既可能以实际的行为表现出来,也可能仅仅表达了人们的某种期望。[1] 第四种观点认为,法律文化是法律现象的组成部分,是社会成员对法律的认知、评价、心态和期待的行为模式,具有历史性和群体性,是由社会的经济基础和政治结构决定的。[2] 第五种观点认为,法律文化是一种渊源于历史的法律生活结构的体系,由赋予法律过程以秩序、形式和意义的特殊取向模式所组成。其中蕴含法律价值和法律技术两大系统。法律文化侧重探讨活的法律精神,真实的法制运作图像。[3] 第六种观点认为,法律文化是社会观念形态、群体生活模式、社会规范和制度中有关法律的那一部分以及文化总体功能作用于法制活动而产生的内容——法律观念形态、法制协调水平、法律知识积淀、法律文化总功能的总和。[4] 法律观念形态包括人们对法律价值的认识,对法的创制实施监督问题的态度,经验化了的法律思想方式和行为方式,对法律的信仰程度、传统法律心理,等等。法制协调水平包括法律制度的存在方式,法律规范的取材意向,法制环境的处理手段,对外来法律文化因素的应变能力,立法、司法、行政三者功能的调节能力,法制过程诸环节的配套能力,等等。法律知识积淀包括传统化了的立法司法经验与技术,个人或集体的法律思想体系,法律教育与法学研究的水平,等等。法律文化总功能包括借助文化总体功能以显现自我强化的功能,在传统文化沉淀中自我认识、自我更新的功能,在外来法律文化的冲击下选择与调适的功能,等等。[5] 法律文化是一种非常复杂的社会文化现象,"法律文化"这一概念本身就蕴含着较为丰富的内容。要对这一概念作出较为精确的表述、限定和解释,是一件比较困难的事情。借用刘作翔教授的观点,我们可以从两个角度来认识法律文化,即作为方法论意义的法律文化和作为对象化的法律文化。[6] 孟德斯鸠说过:"我们应当用法律去阐明历史,用历史去阐明法律。"梁怡平先生根据这一原则提出:"用法律去阐明文化,用文化去阐明法律。"裁判文书是用法律去阐明文化和用文化去阐明法律的最直接的载体。从法律文化的构成内容看,法律文化中的主体成分是法律,而法律又表现为一系列的规范体系和制度体系,这种规范体系和制度体系既是一个社会中对社会全体成员提供一套普遍适用的价值规范标准和行为准则,也是构筑一个

〔1〕　郑成良:《论法律文化的要素与结构》,载《社会学研究》1989 年第 2 期,第 98 页。
〔2〕　张文显:《法律文化的释义》,载《法学研究》1992 年第 5 期,第 9 页。
〔3〕　蒋迅:《法律文化刍议》,载《比较法研究》1987 年第 4 期,第 22 页。
〔4〕　刘学灵:《法律文化的概念、结构和研究观念》,载《河北法学》1987 年第 3 期,第 37 页。
〔5〕　刘学灵:《法律文化的概念、结构和研究观念》,载《河北法学》1987 年第 3 期,第 37 页。
〔6〕　刘作翔:《法律文化理论》,商务印书馆 1999 年版,第 66 页。

社会的法律秩序的有机构成内容。[1]

法官创作裁判文书应当充分展现法律文化。法律文化是一种具有普遍适用性、实践性、实用性的社会文化,是一种具有历史延续性、民族性和互融性的社会文化。法官创作的裁判文书如果不能很好地体现法律文化,就不是一份好的裁判文书,裁判文书应当起到一种将法律文化社会化的作用。裁判文书是在法律实践活动中将法律文化社会化的主要途径和方法。在现代社会,法学家和社会公众越来越注意到司法审判实践活动对公民法律价值观的形成以及法律意识养成的重要意义。美国法学家埃尔曼指出:在美国,人们已越来越关心执行法庭裁判问题和由此对社会产生的影响。有的时候,一个公正的法律判决所产生的影响是巨大的,它可以提高法律在人们心目中的权威地位和职业者的形象,使人们对法律产生尊敬、信赖心理,增强公民遵法守法的自觉性;相反,如果法律判决显失公平,便会使法律在人们心目中投下阴影,对法律产生不信任感,动摇法律的权威地位。英国哲学家培根有段格言:"一次不公正的裁判,其恶果超过十次犯罪,因为犯罪是无视法律,而不公正的审判是毁坏法律。"[2]法律文化通过裁判文书在社会中的传播,必然会影响到人们法治观念和法律意识的形成,这种法治观念和法律意识对人们的思想和行为起着导向与转化作用,能够指导和规范社会公众的行为。法院裁判审结的案件有多少件,就会有多少份裁判文书,这么多的裁判文书所传播的信息量是非常巨大的,如果每一位法官在书写裁判文书的过程中都有传播法律文化的意识,都能将法律文化通过裁判文书向全社会传播与推广,其社会效果将会非常明显。一个人从出生到长大成人这一过程中,会不断受到各种文化的影响,接受社会的教化,从中吸收各种成分,形成自己的人生价值观,完成社会化过程。个人价值观的形成过程或者说社会化的过程同该社会流行的价值准则密切相关。[3] 法律文化传播的正确与否直接影响着一个社会多数成员法律意识、法律心理、法律价值观的成长与状况。裁判文书传导的法律精神作为文化的一部分对个人的成长具有形成意义。因此,法官创作裁判文书时应当传播法律文化,并要阐释现代发展着的法律文化,而不单指静态的甚至过时的法律文化。此外,法律文化传播的广度和深度也同样影响着一个社会法律文化的深入大众、深入民间社会的广度和深度。[4]法官通过裁判文书来传播法律文化应当成为法律文化传播的一条主渠道。裁

---

[1] 刘作翔:《法律文化理论》,商务印书馆 1999 年版,第 162 页。

[2] 刘作翔:《法律文化理论》,商务印书馆 1999 年版,第 204 页。

[3] 刘作翔:《法律文化理论》,商务印书馆 1999 年版,第 204—205 页。

[4] 刘作翔:《法律文化理论》,商务印书馆 1999 年版,第 208—209 页。

判文书的创作的重要内容之一就是对法律文化的浸润与传播,判文的内容应当有充分的法律文化底蕴。法官在创作裁判文书的过程中,应注意运用多种方法将法律文化的传播融入其中。要充分利用裁判文书这一载体,使法律文化深入社会,深入到社会公众心中,成为社会文化、市民文化不可缺少的一部分,通过法律文化的渲染与教化作用,使全社会养成尊重法律,遵从法律,自觉地运用法律手段维护正当权益的习惯,使社会公众树立法律信仰与法治意识,认识到法律是重要的社会治理手段,法律是至高的社会利益调整机制,形成正确的法律价值观。

　　法官的裁判既是在法律文化作为理念指导下的司法审判实践过程,也是在司法审判实践中发展法律文化的过程。法律文化在经历一个不断的否定之否定的过程之后,扬弃旧文化,产生新文化,成为现代文化的一个重要组成内容,才能发挥自身的价值和功用,为现代社会所需要。[1] 法官在裁判文书中运用法律文化的技巧与方法来表达案件裁判的价值取向,实际上也是对法律文化的传承与发展。目前,在中国推行法治尚欠缺一个优良的法律文化背景,中国现代法律文化的形成与发展还处于刚刚起步阶段,人们还没有真正认识到法律文化对法官的裁判和法治推行的重要基础性功能与作用。中国正处于社会转型时期,其间充满了汰旧建新、不断改革及变化发展,法律文化作为一个迈向民主与法治国度和社会政治、经济、社会生活方式的法律视角的概括与总结,充分记载、反映和再现了社会转型时期推行法治的历史,法官裁判应当正视这一变化。

　　中国是一个农耕文明比较发达的国家,农业文化是中国文化的主要内容。几千年来,儒家传统思想成为中国文化的主流,社会治理的手段是"礼制"而不是法治。这种文化的影响力是巨大的。法律制度、法律规范及法律操作,能够在短时间内彻底更新,而凝聚着长期历史积淀的法律心态、法律认同、法律行为却不会轻易改变。[2] 立法者可以马上通过立法程序取消或新建某种制度,但却很难在短时间内改变人们千百年来形成的,同宗教信仰相连的习惯和看法。[3] 新中国成立以来,我国在完全推翻旧的法制体系的基础上重建全新的法律制度体系,法治秩序与"礼制"秩序作为截然不同的两种社会治理方法并存,这是法官在适用法律裁判案件的过程中碰到许多阻力和困难的深层原因。法律制度是重新构建了,但法律文化并未重新构建,因而法官总是感觉法律条

---

〔1〕　刘作翔:《法律文化理论》,商务印书馆 1999 年版,第 237—238 页。

〔2〕　蒋迅:《中国法律文化的现代化》,载《法学》第 1987 年第 7 期,第 14 页。

〔3〕　[法]勒内·达维德:《当代主要法律体系》,漆竹生译,上海译文出版社 1984 年版,第 466—468 页。

文与现实脱节。当我们为如今立法速度如此之快,完备的法律体系已经通过快速大量的立法构建起来而感到欣慰时,我们是否也感受到我们面临着一个非常艰巨但又必须完成的任务,即重建法律文化。建设现代法律文化的任务同样也是职业法官的重要任务。法官裁判艺术的修养只有置身于现代法律文化建设的洪流之中,才会有生命力和发展前途。

法官在裁判过程中常常感到的困惑是:法律条文并不等于社会现实,本来应当统一的法律效果和社会效果常常会分离。这涉及对法律文化的功能与作用的再认识问题。瞿同祖先生认为,研究法律自离不开条文的分析,这是研究的根据。但仅仅研究条文是不够的,我们也应该注意法律的实效问题。条文的规定是一回事,法律的实施又是一回事。某一法律不一定能执行,成为具文。社会现实与法律条文并不经常同步,往往存在着一定的差距。如果只注重条文,而不注重实施情况,只能说是条文的、形式的、表面的研究,而不是活动的、功能的研究。我们应该知道法律在社会上的实施情况,是否有效,推行程序如何,对人民的生活有什么影响,等等[1] 假如我们客观分析法官裁判的现状,许多裁判实际上都处于一种"落空"的状况,判决的实际结果并不理想。我国的法律体系在社会实践中的实际作用远未达到立法者的预期。在发达的中国农业文明环境中长期形成和积淀下来的传统观念性法律文化是阻滞制度性法律文化发挥其应有功能和作用的最为重要的原因之一[2] 现代中国虽然制定了许多法律,但法律所倡导的现代价值观与人们实际上的传统价值观有一定落差,现代制度性法律文化缺少与之相协调的观念性法律文化的配合,使其法律制度常常不能得到正常运转[3] 所以,法官在裁判过程中经常会遭遇法律制度与社会现实相冲突的情况。这也是我们倡导法官创作裁判文书要注重体现法律文化的原因。

法官应当在裁判文书之中融合法律文化,发展法律文化。法官创作裁判文书应当注重体现法律文化,一方面完善以法律制度为核心的制度性法律文化,另一方面注重发展和完善观念性法律文化,在裁判中注重将制度性法律文化与观念性法律文化相融合,实现法律文化与法律条文的有效整合。职业法官群体如果能够积极培育文化观念并积极实践,法律实施将拥有坚实的社会基础,现行法律制度的功能与作用将会在审判实践中得到更好的实现。

---

[1] 瞿同祖:《中国法律与中国社会》,中华书局 1981 年版,第 2 页。
[2] 刘作翔:《法律文化理论》,商务印书馆 1999 年版,第 267—268 页。
[3] 刘作翔:《法律文化理论》,商务印书馆 1999 年版,第 268 页。

### 三、文学与文艺的表达艺术

法官裁判与文学和文艺似乎是不同的概念,法的理性气质与文学、文艺的感性气质也有较大差异,法律中充斥的是逻辑和算计,而文学则诉诸形象和想象;法具有现实性品格,而文学追求完美与理想主义;法致力于利益的平衡和协调,不得已时就诉诸压制,而文学则主要是激情与梦想的王国。[1] 其实,这种对差距的认识只是从表面层次来分析和判断的,并没有辩证地分析和看待二者之间的关系。实际上,法中也有感性,从而是理性与感悟的混合体,文学中的感悟和激情也并非漫无边际;尤其是文学和法律从本质上都是个人人生和民族生活的表现,二者都是活生生的人的行动、思索和感受,而且,它们都以语言作为自己不可或缺的手段,都以语言为自己的存在方式。所以二者可以连接起来也应该连接起来。这些正好是"法律与文学运动"所追求的目标。[2] 法律与文学运动给我们打开了观察法律的另一扇窗户,它不仅体现了法与文学外在的紧密关联,而且也揭示了二者内在的互相渗透。它不仅宣称法律像文学,而且也主张法律已经是文学。

德沃金将司法实践生动地比喻成由多名作者相继完成的一本连续小说的创作。这一创作过程要求每位作者对在它前面的作者所写的部分进行解释,在此基础上创作新的内容,然后下一位作者又将解释前面作者所写的部分。每位作者都应该使连续小说好像一位作者所写的一样。为此,他必须对有关情节、特征、风格、要点作出解释。[3] 法官创作裁判文书从某种意义上来讲就是文学创作,是法律文学的创作,法官对事实的认定,对判理的说明都需要用书面语言来表达,表达的技巧与方法就包括文学与文艺的表达方式。板着面孔的裁判文书给当事人和社会公众的感觉总是少一份亲和力,过于理性化的裁判文书实际上也就是丧失了理性,因为老百姓接受不了这种纯粹的理性。现阶段法官所撰写的各类裁判文书缺少文学与文艺表达的技巧与方法是裁判文书质量难以提高的原因之一。法官自己深刻理解了法理并不表明法官就能在撰写裁判文书时能够把深刻的理解传达给当事人和社会公众,法官需要运用文学与文艺的表达方式和技巧才能将精深的法理解释演绎得通俗易懂,妇孺皆知。

---

〔1〕 吕世伦主编:《法的真善美——法美学初探》,法律出版社 2004 年版,第 541—542 页。
〔2〕 吕世伦主编:《法的真善美——法美学初探》,法律出版社 2004 年版,第 542 页。
〔3〕 吕世伦主编:《法的真善美——法美学初探》,法律出版社 2004 年版,第 545—546 页。

文学与文艺表达方法与技巧其实早在我国古代司法判决之中已有体现。中国古代,不仅法典律条本身言简意赅,词采丰赡,犹如深厚庄重的散文,司法判决更是讲究析理与抒情兼容无间,甚至通篇都是对仗,珠润玉圆,文采灿然。[1]例如,《今古奇观》中乔太守制作的那篇乱点鸳鸯谱的判词就是一种文学与文艺表达的范例。区区不到二百字的骈体短文,却给人以极大的艺术享受和审美愉悦。判词所讲的案情其实很简单,说的是一个姓刘的老头儿和一个姓孙的寡妇定了儿女婚约,寡妇将自己的女儿许配给刘老头儿的独生子,不料刘老头儿的儿子染了重症,为给儿子冲喜,刘老头儿硬要寡妇的女儿过门,孙寡妇怕女儿成为"登门寡",又拗不过刘老头儿再三逼婚,无奈之下将儿子乔装作女儿出嫁。新人拜堂时,刘老头儿怕儿子病体难支,就叫女儿出来代儿子行礼如仪。只因两家都有点欺心,结果使一件喜事变成一场闹剧。洞房之夜,替兄代姊的一对青春儿女,难免弄出个风流事件。更糟糕的是刘老头儿女儿和孙寡妇的儿子均已另有婚约,并婚配在即。事件败露后,刘老头儿和孙寡妇双方闹上公堂。刘老头儿女儿所许配的裴家和孙寡妇所聘的徐家也闻讯赶来公堂讨说法,正好碰上这位文采飞扬且乐于成人之美的贤明乔太守,结果妙笔一挥,化干戈为玉帛,解冤家成亲家,将一场大的难事变为一件天大的好事。乔太守的判文如下:"弟代姊嫁,姑伴嫂眠。爱女爱子,情在理中。一雌一雄,变出意外。移干柴近烈火,无怪其燃;以美玉配明珠,适获其偶。孙氏子因姊而得妇,搂处子不用逾墙;刘氏女因嫂而得夫,怀吉士初非衔玉。相悦为婚,礼以义起。所厚者薄,事可权宜。使徐雅别婚裴九之儿,许裴政改娶孙郎之配。夺人妇人亦夺其妇,两家恩怨,总息风波。独乐尔不若与人乐,三对夫妻,各谐鱼水。人虽兑换,十六两原只一斤;亲是交门,五百年决非错配。以爱及爱,伊父母自作冰人;非亲是亲,我官府权为月老。已经明断,各赴良期。"[2]读罢这不足二百字的判词,给人的感觉是一篇文采飞扬的词赋妙文,而不像一份判决书,其中蕴含的法理和情理都精妙绝伦地表述出来,其文学与文艺的表达技巧和方法,的确值得我们现代法官学习和借鉴。现如今的裁判文书写作似乎抵制文学和文艺的表现方法,忌讳法官在写作裁判文书时表达个人情感和使用华丽的藻饰文辞,只是要求法官对案件事实的认定、证据采信和判决理由及依据进行准确表述即可,不便也不宜掺杂太多的个人情感和好恶,唯恐文学和文艺的表现方法影响司法公正。这是一种偏见。法官是人不是神,法官裁判不可避免掺杂自身的情

---

[1] 吕世伦主编:《法的真善美——法美学初探》,法律出版社 2004 年版,第 547 页。

[2] 刘雪青:《读〈乔太守乱点鸳鸯谱〉中的判词有感》,载《法庭内外》(湖北省高级人民法院主编)2005 年第 2 期,第 48 页。

感和价值判断。波斯纳在谈到法官裁判的情感时说:"我把情感的认知意义看得非常重要,以至于我不愿意让理性成为审查情感并决定法律应当鼓励(也许是容忍,但不是憎恶)什么的裁判者。我们很多道德规则的基础都是情感,而不是评价情感的理性。假设某一法律规则——像很多法律规则一样,其目的在于对违反某一道德规则施加制裁,而该规则缺乏可靠的社会功能意义上的正当化理由——在一位没有情感的法官面前受到了挑战。这位法官将很难驳回这一挑战,因为他没有也无法获得支持这一规则的有说服力的根据。这一规则(假设是反对母亲杀婴的规则)会给他武断的印象,但是一个有通常情感天赋的人都会坚决地驳回这一挑战,因为他的情感告诉他要这样做。"[1]

法官裁判情感的表达需要运用文学与文艺的技巧和方法。法官无论将情感掩饰或埋藏多深,但其内心深处不可能没有是非标准和善恶判断,这些需要在裁判文书里得到适当和恰当的艺术表达。近几年来,有许多法官开始探索以"法官后语"和"判后说法"等法律人性化的文体来表达法官的情感,这是法官创作裁判文书运用文学和文艺技巧和方法表达情感的有益尝试。从我国古代司法判词所体现的精神与风格,我们可以感悟这样一个道理,裁判文书是人创作的,应当具有人性化特点,我们可以也应当使我们的裁判文书更加精美、奇妙和富有情义。

"法官后语"作为法官在现代司法判决书中对情感的表达和道德价值观念的评判,值得法官在创作法律文书时予以重视。法官后语是对司法公正、社会正义、精神文明的有力诠释。通过附设法官后语,可以体现社会主义先进法律文化的导向作用,增加裁判文书的说服力,软化裁判文书的僵硬性。[2]道德化的法律要履行道德的职能,司法过程也是道德教化的过程,法官后语应属道德范畴,是法官表达情感,进行道德教化的重要方法。法官后语在裁判文书中的运用,体现了法治与德治的结合,弘扬了法律的人性化,展现了法律以人为本的道德情智和人文关怀。循循善诱或无情鞭挞的法官后语,以及以情感人、情理法交融的法官后语,展现了法律的脉脉温情和法官的良苦用心,是法官巧妙地将依法裁判和道德教化融为一体来提高裁判品位的创作艺术。

---

〔1〕 [美]理查德·A.波斯纳:《法律理论的前沿》,武欣、凌斌译,中国政法大学出版社2003年版,第243—244页。

〔2〕 徐安住主编:《司法创新——从个案到法理的展开》,中国检察出版社2004年版,第242页。

## 第三节　阳光司法与法律文书审校工作

随着中国法院裁判文书网的阳光司法和司法公开进程的快速发展,已然将司法审判活动能够公开的全部内容置于阳光之下,法官、法官助理和书记员在司法审判过程有一项重要的工作就是共同对要发出的裁判文书进行审核校对,也就是对裁判文书进行全面的修饰、校对与整理。裁判文书的修饰、校对与整理是法官、法官助理和书记员司法审判工作的一个重要组成部分。修饰、校对与整理等制作裁判文书工作的职业技能水平直接影响着人民法院裁判文书的制作质量和水平,同时也关系到人民法院的司法公正形象和裁判的权威与公信力。所谓修饰、校对与整理,不仅"指在文书印制过程中,以原稿核对校样,对校样中文字、标点等差错及时改正。对原稿中明显的语病或失误可向撰稿人提出,以确保文书正本(副本)不出差错"[1],还包括对裁判文书的修辞、逻辑、文风、文理等诸多写作内容的辅助修改和矫正。过去裁判文书制作工作主要是"校异同",即以原稿核对校样,查找印制过程中的错别字和错标点。时至今日,法官、法官助理和书记员对裁判文书的制作工作内容的内涵已经扩展为"校是非""校修辞""校逻辑""校文理"和"校风格"等全方位的辅助。所以,笔者把现代法官、法官助理和书记员的裁判文书审校工作解释为"修饰、校对与整理"。

### 一、细节决定裁判文书的质量

修饰、校对与整理工作是建构在关注细节基础之上的,因此,我们首先讨论关注细节的重要性。

#### (一)关注细节的重要性

"传统思维中,细节是不重要的,曾有成大事者不拘小节之说,把细节视为鸡毛蒜皮,重视细节是浪费时间。"[2]其实,这种旧的思想观念必须纠正才能适应时代发展的需要,对审判工作而言,关注细节是审判工作质量的根本保证。

---

〔1〕　李国光主编:《怎样做好书记员工作》,人民法院出版社 1992 年版,第 119 页。

〔2〕　陈建生:《细节决定成败》,载《宝鸡审判》(宝鸡市中级人民法院主编)2005 年第 3 期,第 50 页。

古代衙门公堂上所挂的"明察秋毫""明镜高悬"都蕴含了关注细节的理念内涵。审判工作不仅仅是法官要精益求精,关注每一个案件的细节,法官、法官助理和书记员同样应当精益求精,关注裁判文书中的每一个细节,杜绝任何细小的差错。海尔总裁张瑞敏说:"什么是不简单?把每一件简单的事做好就是不简单;什么是不平凡?把每一件平凡的事做好就是不平凡。"[1]"什么是细节,做好细节的事情很重要。要用心处理细节,必须立足本职。古人云:一屋不扫何以扫天下。光有远大理想不行,而且要扎扎实实做好本职工作。要干一行,专一行,成为本职工作的行家里手。"[2]"关于细节有一个不等式:$100 - 1 \neq 99$;$100 - 1 = 0$。这就是成语'功亏一篑'的最直观表述,1% 的错误会导致 100% 的失败。"[3]老子在《道德经》中讲到:"图难于其易,为大于其细。天下难事必作于易,天下大事必作于细,是以圣人终不为大,故能成其大。"[4]古代哲人对于细节重要性的认识是多么的精辟。一份洋洋洒洒数万言甚至数十万言的优美判文实际上是经不起 1% 或 2% 的错误的打击的。"成功者与失败者之间究竟有多大的差别?人与人之间在智力和体力上差异并不是想象中的那么大。很多小事,一个人能做,另外的人也能做,只是做出来的效果不一样,往往是一些细节上的功夫,决定着完成的质量。"[5]裁判文书的质量一方面在于法官的写作能力,另一方面在于法官、法官助理和书记员对文书中每一个细节的修饰、校对与整理。每一个细小的成功看似偶然,实际上孕育着成功的必然,所谓小事成就大事,细节成就完美,细节就像大海中的点点浪花,然而正是这千千万万朵细小的浪花成就了大海的整体美丽,大海的磅礴与伟岸来源于无数细小浪花的齐聚与奉献。正所谓海不择细流,故能成其大;山不拒细壤,方能就其高。西方有句名言:"罗马不是一天建成的",中国最伟大的建筑万里长城是一块砖一块石垒起来的。裁判文书是一个字、一个词、一段说理、一段论证合成的,必须关注每一个细小的环节。虽然法官、法官助理和书记员的大量修饰、校对与整理工作可能都是琐碎的、繁杂的、细小的事务性重复工作,但对于裁判文书的质量而言则是至关重要的环节。

---

〔1〕 汪中求:《细节决定成败》,新华出版社 2004 年版,第 118 页。

〔2〕 罗会宝:《关注审判工作细节,促进司法公正高效》,载《连云港审判》(连云港中级人民法院主编)2005 年第 3 期,第 42 页。

〔3〕 汪中求:《细节决定成败》,新华出版社 2004 年版,第 84 页。

〔4〕 参见《道德经》。

〔5〕 汪中求:《细节决定成败》,新华出版社 2004 年版,第 109 页。

## （二）培养关注细节的职业习惯与技能

法官、法官助理和书记员的文书写作工作都是与细节有关的繁杂的事务性工作,裁判文书的修饰、校对与整理更是如此,这就需要我们培养一种注重细节的职业习惯与技能。大家在看武侠小说和功夫类影视剧时,看到侠客或武术家的"绝招"时总觉得非常的神奇。其实,武术本没有"绝招",所谓的绝招,是用细节的功夫堆砌出来的,简单的招式练到极致就是绝招。世界上最难遵循的规则是度,度源于素养,而素养来源于对工作中一点一滴的细节的关注与磨砺,"宝剑锋从磨砺出,梅花香自苦寒来",细节的积累就是"功夫",就是"绝招",对于法官、法官助理和书记员而言,需要培养一种关注细节的良好职业习惯和职业技能。"如果没有良好的习惯为基础,任何理想的大厦都难以建立起来。而习惯恰恰是由日常生活中的一点一滴细微之处的不断积累所形成的。所以,中国古人说得好:勿以善小而不为,勿以恶小而为之。从更深刻的意义上讲,习惯是人生之基,而基础水平决定人的发展水平。"[1]俄罗斯教育家乌申斯基说:"良好的习惯是人在其思维习惯中所存放的道德资本,这个资本会不断增长,一个人毕生可以享受它的'利息'。坏习惯在同样的程度上就是一笔道德上未偿清的债务,这种债务能以其不断增长的利息折磨人,使他最好的创举失败,并把他引到道德破产的地步……"[2]古语云:"世事洞明皆学问,人情练达即文章。"应当把重视细节培养成为一种职业习惯,法官、法官助理和书记员对裁判文书修饰、校对与整理的"绝招"和"功夫"不是一朝一夕练就的,必须经过长期的修炼和积累,在注重对裁判文书中每一个细节的关注中不断地培养。"一心渴望伟大、追求伟大,伟大却了无踪影;甘于平淡,认真做好每个细节,伟大却不期而至。这就是细节的魅力,是水到渠成后的惊喜。"[3]好的裁判文书是经过反复修饰、校对与整理修改出来的,而不是写出来的,关注细节的良好职业习惯与职业技能是现代法官、法官助理和书记员共同提高裁判文书制作质量的重要环节。

细节上的小差异实际上是职业技能上的大差异,裁判文书制作中一些不经意流露出来的细节往往反映出法律工作者深层次的职业素养和水平。目前,司法审判职业从业人员缺少一种精益求精、关注细节的理念和习惯,这也是缺乏一种敬业精神的表现。对于敬业者来讲,凡事无小事,事事都重要。每一个法

〔1〕 汪中求:《细节决定成败》,新华出版社 2004 年版,第 118 页。
〔2〕 汪中求:《细节决定成败》,新华出版社 2004 年版,第 118 页。
〔3〕 汪中求:《细节决定成败》,新华出版社 2004 年版,第 116 页。

官、法官助理和书记员关注细节的素养提高一小步,裁判文书制作水平就会提高一大步。"做事不贪大,做人不计小"应当成为司法审判职业从业人员的座右铭。裁判文书的修饰、核对与整理技艺应当从细节中来,再到细节中去,经过无数个细节的反复磨砺,才能最终创造出精美无比的优质判文。

## 二、修饰、校对与整理的技巧

现代意义上的"校对"应当是对裁判文书的修辞、逻辑、文理、风格、是非、异同的全方面修饰、校对与整理,是裁判文书的最后一道"关口",对法官、法官助理和书记员的职业技能提出了较高的要求。

### (一)校异同

所谓校异同主要是指审查核对原稿与文书的差异,法律文书的撰写到印制成精美的裁判文书,有一个排版印制的文字内容转换过程,在这个转换过程中可能会出现各种各样的细小的差错;写作过程中也可能会存在错字、错标点符号、错数据等疏漏之处,这些都在所难免,但通过认真核对完全可以杜绝这些细小的差错。还有,法律文书有严格的审查签批和用印手续,还必须确保印制出的文书与经过审批的原稿完全一致,这也是裁判文书上必须由书记员校对后加盖"本件与原件核对无异"印章的原理所在。具体校异同的方法有:

1. 点校

即由法官、法官助理或书记员一人对照原稿审核校对裁判文书印制校样的校对方法。一般是将原稿与校样平行放置进行对比,"左手点原稿字句,右手执笔点着校样,默读文字,手随之移动,逐字逐句校对"。[1] 既可同步点校,亦可先阅读原稿,再点校校样;还可先点校校样,再阅读原稿进行比较。点校方法可根据各人的习惯和爱好来选择适用。

2. 读校

读校需要二人配合进行,"即一人读原稿,其他人核对校样的校对方法。读原稿的人要以记录速度把原稿字、词、句和标点符号读清楚、读准确。对文中出现的空行、提行、另面、另页、着重点、数字、符号或特殊格式等都应读出或说明,对容易混淆的同音字或生僻字亦应说明"。[2] "看校样的人注意力则应高度集

〔1〕 李国光主编:《怎样做好书记员工作》,人民法院出版社1992年版,第121页。
〔2〕 李国光主编:《怎样做好书记员工作》,人民法院出版社1992年版,第120页。

中,根据所读原稿,看阅校样是否一致。如果发现差错,应即以校对符号标出,提请文印人员更正。"[1]读校最好是交叉进行,即读校一遍后,读与校的两人进行交换,这样的效果会更好。此外,还可以将读校与点校相结合,以确保裁判文书的百分之百准确。

3. 复校

"即指将最后一次的校样与经更正差错印出的清样相校对、复核的一种方法。"[2]在校对过程中难免会有遗漏的地方,特别是有时将错误校对出来了,但在输入电脑时可能漏掉了,也可能在改的过程中又出现了新的错误,这就需要进行复校来确保杜绝差错。复校可以分别采取点校或读校的方法,也可以采取二者相结合的方法。此外,裁判文书的制作有严格的规范性格式要求,复校时还应仔细核对格式要求的所有细节。

### (二)校是非

所谓"是非","是一种通俗的说法,概括起来的意思大致就是文书所要阐述的、案件本身的事实以及相应的法律依据。我们如今针对文书的校对不能单单局限于查找文书中的错别字和错标点符号,还应更深层次地介入到裁判文书整体的写作和内容的把握之中,法官、法官助理和书记员在核对文书时不能仅是就校对文书而看文书,还要学会查阅卷宗,针对卷宗材料来仔细审阅核对裁判文书中的对应内容"[3] 如今对于裁判文书的制作质量要求越来越高,裁判文书基本上都要求上网公开的,因此,过去简单的"校异同"已经不能适应时代发展的需要了,而必须运用"校是非"的方法来制作出高质量的裁判文书。"校是非"的新要求明显对于法官、法官助理和书记员的文书审校技能提出了更高的要求,这就需要法官、法官助理和书记员共同培养勤奋学习、善于积累的良好习惯,把校对工作与审前准备程序和审判笔录等日常工作结合起来,对裁判文书进行全方位的审核。具体方法包括:一是与查阅案卷材料相结合来判断"是非"。在校对时发现疑点时及时审阅案卷中的相关材料,对照案卷材料进行校对,避免裁判文书写作中可能存在的各种错误或疏漏。二是与查阅相关资料和法条相结合来判断"是非"。现代案件的审理工作中所涉及的各种专业知识非常繁杂,法官、法官助理和书记员不可能是精通百业的"杂家"。例如,司法审判

---

[1] 李国光主编:《怎样做好书记员工作》,人民法院出版社1992年版,第120页。

[2] 李国光主编:《怎样做好书记员工作》,人民法院出版社1992年版,第121页。

[3] 郝琳:《说说裁判文书的校对》,载《新法苑》(北京市第二中级人民法院主编)2006年第2期,第26页。

可能涉及行政管理领域多达 60 个,可能涉及的法规、规章有 10000 多种。那一个专家教授或法官都不敢说通晓百家。再如,知识产权案件的审判所涉及的各种专有技术和自然科学知识领域也非常广泛,法官、法官助理和书记员也不可能全部熟悉和了解。裁判文书中可能会出现其他学科知识的"盲点",也可能会出现引用法律条文的错误。这就需要法官、法官助理和书记员在校对时遇有疑问要及时查阅相关资料和法条,确保准确无误地改正差错,消除"盲点"和误区。三是与多角度思考与分析相结合来判断"是非"。审判工作是社会的审判,与社会复杂性紧密相连,单一的法律思维必须与政治思维、经济思维、道德思维、文化思维、社会思维相结合才是全面的思维。裁判文书的写作应当与社情、民情、国情相符合,应当与政策和经济发展相符合,应当与国际国内形势相结合。这就要求在校对时能够从不同的视角来全面思考、分析和判断"是非"。四是与交流沟通相结合来判断"是非"。"一般我们所校对的文书已是基本成形的版本,已经多道把关,遗留差错不是太多,但遗留的差错往往都隐藏得比较深,发现起来难度较大,处理往往又比较棘手。"[1]法官、法官助理和书记员应当学会通过交流与沟通的办法来判断"是非"。"质疑也是一种交流",法官、法官助理和书记员均参与了案件的审理过程;有一定的直观感受和体验,但也有可能会存在疑问,通过向合议庭、审判长、承办法官提出相互质疑和交流的方法,可以及时发现错漏之处,很好地避免失误。即使是质疑错了,那也弄懂了不懂的问题,学到了新的知识,开阔了视野。

### (三)校修辞与逻辑

讲究修辞与逻辑,既是制作裁判文书的基本要求,又是评价裁判文书质量水平高低的标准。"裁判文书的写作实际上是对一个案件的思维逻辑模式进行书面反映的过程。"[2]"抽象的思维逻辑或审判办案思路必须通过高水平的修辞与逻辑方法准确地表达出来。""法律具有原则性、抽象性的特点,它往往需要法官从法条文字背后所蕴含的立法精神和价值目的出发,从前后各条款所反映的逻辑关系着眼,演绎、推导出法律的应有之义。"[3]"制作裁判文书,首先要求法官熟知法律和法理,然后必须具有比较严密的逻辑分析能力和文字表达能力。只有这样,法官才能够把当事人的观点分析透彻,在裁判文书里做到条理

---

〔1〕　郝琳:《说说裁判文书的校对》,载《新法苑》(北京市第二中级人民法院主编)2006 年第 2 期,第 27 页。

〔2〕　刘瑞川:《人民法庭审判实务与办案技巧》,人民法院出版社 2002 年版,第 629 页。

〔3〕　乔宪志等主编:《法官素养与能力培训读本》,法律出版社 2003 年版,第 139 页。

清晰、逻辑严密、行文精当。"[1]就审判实践的现实情况而言,法官、法官助理和书记员的知识结构新,写作能力强,修辞与逻辑水平高,可以很好地发挥其特长来辅助法官制作裁判文书,从修辞与逻辑两个层面校对来杜绝裁判文书可能存在的不足之处,确保裁判文书的高质量高水平。

### (四)校文理与风格

文风对于裁判文书来讲也很重要,文风优美的裁判文书,读起来引人入胜,赏心悦目,能够真正起到"教化"的引导作用。优秀的裁判文书之所以能够流传后世,就是因为其文理与风格的优美和神韵。每当读到说理透彻、分析精辟、叙事精妙、论证严谨、语言洗练、情理圆通、情理法交融的精美判文时,我们都会为之动心、为之动容、为之动情。裁判文书不仅是法律精神的诠释,也是法律文化的传播。这对于法官的写作能力提出了较高的要求,法官、法官助理和书记员的辅助制作和校对,其实也可以辅助法官改进文风,使之达到文理通顺,风格优美的境界。校对中对于文风也应当有所修饰与整理。具体包括如下三个方面:一是尽量保证制作的裁判文书达到如行云流水、法理盎然、优美雅致、线条清晰明快、法言法语精确的水平,能够把审判思路方式与方法流畅圆满地表达出来。二是提倡审美艺术的运用。对裁判文书的语感要做到优美,倡导一种抑扬顿挫的语感,在美的感召下,使裁判文书的文风充满诗意与哲理,使判文充盈真善美与幸福的内涵,令人更加赏心悦目,爱恋不已。三是提倡法律文化底蕴。裁判文书说到底就是一种法律文化的表现,对文理与风格的修饰、整理应当以传统的法律文化和先进的西方法治文化作底蕴,有文化底蕴的判词才有生命力,才会流传久远。

---

[1] 乔宪志等主编:《法官素养与能力培训读本》,法律出版社 2003 年版,第 139 页。

# 第九章
## 公信特质：复兴东方经验与复活民间记忆

　　将法院调解确立为民事诉讼基本原则和诉讼程序既是我国司法制度最具特色的制度创设，也是在中国现代社会司法解决纠纷制度中提升司法公信力的一种独特方法。长期以来，法院调解曾在解决民间纠纷中发挥了不可或缺的重要作用；法院调解一直是作为我国人民司法的优良传统和民事审判工作的成功经验而备受赞许，曾被西方誉为"东方经验"。然而，随着中国社会法治化进程的不断发展，制度创设的理念基础与社会主义核心价值观之间的矛盾，制度运行机能与社会需求之间的冲突，使得法院调解制度中许多带有强烈职权主义色彩的步骤和方法都难以再适用。深刻检讨和反思在超职权主义诉讼结构的框架内运行了几十年的法院调解制度，制度本身的缺陷和在司法实践适用过程中的弊端十分明显。一方面，现代社会对于民间纠纷通过调解方式解决的正义性、公开性、公平性和程序性要求不断提升；另一方面，现代社会又需要广泛运用调解方式快速高效地解决大量的民间纠纷。我们不得不重新审视和反思现行法院调解制度，认清制度设计的理念缺失及其在审判实践中存在的弊端，思考在社会主义核心价值观下改革法院调解制度提升司法公信力的全新路径。法是社会及其成员的产物，诉讼制度的优劣应由其实际功能和效果来检验，人类文明的发展和文化观念的嬗变要求有与之相适应的民事调解法律制度及程序结构，构建以体现社会主义核心价值观为目标的多元化现代法院调解制度，将更加有利于维护司法的公正与权威，促进法治秩序的形成和运作。本章将诉讼调解制度改革与我国新一轮司法体制改革中的司法审判制度结构整体性转换相结合，对制度变革进行理论与实证分析，厘清理念上的障碍，辨别改革中的误区，探寻制度改革的法理基础，提出符合新时期提升司法公信力要求的法院调解制度改革构想。

## 第一节　法院调解制度改革价值目标与观念之重塑

理念是制度设立的基础,任何制度的设立都离不开理念的指导和影响。司法理念是一种态度和意识,是指导审判立法和审判行为实践的基础,理念比理论更加形而上,是一种无形的东西。社会主义核心价值观是指导司法制度设计和司法实际运作的理论基础和主导价值观,也是基于不同的价值观(意识形态或文化传统)对司法的功能、性质和应然模式的系统思考。社会主义核心价值观所体现的是一种司法的应然状态,是上千年司法实践的积累的,能够为司法工作者普遍认可的意识形态,是司法系统内在精神和经验的传承,包括对国外的一些先进司法理念的移植和借鉴。我国法院调解制度作为一种司法制度,在创设之初由于历史和社会等种种原因导致司法理念的缺失;在制度运行和发展的过程中又未能及时导入社会主义核心价值观作为理论支撑,因此,现行法院调解制度之制度设计明显缺乏社会主义核心价值观的理论基础。

调解制度在中国有着悠久的、深厚的历史文化背景,这一制度在中华民族历经了几千年的历史积淀,有着深刻的文化内涵。在中国传统文化思想中,儒家所倡导的,"以和为贵,以人为本,重义轻利"等中庸之道的哲学思想一直贯穿于中国整个封建社会的历史发展过程中。而封建社会以前的周代,在地方官吏中就有"调人"之设,其职能是"司万民之难而谐合之"。可见,由政府部门行使调解权利在中国是具有深刻的传统,从调解制度的历史文化传统来分析,调解制度是一种行政职权,其传统的创设理念充满了职权主义色彩。从民事诉讼基本模式的角度来分析,现行《民事诉讼法》所建构的民事诉讼制度在基本制度模式上仍然属于职权主义类型。从属于民事诉讼体制之中的现行法院调解制度同样也属于职权主义类型。且实践中的职权主义比法律条文和法学教科书中所规定和描述的职权主义更为明显。[1] 由于我国现行法院调解制度的职权主义属性,必然造成诉讼调解过程中的诉权与审判权配置失衡,也必然导致制度立法设计缺少现代司法民主理念的内涵。我国现行法院调解制度形成的历史主线有两条:一是受我国民间传统解决纠纷方式的影响;二是受外国民事诉讼法中有关职权主义制度理念移植的影响。对现行法院调解制度的形成起主要

---

〔1〕 张卫平:《诉讼构架与程式——民事诉讼的法理分析》,清华大学出版社2000年版,第91—100页。

作用的是"马锡五审判方式"和中国几千年积淀的法律文化传统。"马锡五审判方式"作为一种司法裁判方式是对我国传统的民间纷争解决方式的直接继承和发扬。"马锡五审判方式"的"依靠群众、调查研究、就地解决、调解为主"的十六字方针被新中国成立后的民事诉讼立法所继承,成为我国民事诉讼的传统和民事诉讼制度的独创。"马锡五审判方式"强调的是群众路线、实事求是和便利原则,这与当时陕甘宁边区的社会环境、经济环境、人文环境有直接的关系。当时,绝大多数中国人还没有现代这样的诉讼意识,还是习惯于传统的民间调停方式,以比较简单和非形式化与简便方式解决纠纷。当时民事诉讼的目的主要在于解决纠纷。由于当时立法时司法理念内涵的贫乏,解决纠纷更多的是依习惯和情理。由于没有实体法律规范体系,要求解决纠纷的程序具有情理上的说服力,同时程序本身也自然具有非规范性和模糊性。"马锡五审判方式"受当时人们精神生活和物质生活条件上的影响,对司法民主与正义的要求没有当今社会的要求高,有些基本内容和外在表现形式与社会主义核心价值观存在一定的冲突和矛盾。我国法院调解制度形成的另一条主线是受苏联民事诉讼体制的理论体系和理念的影响。通过对苏联民事诉讼体制的移植和借鉴使原有的传统审判方式得以上升到诉讼制度的层面。职权主义司法理念体系化的导入,从制度创设理论基础上指导和影响了我国现行法院调解制度的整体建构。由于受苏联法学家的对大陆法系和英美法系民事诉讼体制和司法理念的无情批判之影响,导致了我国在建构法院调解制度时也不同程度受到了程序和程序公正的虚无主义影响。[1] 在制度创设上缺失了社会主义核心价值观基础。我国现行法院调解制度的基本理念内涵是与计划经济体制时期的政治、经济和社会条件相适应的,而与社会主义核心价值观的基本要求是相背离的。现行法院调解制度中的民事审判权中的职权因素过重,超出了法院调解所容许的合理限度。法院没有严格遵循和贯彻自愿原则,实践中法官的调解存在的诸多问题中最突出的仍然是违背当事人的自愿进行调解的问题。主要表现在调解程序的启动不尊重当事人自愿;调解方案大多由法院提出,而不是当事人提出;调解过程中法官职权色彩过浓,不尊重当事人自主自愿;终结调解程序不尊重当事人自愿;调解协议的达成不尊重当事人自愿等方面,导致调解程序"以劝促调""以拖压调""以判压调""以诱促调"的现象蔓延,这说明现行法院调解制度因司法民主理念缺失而存在着缺乏诉权制约和职权主义色彩过浓等深层次问题。

我国传统的审判方式特别突出法官的职权作用,对于法院调解同样充分体

---

〔1〕 张卫平:《诉讼构架与程式——民事诉讼的法理分析》,清华大学出版社 2000 年版,第 91—100 页。

现了法官的职权性。民事诉讼调解从开始进行到调解结束都由审判组织或法官控制和主持,而且根据我国《民事诉讼法》的规定,法院的审理和调解融为一体,诉讼调解也是法院的审理活动,调解是法院的职权行为,具有审理的性质和特点,与诉讼和解、非诉讼调解都有所区别,"调审合一"是我国特有的诉讼制度创设,在世界民事诉讼立法上也是首创。由于立法奠定了法官在诉讼调解中的职权地位,导致法官在诉讼调解中的职权主义色彩过浓。法官的职权性和诉讼调解中的审理性质造成了以法官主导调解为主的诉讼调解模式,异化了以自愿为本质特征的诉讼调解本性,导致司法理念难以在司法实践中得到确立和实现。由于法官在诉讼调解中既是调解者又是裁判者的双重身份,使得法官比诉讼外的其他调解者更容易获得调解成功,但同时又常常使得调解中的自愿原则不易得到贯彻实施,使调解协议的达成并非真正建立在自愿的基础之上[1]。一方面,由于法官所代表的权威和所拥有的裁判权而强制调解;另一方面,由于自愿原则规定得较为抽象,没有具体的程序性规范来界定,导致司法实践中存在大量的强制调解现象。法官强制调解或变相强制调解是民事诉讼调解制度在实践中的一大弊端。解决这一弊端需要通过社会主义核心价值观的导入,进一步协调诉权与审判权的关系。切实贯彻调解的自愿原则。现行法院调解由于超职权主义诉讼程序模式的影响,导致诉权与审判权关系的不协调,审判权在调解中过于扩张,而诉权未得到充分的保障。在当事人合意解决纠纷的领域,审判权的扩张必然导致对自愿原则的曲解和侵害。调解制度改革的目标应当是充分贯彻落实当事人自愿的调解原则,在自愿原则的基础上达成的调解,是最有效的解决争议的方法。调解的本质特征始终尊重当事人的意志,使当事人在自愿的前提下参加调解过程,在相互理解的基础上达成共识,从而使纠纷得到圆满解决,自愿原则是调解所必须遵循的基本原则[2]。现代诉讼的宗旨是,尽当事人和裁判者之所能,在法定程序的框架下有效地解决纠纷,最大限度地保障实体公正的实现,而非尽一切人之所能,无限制地追求实体公正。因而,大多数现代国家的诉讼法都已经采取了程序公正优位原则,即程序公正是第一位的,实体公正是第二位的,程序公正优先于实体公正[3]。程序公正优位原则是由诉讼解决纠纷的能力的有限性所决定的。把程序公正置于优先的位置是因为民事诉讼审判和调解两种解决纠纷机制的能力的有限性所决定的,诉讼虽

---

〔1〕 江平主编、陈桂明执行主编:《民事审判方式改革与发展》,中国法制出版社 1998 年版,第 213—215 页。

〔2〕 王利明:《司法改革研究》,法律出版社 2001 年版,第 363 页。

〔3〕 谢鹏程:《以程序公正为本位》,载《法制日报》2001 年 9 月 23 日,第 3 版。

然是解决纠纷的最后及最终的途径,但毕竟不能完全解决所有的纠纷,其解决纠纷的能力受到一定的局限,在有限的能力的前提下,诉讼只能实现有限的实体公正,而以程序公正为本位却可以实现完全的程序公正,西方有句名法律格言"迟到的正义乃非正义"。以程序公正为本位符合现代诉讼效率的需求。法律追求的是现实的有限的正义。我们在追求公正的同时必须考虑效率。现今,以效率作为法律分配权利和义务的标准之一,已融入现代立法精神之中。在诉讼领域,诉讼程序本身作为实现实体法律和程序法律的过程,是通过调整社会关系的活动而促进经济发展和社会进步,这必然要求将公正与效率同时纳入其基本价值范畴之中,这是社会发展对民事诉讼提出的要求,也是作为一种体现正义的诉讼程序本身所必须具备的内在品质。诉讼的公正与效率从根本上具有一致性,是相互包容,互相促进的,任何违反这一要求的公正或效率都不能真正称其为具有公正或效率的价值;公正与效率之间虽有时会有冲突,但是公正与效率是可以协调和兼顾的。"公正优先,兼顾效率"是协调和兼顾的首选原则。[1] 确立以程序公正为本位,兼顾效率的诉讼原则,有助于排除各种干扰诉讼程序的外在因素,保证程序公正;有助于实现司法公正,确保司法的权威;有助于完善诉讼制度,不断提高诉讼的质量。司法改革要在实现程序公正上有所作为,必须在民事诉讼中确立以程序公正为本位,兼顾诉讼效率和诉权优位于审判权的原则。具体到法院调解制度而言,就是要确立以当事人为中心的当事人主义诉讼构造,摒除诉讼调解中以法官为主体的审判中心论;强化法院调解程序对法官的硬性约束机制,将法庭由法官依职权主导诉讼调解变为当事人自愿合意合法地解决纠纷,设置多元化的、便利当事人选择的法院调解程序,凸显程序的自洽性和当事人的程序主体地位;注重诉讼效率的提高,保障当事人的合法权利能通过利益双赢的调解机制而得到保护和平衡。我国现行民事诉讼制度改革面临着理念重塑和制度重构两大现实课题,同时又面临着如何回应西方国家法治现代化之后的司法改革潮流和趋势的课题。在民事诉讼中如何合理吸纳社会主义核心价值观的内涵,以及与传统法律文化的沟通与融合也是摆在我们面前的现实问题。体现中国传统法律文化的法院调解制度在未来的中国社会中具有强大的生命力和发展前途,与西方法治国家法治现代化之后的司法改革潮流和发展趋势是殊途同归的。西方诉讼调解和诉讼和解的发展必然会将调解作为民事诉讼的基本原则。我国新修改的《民事诉讼法》已将调解原则确立为民事诉讼的基本原则的首创,是法院调解制度发展的努力方向。我国

---

〔1〕 王盼、程政举等:《审判独立与司法公正》,中国人民公安大学出版社 2002 年版,第259—269 页。

法院调解制度改革应当借鉴的是现代法治国家民事诉讼法制度赖以存在的一些根本性东西,这就是反映市场经济基本要求的社会主义核心价值观和程序制度规范。具有中国特色的法院调解制度如果合理借鉴和吸纳现代司法价值理念和制度之合理内涵,必将使闻名于世的"东方经验"在法治时代重放异彩和光芒。

## 第二节　多元化理念与调解制度作为诉讼基本原则之确定

中国传统文化是一种强调和追求和谐的和合文化,传统的调解制度与我国古代的社会思想特别是占统治地位的儒家思想有着千丝万缕的联系,孔子曾说:"听讼,吾犹人也,必也使其无讼乎。"在儒家思想的统治下,贵和持中,贵和尚中,成为几千年来中国传统文化的特征,从而导致"无讼"一直使统治者追求的目标,另外,在普通百姓中,"厌讼""贱讼""耻讼"的观念可以说也是根深蒂固的。所谓"天人合一""家国合一"的大一统思想,"屈死不告状"的法文化心态正是这中观念的极端体现。对此,梁治平教授在《寻求自然秩序的和谐——中国传统法律文化研究》一书中指出:古代中国纠纷解决的着眼点并不是确定或维护什么人的权利,而是要辨明善恶,平息纷争,重新恢复理想的和谐:一种按照道德原则组织起来的秩序。因此,在儒家文化的熏陶下,人们更多选择调解的方式来解决纠纷,从而形成颇具特色的调解机制。儒家思想倡导的这种文化对于调节人际关系,促进社会稳定发展具有不可低估的作用。即使在今天,和谐对于每个国家甚至人类的发展都具有重要作用。因此,我们有必要从真正的当事人主义和追求社会和谐稳定的角度,大力倡导诉讼当事人的意志自治以及协作与协商解决纠纷的社会主义核心价值观。在建构多元化现代法院调解机制时最现实的路线是建立以法院诉讼程序为核心的多元化解决纠纷机制,承认诉讼调解、诉讼上和解,非诉讼解纷机制对法治的补充作用,并将其视为法治基础上的权利自治方式和辅助性权利救济手段,这是我国现阶段建构多元化法院调解机制最容易被接受,并使其正当化、合法化的社会主义核心价值观。

多元化法院调解机制对权利自治理念的建构在于最彻底地坚持并切实保障调解中当事人的自愿。只有建构法治化和权利自治的理念,使诉讼调解程序的正当性确立于主体的选择权,防止法官的职权滥用,才能避免现行民事诉讼调解制度存在的种种弊端和矛盾。由于现代司法诉讼程序本质上是建立在程序正义理念之上,而不是获得实质正义和客观真实,其目的是通过使有限的司法资源得到合理配置和效益的最大化,以权威和具有最终效力的方式解决纠纷,因此追求效率和效益是其应有之义。根据追求效益的原理,法院调解制度的设计应该建立在有利于促成解决纠纷的目标之上。法院调解不应排斥诉讼上和解和非诉讼解决纠纷和解协议的存在,并应通过建立司法审查制度来通过法治化手段确认其价值和功能。通过司法改革以及大力发展和利用 ADR 提高司法和整个纠纷解决机制的效率,已成为世界性的发展潮流,诉讼效率理念是诉讼调解制度得以发展的最主要的思想渊源和理论支柱之一。目前在改革中以效率理念重构我国法院调解制度的时机已经开始成熟,多元化解决纠纷机制的快速、低廉、简便、不公开、非对抗性等优势如通过程序规范发挥作用将促进诉讼效率的最佳化。在当今的社会转型时期,社会对于司法资源的投入仍然有限,司法救济不能充分满足社会的现实需要,如果在纠纷解决中消耗过多的司法资源与公共、私人成本,将会给社会造成难以承受的负担。目前,我国司法资源的配置和利用尚未达到效益最大化,还未实现成本效益的优化组合。以往替代性纠纷解决方式运作中的低效益,也是因为替代性纠纷解决机制缺少与诉讼调解的制度衔接,缺少合理的相互协调与综合利用。因此,应当确立调解制度多元化的理念。当今社会,站在以多元化理念重新认识法治的意义和功能,并且根据多元化的理念为社会及其成员的自治、自律和传统保留更多的空间,避免以统一的国家权力过多地限制和削弱其他社会规范和自治的作用已成为共识。法律在介入社会问题之前,应正视自己的局限性,给礼节或道德等自发性生活规范提供充分发展其作用的空间。多元化社会的法规应当与其他自发性社会规范相互取长补短。多元化理念体现在建构以程序公正和诉讼效率为中心的多元化现代法院调解机制方面的指导意义在于从社会主体和当事人的利益、文化和实际需求的多元化方面强调纠纷解决方式和适用规范的多元化,以统合现代法治与传统法文化、国家司法权与当事人自治、国家统一法律秩序与地方生活秩序、法律规范与其他社会规范及其调整方式等。只有在多元化理念得到承认的前提下,才有可能在解决纠纷机制中经常得到双赢的调解结果。[1] 改革法院调解制度应探索适合我国国情和我国社会现状的最佳制度模式,既要学习借鉴国外的先进经验,更要珍惜自己的特色和传统法律文化资源。

　　我国现行法院调解原则和制度既有实践经验的基础,在诉讼制度构成原理上也并不违背当事人意思自治和处分原则,符合民事纠纷解决的特点和规律,

---

〔1〕　范愉:《非诉讼纠纷解决机制研究》,中国人民大学出版社 2000 年版,第 625—639 页。

并且与现代世界民事司法改革的趋势殊途同归,并无取消之必要。[1] 调解原则是我国民事诉讼制度的独创,作为基本原则有其存在的历史和现实意义,导致法院调解弊端的根本症结在于程序制度存在的缺陷,而与调解原则的设立没有任何关系。首先,在双方合意解决纠纷的过程中,设置一个享有审判权的第三者很有必要,因为双方合意解决纠纷客观上需要一个第三方的中介和促进作用,而在诉讼过程,由法官充当第三方是最恰当的选择。其次,双方合意解决纠纷结束争论需要法官对合意加以确认。诉讼和解法院调解均须当事人诉讼行为与法院的诉讼行为相结合,二者缺一不可,仅有双方当事人的合意,还不足以产生诉讼法上的效力,无法结束诉讼。[2] 最后,集调解职权与审判职权于一体的法官主持调解或和解,并不是必然导致强制调解或变相强制调解的原因,我国香港地区、日本、德国的民事诉讼法都是法官身兼二种职权,但在他们那里并未出现法官强制调解或变相强制调解的现象,这说明重调轻判、强制调解的根源在于现行法院调解制度程序性规范的缺陷,而不是法官身兼调解、审判两种职权的原因。这一结论的得出对于"调审分离论"和"和解替代论"所提的改革方案就值得怀疑了。因为按"调审分离"的思路将调解从审判程序中分离出去。弊端未必能够克服,诉前调解如果仍叫法院调解,那么强制和变相调解的现象仍然有可能发生,如果完全不要法院参与,那么与人民调解或民间调解也就没有区别了。以诉讼上和解取代法院调解,同样要面对这个问题,否则诉讼和解只要有法院参与就可能重复法院调解的错误,而过于排除法院职权的干预,又有可能导致诉讼和解应有的功效难以发挥,只要双方当事人合意解决纠纷是发生在诉讼程序之中,法院的职权介入就是必要的。[3] 法院调解原则是我国《民事诉讼法》的首创,是符合中国历史文化传统和社会转型时期现实需要的中国特色民事诉讼制度。调解原则在法学原理上符合民事诉讼纠纷解决的特点和规律的。而且现代世界民事诉讼调解及和解的改革趋势正在向确立调解原则为基本原则的方向发展。对于我国民事诉讼制度已经确立的这一基本原则不仅不应取消,而且要在此基础上对民事调解制度加以改革和完善。调解原则仍应作为基本原则贯彻于诉讼程序的始终,并应在程序公正的基础上强调法官的调解义务。

〔1〕 范愉:《非诉讼纠纷解决机制研究》,中国人民大学出版社 2000 年版,第 598 页。

〔2〕 田平安主编:《民事诉讼程序改革热点问题研究》,中国检察出版社 2001 年版,第 98 页。

〔3〕 田平安主编:《民事诉讼程序改革热点问题研究》,中国检察出版社 2001 年版,第 98—99 页。

## 第三节　程序正义理念与法院调解制度
## 程序规范之重构

我国新修改的《民事诉讼法》虽然仍将诉讼调解确立为基本原则和诉讼程序,但却没有配套设计和确立具体的操作程序性规范,由于缺乏程序公正理念的理论支撑和程序性规范的约束,使得诉讼调解很难体现程序公正。法院调解作为一种诉讼制度和诉讼程序,应当有符合其自身规律和特点的具体操作程序,应就程序的运行与操作作出体现程序公正与诉讼效率的具体规范。如诉讼调解的适用范围,启动诉讼调解的程序和方式,当事人请求或同意调解及拒绝调解的选择权规定,举证、证据展示交换和质证的具体规定,调解中的回避和权利义务释明权的具体规定,调解时间和期限确定,调解通知送达及告知当事人调解准备的具体规定,调解形式,调解文书制作送达的具体规定,等等。第一,除特别程序、督促程序、公示催告程序和企业法人破产还债程序外,包括无效民事行为在内的其他民事争议案件,在各种审理程序中都可以调解方式解决。而无效民事行为中包括违反法律的禁止性、限制性规定及损害公序良俗的民事行为,这类应当予以追缴或民事制裁的案件也适用调解,既违反法律规定,又使一些当事人有可乘之机,通过法院调解的合法形式掩盖一方或多方的非法目的。此外,由于调审合一和调解无具体期限的限制。法官常常自觉或不自觉地对当事人施加各种影响,以促成调解成功,而法律又缺乏调解期限的规定,容易导致法官漠视当事人的权利,强行调解,久调不决,造成当事人讼累。由于《民事诉讼法》中对于诉讼调解的规定较为原则,缺乏对法院调解的具体程序性约束,而调解又贯彻整个诉讼过程之中,导致法官在实施调解过程中仍然有一定的主观性和随意性,职权主义色彩仍然较为浓厚,何时调解、何时开庭、何时判决均由法官的主观意志决定。当事人常常在毫无精神准备且无委托代理人情况下被突然通知进行调解,在诉讼调解过程中必然会因准备不充分而处于劣势。诉讼当事人对适用调解程序的选择权和知情权、诉讼权利的行使与放弃的自决权等诉权,因没有程序性规定的规范而得不到保障,诉讼调解程序的公正性难以在法院调解中得到体现。作为一种诉讼程序和诉讼制度本身的法院调解制度缺乏法官与诉讼参与人都必须遵守的程序性规范,缺乏具体的操作规范和程序运作的构架与程式,这是从程序公正司法理念视角来看,该制度本身最大的缺陷。

第二,我国现行的法院调解制度缺乏诉讼上和解的补充规定,缺少前置性的非诉讼调解程序设置。这是许多学者主张"调审分离"的理由之一。《民事诉讼法》虽然规定双方当事人可以自行和解,但并未将其纳入法院调解制度的范畴之中,我国的法院调解制度中缺乏诉讼上和解内容的制度构建。由于将诉讼上和解隔离在法院调解制度之外,造成调解制度的单一性。诉讼调解只强调了法官的职权调解行为,却忽略了诉讼过程中当事人之间的自行和解及法官促成的双方和解都属合意解决纠纷的范畴,对于审判权的职权行为过于强化,而弱化了当事人诉权的行使。诉讼中当事人自行和解是当事人对实体权利和诉讼权利行使处分权的结果,除当事人自行申请撤诉外,应在法院调解制度中予以确认其效力。解决法院调解制度缺少前置性的非诉讼调解程序,也就是缺乏法院附设的 ADR 程序问题。并不在于禁止限制法官在审判中进行调解,而应该在"非诉讼"纠纷解决方式的设置上着眼。[1] 现行的法院调解制度并非代替性纠纷诉讼解决方式,而法院调解制度应当是一个连续的完整的有严密逻辑结构的整体制度,法院调解作为诉讼制度和诉讼程序应当设计有前置性的非诉讼调解程序才符合程序设计逻辑的自洽性。人民调解、仲裁、行政调解等都能在一定程序和范围内起到解决纠纷的作用,但现行法院调解制度未能将其作为前置性的非诉讼调解程序纳入制度范畴之中,对于人民调解、行政调解的协议不予确认,使得这些非诉讼解决纠纷方式的功能逐渐衰微,导致大量的纠纷涌向法院,造成案件的积压和法官的重负。例如,劳动争议诉讼的前置劳动仲裁程序就是个例外,这一前置程序的设计为法院的诉讼减轻了许多压力,有许多劳动争议纠纷经仲裁程序就解决了,法院审理案件的范围因为有了仲裁前置程序而明显减少了。

第三,现行法院调解制度缺乏对调解程序的相关监督制约规范。由于程序性的调解行为和实体性的调解结果都是具有不可上诉性,对法官违反程序性规定,侵犯当事人诉讼权利及违法调解行为,除当事人拒绝调解或拒绝签收调解书外,很难对违反程序的行为实施监督。另外,诉讼当事人恃强凌弱,滥用调解申请权的现象难以得到有效制约。[2] 法院调解既然作为一种诉讼制度和诉讼程序,应当制定相关的监督制约条款来保障诉讼当事人在诉讼调解程序中的权利得到充分保障,保证当事人在程序公正和高效率的程序机制中达成合意,解决讼争。

第四,调解制度缺乏对诉讼上和解和非诉讼调解协议进行程序较为完备的

---

〔1〕 范愉:《非诉讼纠纷解决机制研究》,中国人民大学出版社 2000 年版,第 599 页。

〔2〕 周岳保:《改革与完善诉讼调解制度的思考》,载《人民法院报》(法治时代周刊)2002 年 5 月 13 日,B1 版。

司法审查制度。从理论上讲,诉讼是解决纠纷的最后一道屏障,唯有司法的解决才是纠纷的真正终局性解决,对诉讼上和解和非诉讼调解进行司法审查的权限和必要性依然存在,这不仅是社会对程序正义公平价值的最高保障措施,实际上也是为了更好地提高司法效率、节约司法资源的需要。[1] 我国的调解有浓厚的人文基础,除了诉讼调解以外,人民调解、仲裁、行政调解、民间调解、诉讼上自行和解其实都是非常好的解决纠纷方式,其中有的方式曾在解决民事纠纷、维护社会稳定工作中发挥过重要的作用,但随着社会法治化进程的发展,诉讼成为人们解决纠纷的首选,大量的本可以通过非诉讼解决机制化解的纠纷都涌向法院,而非诉讼解决方式因缺乏法院的司法审查加以确认和赋予强制执行的效力,逐渐失却了应有的法律地位和功能作用。法院调解制度和诉讼制度既然不能高效全面解决社会的所有纠纷,那么就应当发挥非诉讼调解机制的替代作用,应通过司法审查制度确认非诉讼调解和诉讼上和解协议的效力,从而构建多元化的解决纠纷机制。

## 第四节 法院调解制度基本原则的司法理念缺失剖析

第一,确定查明事实,分清是非原则作为法院调解制度的基本原则不能满足制度逻辑上的自洽性。对于过去的旧法确立查明事实,分清是非作为法院调解的原则实质上是不恰当的。原则本应反映适用对象的客观需要及规律,否则难以发挥其指导作用。查明事实、分清是非原则显然与法院调解依合意解决争议的理念和诉讼制度设计不符。查明事实、分清是非是法院判决的前提,而不应是诉讼调解的前提,因为诉讼调解的本质特征表现为双方当事人的合意,根据处分原则,在诉讼中双方有权处分自己的民事实体权利和诉讼权利,在这个基础上双方通过协商,对话就实体权利义务关系达成协议,即可解决争议。对于合意,查明事实,分清是非并非那么重要,即使案件事实没有查清,只要双方当事人在处分原则的基础上能够自愿达成协议,就应当成立。这一点与判决不同,判决是强制性的,它不取决于双方当事人是否愿意,而是取决于事实,法律和证据。由此可见,将查明事实、分清是非作为法院调解的原则是不恰当的。[2]

第二,自愿原则的规定过于抽象和宽泛,缺乏社会主义核心价值观的理论

---

〔1〕 范愉:《非诉讼纠纷解决机制研究》,中国人民大学出版社 2000 年版,第 447 页。

〔2〕 田平安主编:《民事诉讼程序改革热点问题研究》,中国检察出版社 2001 年版,第 101—102 页。

支撑。如以不强迫即为自愿来理解自愿的含义,则自愿的含义过于宽泛而无法具体界定和操作。我国法官既是调解者,又是裁判者,双重身份的存在既使得法官较之诉讼外的调解者易于获得调解成功,但同时又常常使调解中的自愿原则不易真正得到贯彻,使调解协议的达成并非真正建立在自愿的基础之上。在司法实务中,存在大量的强制性调解。强制调解是当前法院审判工作中的一大症结。[1] 我国传统的审判方式特别突出法官的职权作用,反映在法院调解上就是法官常常"依职权"违反自愿原则,强迫或变相强迫诉讼当事人进行调解,自愿原则因缺乏严格的界定而无法制约法官的强制调解。

第三,合法原则规定的不恰当性。合法原则应包括程序合法和实体合法两个方面。而《民事诉讼法》关于法院调解的合法原则规定得较为抽象,仅规定了调解协议内容不得违反法律,对于程序合法的内容根本就没有规定。法院调解虽然贯穿于审判程序的全过程,并非表明其就没有独立的程序,不能因为调解灵活、方便和简捷就否定法院调解制度在程序上的合法性。而要求双方的调解协议的实体上合法,更是明显地与合意解决纠纷这一基本性质不相协调。因为调解解决的正当性并非来源于解决方案严格基于法律而形成,而是来源于当事人双方对解决方案的认同。[2] 如果要求调解协议的内容同法院判决一样都符合实体法的合法标准,那么许多调解协议将无法达成合意。合意的形成,除了实体合法外、更多的是因诉讼当事人行使处分权对自己实体权利的处分而形成的。判断法院调解协议是否合法的关键在于双方是否能够在自愿的基础上通过协商达成调解协议,因为从实体上讲诉讼中的合意主要是当事人的私法行为,因而应遵循"法律所不禁止即为合法"的原则。[3]

第四,调解制度缺乏处分原则的规定。处分原则是指民事诉讼当事人在法律规定的范围内,自由支配自己依法享有的民事权利的诉讼权利的准则。[4] 处分原则是民事诉讼中最重要、最基本的原则之一,因为民事诉讼是解决私法关系的司法形式,所以应当尊重当事人对自己权利的支配。[5] 法院调解制度只确立了自愿原则,查明事实、分清是非原则和合法原则,却将处分原则排除在法院调解制度这外,而当事人在民事诉讼中依合意解决纠纷则必须涉及处分原则的适用。民事诉讼是以公法形式解决私法中的纠纷,而处分原则是当事人意

---

〔1〕 齐树洁主编:《民事司法改革研究》(第三版),厦门大学出版社2000年版,第156—157页。

〔2〕 江平主编、陈桂明执行主编:《民事审判方式改革与发展》,中国法制出版社1998年版,第216页。

〔3〕 田平安主编:《民事诉讼程序改革热点问题研究》,中国检察出版社2001年版,第103页。

〔4〕 常怡:《民事诉讼法学》,中国政法大学出版社1999年版,第72页。

〔5〕 江伟主编:《中国民事诉讼法专论》,中国政法大学出版社1998年版,第214页。

思自治和私法自治在公法领域内的直接延伸。在法院调解中当事人是否真正享有处分权关系重大,现行调解制度存在的弊端与没有确立处分原则有很大原因。处分原则不能很好贯彻,双方当事人就不能真正成为合意的决定性因素,强制或变相强制调解就无法得到控制,从而使合意解决纠纷的功能不能很好地发挥。[1] 由于调解制度原则缺乏社会主义核心价值观的理论支撑,缺乏规范当事人行使处分权的具体规定,难免导致法官在调解过程中将法官的意志强加于当事人的强制调解侵权行为之泛滥。

第五,法院调解制度缺乏不公开和保密原则的设置。民商事纠纷中有许多是涉及个人隐私和商业秘密等内容的,诉讼调解制度应将不公开和保密确立为基本原则,并明确规定诉讼当事人对法院调解过程中的证据、证人和达成的调解协议的具体保密义务。诉讼当事人经法官主持调解达成调解协议或自行和解经法院确认都是其行使处分权的结果,在诉讼调解过程中始终都应尊重当事人的自愿,实践中当事人在诉讼调解过程中提出要求不公开和保密的情况很多,这应视为当事人意思自治的私法权利在公法领域中的拓展,应视为当事人自愿原则和处分原则的具体落实。因此有必要将不公开原则和保密原则确立为法院调解制度的基本原则,这一点可以借鉴仲裁的不公开原则和保密原则。在审理涉及商业秘密和个人隐私的案件中,有的证据本身就是商业秘密如客户名单等,如果一经举证、交换展示证据或质证就失去了商业秘密的价值。当事人为了保密选择调解解决纠纷本来就是为了保密或不公开隐私,如果没有这一原则和具体的程序规范作保障,就无法保护诉讼当事人选择调解程序中的合法权利。

尽管《民事诉讼法》已将原来的注重调解为主,修正为调、审并重,但法官在审判实践中偏好调解的状况仍然存在。在民事审判实践中,大部分法官都有一种强烈而明显的调解偏好,法官偏爱调解的根本原因在于调解比判决更符合法官的切身利益:首先,调解可以使法官在相同的时间内办更多的案件。无论是程序上还是效率上,调解都比判决要简单和快捷,调解在程序上的灵活性和制作法律文书的简捷性,鼓励和促使法官乐于调解结案。其次,调解可以使法官回避作出困难的判断。对证据的正确判断和适用法律的正确判断是判决的必要前提,而且判决对法官存在一定的"风险"错案追究制的影响。采用调解方式处理纠纷既方便又省力,且风险较之判决要小得多,因为法官大多热衷于调解,由于法官在诉讼结构中所占的主导地位,其调解的偏好潜藏着自身的利益,一方面法官的调解偏好会对当事人的行为产生强烈的影响,另

---

[1]　田平安主编:《民事诉讼程序改革热点问题研究》,中国检察出版社 2001 年版,第 101—102 页。

一方面又会影响到律师的代理活动,使律师配合法官调解而忽略被代理人的诉讼权利和利益,偏好调解与调审并重的矛盾,必然导致程序的不公正和诉讼效率的低下。[1]

# 第五节　法院调解制度的矛盾分析

第一,严格依法解决纠纷与适用法律的流动性、随意性的矛盾。[2] 法院调解是诉讼中的调解,是人民法院行使审判权的一种方式和程序,同时也是法院运用法律处理民事案件的一种方式,应当严格依法进行。但调解又是双方当事人在法院的主持下通过协商解决纠纷,协商中虽然也援引了涉及适用法律规范,但合意解决纠纷往往是当事人妥协让步的结果,与准确认定法律事实、正确适用法律判决处理结果总是存在或多或少的差别。因此,法院的诉讼调解与法院判决在合法性问题上的就存有差异,必然会出现严格依法解决纠纷与适用法律的流动性和随意性的矛盾。现行诉讼调解制度欠缺关于适用法律的程序性规范,导致在适用法律时的流动性和随意性。

第二,让步息讼与权利保护的矛盾。[3] 法院调解中的让步基本上是单向的,调解的成功往往是以权利人放弃部分权利为代价的。调解目标的广泛性和调解相当宽松的实体合法性常常淡化了对纠纷本身的严格依法解决。只要能够解决纠纷,诉讼调解更注重的是实现防止矛盾激化的目标,而忽略了对诉讼当事人合法民事权利的保护。由于程序保护设计的缺陷和不合理,导致审判实践中偏重调解与强权利的保护成为一种逆向的关系,造成让步息讼的权利保护之间的矛盾,法院越偏重诉讼调解,当事人合法民事权利的保护就越难以实现。从某种意义上讲,当事人牺牲部分权利换取既得利益或恢复和睦关系是合理的价值取向,但由于程序设计欠缺相关规范,对于损害自愿原则的强制调解和调解中的违法行为无法规制,而使得诉讼调解这一本意在于保护诉讼当事人合法权利的制度在实践中反而与权利的保护相矛盾。程序设计的缺陷弱化了法院

---

〔1〕　江平主编、陈桂明执行主编:《民事审判方式改革与发展》,中国法制出版社 1998 年版,第206—211 页。

〔2〕　江平主编、陈桂明执行主编:《民事审判方式改革与发展》,中国法制出版社 1998 年版,第215—219 页。

〔3〕　江平主编、陈桂明执行主编:《民事审判方式改革与发展》,中国法制出版社 1998 年版,第219—222 页。

调解对权利保护的价值功能。

第三,不公开性、保密性与公开原则的矛盾。由于法院调解与判决同属诉讼程序,《民事诉讼法》明确确立了诉讼公开原则,"调审合一"必然造成调解的不公开性、保密性与诉讼公开原则之间的矛盾。法院调解未能将不公开和保密原则设立为法院调解制度的程序例外原则,使得调解必然在违背审判公开原则的基础上实行不公开和保密原则。程序设计的缺陷导致这一矛盾无法调和。在我国逐渐由"乡土社会""熟人社会"转向"陌生人社会"的情况下,民商事诉讼中当事人对商业秘密和个人隐私的保护非常重视。商业秘密可视为财产权利的一部分,个人隐私可视为公民人格权的一部分。诉讼当事人为保护这两种权利而选择了以调解方式解决纠纷,必然要求法院在诉讼程序中设立不公开原则和保密原则来保护其在诉讼调解程序中的合法权利。而诉讼调解程序在当时立法设计时没有也无法考虑到现今的时代需要,程序制度设计上的缺陷造成司法审判实践中保护权利与违反诉讼公开原则之间的矛盾和冲突。

第四,诉讼调解与非诉讼调解之间的矛盾。虽然诉讼调解与非诉讼调解都是解决纠纷有效的方式和途径,但在实践中法院调解与非诉讼调解之间存在一定的冲突,法院调解对替代性解决纠纷机制有一种排斥性的倾向。在程序设计上,替代性解决纠纷机制既不是法院附设的程序,又不是法院诉讼的前置程序,也不能通过法院司法审查确认其效力,因而与法院调解形成冲突和矛盾。法院调解作为一种诉讼程序,以其合法调解的地位排斥替代性解决纠纷机制的发展。从世界各国民事诉讼程序改革的宗旨和理念来看,民事诉讼制度的改革几乎都是与替代性解决纠纷机制的发展同步进行并相互推动的,替代性解决纠纷机制是对诉讼审判和诉讼调解功能的有益补充和扩展。但我国法院调解制度与替代性解决纠纷机制之间由于程序设计上的缺陷而导致相互矛盾,法院调解排斥替代性解决纠纷的调解是诉讼制度改革应当突破的误区。

第五,诉讼调解与诉讼上和解之间的矛盾。诉讼当事人在诉讼中的自行和解,本应属于调解的范畴,但法院调解制度将诉讼中的和解排斥在制度设计之外。在司法审判实践中,诉讼当事人和解撤诉的偏多,而经司法确认效力的很少。诉讼上和解作为一种民事诉讼制度,与民法上的和解及诉讼外和解是有区别的,诉讼上和解在功能上至少包含三个要素:即诉讼程序的关联性、诉讼当事人之间的合意性、终结诉讼的终局性。实质上,诉讼调解与诉讼上和解之间并无本质区别,之所以将其设定为诉讼上的两种不同制度,是由于人们构建诉讼制度是从不同的侧面来认识和定位的。诉讼上和解立足于当事人说明以合意解决争论,诉讼调解以法院为基点解释以合意解决争讼。[1] 现行法院调解制度由于未能将诉讼上和解纳入程序设计之中,故造成司法实践中两者之间的矛盾,导致法官过分依赖甚至强制调解、违法调解,而忽略了通过促成诉讼当事人在诉讼中和解的更广阔解决纠纷的路径。

第六,民事诉讼的效率原则、诚信原则与无条件反悔权的矛盾。我国《民事诉讼法》第 99 条规定:"调解未达成协议或者调解书送达前一方反悔的,人民法院应当及时判决。"此条文确立了在调解书送达之前当事人无条件反悔权,即诉讼当事人在诉讼中达成的调解协议在送达签收前对双方当事人无约束力,当事人任何一方无任何理由均有反悔的权利。设立诉讼调解程序的目的之一,就是为最大限度地提高诉讼效率、节约司法资源、降低诉讼成本,但法院调解制度中的无条件反悔权的设立与效率原则存在极大的矛盾和冲突。无条件反悔权实际上是对当事人行使处分权的一种放纵。诉讼中,当事人在自愿的基础上行使处分权达成解决讼争的协议,应视为诉讼契约或合同,对双方当事人都具有法律上的约束力。如有违背自愿原则或有违法调解行为的可通过设立监督制约机制来约束,而不应以无条件反悔权来约束。无条件反悔权是对诉讼中的诚信原则、效率原则的严重侵犯。

第七,法院调解制度自愿原则诉讼效率原则与对调解案件可以以违反自愿原则为由进行再审之间的矛盾。我国法院调解制度规定当事人对已经发生法律效力的调解书能够提出证据证明违反自愿原则的,可以申请再审。这种规定与设计调解制度的立法本意相矛盾。司法实践中,许多调解协议因当事人在文书发生法律效力后无法反悔,而借口违反自愿原则而申请再审,导致再审案件激增。法院调解制度本来是建立在自愿原则的基础上,在正常的调解程序之中,违反自愿原则的调解应是不存在的。调解是当事人行使处分权的重要表现,双方一旦达成调解协议就应当推定为自愿处分了自己的实体权利和诉讼权利。即使有违反自愿原则的情况发生,也应当通过当事人拒绝调解或通过设计调解制度的监督制约机制来规范,并可通过程序设计中对自愿原则的强化规范来防止违反自愿原则的情况发生。而专设通过再审程序来纠正诉讼调解中的违反自愿原则的情况,有一种"杀鸡用牛刀"的感觉。调解结案的主要目的就是降低诉讼成本,提高诉讼效率。调解案件生效后又允许再审,一方面增加了再审程序的压力;另一方面必然增大诉讼成本,降低诉讼效率,完全违背了创设法院调解制度的立法本意。再审只能是针对调解协议内容违反法律禁止性或强制性规定的情况。

---

[1] 范愉:《非诉讼纠纷解决机制研究》,中国人民大学出版社 2000 年版,第 405—410 页。

## 第六节　改革法院调解制度的立法建议

一是应从立法角度修改现行法院调解制度的某些原则和制度,便于更好地发挥诉讼调解的功能与效用,实现程序公正和诉讼效率的程序价值目标。我国现行法院调解制度确立自愿原则,查明事实、分清是非原则,合法原则三项原则为制度的主要原则。其中除自愿原则由于规定过于抽象,缺乏具体的程序操作规范而须加强完善外,另两项原则都存在不合理和不恰当的地方,需要根据合意解决纠纷机制的特点及规律,结合整个诉讼制度改革的宏观背景来确立正确的法院调解制度原则。第一,应以处分原则取代在事实清楚的基础上分清是非原则。处分原则是民事诉讼中最重要、最基本的原则之一,因为民事诉讼是解决私法关系的公法形式,所以应当尊重当事人对自己权利的支配。[1] 处分原则不能很好贯彻,双方当事人就不能真正成为合意的决定性因素,强制或变相强制调解就无法得到控制,从而使合意解决纠纷的功能不能很好地发挥。[2] 在事实清楚的基础上分清是非原则基本上还是法院判决的前提,而并不完全是诉讼调解的前提。诉讼调解是当事人对实体权利和诉讼权利处分的结果,而判决是法院在查明事实、分清是非原则基础上适用法律的强制性结果。将查明事实、分清是非作为判决的前提是正确的,而作为诉讼调解的前提和原则是不正确、不恰当的。应以处分原则取代在事实清楚的基础上分清是非原则。第二,确立不公开和保密原则。诉讼调解是当事人的私法行为,许多让步和处分是为了保护商业秘密和个人隐私及维护长远利益,因此诉讼调解应该以不公开为原则,并明确规定当事人对调解过程中的证据和调解协议的保密义务。第三,取消调解协议达成后调解书送达签收前可以无条件反悔的制度规定。避免当事人滥用调解程序,恶意拖延诉讼时间的行为,同时也避免了调解程序的不安定状态。第四,设立对非诉讼解决纠纷协议的司法审查原则和完备的程序制度。我国目前现行诉讼解决纠纷协议的司法审查原则和制度调解制度中存在的一个重大缺陷就是缺少前置性的非诉讼调解程序,及欠缺对非诉讼前置调解程序的司法审查制度。应当设置诉讼前置性的非诉讼纠纷解决机制,如人民调解、仲裁和行政调解等都可有选择地作为诉讼前置性的纠纷解决方式加以程序设

〔1〕 江伟主编:《中国民事诉讼法专论》,中国政法大学出版社 1998 年版,第 214 页。

〔2〕 田平安主编:《民事诉讼程序改革热点问题研究》,中国检察出版社 2001 年版,第 103 页。

计上的确立。第五,建立规制法官地位中立、公正和消极的程序性规范,同时赋予法官积极有效促进诉讼调解和和解的义务。防止强制调解和变相强制调解的现象发生。第六,制定规范的诉讼调解和诉讼上和解及对非诉讼调解的司法审查的程序,保障法院调解制度作为一种诉讼程序制度的规范性,确保程序公正价值目标的实现。第七,制定相关监督制约的程序条款,确保法院调解制度在程序运作过程中的公正与效率。

二是制定体现程序公正和诉讼效率的法院调解程序规范。(1)明确法院调解程序的启动、运行与终结的权利义务规定,体现诉权对审判制约的当事人主义原则。(2)明确法院调解的适用范围,对强制调解(如婚姻案件)、自愿调解和不适用调解的适用范围都应作出明确的界定,防止诉讼调解程序的滥用。(3)明确法院调解程序运作中的受理、送达、应诉、答辩方式与审判程序的区别,完善现代信息化通信技术在法院调解中的应用及效力。(4)明确法院调解程序中的释明义务规定,规范调解通知、告知当事人作参加调解的准备、调解权利义务告知、提出回避申请等法院调解前的准备工作程序。(5)规范当事人请求调解、愿意接受调解和法院决定组织调解的程序规定。(6)规定调解程序中的举证、展示交换证据和质证的程序规定,确立对涉及商业秘密和个人隐私证据的保密义务。(7)明确调解的期限和调解失败后及时判决的程序规定,防止诉讼迟延。(8)明确调解的程序形式,规范调解协议和民事调解书的形式要件。(9)明确在诉讼调解程序中的民事违法行为进行制裁的具体程序。防止因无严格制裁民事违法行为的程序规定,而使少数人侵害国家和社会公共利益,破坏公序良俗。(10)明确法院调解制度中的监督制约程序,通过程序性的规范和监督制约机制的完善,确保从程序公正为本位,兼顾诉讼效率目标的实现,推动诉讼调解制度由职权主义向当事人主义过渡,由沿用传统的习惯的现行诉讼调解程序制度向公正、文明、高效的现代诉讼调解程序制度转化。以上十项具体程序规范具体内容均不涉及现行民事诉讼法的修改,而是对现行法院调解制度进行程序规范的具体程序性要求,可以通过司法解释或制定法院调解程序规则的形式予以规范和完善。

三是根据法院调解制度的立法不足,完善法院调解程序的有关制度。(1)取消现行法院调解制度中的无条件反悔制度规定,建立调解结果的保障机制,维护调解制度的严肃与权威。规定当事人签订调解协议或和解协议后,如无欺诈、不显失公平和违反法律、社会公共利益和公序良俗所禁止之内容,即发生法律效力。建议取消民事调解书这一现行法律文书文体,而以判决书或裁定书的裁判文书形式来确立调解协议内容,并同时规定适用判决书的多种送达方式,一经送达即产生法律效力。对调解内容的判决、裁定为一审终审,不得上诉。

(2)建立对非诉讼调解协议的司法审查制度,即建立对诉讼中的当事人和解、诉讼前的人民调解、行政调解和仲裁进行司法审查的程序制度。诉讼上和解、人民调解、行政调解协议经人民法院司法审查后,即具有法律效力。(3)设立法院附设 ADR,将人民调解、行政调解和仲裁作为诉讼前置性的非诉讼调解程序,并将人民调解,行政调解、仲裁与法院的诉讼程序加以衔接,如果在保留法院诉讼调解的同时另设独立于诉讼程序之外的,相当于法院附设 ADR 的调解程序,必将大量地节约当事人的时间和诉讼成本,节约司法资源,更好更多更快地解决纠纷。(4)将人民调解组织和仲裁组织作为法院附设调解组织,加强人民调解和激活仲裁,构建法院附设 ADR。规范程序和附设组织机构。(5)改革法院诉讼费收取办法,对于诉讼调解、诉讼上和解采取全额或半额退费的收费规定,鼓励和促成当事人调解。对于非诉讼调解进行司法审查的收费也应当低廉,以减轻当事人的负担和降低解纷成本。

# 第十章
# 公信保障:审判委员会制度的改革与完善

独具中国特色的审判委员会制度是我国诉讼法的独创,审判委员会作为法院内部最高审判组织的制度设置是我国司法审判组织系统的一大特色,审判委员会制度的创设是我国对世界司法制度的贡献。审判委员会制度创设后曾在我国几十年的司法审判实践中发挥着非常重要的组织作用和制度效能,但随着时代变迁和社会变革以及司法改革的不断深入,这一中国特有的审判组织制度在新一轮司法体制改革和司法综合配套改革中有许多原有制度设计和制度设置需要随之进一步改革完善。研究提升司法公信力推进审判委员会制度的改革与完善必须将这一制度置于审判体系和审判能力现代化改革之中,贯彻社会主义核心价值观和法治原则,将理念重塑与制度重构相结合,以社会主义核心价值观和法治原则的确立与展开作为制度改革完善的价值取向,将现行审判委员会制度与司法体制改革和司法综合配套改革相融合,实现这一审判组织制度的程序化、规范化和现代化。本章试图在理念与制度的双重变革方面,探索通过现行审判委员会制度改革与完善提升司法公信力的新路径。

## 第一节　现行审判委员会制度设计的理念缺失与制度不足分析

通过对现行审判委员会制度的实证考察,我们可以发现,由于制度设计时和制度发展中的理念缺失及立法上的疏漏,造成制度组织模式与组织管理上的行政性、制度运行与程序上的随意性、制度效能与组织功能上的失衡性,导致现行审判委员会制度在司法审判实践运作过程中存在如下问题和不足。

## 一、审判委员会制度组织模式与组织管理的行政化色彩较强

首先,过去的审判委员会制度结构模式带有较为明显的行政管理色彩。从审判委员会制度的产生来看,源于新民主主义革命时期革命根据地的审判委员会制度是原来的裁判委员会裁决研究委员会逐步演变形成的,最初一般都由县长、县委书记和裁判员等人组成,其设立的目的在于讨论与确定重大案件,集思广益,从组织上保证达到判案正确,量刑适当和贯彻党的政策。由此可见,审判委员会制度一开始就是司法与行政合一的产物。新中国成立后的法院曾一度是人民政府的组成部分,而后又未形成真正意义上的司法机构,即使现在,也未摆脱人、财、物由各级政府管理的体制[1]。以司法程序公正理念的视角来分析,现行审判委员会制度结构模式带有较为明显的行政管理色彩,现行审判委员会制度属性是司法与行政管理职能糅合交错,过去更多的是以行政集体领导和行政决策方式来规范司法审判工作,以行政管理职权和行政隶属关系来调整法官之间的相互关系,以行政管理的手段来管理司法审判程序,从一定程度上与司法审判工作的特殊规律产生矛盾,与现代法治理念为本位的诉讼制度价值目标也有一定的差距。

其次,过去的审判委员会委员的遴选资格和机制缺乏完备的制度规范,导致审判委员会的专业性不强。一般情况下,院长、副院长及主要业务庭庭长无论有无必备的法学知识和司法审判实践经验及经历,都是各法院当然的审判委员会委员。尽管审判委员会是作为业务机构设置的审判组织,而实际上审判委员会委员被当作一种行政的职务或职级待遇,往往同任职法院任职官员的行政级别相联系[2]。审判委员会是人民法院内设的最高审判组织,其履行的是审判及对本级审判工作的监督、把关、指导、规范职能,因而其成员应当是在法律方面学有专长并有丰富审判实践经验的专家型人才。审判委员会作为法院内设最高审判组织,其专业化水平应该高于一般法官的水平,然而由于法官员额制改革之前,审判委员会制度缺乏审判委员会委员的遴选资格和遴选程序的具体规范机制,使得审判委员会委员的遴选工作随意性很大。

最后,过去的审判委员会制度行政化使司法决策科学化难以实现。司法民主是我国人民司法的本质特征,然而由于现行审判委员会制度的行政化组织模

---

[1]　杨凯:《论审判委员会的作风建设与制度改革》,转引自吴家友主编、吕忠梅执行主编:《法官论诉讼》,法律出版社 2003 年版,第3—28 页。

[2]　苏力:《送法下乡——中国基层司法制度研究》,中国政法大学出版社 2000 年版,第124 页。

式和管理方式及强烈的职权主义色彩,使司法民主理念得不到实现。审判委员会讨论案件一般都由院长或院长指定的常务副院长或业务能力强的副院长主持。创设审判委员会制度的目的在于通过发扬司法民主理念内涵与效能,集思广益,提高案件审判质量,提高法官整体素质,防止法官徇私枉法。而现实情况中,由于司法民主理念得不到实施与实现,导致组织制度的运作背离了制度创设的本意。实行法官员额制改革、司法责任制改革和审判权力运行机制改革之前,审判委员会制度组织模式和组织管理模式的行政化和职权化属性表现在理念上的缺失是司法程序公正与司法民主理念的淡化;表现在制度上的缺陷就是司法决策的行政化;表现在实践中的问题就是组织制度的行政化所产生的一系列问题和不足。过去的审判委员会制度因符合现行行政体制的内在逻辑和要求而得以存在,但与新时代法治建设和现代法治理念基本内涵的要求是相背离的,必须以程序公正、决策科学民主的法治理念为价值取向来进行制度变革。

## 二、审判委员会制度运行与程序随意性使司法公正理念难以实现

首先,实行法官员额制改革、司法责任制改革和审判权力运行机制改革之前的审判委员会制度缺乏讨论案件启动、运作和终结的程序性规范,司法公正和司法效率理念价值目标难以实现。一是审判委员会讨论案件的启动程序不规范,提交审判委员会讨论的案件随意性较大,数量较多。由于对重大、疑难案件没有统一规范的具体标准和规定,过去的实际操作中,一些法官一旦遇到有疑问的案件或新型案件,为了避免承担或损害自己的利益,规避错案追究责任制的追究,就想办法报请分管副院长审批而将案件提交审判委员会讨论,导致审判委员会最后讨论的案件数量偏多,审判委员会的负担过重。[1]在实际操作中,过去由于审判委员会的启动程序较为随意,不仅合议庭可以将案件提交审判委员会讨论,院长、庭长在审批案件和签发文书时,认为案件重大、疑难或不同意合议庭意见时也可以提交审判委员会讨论,造成审判委员会的负担过重。二是实行法官员额制改革、司法责任制改革和审判权力运行机制改革之前的审判委员会制度的运作程序和方式的随意性较大,没有规范性的程序来规制。审判委员会召开会议讨论案件应当有多少委员出席才算合法有效,过去的制度没有明确具体的规定制度。三是实行法官员额制改革、司法责任制改革和审判权

---

〔1〕 大批量的案件涌向审判委员会,必然使审判委员疲于应付,而无法集中精力讨论研究真正具有普遍意义和指导意义的案件,无法总结审判工作经验来指导和规范审判实践,也不利于审判委员会作为司法专业机构的发展。

力运行机制改革之前的审判委员会制度的终结程序不规范。有的案件经审判委员会讨论多次仍不能作出决定;有的已形成多数意见,因主持院长不同意,又指令让合议庭重新合议;有的无法作出讨论决定意见,而决定向上级法院请示;有的已经审判委员会讨论作出决定后,又因种种原因而重新召开审判委员会推翻原来的决定,重新再作决定。由于法院内最高审判组织的运行程序没有严格的讨论案件终结程序,随意性很大,破坏了法律程序的公信力和审判委员会的权威。

其次,实行法官员额制改革、司法责任制改革和审判权力运行机制改革之前,审判委员会制度运作上的随意性背离了诉讼制度的基本原则。由于立法对审判委员会制度的法律规定比较原则,缺乏符合司法程序性要求的具体程序操作规范,实践中审判委员会的运作与诉讼的公开原则、回避原则、公正原则、直接审理和言词原则存在一定的矛盾和冲突。随着司法制度改革的深入和审判公开原则的贯彻落实,必然要求现行审判委员会制度改革传统的工作方法,构建符合司法公开理念和原则的具体程序性操作规范,通过具体的程序性规范贯彻审判公开原则,改进审判委员会的运作程序的随意性缺陷,以规范的程序制度确保审判委员会讨论案件的质量和议决的权威性[1]。

最后,实行法官员额制改革、司法责任制改革和审判权力运行制度改革之前,审判委员会制度缺乏对制度运作的监督制约机制。由于审判委员会是法官内设的最高审判组织,委员也都是担任相当行政职务的领导,实行的是民主集中制的组织和行政管理决策机制,享有对讨论案件本审级内的最终裁决权,并同时享有本审级内有关审判工作问题的决定权,因此,审判委员会实际上是法院内部审判业务工作的最高权力组织。审判委员会作为一种审判组织制度和审判方式,应当制定符合司法审判工作特殊规律的相关监督制约机制,通过理念与制度的双重规范来完善监督制约机制,确保以司法公正理念为本位诉讼价值目标的实现。

## 三、审判委员会制度效能与组织功能上的失衡性使司法效率理念难以实现

首先,随着我国市场经济的建立,社会转型时期的各种社会矛盾都需要用法律来调整,各类新型案件不断涌现,各类诉讼案件的法律关系纷繁复杂,仅靠

---

[1] 杨凯:《对审判方式改革与完善基层人民法院审判委员会制度的几点思考》,发表于《法商研究》1998年增刊,第94—95页。

省高院和最高人民法院通过逐级汇报的方式来总结审判经验的传统方法已不符合当今法治时代的新需求。基层和中级人民法院审判委员会应依照《人民法院组织法》第十一条的规定,制定科学的操作程序来担负起长期被遗忘的总结审判经验的重任,及时总结本院审理的各类新型的案件经验,及时针对审判实践需要制定相关审判政策,以指导审判实践和规范审判工作。[1]在司法审判实践中,特别是基层法院对于总结审判经验,制定审判政策,指导审判实践,规范审判活动所做的工作历来很少,甚至根本就没有做这方面的工作,这与现行审判委员会制度设计时忽略了办事机构设置与配备有关;同时,缺乏良好的理论学习与应用法学研究的理念与氛围也是一个重要原因。随着我国法治现代化进程的加快和立法的不断完善,随着社会变革与转型时期的矛盾多样化,大量新型、复杂、疑难案件不断涌现。在处理这些案件时如果仅凭现有的知识和经验已不能适应情况的变化和社会发展的需求,必须通过学习和研究才能胜任当今法治时代的审判工作需要。[2]对于审判中提出的新问题、新情况和难以统一的观点和认识,可以通过审判委员会讨论后的继续调查研究来总结和完善。只有审判委员会委员形成良好的学习研究的观念和习惯,并在制度运作中加以贯彻,才能在法院形成学习研究的氛围,提高法官队伍的整体素质,提高审判委员会讨论案件的质量,真正起到审判委员会总结审判经验,指导审判实践的作用。

其次,实行法官员额制改革、司法责任制改革和审判权力运行制度改革之前,审判委员会制度缺乏现代先进科技手段和通信技术导入运行的应用规则及程序规范。随着时代的进步与发展,现代社会已步入了信息时代,高科技和信息通信技术的日新月异,将我们引入数字化和信息化时空之中。然而,我们的审判委员会制度运行程序仍然沿袭传统的运行模式和方法,传统的制度运行模式面临的一个重要理念更新和制度变革问题,就是如何通过司法大数据、云计算和人工智能高科技手段的导入和应用来提高审判委员会的工作效率。

---

〔1〕 依照现行法律规定,审判委员会应当及时总结审判工作经验,将带有全局性和指导性的审判工作经验及时推广用于指导审判实践,对于本院审理的新型案件和典型案件,应及时进行调查研究,编写案例,透过司法案例,归纳审判工作实践的成功经验。

〔2〕 对于各类新型案件,如果能在讨论前先行熟悉和研究涉案相关证据和专业技术知识,学习涉及适用法律,通过阅读审理报告熟悉了解案情,并对涉及案件事实与证据的分析与认定,对法律的解释与适用等方面存在的争议有一定的研究,在此基础上的讨论才会有所收益。

## 第二节　审判委员会制度构架与程式的理性重构

　　审判委员会制度的改革与完善必须在先进的社会主义核心价值观的指导之下,在充分尊重和运用包括审判方式改革在内的司法改革具体成果的基础之上进行。[1] 所谓社会主义核心价值观,即"富强、民主、文明、和谐、自由、平等、公正、法制、爱国、敬业、诚信、友善"。社会主义核心价值观在司法中的意义是:司法体制改革在设计中应该有系统成熟的社会主义核心价值观作为基础。理论准备不足会导致立法的矛盾、混乱和缺乏可操作性,也会带来法律和制度的不稳定性。司法改革首先应是理念的变革,必须形成相对成熟的思考和共识,进行改革的逻辑才不会混乱,缺乏理论指导的司法体制改革必然是反复无常的。理念的匮乏会导致信仰的危机,导致人们从对司法的迷信到对司法的幻灭,不被信仰的理念是虚假的、无意义的。要避免寻求理念过程中的急功近利。审判委员会制度的改革首先是寻求社会主义核心价值观和中国特色法治理念的导入和确立,这是制度变革的基础和前提。根据当前所处的社会环境条件,我们应当以司法民主、司法公正、司法效率等社会主义核心价值观和中国特色法治理念为基础来重塑设立和建构审判委员会制度的理念内涵,并在此基础上重构现行审判委员会制度改革完善的构架与程式。

### 一、以司法程序公正和尊重司法规律的法治理念改革审判委员会制度较强的行政化色彩

　　司法改革的目标是实现司法公正,而实现司法公正的基本保障是司法程序公正和遵循司法规律。司法为人们提供了寻求法治要求对法律的尊重,"法治诞生于法律机构取得足够独立的权威以对政府权力的行使进行规范约束的时候"[2] 审判委员会制度作为中国特定的历史条件及特殊的政治体制的产物,具有中国司法制度之"缩影"之称。[3] 我们应通过社会主义核心价值观的导入,来

---

　　[1]　最高人民法院 2003 年重点调研课题《关于审判组织改革问题的调研报告》(2003 年 11 月)。

　　[2]　[美]P.诺内特、P.塞尔兹尼克:《转变中的法律与社会:迈向回应型法》,张志铭译,中国政法大学出版社 2004 年版,第 59 页。

　　[3]　章武生等:《司法现代化与民事诉讼制度的建构》,法律出版社 2000 年第 1 版,第 68 页。

加强现行审判委员会制度运行的司法程序公正与民主意识,淡化行政色彩,增强审判委员会委员的参与意识、主人翁意识和责任意识,发挥审判委员会委员的主观能动作用。

第一,观念的变革是制度革新的前提,对现行审判委员会制度进行非行政化改革,先要进行理念上的改革与革新。在观念上,现行司法制度变革对现代民主政治思想和社会主义核心价值观的完全吸收消化还有一个过程,现行制度的理念建构的传统性太强,必须将现行政治和司法体制背景下社会主义核心价值观的导入与克服法院组织和审判活动中的行政化倾向结合起来进行制度变革,根据法院不同审级的特点,确立审判委员会制度改革与完善的方向。由于受职业化程度、办案类型和数量的限制,审判委员会制度的改革步骤应该是自上而下的,从高级法院开始逐步推行,高级法院在整个法官素质上明显高于基层法院,这就为法官的依法审判和推行司法责任制提供了有力的专业化基础,同时也是由高级法院的职能所决定的。[1]目前,审判委员会制度的改革之所以举步维艰,最主要的原因在于现有传统观念和现行体制的制约,审判委员会制度的改革首先应从司法审判权依法行使与司法决策科学法治理念的导入来进行组织制度和运行程序的变革。

第二,建立和完善审判委员会制度中的遴选机制。通过构建严格的审判委员会委员遴选制度,改变目前审判委员会是行政领导集合体的现状,提高审判委员会作为审判组织的专业化水平。对于审判委员会委员的任职资格应制定明确的规定,把既有深厚法学理论水平,又有高学历和丰富的司法审判实践经验;既有较多的应用法学理论调研成果,又有审判工作实绩、有调研能力和掌握娴熟司法技能的资深法官选入审判委员会,杜绝以行政职务和级别待遇为条件任命审判委员会委员。立法机关应当特别强化对审判委员会委员的任职考试、考核、考察、考评和监督工作,以确保审判委员会是一个专业化的审判组织。重塑审判委员会的制度建构理念和改革现行审判委员会制度,更重要的是要在市场经济体制改革和新一轮司法体制改革的大背景下,注意研究法院审判组织的特点,注意在中国社会转型这个大背景下推进法院审判组织的专业化。其中最重要的是将审判委员会委员选任同目前的行政级别相分离,强化其作为法院业务机构和专业审判组织的职能。现代社会对法官职业群体的专业化提出了很高的要求,要求法官具有深厚的法学理论素养,具有娴熟的审判专业知识和司法技能,具有特定的法律专业化逻辑思维方式。法官职业的专业化对于司法公

---

[1] 参见四川新闻网——四川法制报讯:《对审判委员会制度非行政化改革的探析》,载四川新闻网,http://newssc.net。

正与效率有着最为直接的作用,审判委员会作为法官内设的最高审判组织,其专业水平必须达到一定的高度才能保障公正与效率目标的实现。另外,辅之以"禅让制",通过畅通审判委员会的出口,来确保审判委员会的专业化素质不断提高。审判委员会委员若在一定期限内不能主持讨论决定案件,不能主持撰写调研报告,总结审判经验,并转化审判委员会讨论研究成果,应当主动申请"禅让",让有遴选资格的法官入选审判委员会,以不断增强审判委员会委员的专业化水平和审判业务水平[1]。

第三,根据专业法官会议的发展情况在不同审判领域成立专业化的审判委员会。现行的审判委员会制度不足的重要一点是审判委员会的结构不合理,专业化程度不高[2]。设立专业委员会的基本思路是在审判委员会内设刑事、民事和行政专业委员会。对需要提交审判委员会讨论的案件,按案件性质不同分别提交各专业委员会讨论并由各专业委员会分别作出决定。但考虑到审判委员会采取的是民主集中制的议事规则,而通常意义的民主集中制是指"两个过半",即必须是有全体委员的一半以上人员参加始得举行会议,委员会全体组成人员的过半数通过才能形成决议[3]。由于专业委员会委员相对于整个法院的委员而言人数要少得多,为确保各专业委员会不因人数不够而无法举行会议和所议事项未能获得全体过半数通过无法形成决议情况的发生,可以考虑在审判委员会中设立若干个常设委员,常设委员一般应包括院长及分管审判业务的各副院长,审判委员会常设委员参加各专业委员会的会议,对于常设委员的人数及各专业委员会的人数因"两个过半"的要求而进行一定的技术性安排,这种安排可因各法院的具体情况而有所差别。由于各专业委员会举行会议时参加会议的委员相对于全体组成人员要少,这就增加了各专业委员会所议事项不能获得全体委员过半数通过的可能性。因而,对各专业委员会经讨论不能形成决议的事项可交由审判委员会全体会议再行讨论决定。在设立专门委员会制度后,同时应对审判委员会工作程序作相应的调整和规范[4]。

第四,专业委员会委员直接组成合议庭审理案件。对法律规定必须由审判委员会讨论决定的案件,可以由各专业委员会委员全体或部分组成合议庭审

〔1〕　杨凯:《论审判委员会的作风建设与制度改革》,转引自吴家友、吕忠梅主编:《法官论诉讼》,法律出版社2003年版,第3—28页。

〔2〕　曹建明主编:《中国审判方式改革理论问题研究》,中国政法大学出版社2000年版,第253页。

〔3〕　参见《中华人民共和国地方各级人民代表大会和地方各级人民政府组织法》第45条,《最高人民法院审判委员会工作规则》第4条、第9条。

〔4〕　黄胜春:《关于设立审判委员会专业委员会的若干构想》,载天涯法律网,http://www.hilaw.cn。

理,以解决现行审判委员会"审"与"判"相分离及有悖诉讼直接、言词原则的缺陷,可在一定程度上克服审判委员会专业化程度不高的不足。司法过程的另一个特色是其过程与结果并非判然两分。一般人会想象法官在听取全部证据和辩论之后作出最后的判决,但是,实际上法官在诉讼过程中往往要对许多与案件最终结果有关的事项作出决定,这些事项有些涉及某个证据的可采与否,有些涉及程序的调整,有些则是对某些争点加以确定。

第五,严格限制审判委员会讨论案件的范围。审判委员会的参与具体案件的裁决应从程序上加以严格限制,只有合议庭认为必要提请审判委员会讨论的案件,审判委员会才能讨论决定,将审判委员会讨论决定案件功能的影响力限制在一个可以接受的、较小的范围内,以最大限度调动合议庭的审判工作积极性,使合议庭真正承担起审与判的全部责任,以进一步推动和巩固审判方式改革取得的成果[1]。这可以在一定程度上缓解审判委员会的工作压力。可以根据一段时间的调查研究由最高人民法院确定审判委员会的案件讨论范围并严格执行,使审判委员会和合议庭之间的在案件范围上有分工并体现层次。通过调整审判委员会的工作重点,将审判委员会讨论的案件范围集中于那些涉及新型社会关系和经济关系的案件,而不应再参与例行性案件处理,发挥司法能动作用,通过审判推动法律的进步,审判委员会更应加强审判工作经验的总结,把法院的工作置于整个社会变革和改革开放的大系统中进行宏观考察。

## 二、以人民司法的司法民主理念完善现行审判委员会制度

首先,增强审判委员会委员的参与意识和主人翁意识。规定审判委员会讨论案件时,必须保证每位参会委员对所讨论的案件有发言权,保证审判委员会委员能够有机会表达自己不同的思想和见解;为增强审判委员会委员的主人翁意识,可以实行主持人轮流担任的制度,彻底改变主持过程中欠缺司法民主意识的缺陷。可以考虑根据审判委员会委员的专业知识结构,让所有审判委员会委员轮流担任审判委员会主持人,改变现在完全由院长或副院长主持的传统做法。主持人的职责是找准讨论案件的争执焦点,调动全体参会委员大胆发表各人的意见和看法,集思广益,集体议决,充分体现各审判委员会委员之间的平等性和独立性。

其次,强化审判委员会委员的专业化要求和责任意识。审判委员会委员根

---

〔1〕 参见最高人民法院 2003 年重点调研课题:《关于审判组织改革问题的调研报告》(2003 年 11 月)。

据自身专业特长轮流担任主持人。除主持讨论决定案件外,主持人还必须对讨论案件亲自主持总结审判经验。主持人对自己主持讨论决定的案件,应亲自动笔撰写调研文章和案例分析,以总结审判经验,指导和规范今后的日常审判工作,对此应作具体的硬性规定和要求,以强化和提高审判委员会委员的专业水平,提高和落实《人民法院组织法》的总结审判经验任务。

最后,重构审判委员会制度的纪律和保密规章制度。司法民主的实现离不开制度和程序的监督制约机制。审判委员会作为法院内设的最高审判组织,应当有良好的纪律作风和严格的保密制度,才能体现其最高审判组织的权威性和树立良好的形象;同时,也才能保障司法民主在制度运行中得到真正实现。应根据各级法院的具体情况建章建制,制定审判委员会纪律条例和保密制度,以铁的纪律和严格的规章制度,杜绝现实情况中的纪律涣散和泄密情况发生;同时,要建立对审判委员会制度运行程序的监督制约机制和监督程序规范。审判委员会可拥有一定的监督权,有权监督法院庭长和审判人员的工作,但这种监督应该是程序性的、事后性的,非强制性的。审判委员会制度程序的运行,必须有严格的监督制约机制来监督,才能确保这一审判组织制度在公正的程序内运作,避免权力的滥用和滋生腐败。应根据审判委员会制度这一审判组织的运行特点和运行规律制定具体的监督程序和制度规范,通过监督程序确保审判委员会制度司法民主理念价值的实现,从而确保公正与效率的实现,推动传统的审判委员会制度向民主、公正、文明、高效的现代审判委员会制度转化。

## 三、以程序公正理念重构审判委员会的制度运行程式

现代社会,法治与公正的程序是不可分开的,如果把法治看作是良好的法律能够普遍遵守,那么法律必须要通过一套公正的程序,才能得到正确的运作[1]。从根本上,司法程序是以程序公正为本的,但是并不应仅以此作为减轻法官和法院责任的理由,因为社会还不能接受这种理由。当前,根据当事人能力及国情,程序公正的要求主要是必须保证当事人平等的诉讼权利;在现阶段应尽量缩短实体公正与程序公正、法律真实与客观真实、个体公正与社会公正的差距。程序公正理念有利于合理分配当事人之间以及当事人与法院之间的权利与责任,但必须与法院自身利益严格区别开来。现行审判委员会制度是为保证实现实质正义而设计和产生的,符合中国社会注重实质正义的历史和

---

〔1〕 王利明:《司法改革研究》,法律出版社 2001 年版,第 49 页。

传统需要,然而,审判委员会制度的种种不足也说明了它的制度设计缺乏对程序正义价值理念的充分考虑。司法程序本身带有成本,其成本由两部分组成:一部分为当事人在司法过程中的消耗,一部分为代表国家的司法者在司法过程中的消耗。通常我们更为重视司法中双方当事人的博弈,却忽视了司法者与当事人间的博弈。我们愿意把司法者放在超然的地位(或者是超越的地位),却忽视了司法者一方面是控制着集体利益的代表,另一方面是经济人。当程序成本很高时,一方面会使国家放弃限制恣意的程序,另一方面会使当事人放弃寻求权利保障的诉讼。现行审判委员会制度在一定程度上符合博弈论的理论内涵。现行审判委员会制度运行上的随意性在一定程度上损害了程序正义,改革与完善审判委员会制度必须以程序公正的现代司法理念来重构审判委员会制度的运行程式。

首先,重构现行审判委员会制度运行程序中全面落实审判公开原则、回避原则、直接审理原则和言词原则的制度性规范。通过研究制定审判委员会会审规程,规范会审程序,划定职责范围,理顺与独任庭、合议庭的关系[1]。审判委员会会审的案件应该是法律关系确实非常复杂的重大、疑难案件。审判委员会会审案件必须像合议庭告知当事人组成人员一样,告知审判委员会参与会审的所有审判委员会委员的名单,并告知当事人有申请回避的权利。目前,当事人申请审判委员会委员回避的权利落空的现状必须改变,应当建立当事人对审判委员会委员申请回避的程序制度。案件如需经审判委员会讨论决定,必须向当事人告知审判委员会委员全体名单,并告知申请回避的权利,便于当事人行使诉讼权利。审判委员会会审案件,由院长担任审判长,所有决定参与会审的审判委员会委员都参与庭审的全过程,通过"会审"直接感受案情,便于作出公正科学的判决。审判委员会会审案件应做到六个公开:即公开陈述、公开质证、公开辩论、公开认证、公开评理、公开判决。此外,经审判委员会会审的案件,参与会审的审判委员会委员应该在裁判文书上署名,这既表现了审判委员会的责任,也代表了审判委员会的独立与尊严[2]。同时,通过改革审判委员会的审案方式实现制度的程序性功能,审判委员会成员可以通过直接参加法庭审判直观感受案情;也可以采取旁听的方式直观感受案情;还可以与合议庭进行明确分工,合议庭注重事实调查,而审判委员会偏重于法律的适用。

其次,重构审判委员会研究讨论案件的启动、运作、终结的程序性规范制

---

〔1〕  石维斌:《审判委员会制度改革初探》,载于《法制日报》2000 年 2 月 27 日。
〔2〕  石维斌:《审判委员会制度改革初探》,载于《法制日报》2000 年 2 月 27 日。

度。以公正、文明、高效的程序性规范制度来规范审判委员会运行程序,才能确保司法公正与效率价值目标的实现。对于重大、疑难案件应有严格的界定标准,对于程序运作的启动,应有严格的限制性标准,避免审判委员会讨论案件的数量过多和启动程序的随意性。对于审判委员会讨论案件的出席人数、讨论决定的方式和程序及讨论终结的程序都应制定严格的程序性规范,确保审判委员会制度的运行在公正的程序制度规制下进行。审判委员会对案件审判享有一些法定的程序性权力,如再审决定权和院长回避决定权等;同时要考虑错案追究制度在审判委员会运行程序中的落实,审判委员会委员应对自己发表的意见承担相应责任。

最后,重构科学规范的审判委员会研究讨论程式。[1]可以考虑借鉴现代国际学术研讨会的讨论模式和方法来提高审判委员会的讨论效率。即由主审法官作案件汇报主题发言,主持人作案件讨论主题点评,审判委员会委员轮流发表意见和提出问题,主持人根据形成的争执焦点意见再行作讨论点评,审判委员会委员可随意自行发言和提问,观点不同的委员之间、委员和主持人之间、委员与主审法官及合议庭成员之间还可平等地展开辩论和相互提问的形式来讨论和研究,所谓理不辩不明,讨论中应当引入辩论的机制和方式,最后由主持人根据讨论的全部内容作出总结,并当场以投票表决的形式形成讨论决定意见。

## 四、以司法效率理念重构审判委员会的制度功能

公正是效率的前提和基础,效率是公正的保障和体现。"迟来的公正就是不公正。"这句古老的名谚充分说明诉讼效率是程序公正的重要组成部分。诉讼的目的在于使犯罪得到惩处,使争议得到解决,如果诉讼不讲求速度和有效性,必将使犯罪得到放纵、使社会发展陷于停顿,这将从根本上背离诉讼的目的。在案件数量和法官人数不变的前提下,诉讼效率与程序繁简、期限长短、诉讼期间、审判方式、法官敬业精神等均有密切关系,通过精心设计程序可以在其他要素维持不变的情况下大幅提高效率。[2]同时,公正的程序还必须符合效益原则。效益是投入和产出的比率。具体到程序法中,效益原则要求以最少的诉讼成本,实现最大的诉讼收益或效果。国家设立司法机关,投入人力、物力、财力调处矛盾,解决纠纷,虽非交易行为,但尽量减少投入、扩大产出的经济学

〔1〕 杨凯:《论审判委员会的作风建设与制度改革》,转引自吴家友、吕忠梅主编:《法官论诉讼》,法律出版社 2003 年版,第 3—28 页。

〔2〕 曾建莉:《现代司法理念与司法效率》,载中国法律资源网,http://www.lawbase.com.cn。

原理仍然可以适用。诉讼周期、诉讼费用、诉讼程序的繁简等,事关诉讼成本,都可能影响诉讼效益;而通过解决纠纷带来社会秩序的稳定、国家法律尊严和法治信仰的确立、社会公正的实现与伸张、被害人心理的安抚和平息、对纠纷的预防和抑制等,虽然不能直接用金钱来衡量,但它们之于国计民生,地位之重要远甚金钱,这些加上通过"定分止争"带来社会资源的加速流转和最大利用、通过诉讼挽回的经济损失,构成诉讼产出,应当在诉讼中谋求最大值,公正的程序应该同时是投入少而产出高的程序。[1]改革与完善现行审判委员会制度应当树立司法效率理念,应在公正优先,兼顾效率的原则上重构审判委员会的制度功能。

第一,建构专家咨询委员会辅佐审判委员会的机制。为更好地发挥审判委员会的职能,在条件成熟的地方可以通过设立法律专家咨询委员会来辅佐审判委员会开展工作;条件不成熟的地方可以设立案件咨询委员会来辅佐审判委员会工作。咨询委员会一般由两部分人组成:一部分是高等院校和科研院所的法学专家教授,他们既有丰富的法学理论知识,又有超前的法律意识和现代司法理念,且他们的思想观点一般不受法律以外的因素的制约和影响;另一部分是法院内部专家型法官和资深法官(包括已退休的优秀法官),他们是既有一定的法学理论基础,又有长期审判实践经验的法律专家,可以为公正审判提供实践经验保障。咨询委员会只提供相关案件的适用法律参考意见,并不直接参与审判,也不具有对案件的决定权,主审法官、合议庭、审判委员会对咨询委员会提供的咨询意见可以采纳,也可以不采纳。咨询委员会委员仅仅根据自己对法律的理解,自由地对案件提出自己认为正确的处理意见,并作出学理上的解释,供主审法官、合议庭、审判委员会正确裁判提供参考意见,咨询委员会也不用承担任何责任。

第二,强化审判委员会总结审判经验的职能作用。在审判委员会制度的职能方面,法律应当明确规定审判委员会的主要职能是总结审判经验,而不应过多地研究讨论个案。中级人民法院和基层人民法院特别应将总结审判经验也作为工作重点,通过制度变革逐步将工作中心转移到宏观的审判工作指导及审判工作经验总结上,把主要精力用于研究审判工作中根本性、全面性问题和制定规范性审判工作指导意见上。审判委员会委员应加强政治和法学理论知识的学习和研究,通过对党的有关方针、政策、决策、重大法制变革和新的法律法规的深入学习和研究,不断更新审判委员会的知识结构,提高审判委员会委员综合业务能力和科学决策能力,在日常工作中及时发现审判工作中相对集中的

〔1〕 曾建莉:《现代司法理念与司法效率》,载中国法律资源网,http://www.lawbase.com.cn。

问题,并进行研究、归纳、梳理、分析,找出规律性的东西,将司法审判实践经验上升为审判政策、法院管理举措和具有特色的应用法学规范,用于指导审判实践,将审判委员会总结审判经验的职能作用转化为公正与效率的新动力,以适应时代发展的需要。同时,注重审判委员会讨论研究成果的转化、推广、培训和宣传机制的保障,应制定审判委员会讨论研究成果的转化、应用、培训和法制宣传等后续程序制度规范。

第三,建立和设置审判委员会的专属或附设办事机构。[1]在审判委员会的运行机制方面,应设立专门机构,作为审判委员会的日常办事机构。例如,研究室(办公室)、审判管理办公室可以在法院内设机构改革过程中合并设置成为审判委员会的专门办事机构,一方面,专司落实审判委员会的成果转化、法制宣传和教育培训任务;另一方面,负责审判委员会的日常工作事务和督办工作。

第四,倡导审判委员会注重学习研究的观念和意识,提高审判委员会的专业化水平。随着法治化进程的加快,传统的听口头汇报,即席凭经验发表意见的方式已落后于时代的要求。对于提到审判委员会讨论的案件,应由审判委员会的办事机构和主审法官预先将相关涉案证据和事实争议、适用法律争议及适用法律解释的相关材料提交给参会审判委员会委员,便于审判委员会委员在会前熟悉案情。遇有不懂或不熟悉的地方可先行准备,避免即席讨论时讲不到点子上去的尴尬现象。在学习研究的基础上再讨论的效果比即席发言的效果肯定要好得多。另外,在讨论前可针对提请讨论案件的新情况、新问题制定调研课题,由轮流主持的审判委员会委员亲自主持进行调研,除了会前学习调研,会上讨论研究外,在会后还应继续进行学习调研,把讨论的案件研究透,把涉及的问题研究实,形成良好的学习和研究的氛围和制度规范,审判委员会不仅仅是讨论决定案件,还必须不断出调研成果,以总结审判经验,指导规范审判工作。

第五,引进和利用司法大数据、云计算和人工智能高科技通信技术和手段来提高审判委员会工作效率。要通过制度重构来强化审判委员会的效率意识,以体现司法效率的价值目标。通过建立现代通信信息技术在审判委员会制度运行程序中应用的具体规则和程序规范,把高科技技术也变成审判力量;时代在进步,审判委员会也面临着现代化的问题,现行审判委员会制度改革必须考虑应用先进的信息与通信科技手段来提高运行程序的效率。现代大数据、云计算、人工智能、网络信息技术、可视化系统、远程视频会议系统、语音转化系统、微博、微信、通讯卫星等先进的通信手段为审判委员会的讨论方式和制度运行方

---

〔1〕　杨凯:《论审判委员会的作风建设与制度改革》,转引自吴家友、吕忠梅主编:《法官论诉讼》,法律出版社 2003 年版,第 3—28 页。

式现代化提供了一个非常广泛的拓展空间。审判委员会委员如因在外出差而无法参加会议,可通过网络参与审判委员会讨论案件;通过可视化信息技术和视频直播技术可将需要审判委员会讨论案件庭审的全过程传输到每一位委员办公室的移动终端上;若需审判委员会讨论案件的审理报告和案卷材料及相关法律适用依据,承办法官可通过局域网络系统将其发送到每一位审判委员会委员的电子邮箱,供委员讨论前熟悉案情。讨论案件时,可通过电子多媒体播放技术将所有案卷中的证据材料经电子扫描后当场播放和展示,便于委员们直观感受案件审理情况。现代信息通信技术的应用是审判委员会制度改革的一个非常重要的内容,对于提高诉讼效率有着非常重要的作用,也是时代发展的必然要求。信息时代要求审判委员会必须改变传统的运行模式和方法,运用现代信息技术提高审判委员会的工作效率。

庄子曾说过,"以道观之,物无贵贱""以物观之,自贵而相贱"。[1]不能把我国的审判委员会制度与西方的法官独立制度进行简单的比较,以此来判断两种制度的优劣,而应当考察两种制度得以发生的社会条件以及与之相配合的其他制度,我们才能在一个真正有意义的层面上思考制度的变革[2]。审判委员会制度的改革与完善应当从理念与制度两方面同时展开,既要吸收西方诉讼制度所蕴含的现代司法理念合理的内涵价值,又要考虑中国现实社会环境实际情况对理念与制度双重变革的承受能力,还要考虑中国传统法律文化与现代司法理念的沟通与融合,以体现现代司法理念的制度构架与程式重构现行审判委员会制度,使这一独具特色的审判组织制度在改革与完善的基础上获得创新和发展。

---

〔1〕 苏力:《基层法院审判委员会制度的考察与思考》,载《北大法律评论》(第1卷第2辑),法律出版社1999年版,第358页。

〔2〕 苏力:《基层法院审判委员会制度的考察与思考》,载《北大法律评论》(第1卷第2辑),法律出版社1999年版,第358页。

# 第十一章
# 公信基石：基层人民法庭审判
# 职能作用的发挥

当前，中国基层社会老百姓普遍反映"打官司难"，基层法官则普遍认为"办案难"，基层司法实践中的"两难"困境给我们提出这样一个问题：司法公正与构建和谐社会究竟怎样才能在基层司法运作中契合？探讨在基层司法实践中提升司法公信力的最佳视角应当是基层人民法庭这样一个司法下乡的特殊场域和界面。这是当代中国司法，也是当代世界司法都应当关注的热点和难点问题。本章以实证分析方法论证如何以和谐理念指导和发挥基层人民法庭审判职能作用，实现基层司法运作中司法公正与社会和谐的契合。

由于曾经长期在农村基层人民法庭工作，后因工作需要又在中级法院从事过法庭指导工作。基层法庭一线审判实践的亲身体验和中级法院法庭业务指导的工作经历，以及对基层司法实践难以忘却的情感和热切关注，使笔者从微观和宏观两个层面对农村基层人民法庭的工作有了更深刻的认识和感悟。长期以来，农村基层司法实践实际上始终处于一种"两难"的困境之中。就审判工作而言，一方面，农民群众普遍呼吁"打官司难"，如诉讼成本高、诉讼程序麻烦、诉讼效率低下、举证难、缴费高、执行难兑现等；另一方面，基层法官也普遍感觉"办案难"，民间没有法治传统、没有好的司法环境、说情的多、干扰多、暴力抗法多、上访多、调查取证难、调解难、执行难等。

总之，基层人民法庭实际上就是处于这样一种"两难"的冲突与困境之中而举步维艰。现实的困境与思想的困惑给我们提出了一个十分现实的问题：农村基层人民法庭如何回应构建稳定和谐社会？司法公正与构建和谐社会究竟怎样才能在农村基层司法实践中相契合？如何以和谐的理念为指导来更好地发挥农村基层人民法庭的审判职能作用？

## 第一节　理论进路：实践经验与法学研究的紧密结合

之所以选择农村基层人民法庭审判职能作用的发挥这一独特视角，来研究司法公正与构建和谐社会的冲突与契合是基于如下原因：

第一，当代中国司法的现实问题仍然主要是农村基层司法的问题。"中国最广大的人口仍然居住在农村，中国社会的现代化的最重要的任务之一就是农村社会的现代化。因此，一个真正关心中国人喜怒哀乐的人就不能不关心中国最基层社会的人的生活。"[1]中国司法面临最现实的问题也是农村和基层的司法问题。中国法院的现代化的最重要的任务之一就是基层法院和农村基层人民法庭的现代化，中国司法的现代化的根本在于农村和基层司法工作的现代化。真正关心中国司法的人就应当关注中国农村基层的司法实践，真正研究中国法学的学者就应当研究中国农村基层的司法实践。只有当我们真正理解了基层乡村社会的普通老百姓究竟需要什么样的司法，我们才能更好地送法下乡。"法律的终极原因是社会的福利。"[2]法律最本质的价值和精神实际上是一种人类的幸福观。[3]如果不真正理解中国农村和基层老百姓究竟需要什么样的司法，那么我们送到乡村的司法不仅不能给老百姓带来幸福，反而会造成人民的痛苦。

第二，关于农村基层司法的研究是中国司法的主要内容。现代法律是移植而来的适宜市民社会的实践理性，很容易在城市社会、工商社会、陌生人社会推行，然而却很难在乡村社会、农业社会、熟人社会推行。社会转型时期的中国社会事实上是一个乡土社会、农业社会、熟人社会与市民社会、工商社会和陌生人社会转化交织的多元性和多样性的社会，我们对中国当代司法的关注和研究总是忽略了农村和基层的司法问题。虽然由于审级制度和法院管辖权的设置缘由导致中国最重大的案件基本上发生在中级以上的法院，但中国当今农村基层社会老百姓的日常生活最重要的案件则绝大多数发生在农村基层人民法庭，农村基层人民法庭的司法实践才是中国司

---

〔1〕　苏力：《送法下乡——中国基层司法制度研究》，中国政法大学出版社2000年版，第7页。

〔2〕　[美]本杰明·卡多佐：《司法过程的性质》，苏力译，商务印书馆1998年版，第39页。

〔3〕　人类历史与迄今为止发现的最早的成文法典《汉谟拉比法典》开篇明志：我在这块土地上创立法和公正，在这时光里我使人们幸福。著名的《十二铜表法》最后写明：人民的幸福是最高的法律。参见余定宇：《寻找法律的印迹——从古埃及到美利坚》，法律出版社2004年版，第16页。

法的主要组成部分。

第三，人民法庭虽然处于人民法院的最基层，但却构成了中国法院的根基。从基层人民法庭设置的数量、配置的法官人数，以及审理执行案件的数量来看，基层人民法庭实际上已经构成了中国司法的中坚力量。根据 2016 年的《中国法律年鉴》和相关资料的统计数据，全国各级人民法院的总数为 3400 余个（2016 年统计数据），其中基层人民法院就有 3000 余个，基层人民法庭有 11000余个；而中级人民法院有 400 余个，高级人民法院仅有 30 余个。就法官人数而言，12 万入额法官及其他工作人员中有 5/6 的人员在基层法院和法庭。90% 的民事案件一审在基层人民法院，而这 90% 的一审民事案件中又有 60% 左右在基层人民法庭。所以，农村基层人民法庭才是中国法院实践和法学研究的重头戏。

第四，中国现代法治建设的难点在中国农村和基层社会。中国的法治之路必须注重中国的本土资源，注重中国法律文化的传统和实际，[1] 而现代法律制度与本土资源、法律传统和实际的矛盾与冲突只有在广大农村和基层才有更为直接、生动和鲜明的反映。以笔者在基层人民法庭长期审判实践的经验来看，现代法律制度与民间传统和习惯的矛盾与冲突几乎都发生在基层法庭的一审案件之中，而且表现得尤为突出和显著。所以，笔者认为，研究司法公正与构建和谐社会在司法实践中的冲突与契合这一问题，最佳的视角应当是农村基层人民法庭这样一个司法下乡的特殊场域和界面。因为，中国当代司法最具理论和现实意义和最具挑战性的一系列问题都存在于农村基层人民法庭的司法审判实践之中。司法说到底还是一种实践的理性，而并非理论的玄学。

第五，农村基层人民法庭的司法实践经验和习惯是中国法学学术研究的富矿和源泉。"我们的法学基本上是在炒西方学者的冷饭，没有自己的见识和洞察力，没有自己的发现，乃至在国内的其他学科中，也被讥笑为'幼稚的法学'。"[2] 邓正来教授也发出了"中国法学向何处去"的诘问。作为法官，笔者认为，对于"法学幼稚"的反思应当与中国的司法实践，特别是与农村基层的司法实践紧密结合起来。中国的法学研究为什么总是去炒西方学者的冷饭呢？根本原因在于我们的法学研究忽略了我们自己的司法实践，特别是忽视了农村基层的司法实践。我国的法学研究目前不仅缺乏实证研究方法、统计分析方法和广阔的学术视野，而且缺乏学术研究与实践经验的结合。学术与实践始终是"两张皮"。"在中国，学界许多人都曾认为或仍然认为学术事业只有在学术传统中梳理发展，就是要坐冷板凳；一旦当官、从政、经商甚至从事法律实务就与

---

〔1〕　苏力：《法治及其本土资源》，中国政法大学出版社 2004 年版，第 6 页。
〔2〕　苏力：《送法下乡——中国基层司法制度研究》，中国政法大学出版社 2000 年版，第 15 页。

学术无缘了。"[1] 其实,走出"法学幼稚"的藩篱必须通过研究司法实践来解决,因为,唯有研究我们自己的司法实践经验和习惯,才能形成我们的智识和见解,才能完成我们自己的法学理论建构与创造,才能形成我们的法理学、法哲学和法学流派,才能以中国的司法智慧和经验为世界法治和司法作出贡献。苏力教授早就提出中国的法学研究"有一块巨大的理论空白,那就是,对初审法官的实践和经验的研究总结"[2]。"正是基于对本民族传统和智慧的自信,苏力教授才称中国基层司法是一个学术的富矿,本土化研究就是在挖掘这些富矿。'什么是你的贡献'实际上是在问:你在中国发现了什么?"[3] 几十年来,中国基层法官群体的司法实践积累了大量的处理中国事务的司法经验、习惯和技能,而这些宝贵的司法经验、习惯和技能恰恰都是在"两难"的困境中的"法律创造和创新"[4]。无数个"两难"困境实际上也包含了无数个法学研究课题。中国法学研究应当向着系统研究分析中国基层司法实践的方向而去。中国基层司法制度和经验既是中国当代法学研究关注的焦点和难点,也是世界法学研究关注的焦点和难点。在农村基层人民法庭这一特殊场域和界面,将基层法官在解决老百姓日常纠纷中的司法智慧、经验、习惯和技能作为法学学术研究的主体,将学术与实践紧密结合起来,合理地研究司法,务实地研究经验,是中国法学研究的当务之急。[5] 本章选择在构建和谐社会中农村基层人民法庭审判职能作用的发挥为主题,目的就在于以实证的方法研究解决农村基层司法实践中存在的现实问题,以和谐的理念和方式来指导农村基层人民法庭切实解决司法的本土化问题,使公正与和谐契合于司法实践。

## 第二节　理念建构:和谐社会的法理解读与司法回应

"和谐"一词,是指配合适当和匀称,蕴含协调、和顺、融洽之意,是各种矛盾和关系配合协调,使之相生相长。当事物的矛盾和关系被协调得适当而匀称

---

〔1〕 苏力:《波斯纳及其他——译书之后》,法律出版社 2004 年版,第 122 页。

〔2〕 苏力:《送法下乡——中国基层司法制度研究》,中国政法大学出版社 2000 年版,第 16 页。

〔3〕 强世功:《法制与治理——国家转型中的法律》,中国政法大学出版社 2003 年版,第 2 页。

〔4〕 这些法律创造和创新既是在司法实践中对现有法律规范、法学理论和审判方式方法的突破,又是对法学理论的延续和发展。

〔5〕 基层司法实践经验实际上是最为独特、最为丰富的学术研究"富矿",是中国司法的本土资源,也是我们借此能够对世界司法作出贡献的应用法学研究学术宝藏。

时,就会形成双赢的局面,达到共同发展的美好境界。声音因协调匀称而产生音乐,色彩因协调、匀称而产生绘画,人际关系协调、匀称而产生和睦,和谐既是一种美好的存在状态,也是人类社会孜孜以求的理想境界。[1] 构建和谐社会实际上是古往今来人类的理想,在中国传统文化的众多流派中,无论哪种流派,都蕴含着一个最基本的民主文化特征:那就是"和"。[2] 中国五千年的文化实际上就是一种"和合文化",是一种讲求宽容与友爱的文化,"和"是中国传统文化与其他文化相区别的最本质的特征;"和"是一种境界,一种精神,"和"的理念已经深入到每个中国人的血脉深处。"《周易》人文精神的精髓是'太和',它在现代仍然具有其生命力,这是因为它在化解现代人类所共同面临的五大冲突(人与自然、社会、人际、心灵、文明)和五大危机(生态、社会、道德、精神、文明)中,不仅具有无限的魅力,而且是一种最佳的化解之道。"[3]《论语》中"礼之用,和为贵"也是和谐理念的真实写照。"人文世界所应然和所以然的规则,是对人的生命和人生意义的关怀,这种关怀的价值取向,是使人与自然、社会、人际及人心灵的冲突,获得和谐、协调和平衡,这就是'和'或'太和'。人际关系的价值理想,是相互之间的和合,人不能离群而生存,群居就产生利益需要等冲突,冲突必须化解,而达到群居和合。和合才有凝聚力,才能成大事。"[4]

"构建和谐社会"被执政党作为一个执政纲领和长期的历史任务提出来,有其深刻的历史文化和社会现实背景以及国际、国内环境背景。[5] "社会主义和谐社会"应该是民主法治、公平正义、诚信友爱、充满活力、安全有序、人与自然和谐相处的社会。我们今天所要构建的和谐社会,应该是一个以人为本的社会,是一个人权得到最大保障的社会,是一个可持续发展的社会,是一个法治社会,是一个拥有多元化化解矛盾冲突机制的社会。

从法理学的视角来审视,东方的和谐社会与西方的法治社会的理想和价值追求在法理层面是相一致的,我们构建和谐社会既是对中国传统文化的新的回

---

〔1〕 和谐社会不仅仅是东方社会的理想,也是西方社会的理想,古希腊哲学家柏拉图、赫拉克利特等都曾提出过关于和谐社会的理念和思想。

〔2〕 例如,儒家的"中庸之道",讲求无一事不合理才是中庸;道家的"道法自然""清静无为",讲求顺其自然,无为而无不为;佛家的"出世",是为了更好地入世;易学追求的"和境"是一种太和境界;等等,无一不是"和"的体现。

〔3〕 张立文主编:《和境——易学与中国文化》,人民出版社 2005 年版,第 12 页。

〔4〕 张立文主编:《和境——易学与中国文化》,人民出版社 2005 年版,第 11 页。

〔5〕 党的十六届四中全会将中华民族传统文化与时代要求相结合,将治国理政的理想与社会发展的实际相结合,创造性地提出构建"社会主义和谐社会"的战略命题。党的十六届六中全会又专门研究构建社会主义和谐社会课题,提出要把构建社会主义和谐社会摆到更加突出的地位,作为贯穿中国特色社会主义事业全过程的长期历史任务和全面建设小康社会的重大现实课题抓紧抓好。

归，又是传统文化在融入现代法治文明时的一项创新。回归使我们找到了自己的传统文化之根；创新使我们的理念、思想和制度重新焕发活力。

社会和谐的根本在于公正，构建和谐社会有赖于司法公正。农村基层人民法庭的司法权能如何回应构建和谐社会理念，是当前中国基层司法实践面临的重大现实研究课题。人民法庭是基层人民法院的派出机构，是人民法院扎根于最基层人民群众的"根须"。[1] 人民法庭植根于基层，处在化解矛盾纠纷、维修社会稳定的最前沿，在构建和谐社会中承担着中坚作用。基层人民法庭的工作做好了，人民法院的工作就有了坚实的基础，构建社会主义和谐社会就有了可靠的司法保障。"以和谐促公正，以公正保证和谐，应当说只是一个理念，这个理念只能靠长期工作生活在中国农村社会特定背景下法官的'第六感觉'来实现。"[2]老百姓对司法的公正性是需要通过基层司法审判实践来衡量和感知的。基层人民法庭的工作做好了，就能起到密切人民法院与人民群众的桥梁和纽带作用，就能赢得人民群众对司法公正的认同和尊重。我国是个农业大国，广大农村社会的稳定与和谐，直接关系构建社会主义和谐社会的稳定基础。[3]当前，中国农村社会对司法的依赖程度明显增强，农村基层人民法庭旧的司法资源分配、审判制度和职能设计已经难以回应当今构建和谐社会的现实需求，[4]我们需要以现代和谐社会理念为指导来更好地发挥人民法庭的审判职能作用，强调以和谐社会理念指导农村基层人民法庭的司法实践来回应中国农村社会对司法新的需求。

## 第三节　司法资源：合理配置与现实需求之间的博弈

### 一、农村基层人民法庭司法资源配置不合理与农村社会日益增长的司法需求之间的冲突

随着依法行政理念的贯彻，司法权也处于逐渐弱化的转型阶段，司法被推到

---

〔1〕 朱福惠主编：《宪法学原理》，中信出版社 2005 年版，第 136 页。

〔2〕 万鄂湘主编：《现代司法理念与审判方式改革——全国法院第十六届学术讨论会获奖论文集》，人民法院出版社 2004 年版，第 284 页。

〔3〕 和谐理念的确立是农村基层人民法庭和法官们作出司法回应的基础和前提。

〔4〕 就农村基层人民法庭司法实践的现实情况而言，和谐与公正的冲突确实是客观存在的，这些矛盾与冲突在一定程度上构成了影响农村基层人民法庭审判职能作用发挥的不和谐因素。

中国社会解决纠纷的前沿。在广大农村和城镇基层社区,过去的行政权强权正在逐渐从经济、社会领域有序退出,过去主要依靠行政手段解决社会纠纷的行政解纷机制转变为主要依靠司法手段解决纠纷的司法解纷机制。这一社会转变在基层转型在农村表现得尤为突出,农村基层政权组织和村民自治组织解决社会纠纷能力的薄弱,使民间大量的纠纷都涌向了基层人民法院和人民法庭。[1] 农村社会治理结构形成的"权力真空"造成大量的民间矛盾和纠纷,农村社会迫切需要基层人民法庭承担起解决这些纠纷和矛盾的重任,[2]然而,由于资源配置不合理的原因,人民法庭显然还难以主动回应和积极应对这一社会需求,还不能通过快捷高效地行使审判职能来解决好纷至沓来的各种社会矛盾和纠纷。农村社会日益增长的司法需求与基层人民法庭司法资源配置不合理之间的冲突因此也凸显出来,"打官司难"是当前农村社会的最大司法难题,农村社会呼唤司法快下乡。

首先,随着乡镇撤并、交通便利条件的改善和设置中心人民法庭思路的误导,人民法庭撤并较多,农村基层人民法庭的总数呈逐年下降的趋势。[3] 以某省会城市 15 个基层法院的人民法庭统计数据对比为例,90 年代初期设有 115个人民法庭,15 个基层法院均设有派出人民法庭;到 2004 年最高人民法院开展基层人民法庭统计调查时仅有 54 个人民法庭,其中有 3 个城区法院完全没有法庭,主要的法庭都集中在郊区和城乡结合部。近年来撤并成立中心人民法庭也使法庭数量随之减少。其实,所谓中心人民法庭的设置并没有起到加强人民法庭建设的作用,反而使很多好的"阵地"被遗弃和丢失。"中心"应当是在基层法院,设立中心人民法庭的思路只考虑了整合审判资源,而忽略了农村社会的需要和人民法庭整体审判职能作用的发挥,导致农村基层人民法庭整体呈现"萎缩"的现状。对于设立农村基层人民法庭的理论与现实意义已有定论,既然有存在的必要,就不能长期处于一种"萎缩"现状,而应当发展。农村社会现实需要与"萎缩"现状之间的冲突是当前亟待解决的首要问题。

---

〔1〕 当前,农村基层组织较为薄弱,过去的行政治理模式已经逐渐退出农村社会,而农村的村民自治治理模式尚处于探索发展阶段。

〔2〕 我国是个农业大国,中国的问题主要是农村问题,农村社会的稳定与和谐是国家推行法治的基础。人民法庭不仅仅是农村社会矛盾与纠纷的裁判者,还应当是农村社会法律蓝图的实践者、建设者,法律精神和法治思想的传播者,法治社会的建设者。人民法庭要切实担负起提高农村法治水平、促进社会和谐这一历史使命。人民法庭在推进农村社会的法治进程中,不仅仅是强化审判职能解决社会纠纷,还应当强化法治宣传职能、公共政策建议职能、指导基层民调组织职能来实现人民法庭司法价值的最大化;使农村基层广大老百姓真正享受到司法下乡带来的公平正义、安全、幸福和秩序。

〔3〕 随着现代社会交通发展带来的便利,似乎使原来设置人民法庭便于人民群众诉讼的便利条件逐渐失去意义,到基层法庭和基层法院打官司同样便利。

其次,司法资源的有限性与资源配置不合理之间的冲突。一方面,能够用于基层人民法庭的司法资源非常紧张和有限;另一方面,又因为司法资源配置不合理而造成很大的浪费。这种现实状况有时很让人揪心。以人民法庭的基本建设为例,一般谈到加强人民法庭建设,基层法院的领导和法庭庭长首先想到的就是基建工作,就是要大兴土木盖一座现代化的、"小而全"的审判楼,法庭有限的经费和资金几乎都用于基建上去了,小房子要改建大房子,平房要改建高楼,建了高楼还要装修,有的法庭甚至借债建楼房。建一座功能齐全的现代化的审判办公综合楼成了所有基层人民法庭努力的方向,"小而全"的思想成为人民法庭建设的主流。例如,某省某市某区法院下属一个法庭为参与创建"模范法庭"的创优活动,[1]举全院之力,建造了一座 2900m² 的审判办公综合大楼,[2]并进行了较好的装修,整个法庭只有 7 人,平均每人拥有 415m² 的办公和审判场所。然而,如此现代化的功能齐全的法庭,由于收案不足,几乎 2/3 的办公和审判场所均长期处于闲置状态。而该区法院另外一个贫困乡镇的法庭却仅有两间不足 100m² 的平房,一间用来办公,一间用作审判庭。同属一个法院,资源配置却如此不合理。近几年来,尽管财政资金短缺,但投入法庭基本建设的资金并不少,大兴土木用了多少钱,法庭的房子在不断扩大;然而,盲目扩大的基本建设并没有多少面积真正用到了实处。改建、扩建的基建项目又有多少是真正符合法庭审判职能设置需要的呢?笔者认为,一方面财政资金短缺,另一方面大量财政资金投入后的闲置和浪费的现状,已经给出了否定的答案。司法资源的有限与浪费之间的冲突,引发我们思考这样一个问题:如何运用有限的司法资源来满足社会对人民法庭功能的需求?如何更加合理地配置司法资源使人民法庭审判职能作用得到最大的发挥?

再次,审判人力资源不足与配置不合理的冲突。通常设置一个人民法庭至少需要有 3 名法官和一名书记员,也就是必须要能组成一个合议庭。但基层人民法庭所审理的案件多为适用简易程序审理的简单案件和小额纠纷,基本上是以独任审判为主,用 3—4 名法官组成一个合议庭的审判人员硬性配置要求是一个值得商榷的问题。[3] 就现实情况来看,人民法庭的审判员一般都是适用

〔1〕 近几年来的"创模""创佳"活动对人民法庭工作起到了一定的促进作用,但也有一些误导,例如,将办公审判场所的面积大小和装备的多少作为争创活动考评考核的硬指标,就是在一定程度上误导浪费。

〔2〕 这比贫困地区的一个基层法院的建筑面积还要大。

〔3〕 一方面,由于统一司法资格考试抬高了法官职业的准入门槛,人才流失,法官断档造成审判人力资源相对不足;另一方面,人民法庭审判人力资源的配置又不合理,硬性规定导致审判人力资源的闲置与浪费。

简易程序独任审判,一个法庭一年内实际上没有几起案件是适用普通程序审理的,3名法官几乎都是在各自独立办案,反而只是因为书记员配备少,才不得不由其他有闲暇的法官来临时代为记录。为了彻底解决过去所谓"一人庭""二人庭"的弊端,〔1〕而硬性规定必须组成一个合议庭的审判人员配置,似乎有矫枉过正之嫌。有的人民法庭案件相对较少,配备3名审判员就会明显出现"窝工"的现象,浪费人力资源;撤并又不能满足辖区社会的需要。配备1名审判员和1名书记员则既能适合当地社会的需要,又能充分发挥法庭的审判职能作用,还节约了审判人力资源。然而,设置人民法庭的人员配备硬性规定决定了对于这种情况,要么浪费,要么撤并。〔2〕对审判人力资源的配备缺乏一种法经济学的成本和效率分析方法,造成审判人力资源不足与配备不合理的冲突,这一矛盾长期困扰着人民法庭审判职能作用的发挥。笔者认为,审判人力资源的配置既应当符合审判工作特殊规律和程序要求,又要符合辖区社会的实际需求和法庭审判职能作用的正常发挥。

最后,法官职业化、精英化与基层司法审判实践地方化、平民化的冲突。当前在法官队伍的职业化建设进程中,对所有法官都提出了职业化、精英化的统一要求,〔3〕要求法官必须统一具备公正的品质和丰厚的法学知识积累,有相当的社会阅历、社会经验和社会知识,有较强的逻辑推理思维能力和敏锐的观察能力,有娴熟的司法职业技能。但是,法官在任职之前所获得的法学专业知识和司法职业技能并非为基层司法实践所需要,在基层的司法实践中运用高度专业化的法学知识来解决法学专业知识储备几乎为零的基层普通老百姓之间的民事纠纷,就好比在中式长袍之外套穿西服,极为不协调。这就是法学院的毕业生多半不能很好地适应农村基层人民法庭工作要求的原因。农村基层人民法庭的司法实践中,法官所接触的案件大部分事实相对清楚,证据较为简单,适用法律较为明确,法官审理这类案件并不需要多么高深的法学专业知识和高超的司法职业技能;基层法官更多地需要社会经验和地方性知识来审判案件,法官解决纠纷的能力和司法实践经验比法学专业知识更重要。基层法庭法官办

---

〔1〕　在过去人民法庭设置较多,而审判人员不足的情况下,曾经出现过一个人民法庭只配备1名审判员,或只有1名审判员和1名书记员的情形。对这种情形简称为"一人庭""二人庭"。

〔2〕　在司法实践中,有的基层法院也在尝试着运用撤并成立中心人民法庭和采用两个人民法庭合署办公的方法来克服这一矛盾,但旧的矛盾还没有完全解决好,新的矛盾又产生了。撤并成立中心人民法庭虽然整合了审判人力资源,增强了审判和执行力量,但丢掉了原来的"阵地",案源不足时,审判人力资源浪费更严重。

〔3〕　事实上,统一司法资格考试制度的确立也统一严格划定了法官职业的准入标准。法官在任职之前就已经具备了法学专业知识。

案更多的是需要运用一种大众化、平民化、口语化的司法技能来化解纠纷[1]。霍姆斯法官的经典话语:"法律的生命一直并非逻辑,法律的生命一直是经验。"其实也是对司法实践的地方性知识和经验型职业技能要求的深刻认知[2]。"正式法代表的是一种基层民众不熟悉的知识和规则,很多情况下,它与基层社会的社会逻辑不一致,很难满足当事人的要求。"[3]基层法官更加需要的是什么?笔者认为,应该是司法实践经验,是对人情世故的准确把握,是对地方性知识(包括风土人情、风俗习惯等)的熟练掌握与运用。

## 二、从法政治学和法经济学的视角重新设计、整合农村基层人民法庭的司法职能和司法资源

首先,从宪法与法政治学的视角来重新定位和设计农村基层人民法庭的审判职能。转型时期社会对司法的依赖程度明显增强,旧的人民法庭司法审判职能设计难以回应农村社会发展需求,我们应当重新审视定位和认识人民法庭的审判职能作用,更多考虑农村老百姓对司法的实际需求及基层群众对司法的负荷能力和利益需求。"现代社会的司法无论就其存在的形态还是其存在的意义都与传统社会有着很大的不同,而这种不同在司法功能上便有着集中的表现。为此,有必要依据功能的发展重新认识司法。"[4]"司法全然不仅仅是一个国人心目中的'打官司'概念,在现实性上它至少是由相关的价值、制度、组织、角色构成一个与社会互动着的结构。"[5]根据最高人民法院关于人民法庭若干问题的规定,人民法庭的任务包括如下内容:一是审理民商事案件和刑事自诉案件;二是办理本庭审理案件的执行事项;三是指导人民调解委员会的工作;四是通过审判案件,开展法制宣传教育,提出司法建议等方式,参与社会治安综合治理。由此可见,人民法庭的司法功能不仅仅是

---

〔1〕 推崇庭前释明、耐心听讼、判后答疑的亲民型审判技能;除了必须确保居中裁判、公正司法之外,还应当学会在审判的过程中传导法治理念和法律精神,在履行释明义务的过程中要强化背景法律知识的解释和说明,通过工作态度的亲和真诚、沟通技巧的灵活掌握,以一种平民化的亲和力缩小与当事人之间的距离,在审理裁判案件的过程中同时承担道德教化和法制宣传的社会责任。

〔2〕 [美]本杰明·卡多佐:《司法过程的性质》,苏力译,商务印书馆1998年版,第17页。

〔3〕 万鄂湘主编,《现代司法理念与审判方式改革——全国法院第十六届学术讨论会获奖论文集》,人民法院出版社2004年版,第282页。

〔4〕 程竹汝:《司法改革与政治发展——当代中国司法结构及其社会政治功能研究》,中国社会科学出版社2001年版,第9页。

〔5〕 程竹汝:《司法改革与政治发展——当代中国司法结构及其社会政治功能研究》,中国社会科学出版社2001年版,第9页。

审判职能,还包括了政策指导功能、护法功能、示范功能、调节功能、提升功能、纠纷调处功能和法制宣传教育等多项职能。人民法庭的制度和功能设置应当从民主政治的需要来考虑,即将人民法庭作为国家政治文明和基层政权建设的重要组成部分来设计职能。只有这样,人民法庭的审判职能才能与政治治理需要和社会治理需求相契合,[1]才能以其司法功能的发挥促进政治和社会的和谐。

其次,从法经济学的视角重新整合农村基层人民法庭的司法资源。

司法资源是有限的,如何运用有限的司法资源最大限度满足农村社会对人民法庭司法功能的需求,需要引入法经济学的知识,既要计算成本,又要测算效率,切实避免司法资源和人力资源的闲置和浪费。"好钢要用在刀刃上",加强人民法庭的建设,不仅仅是基建和装修,而是要把有限的司法资源和人力资源都用到最适当、最合适的地方。办公、审判场所能用够用即可,不必重复建设,更不能在资源本来就短缺的情况下还要大兴土木,盲目投资。法庭的基本建设项目必须立项进行可行性论证研究,而且必须结合社会需求和审判职能的发挥算一算经济账,进行法经济学的论证。对于法庭的设置,笔者认为,可以采取三种方式:一是"守成",只要原法庭的设置符合辖区的社会需要,就没有必要扩建。二是以成立中心人民法庭和设立巡回法庭相结合的办法来整合资源。原法庭的设置既不能满足现实需要,经论证考察,又符合建立中心人民法庭的可行性的,可以撤销原来较多设置的法庭,成立中心人民法庭,以充分发挥其审判职能作用,同时在中心人民法庭辖区(包括已撤并的原法庭旧址)根据社会需要设立若干个巡回法庭。确保"两便"原则能够真正落实。[2]　三是对于设立人民法庭或中心人民法庭的条件都不成熟的地方,由基层人民法院直接设立巡回法庭,保证既满足社会对司法的需要,又避免司法资源的闲置和浪费。[3]　对于审判人力资源也存在一个合理配备和人力资源整合的问题。人民法庭更多的是适用简易程序来审理案件,案件繁简分流之后,独任审判是主要的审理方式,硬性规定配齐一个合议庭的编制实际上必然会造成审判人力资源的浪费。目前,

---

〔1〕　对于人民法庭司法功能在国家权力结构中的定位,应当根据政治体制和社会转型的现实需求来界定,在社会转型时期,人民法庭制度和功能不仅仅只是个存续的"守成"问题,而是一个如何发展得更加符合其定位要求的"创新"问题。

〔2〕　所谓"两便"原则是指新的"两便"原则,即最高人民法院2005年作出的《最高人民法院关于全面加强人民法庭工作的决定》中所规定的"便于当事人诉讼,便于人民法院依法独立、公正和高效行使审判权"的原则。

〔3〕　法庭的设置一定要计算成本和效率,通过采取灵活多样的法庭设置办法,使有限的司法资源得到整合,发挥更大的作用。

人民法庭法官与中级人民法院、高级人民法院、最高人民法院法官的任职资格标准等同实际上也是对人力资源的浪费,应当针对基层人民法庭的实际情况,改变不同层级法官任职标准一刀切的简单做法,实行按照审级和实际需要分级分层确定法官任职标准。[1] 特别关照和适应广大农村基层民众司法需求的特殊性,灵活掌握基层人民法庭法官的任职标准。可以借鉴英国、德国等国家"平民法官"的做法,并可与法官助理制度改革试点及改革完善人民陪审员制度相结合,在实际操作中适当降低基层人民法庭法官法律知识、业务技能的要求标准,强化对年龄、社会阅历、工作经验的要求。正在试点的法官助理制度实际上更容易在基层人民法庭推行,在人民法庭更有推行法官助理制度的现实土壤,我们的司法制度改革也有一个误区,那就是对农村基层人民法庭的需要关注不够,很少有什么改革试点最先在农村基层人民法庭展开的,其实,人民法庭才是司法制度改革的重心和重点。法官助理制度只有在人民法庭推行成功才能称之为改革成功。[2] 笔者认为,可以充分发挥人民陪审员的作用,人民陪审员其实就可以担任"平民法官",仅仅参与普通程序审理案件的合议庭审理和评议,似乎并不能完全发挥人民陪审员的作用,因为基层人民法庭更多的是简易程序和独任审判。能否让人民陪审员独任审判简单的民事案件?能否让人民陪审员担任法官助理?能否让人民陪审员支持独任审判案件的调解?这些设想在人民法庭的现实情况下其实都是可行的,只是需要立法修改的依据。如果能够整合人民陪审员这一合法的审判人力资源力量,如果能够在法庭推行聘用制法官助理制度,一方面审判人力资源有限,另一方面,审判人力资源闲置浪费的矛盾将会迎刃而解。此外,根据农村基层社会的需求量来适当多设立巡回法庭也有助于节约审判人力资源,防止无纠纷时的人力资源浪费,使有限的审判人力资源得到最大限度的利用。

---

〔1〕 对中级人民法院、高级人民法院、最高人民法院法官的任职则制定通级严格掌握的标准,通过高层法官任职资格上的"高标准、严要求",集中体现法官的职业化水平。

〔2〕 不同层级法院对法官助理的需求是不一样的,人民法庭也有其独特的需求,对于有的法庭配备1名法官、1—2名法官助理、1名书记员就足够了,硬要配备3名法官确实是对审判人力资源的浪费,因为人民法庭适用普通程序的案件毕竟太少,合议庭功能实际上长期处于闲置状态。

## 第四节　审判制度：程序正义与实质正义之间的完美结合

### 一、诉讼程序、审判方式与农村社会现实需求之间的冲突

首先，诉讼程序与农村社会现实之间存在冲突。在基层人民法庭的审判实践中，笔者曾无数次听到诉讼当事人抱怨："到法庭打官司太麻烦!"尽管你反复地耐心解释和认真地履行释明义务，但诉讼当事人似乎并不领情和理解。笔者认为，并不是当事人不通情理，而是应该反思我们的简易程序制度设计是不是还存在不合理的地方？简易程序的简易性是不是真正贯彻到程序运作之中？人民法庭的法官们的确是在适用简易程序审理案件，[1]但为什么老百姓仍然觉得简易程序并不简易，反而认为诉讼程序烦琐、复杂。民间曾多次听说过诉讼当事人直接找"黑道"很便利快捷解决纠纷的事情，这虽然是一种不合法甚至还有风险的借助私力解决纠纷的办法，但当事人仍然选择这种方式还是有其理由的。[2]对于这个事实，我们是否也应该再次反思基层司法实践中的简易程序是不是真的简易？我们是否需要为农村基层人民法庭设计一套更为简便易行的特别简易程序？除了诉讼程序设计上的冲突之外，诉讼成本过高也与老百姓的承受能力之间存在着冲突。[3]

其次，审判方式及证据规则与乡土社会、基层社区传统习惯、情理正义感及诉讼能力之间存在冲突。自从 20 世纪 80 年代中后期，全国法院系统开始进行民事审判方式改革以来，"民事审判方式改革所设定的审判方式是一个统一的模式，不分人文、地理差异的模式，而这种模式越来越被设计成一种极其缜密的必须由专业法律人士来参与运作的程序或过程。这种程序不仅要求法官的专业化，而且在普通的民事诉讼中往往也要依靠专业律师的参与才

---

〔1〕　人民法庭受理的案件多为小额诉讼和日常的民事纠纷及少量的刑事自诉案件，对于此类案件法律规定也是适用简易程序审理。

〔2〕　其一，"程序"更简单；其二，解决纠纷更快捷；其三，"成本"更低廉；其四，"执行"能兑现。事实上，民间这种不合法的私力解决民事纠纷的方式在一定范围内有其市场已经是个不争的社会现实。

〔3〕　在当今诉讼程序日益规范化运作的时代背景之下，诉讼当事人为了打赢官司不得不花费大量的人力、物力、财力去收集证据、制订方案、参与诉讼，并支付较高的代理费聘请律师或法律工作者代理诉讼。通过打官司解决纠纷的代价过大，诉讼要交费、执行要交费，有时甚至高于诉讼成本，老百姓普遍反映"打官司"难，诉讼成本过高使司法解纷机制的门槛也随之抬高，"打官司难"始终是困扰基层司法的一个难题。

能完成"。[1] 这种改革后的民事审判方式在中级法院、高级法院所审理的案件中很快推行成功,但在基层法院和人民法庭的推行则遭遇到了太多的阻抗。最高人民法院推行的"民事诉讼证据规则"则遭遇到更多的阻抗。判断一种审判方式是否具有生命力,关键要看是否适合其存在的现实土壤。过去"马锡五审判方式"之所以具有强大的生命力,就是因为这种职权主义审判方式有适合其存在的现实土壤。从基层人民法庭所处的环境来看,更多的还是乡土社会、熟人社会、农业社会,乡土社会的特征仍然是主流特征。广大基层的老百姓程序和证据意识不强、诉讼能力不强、法制观念淡薄,注重追求情理公正和实质正义的现实状况,决定了基层人民法庭仍然需要借鉴"马锡五审判方式"中的巡回审理、就地开庭、方便当事人诉讼等审理方法和审判原则,仍然需要基层法官在审判实践中善于借助地方性知识,善于发挥法官个人的人格魅力来促进审判工作,仍然需要基层法官更多地运用调解技能来定分止争。

## 二、从诉讼法学和法律文化的视角重新完善人民法庭的简易程序和审判方式

首先,人民法庭的简易程序改革应当倡导一种非形式主义的诉讼程序。[2] 对于诉讼程序及运作过程要充分体现"两便"原则,着重体现当事人便利主义,而不拘泥于形式,诉讼也不要依赖律师和法律工作者的参与。人民法庭的简易程序应当是一种更加特别的简易程序,因为人民法庭审理的大量民间纠纷都是小额诉讼和简单的民事纠纷,诉讼程序(即便是简易程序)太注重形式必然不符合农村乡土社会的需求,必然会使广大的农民觉得复杂、烦琐。乡土社会的老百姓更需要的是实质正义和非形式主义的程序便捷。具体包括:(1)法官定期下乡,及时就地解决民间纠纷;(2)个别情况可以口头提起诉讼;(3)法庭的庭审也不必一定要遵循举证、质证、辩论等固定的庭审形式和顺序,法官可以根据个案的不同情况,简化庭审的程序,也可以根据情况转换庭审的顺序;(4)对于小额诉讼和简单案件开展"速裁程序"的试点,力争达到大部分案件能够当天立案、当天审结,当天调解或当天宣判的便捷效果;(5)扩大简易程序和督促程序的适用范围;(6)根据案件难易程度实行繁简分流,尽量缩短办案周期,最大限

---

〔1〕 张勇健:《从马锡五审判方式到人民法庭审判方法》,载《人民法院报》(法治时代周刊)2006年4月3日,B1版。

〔2〕 人民法庭的简易程序还可以根据实际情况完善得更加简单实用,这一内容应当作为民事诉讼法和刑事诉讼法有关简易程序修改的重要内容。

度地保护当事人的合法权益,同时又降低诉讼成本;(7)对于巡回审理案件的程序也要根据实际情况尽量简捷,以实现庭审的功能为标准。

其次,农村基层人民法庭的审判方式应当始终贯穿"两便"原则,以最小的诉讼成本收到最大的诉讼效益,节约司法资源。"马锡五审判方式"之所以能够在很长一段时间适应中国社会的现实需要,就在于其契合了中国法律文化传统。[1] 具备灵活便利和乡土化特点的"马锡五审判方式"不仅能高效率、低成本地解决纠纷、稳定社会秩序,还使国家司法权的行使深入到社会底层,从而将法治与法律意识逐渐推广至社会的每一个角落。所以,就中国的法律文化传统和现实国情而言,"马锡五审判方式"在基层法院和法庭仍然具有深厚的社会基础和强大的生命力,我们的审判方式改革既要考虑历史文化传统因素,又要考虑国情和经济因素。基层人民法庭的审判方式应当有别于基层法院普通程序的审判方式,更应当有别于中级、高级法院的审判方式。在简易程序审理方式,法官的职权还是要有一定的主动性来体现司法主观能动性的发挥。农村基层人民法庭的审判方式应当还是以职权主义为主,当事人主义为辅;以纠问式引导式为主,诉辩式为辅。法官在办案过程中仍然是开庭与庭外工作并举,不仅把调查证据和对当事人的释明解释当作审判的需要,而且将其作为自己的道德义务和职业义务。法官办案注重乡村习俗、风土人情等地方性知识,注重与其他社会解纷机制的衔接与配合,在审判过程中注重运用道德、社会舆论、情理判断事实,说服当事人、教化当事人,积极发挥调解的特殊作用。在依法办案的前提下,为当事人着想,并极富人情味,在审判中与当事人保持一种良好的对话和交流关系。在审判方式中还可探索温情审判方法,对于审判庭中原被告的座位,可以由原来的对立摆成并列的方向,也可以改成原告坐第一排,被告坐第二排;甚至还可以改成圆桌审判的方式。[2]

最后,理顺农村基层人民法庭判决方式与调解方式之间的关系。[3] 判决与

---

　〔1〕　今天中国的广大农村社会仍然需要"马锡五审判方式"中的巡回审理、就地开庭、方便当事人诉讼等审理方法和审判原则,仍然需要法官善于运用地方性知识、善于发挥个人人格魅力的审判方法,仍然需要走群众路线的审判方式。因为,现代的中国仍然是一个以儒家思想和传统为主导的国家,审判方式不能脱离历史文化传统而存在,更不能割裂传统文化而施行。从经济学的视角来看,我国的城乡差别、地区差别都很大,毕竟还是一个农业大国,毕竟还是发展中国家,农村社会更需要的是成本低廉的司法和审判方式。职权主义审判方式也有优点,诉辩式的审判方式最大的缺陷就是成本过高。
　〔2〕　此外,对于人民法庭的审判方式改革,还有一个重要的内容就是放权于合议庭和独任审判员,由他们自己签发文书,减少定案层次,提高当庭宣判率和审判效率,把院长、庭长的审批权改造成监督权,能使审判方式更加便捷和高效。
　〔3〕　我国以儒家思想为主线的德治传统和司法过程中的反逻辑、非逻辑色彩传统,既需要人民法庭的司法实践给予适当和适度的妥协,又需要人民法庭以合法的程序和判决方法予以改造。

调解是人民法庭审结案件的两种主要方式,然而,在如何认识和处理好判决与调解的辩证关系问题上,我们的思想认识是走过弯路的。曾经由过去以"调解为主,判决为辅"转变成"判决为主,调解为辅",但这两种极端的方向都有其弊端。社会是一个有机整体,自身由于种种原因会产生这样那样的问题,在社会多元化的今天,不同利益群体之间不断发生摩擦和碰撞,自然会产生很多矛盾和问题。群众利益无小事,民间的矛盾和纠纷都是不安定因素,都是构建和谐社会的障碍,都需要法院行使解纷和调节功能来化解。[1] 社会转型时期的农村乡土社会,各种矛盾和纠纷更加突出,这就要求基层人民法庭不断提高司法能力,不断适应转型时期农村社会需要,准确把握新时期矛盾的特点和发展趋势,积极探索多元化矛盾纠纷解决机制,克服"重调轻判"和"重判轻调"两种弊端,在审判案件时"能调则调、当判则判、调判结合、案结事了"。当前,农村的社会矛盾较多,而且比较复杂,仅凭人民法庭的职能解决好这些复杂的矛盾纠纷是比较困难的,因此,人民法庭应通过积极指导基层人民调解委员会的工作,充分发挥其职责,促进矛盾纠纷的解决。通过定期不定期对人民调解委员会的业务指导,配合司法行政机关培训人民调解员,组织人民调解员旁听案件的审判,选任有经验的人民调解员担任人民陪审员,真正发挥调解组织第一道防线的作用,从而多方位、多渠道地解决农村矛盾纠纷,促进农村社会的稳定,促进农村人民群众和谐相处。[2]

## 第五节　审判职能:司法特性与司法为民之间的契合

### 一、农村基层人民法庭审判职能行使与农村社会司法需求之间的冲突

首先,中立性、被动性和消极性与司法能动性之间存在冲突。司法公正

---

〔1〕 人民法庭审理的案件大多是小额诉讼和简单的民事诉讼,这些案件的当事人大多是本村或邻村的农民群众,平时经常相处,低头不见抬头见,矛盾并不是不可调和,因此在审理这类案件时,要积极运用调解的方法和技巧多做调解工作,用高崇纯洁的思想,浓郁淳朴的乡情,简单质朴的语言,细致耐心的行为来感动双方当事人,做到"化干戈为玉帛"。从而化解矛盾,促进稳定与和谐。

〔2〕 人民法庭的判决与调解方式还应当注重与非诉讼调解机制的衔接与配合,通过建立诉讼解纷和制约适度分流制度,建立与完善对诉讼外纠纷解决机制处理结果的确认制度,建立切实可行的不违背立法本意的诉讼时效衔接制度,建立符合各地实际的强制调解或仲裁制度,建立诉讼和解制度等多元化的解纷机制,扩大解决农村民间矛盾纠纷的途径和渠道,使农村社会的矛盾和纠纷在诉讼程序内和诉讼程序外均能得到较为妥善的解决,从而化解矛盾,促进和谐。

的理念内涵在东西方是有一定区别的,正是因为有这种区别才使得司法公正,在东西方都符合各自的社会需要。现代司法的实践所追求的"司法公正"包括了中立、平等对待、消极被动等司法理念,法官在裁判案件时严格遵循不告不理的原则,始终保持中立的立场,平等对待各方当事人,不偏袒任何一方当事人,在保障程序正义的前提下居中裁判,实现司法公正。"司法公正"理念在东方的内涵,更多的是包括伦理和情理意义上的公平正义,更多的是强调司法能力主义。中国社会既具有乡土社会的特征,也具有伦理社会和情理社会的特征。司法只有讲求天理、人情、国法的和谐交融,才会被社会公众确信为"司法公正"。当基层老百姓以亲属法伦理和情理正义观诉诸公力救济时,虽然在表象上是寻求司法救济和公正裁判,但其实是在追求法官发挥司法能动性满足其在伦理和情理上的诉求。在中国老百姓心目中总是希望法官"为民做主",总是希望法官对自己多加同情并对自己的案子多加关照。哪怕这种同情是虚伪的,关照是口头的。法官做到了老百姓就会称赞你"司法公正",做不到老百姓就会指责你"司法不公"。实践中,许多基层人民法庭的法官困惑不解的是自己确实作出了公正的裁判,但当事人还是在不停地上访和缠讼,原因其实就在于司法能动性发挥不够!相比西方社会而言,中国农村乡土社会的司法实践的服务对象是基层的农民兄弟,在社会发展不平衡、老百姓法律素质普遍不高,社会法律服务和法律援助体系不健全这种社会现实情况下,过分强调司法的被动性、消极性和中立性,弱化司法的能动性,既是对农村基层老百姓合法权益的漠视和侵犯,也是对"司法公正"内涵的歪曲。在农村乡土社会推行法治要求基层人民法庭强化司法能动性,在当前中国社会的转型时期,农村社会同样处于转型之中,即由伦理性和情理性乡土社会向法理性、法治性市民社会转型。农村社会转型时期的利益冲突多、违规违法多,部分基层人民法庭及法官片面理解司法的中立性、被动性、消极性,在司法审判中机构执法、孤立执法、简单执法,造成大量案结事未了的隐患,基层人民法庭的涉法上访事件不断。农村乡土社会的司法需求与司法能动性之间适应关系的本末倒置,使基层人民法庭化解纠纷的审判职能作用与农村基层老百姓的预期、与农村社会的法治化本质要求之间产生明显的差距,乡土社会的现实需求迫切要求基层人民法庭在司法实践中发挥司法能动性,以回应农村乡土社会转型时期的现实需求。

其次,人民法院审判职能行使中法律思维方式与人情社会现实需要之间存在冲突。法官审判案件应当秉持一种法律思维的方式。法官的职业思维是"职业法官在事实与规范之间形成法律判断,正确适用法律解决纠纷的一种思维方向"〔1〕。司法职业思维首先应当秉持规范性的法律,坚持法律至上的信仰和原则,把法律思维作为思维的逻辑起点,把合法性作为第一位的考虑因素,注重逻辑推理的缜密和连贯,谨慎对待情感因素及其他因素。法律思维不仅是具有规范性,而且还是一种确定的单一思维,也就是说,法官在运用职业思维审理裁判案件时,只能作出确定的单一的裁判结果,因为法律思维排斥模糊运用和"两可"判断。然而,在社会转型时期的中国农村乡土社会,基层法官仅仅运用法律思维来解决纠纷是远远不够的,他们必须融合天理、人情、习俗等生活的艺术、经验和智慧来协助法律思维在具体个案中的展开,它更多的是在法律思维的逻辑起点上开展实用性的递进思维和综合思维,融法律思维、道德思维、政治思维、经济思维、情理思维等于一体,才能最终解决好纠纷。所谓"法律不外乎人情",正如梁治平先生所言:"法律就像语言,乃是民族精神的表现物。它们是一个民族的生命深处流淌出来,渐渐地由涓涓细流,汇成滔滔大河,这样的过程也完全是自然的。就此而言,法意与人情,应当两不相碍。"〔2〕"社会不是以法律为基础的。那是法学家们的幻想。相反地,法律应该以社会为基础。"〔3〕法官司法审判的法律思维不应当与人情社会的现实需求相背离,因为,法官的法律思维是建立在人情之上的。中国古代"历来关于明敏断狱的记载,总少不了善体法意,顺道人情这一条。古代法官断案,依据法律,却不拘泥于条文与字句;明于是非,但也不是呆板不近人情。他们的裁判通常是变通的,但是都建立在人情之上,这正是对于法律精神的最深刻的理解"〔4〕。在中国传统民间社会的法律观念中,立法是一个总结"人情"、整理并尊崇升华"人情"的过程;司法是"人情"在争讼事件中的演练或操作过程;守法是以法律化的"人情"约束个人私欲的过程。基层法官只有深刻领悟人情所蕴含的法律精神,才能更好地将法理与情理相融合,从而更加公正地解决纠纷,促进社会和谐。

最后,农村基层人民法庭审判职能行使的法律效果与社会效果之间存在冲突。稳定是和谐社会的基石,构建社会主义和谐社会,重点在农村,难点在农村,突破口也在农村,关键要看基层司法是否实现了公平正义,即司法是否公正。社会转型时期各种利益关系的调整和生产生活方式的改变,必然会产生矛盾和纠纷,一些影响社会稳定的突出问题,主要集中在农村,暴露在基层,农村基层的矛

〔1〕 吕忠梅:《职业化视野下的法官特质研究》,载《中国法学》2003 年第 6 期。

〔2〕 梁治平:《法意与人情》,中国法制出版社 2004 年版,第 233 页。

〔3〕 [德]马克思、恩格斯:《马克思恩格斯全集》(第六卷),人民出版社 1956 年版,第 291—292 页。

〔4〕 梁治平:《法意与人情》,中国法制出版社 2004 年版,第 236 页。

盾的问题解决不好,局部性矛盾就可能演化为全局性矛盾,非对抗性矛盾就可能演化为全局性矛盾。强调基层审判工作的法律效果和社会效果的统一,就是为了充分发挥人民法庭的职能作用。运用司法技术解决纠纷,及时化解矛盾,定分止争,理顺情绪,协调关系,真正做到案结事了,真正做到辨法析理,胜败皆服,尽可能把矛盾纠纷解决在基层,化解在萌芽状态,以公正的司法维护社会的和谐稳定。在基层法庭司法实践中目前存在着认识上的误区,那就是将审判工作的法律效果与社会效果相对应,要么是"机械地理解现行法律,把现行适用法律变成僵化呆板的教条;要么是完全无视法律的基本原则和法律精粹,把现行适用法律变成法官裁判案件随心所欲的工具"[1]。其实,法律效果并不是指机械地适用法律,社会效果也不是随意创制和废除法律规则。追求法官审判案件的法律效果和社会效果的统一是法官解释适用法律的一条重要的经验法则,两个效果的统一不是应景的口号和权宜之计,而是具有深刻法理内涵的科学命题。古今中外的司法审判实践经验都证明,机械地适用法律有时会带来荒谬的错误和结果。基层人民法庭的司法审判实践中,涉及当事人上访的,多半是法律效果与社会效果没有得到统一的案件。从接待当事人上访缠访的内容来看,有两种有趣的现象:一种是告基层法官太死板,只抠法条只讲程序,而忽略了人情和负面作用;另一种是告基层法官过于考虑社会效果和负面因素,背离了法律的基本原则和精神。要么告法官太讲法,要么告法官太讲情,这说明办案的法律效果和社会效果的统一还真是基层司法要着重解决的问题。办案法律效果与社会效果之间的冲突是目前涉法上访增多,缠讼不断的主要原因之一。追求办案法律效果与社会效果相统一的法律蕴意在于:"法官解释和适用法律的目的是实现社会福祉,能否达到真正实现社会福祉的目标是衡量法官公正与否的标尺,两个效果的统一是检验法官解释适用法律是否公正的重要衡量标准。只有做到两个效果的统一才是真正的司法公正,也才是司法达到和谐的一种境界。"

## 二、农村基层人民法庭司法职能的发挥与司法为民的实现

首先,从法理学的视角重新建构人民法庭司法为民的理念。[2] 当前,农

---

[1]　杨凯:《裁判的艺术——法官职业的境界与追求》,法律出版社 2005 年版,第 215 页。
[2]　司法为民的一个首要内容就是司法救助,只有在基层司法实践中认真准确地实施司法救助,才能真正体现出司法为民的理念价值。对于到法庭诉讼的"五保户""特困户"等弱势群体,应当及时给予司法救助,该减、免、缓交的诉讼费和执行费一律实行减、免、缓,要让经济困难的群众、弱势群体打得起"官司",让他们享受法律的公平与正义,享受司法公正带来的幸福,让法律充分保护他们的合法权益,从而促进农村社会的稳定与和谐。

村乡土社会对司法还有一个重要的不满就是司法不贴近老百姓,司法不亲民。为此,构建贴近民众的机制也是司法为民理念的一个重要体现。包括建设诉讼(包括执行)风险告知制度,在诉讼前告知当事人可能存在的各种诉讼风险;建立诉讼辅导制度,在立案审查环节,对当事人的诉讼主张和基本证据作形式上的审查;向当事人提出投入诉讼成本与收益的常识性比较意见,也就是俗话所说的为当事人算一算账,看看是否划算;对于诉讼程序中可能会遇到的障碍,以及适用实体法和相关司法解释可能会产生的诉讼风险(包括可能不能执行或不能完全执行所产生的风险),及时予以提示和释明,避免当事人因为心理预期过高或期望值过高而实际诉讼结果(或执行结果)又达不到因失望和不满意情绪心理而产生过激行为。便利原则也是司法为民的重要内涵,针对辖区不同的社会需求,为农民群众提供更加便捷和更有实效的诉讼服务措施,加以快捷和便捷为内容的一站式立案通道,包括口头立案,还可充分利用现代信息化的手段来满足不同当事人的需求,如电话立案、电话和短信调解、网上立案、网上调解等。为当事人提供更加便利的诉讼条件和辅助设施。重视涉诉信访工作的司法为民法理功能,针对基层农村涉法上访、涉诉信访管理机制,建立符合基层人民法庭现实需要的科学规范的实用的信访管理制度,推行法官判前释法、判后释疑制度,注重信访信息通报与调研,注重信访内容与诉讼(执行)程序的协调,注重对信访案件的调解工作,力争把基层人民法庭信访工作中所暴露的问题都解决在基层,消化在基层,真正做到案结事了,避免基层矛盾的扩大化,通过信访制度的协调促进基层农村社会的和谐。人民法庭的司法工作不仅仅是居中裁判和公正司法,还需要传导一种法律精神和法律思想,还需要把恢复性司法的心理矫正功能作为审判工作司法为民的一个重要环节来把握,对人民法庭所审结的案件进行跟踪回访是司法下乡贴近民众的一个好方法,人民法庭法官或利用下乡办案的间隙,走村访户的方式,或利用电话、短信和网络等现代通信联络方式,对判决或调解达成协议的案件当事人进行回访,既能够安抚当事人的纠葛心理,觉得法官是在为民做主,又能够督促有给付义务的当事人自动履行裁判文书确定的法律义务。笔者在基层法庭工作期间就尝试曾将60起有执行内容案件的当事人造册登记,对本地当事人采取上门走访、电话回访的方法,对在外地打工的当事人采取短信留言和信函督促的办法,督促其主动履行执行义务,结果60起案件中有53起案件当事人自动履行了执行义务,有3起案件当事人自行和解,有3起案件部分履行了执行义务,仅1起案件进入强制执行程序(后因符合执行中止的条件而被裁定中止执行)。由此看来,执行中的说服教育和亲民型说理开导方法有时确有"以柔克刚"的功效,这从反面也说明农民群众更希望、更愿意接受的还是一种亲民型的贴近民心型的司法。所以，司法为民是司法下乡过程中永远不能忘怀的指导思想。

其次，从政治学和公共政策与管理的视角重新设定人民法庭的政策引导功能和宣示功能。[1] 人民法庭需要在司法过程中确立为人民服务意识，人民政权意识以及和谐社会主体意识。在当前的农村社会转型时期，"权力真空"使司法的功能凸显，而和谐与法治之间需要在农村乡土社会寻找一个契合点，担负司法下乡重任的人民法庭制度恰恰是弥补和谐与法治二者缺陷的结合点。人民法庭既有和谐社会人情、乡情的意义，同时它又是一种正式的国家制度。它的政策引导功能的充分发挥能够促进和谐与法治的融合。中立性、被动性、消极性虽然是司法工作的特殊性质和规律，但这并不意味着人民法庭就不能发挥司法的能动作用来实现司法的政策引导功能。相反，基层人民法庭的司法工作要求法官充分发挥主观能动性，在司法实践中恪尽自己应尽的社会治理责任。最高人民法院所倡导的"辨法析理，胜败皆服""案结事了"的工作目标，必须发挥司法能动性才能做到，法官必须变消极被动为积极主动才能完成社会治理责任。[2] 人民法庭的政策引导功能还包括人民陪审员制度的全面推行。人民陪审员制度在人民法庭的广泛推行既是一种司法民主的象征，也是司法民主在农村乡土社会实现的方式。在处理法理与人情的关系上，可以通过陪审制度来广收民意；在处理司法中专业与经验的关系时，可以通过陪审制度弥补人民法庭法官经验和地方性知识的不足；在处理传统与现实关系时，可以通过陪审制度促进传统文化在人民司法中的运用。人民陪审员制度的真正实施就是司法民主政策的落实。在人民法庭的司法实践中，我们常常忽略了一个重要的司法功

---

〔1〕　我国人民法庭的政策引导功能体现如下：主要体现在与基层党政机关的协调与协作关系上，人民法庭虽然不是基层党委政府的下属机构，但仍然负有协助基层党委政府开展辖区社会的政治治理和司法治理的社会治理职责。既要坚持在党的领导下依法独立行使审判权，通过公正司法确立司法权威和公信力；又要树立大局意识、服务意识和协调意识，坚持服务大局，及时为基层党委政府排忧解难，及时为基层党委政府提出合理、合法、合情的司法意见和建议，以司法审判促进政治经济发展，促进社会稳定和谐，从而赢得基层党委政府对司法工作的支持与配合。

〔2〕　在司法审判过程中会触及基层政权组织进行政治治理和社会治理方面面存在的问题，通过司法建议的方法可以在一定程度和层面促进其治理水平的改进和提高。此外，人民法庭参与社会治安综合治理，也是实现政策引导功能的一个重要内容。通过司法的促进与引导，完善农村社会纠纷解决机制有利于促进政治治理与社会治理的效率。作为调节社会关系的诸多手段之一，法律规则不可能涵盖所有的社会矛盾与纠纷，农村乡土社会中也还存在着许多诸如征地拆迁纠纷、土地承包纠纷等法律无法解决或难以解决的现实难题。这些难题，司法手段解决不了，行政手段同样也难以解决，但是通过人民法庭政策引导功能的发挥，如发挥基层人民调解委员会的作用，构建多元化民间替代性纠纷解决机制等司法政策引导方法，十分有助于解决基层政权组织的治理困境，同时也能够更好地满足农村社会老百姓多元化、多层次的解纷需求。

能,那就是法律宣示功能。法官不仅仅是法律的裁判者,也是法律精神的宣传者和传播者,法官对法律精神的宣传与传播贯穿于法官司法的全过程。[1]

最后,从博弈学和管理学的视角重新规范人民法庭适当的执行权。部分基层人民法院在进行执行工作改革的过程中将人民法庭的执行权上收,效果并不好。就笔者在法庭工作的经验而言,法院到农村进行执行工作,实际上离不开人民法庭,因为基层人民法庭更熟悉和更了解案件当事人的具体情况。执行权上收实际上是扼制"两便原则"的贯彻。从博弈学的视角分析,人民法庭没有执行权根本就无法公正地行使好审判权。贯彻"两便原则"必须赋予人民法庭适度的执行权。目前,人民法庭办理执行案件也存在不少的问题,例如,执行力量不强、执行装备不足、执行程序不完善、执行工作不规范等。既要赋予执行权,又要克服目前存在的种种困难;既要针对人民法庭的特殊情况开展工作,又要服从基层法院执行局的统筹安排和业务指导。这就需要人民法庭把"两便原则"与规范司法审判行为更好地结合起来,在有限的司法资源条件下,坚持审执分离,执行业务由基层法院执行局统一指导,重大执行案件由执行局统一指挥,同时注重说服教育在执行工作中的作用。通过在人民法庭内部设立执行裁判及实施合议庭,明确合理分流案件管辖范围、强化执行局统一协调管理职能、建立执行案件质量效率绩效考评管理体系等审判管理措施,不断化解执行难,在执行环节实现司法的公正。

司法下乡是中国农村乡土社会对法律、法学、法院和法官的期盼,也是对人民法庭司法能力的期盼。人民法庭根植于农村、扎根于基层,处在化解矛盾纠纷、维护社会稳定的最前沿,在构建社会主义和谐社会进程中担当重要的责任。[2] 让我们从构建和谐社会的高度审视人民法庭的各项工作,把运用司法手段维护最广大农民群众的根本利益、妥善处理和化解农村社会各种矛盾和纠纷、促进社会和谐作为建设基层司法审判工作的出发点和落脚点,为司法回应建设社会主义新农村和构建社会主义和谐社会做出当代农村基层人民法庭和法官的贡献。

---

〔1〕 基层法官不仅仅是公正司法,还应当宣扬和传播法律和法治的精神,要通过法制宣传和审判公共关系的技巧与方法使广大农村的亿万群众理解、支持和尊重司法的过程和结果。法制宣传和审判公共关系也是一种审判力量,通过公开审判、巡回审理、就地开庭、以案释法等形式开展法制宣传教育,能够扩大审判工作的辐射作用和教育面,取得"审理一案,教育一片"的良好效果。法制宣传也是一种法律解释方法,我们缺乏法治传统的农村乡土社会尤其需要这种大众化、平民化的法律解释方法。这种法律解释方法有利于逐渐在农村乡土社会形成法律思维的习惯。

〔2〕 人民法庭审判职能的发挥,须以构建农村乡土社会之和谐为逻辑起点,以司法公正为终极目标,以和谐促进公正,用公正保证和谐,二者并行不悖,相辅相成。

# 第十二章
## 公信路径:辩证应用型民商事审判方法

课题组在研究"新四化"背景下如何提升司法公信力的过程中,将法官民商事审判方法的培训教育也作为一个研究视角。课题主持人作为湖北法官进修学院的兼职法官培训教师,在数次给法官们讲授民商事审判方法培训课程时,先后讲过中国古代的神明裁判和"三刺、五听"、王泽鉴先生的请求权基础法、梁慧星教授的裁判的方法、杨立新教授的民事裁判方法、邹碧华法官的要件审判九步法等。然而,中基层法官们的普遍反馈意见是:听起来觉得有用,但与现实还有较大的距离。正如喻中教授所言:"在当代中国流行的学术话语中,多为西方学术的中国表达,较少原创性的、具有自主知识产权的本土学术。"[1] 细细想来,其实我们并没有找到真正契合中国社会司法规律的民商事审判方法。基于这一思考路径,子课题研究将提升司法公信力与法官培训教育实践相结合,立足于中国的国情政体和社情民意,立足于中国司法的思维逻辑和风格,立足于中基层法官的立场和需求,开始寻找从现实生活出发能够提升司法公信力的民商事审判方法。

## 第一节　重新审视民商事审判方法的原创起点

古希腊哲学家提出的一个重要的哲学根本性问题就是"认识你自己",研究适用于中国的审判方法首先要找到自己的原创性起点,认识我们真切的现实需求。在当代中国社会现实的司法实践中,诉讼模式、审判方式、思维逻辑、司法风格、决策过程、信仰模式、情感表达、行为范式等都契合于中国儒家文化传统,都与西方的司法哲学有所冲突。对于我们要寻找的民商事审判方法而言,正确

---

〔1〕　喻中:《乡土中国的司法图景》,中国法制出版社 2007 年版,第 244 页。

认识中国社会现实的真正自己,是一个必要的基础和前提。因此,笔者认为,研究民商事审判方法应当以当代中国人的现实生活作为原创的起点,只有从这个起点出发,我们才能找到符合中国社会主义司法规律的真正实用的民商事审判方法。

## 一、审判方法在司法实践中的发展及其特点

在当代中国社会现实的司法实践中,审判方法的称谓是经过一段时间的发展逐渐演化而成的。最初引入的称为法学方法,即研究法律的方法,是一种价值研究方法[1],更多适用于学术理论研究;后来法学界广泛引入西方的法律方法[2],即法律解释和法律适用的方法,属于一种技巧、技术逻辑方法。这些法律方法在司法实践中经过推广运用之后,实务界有较多的称谓:有称为审判艺术,有称为裁判方法[3],也有称为裁判艺术[4],还有称为审判方法[5]。经过比较和思考,笔者认为审判方法是更加符合实际的概念。所谓审判方法,就是指审理和裁判案件过程中的规则和技巧,是指采用各种规范和严谨的法律方法分析案件,以准确地认定案件的事实,正确地适用法律,最后作出公正判决。不同国家的历史背景、法学传统和法律文化不同必然产生各不相同的审判方法。英美法系国家注重归纳法和论题式的思维模式,往往采用遵循先例的判例审理方法;大陆法系国家强调演绎法和体系化的思维模式,采用请求权基础查找的审判方法。在我国当代学者和法官研究和推崇的各类审判方法中,更多的是沿袭大陆法系思维模式的请求权基础审判方法。[6]我国民商事审判究竟采用何种审判方法才能更好地实现司法公正,从各类审判方法在实际案件审判过程的运用效果展开理性分析,我们可以发现大陆法系的请求权基础法和英美法系的遵循先例法实际上均不能全面地解决中国审判实践中的各种难题,实践证明,运用发展了的传统审判方法以及在审判实践中摸索出来的新方法更能解决好我

---

〔1〕 杨仁寿:《法学方法论》,中国政法大学出版社1999年版。

〔2〕 陈金钊主编:《法律方法论》,中国政法大学出版社2007年版。

〔3〕 梁慧星:《裁判的方法》,法律出版社2003年版。孔祥俊:《司法理念与裁判方法》,法律出版社2005年版。

〔4〕 杨凯:《裁判的艺术——法官职业的境界与追求》,法律出版社2005年版。

〔5〕 许可:《民事审判方法——要件事实引论》,法律出版社2009年版。邹碧华:《要件审判九步法》,法律出版社2010年版。

〔6〕 王泽鉴:《法律思维与民法实例——请求权基础理论体系》,中国政法大学出版社2001年版,第40—42页。王泽鉴先生认为处理民法实例的主要方法有二:一为历史的方法,即就案例事实发生的过程,依序检讨其法律关系的方法;二为请求权方法,或称请求权规范基础方法。

们的实际问题。究其原因,当代中国人的现实生活需要根植于我们自己几千年历史文化传统的司法哲学,这就是要找到真正契合中国社会司法规律的民商事审判方法。

真正契合当代中国社会司法规律的审判方法应当具备以下特点:

一是符合当代中国司法的基本规律,即符合中国司法审判权运行的基本规律,脱离了审判权运行的规律则难以真正实现其方法的运行价值。

二是具有一定的实用性,即运用这一方法能够切实解决当代中国社会中的现实问题,通过方法在实例的应用可以更加公正和高效地解决民商事案件纠纷。

三是具有一定的规范性,即民商事审判方法是统一的方法,能够适用于各类民商事案件,且能够得到法官的普遍认同和遵循,并能最终形成正确规范的整体性民商事审判思维方式。

四是遵循法律思维与其他思维相结合的原则,审判方法既是法律思维在审判实践中的运用,也是法律思维主导下的其他思维的综合运用。民商事审判方法的应用既是形式逻辑三段论的思维应用过程,也是综合运用政治道德、历史文化、经济发展、社会公众认同等多种思维整合的过程。

五是审判方法不仅是案件事实的分析方法,而且是法律解释的工具。民商事审判方法不是单纯地确定客观事实,重要的是为了确立一种法律上的事实,一种符合法律构成要件的事实,并在此基础上解释和适用法律来解决各类民商事纠纷。

## 二、符合司法规律审判方法的具体内容

1. 准确审查认定案件事实

(1)对证据证明标准和效力的审查方法

民商事案件证据审查的标准与刑事案件和行政案件均有所差别,适用优势证据规则。

(2)对举证责任的转换分配的审查方法

当前民商事法官审案特别需要掌握的就是举证责任的分配方法。很多法官只是简单地按照"谁主张、谁举证"的原则来审理案件,遇到简单的案件尚能对付,遇到稍微复杂的案件就不知所措。其实,有许多民商事案件的审理都需要综合运用"举证责任倒置"和"举证责任转换与分配"的方法才能更好地查清案件事实。我们可以通过一个不当得利案例的审判结果来分析举证责任转换和分配的重要性。

案例：甲用乙的名字买房，房产增值，甲乙因房产权属发生争议，甲起诉乙。

| 甲提供证据 | 乙提供证据 | 判决结果 |
|---|---|---|
| 甲把钱打到购房单位账户上的凭证、乙出具的借条、甲乙签订的赠予合同 | 乙无法再举出抗辩证据 | 甲得房 |
| | 乙举出是借甲款买房的抗辩证据 | 乙得房还甲钱 |
| | 乙举出甲付钱买房赠予乙的抗辩证据 | 赠予成立 |
| | 乙无法再举出抗辩证据，而甲继续举证证明是借用乙的名义买房 | 不当得利全部返还 |
| | 乙再举出证明效力相对应的抗辩证据，无法根据优势证据规则判断双方证据效力的优势 | 根据公平原则判决各人一半，或调解分割 |

本案例根据举证内容和举证责任的转换与分配可以有上述列表中的五种不同的处理结果，足见举证责任分配在民商事案件审理中的重要作用。

2. 正确定位诉讼心理预期

由于在立案审查环节事先没有进行诉讼风险提示，在开庭审理期间没有进行释明和拟判告知，当事人对诉讼结果的心理期待值与实际的判决结果往往会有较大的反差，特别是民商事案件涉及的经济利益争议巨大，这就是实际审判工作中有的当事人为什么会长期缠诉缠访的原因之一。如果在立案审查环节就针对当事人提交的诉讼证据初步审查结果作出诉讼风险提示，在开庭审理后根据审理查明的基本事实进行必要的预期诉讼结果释明和拟判告知，适时纠正当事人过高的心理预期，则更加有利于减少涉诉信访案件的产生。

3. 正确解释、选择和适用法律

（1）当前存在的主要问题

一是法律关系认定不清。例如，在审理劳动争议案件时，对于劳动关系、劳务关系、劳务派遣和雇佣之间的区别把握不准，对于事实劳动关系与销售代理关系常常难以区分。在审理商事案件时，对于承揽合同与建筑承包合同之间的区别难以准确认定。

二是同案不同判现象较为突出。当前困扰法律适用最主要的难题，就是法律适用的整体性和统一性遭遇挑战，如何解决好民商事案件审判中的同案不同判现象任重而道远。

| | |
|---|---|
| 实例1 | 　　交通肇事侵权损害赔偿与上班途中因交通事故工伤赔偿竞合的案例,给我们提出一个损害事实能不能同时得到两个赔偿的难题。依法理,一个损失只能得到一个填补性的损害赔偿,填补的方法是填平,而不是双倍赔偿。由于最高人民法院关于损害赔偿的司法解释是单向的,并不能及于工伤待遇纠纷,各地法院对此问题的理解不一致,因此,目前全国各地法院对于这种竞合赔偿案件有三种判法:单赔、双赔、单赔加部分内容双赔。 |
| 实例2 | 　　关于公民代理诉讼索酬的案例,对没有律师资格的公民以个人名义代理诉讼是否能够收取报酬的争议案件,目前国内有三种判法:按合同约定给报酬、不给报酬、按照实际付出代理劳动折中给报酬。 |
| 实例3 | 　　关于知假卖假索赔的案例,对于与"王海打假"相同性质的案例,能否获得双倍赔偿的争议案件,目前国内有两种判法:判双倍赔偿、驳回诉讼请求。 |

（2）法律适用的主要方法

一是法律解释的方法。"即指在找法的结果找到现行法上有一个可以适用于本案的法律条文之后,为了确定这个法律条文内容意义、适用范围、构成要件、法律效果等,所采用的各种方法。具体包括文义解释、论理解释、比较法解释和社会学解释。"[1]

二是法律论证的方法[2]。主要是对可以选择适用的法律条文进行合法化、合理化和正当化的论证,进而选择相对应的法律解释方法。

三是法律推理的方法[3]。"法律推理是一种寻求正当性证明的推理,是一种实践理性,要受现行法律的约束。"

四是法律拟制的方法[4]。法律拟制是从司法审判层出不穷的法律问题中催生出来的一种方法。需要根据现实从宏观和微观两个层面来把握。

五是法律漏洞的补充方法[5]。成文法国家的法律最大的弊端在于法律总是会存在一定的空白和漏洞,需要法官运用多种法律方法予以创造性弥补。

六是法律冲突的解决方法[6]。虽然法律冲突在所难免,但通过情理交融、实用理性、妥协意向、视域融合等多种法律方法的解决路径能够有效消解法律之间的冲突。

七是利益衡量的方法[7]。案件审理裁判结果是实现社会正义还是实现法

---

〔1〕　梁慧星:《裁判的方法》,法律出版社2003年版,第76页。

〔2〕　陈林林:《裁判的进路与方法——司法论证理论导论》,中国政法大学出版社2007年版,第9页。

〔3〕　张骐:《法律推理与法律制度》,山东人民出版社2003年版,第19—98页。

〔4〕　陈金钊主编:《法律方法论》,中国政法大学出版社2007年版,第287—290页。

〔5〕　[德]卡尔·恩吉施:《法律思维导论》,郑永流译,法律出版社2004年版,第167—225页。

〔6〕　谢晖:《中国古典法律解释的哲学向度》,中国政法大学出版社2005年版,第135—171页。

〔7〕　陈金钊主编:《法律方法论》,中国政法大学出版社2007年版,第241页。

律正义,需要法官运用法律方法进行权衡和协调。

八是法律分析的方法[1]。法律分析的内容基于法律关系的主体、法律关系的客体和法律关系的内容三个层面。

九是遵循先例的方法[2]。英美法系遵循先例的判例法方法在很多司法实践层面具有一定的方法论和实用价值。

十是司法过程的发现与创造[3]。法律科学的发展需要法官在审判实践中不断地运用法律方法超越法律,超越法律不是违反法律,而是发现和创造法律,推进法律科学的进步。

4. 裁判文书的说理风格

目前我国的裁判文书分为公理取向、论题取向的论证说理风格和情理法交融的传统说理风格三种类型,但现实生活中老百姓最乐于接受的说理风格还是情理法交融。因此,现行裁判文书的风格不改变,法官的工作方式就必须改变,这就是为什么现阶段各地法院都着重强调判后释法的深层次原因。

5. 调解和案外协调处理

在中国人情和熟人社会,民商事审判方法的内容实际上包含了调解和案外协调两种方法。从某种意义上讲,调解也是一种法律创造,在找不到更好的法律方法时,调解不失为一种尝试性和应变性的法律创造方法,中国几千年司法实践的理性经验证明了这种审判方法的优势。案外协调更多的也是体现对法律方法的创造和变通,是一种具有妥协性的法律方法创造。

## 第二节 审判方法的实践理性分析和学理研究

运用历史分析和对比分析的方法,我们可以对古今中外的各种审判方法的实践理性和学理研究作概括性调查研究,从中借鉴和寻找适用于当代中国社会现实需要的民商事审判方法论的哲学思维路径。我国古代历朝历代都有一些有影响的司法智慧和司法经验值得我们从中探寻法理的真谛,现代法治国家和

---

〔1〕 陈金钊主编:《法律方法论》,中国政法大学出版社 2007 年版,第 315—333 页。

〔2〕 [美]E.博登海默:《法理学——法律哲学与法律方法》,邓正来译,中国政法大学出版社 2004年版,第 562—571 页。

〔3〕 [美]E.博登海默:《法理学——法律哲学与法律方法》,邓正来译,中国政法大学出版社 2004年版,第 581—587 页。

中国的司法实践同样也有许多发展着的司法哲学需要我们去总结,同时,我们还需要开展审判方法学术理论的类型化研究。

## 一、中国古代有影响的七种审判方法

纵观历史上我国古代七种有影响的审判方法,我们不难发现:司法哲学的内涵和司法实践的经验,与社会生活的真实需要是紧密相连的,社会历史发展的进程与法律方法论的发展进程是同步推演的。沿着历史发展的脉络,我们看到了契合中国社会发展需要的司法哲学在不断深化发展的方向。

1. 神明裁判法

古语:"抬头一尺有王法,举头三尺有神明。"古代司法官最早采用的审判方法就是借助神明的力量来裁判案件,象征司法正义和权威的神兽——独角兽就是神明裁判方法的标志。神明裁判方法反映的是古代民众对法律的信仰和对司法权威的尊崇。

2. 三刺五听法

"三刺"审判方法的实质就是广泛听取不同意见,适度考虑民意,是我国古代司法民主的最早雏形,即在充分征求群臣、群吏和万民三方意见的基础上裁决纠纷案件。"五听"审判方法,即"以五声听狱讼,求民情:一曰辞听,二曰色听,三曰气听,四曰耳听,五曰目听。[1]

3. 仁恕断案法

先哲孔子认为在审理裁判案件时,既要严格执行法律条文又要适当考虑到仁恕[2]。推行仁恕审判方法实质上就是在适用法律时充分考虑社会道德因素,运用仁义道德和宽容宽恕的和缓方法推行法律。

4. 春秋决狱法

董仲舒提出:"当律有疑义时应以经学义理为其基础解释之;在发生疑难案件,应引援经义作参考裁决。""春秋决狱"审判方法的实质意义是:将儒家的经典引入法律之中,又用法律精神解构经典,使儒家的经典与法律精神更好地融

---

〔1〕　参见《周礼·秋官司寇第五》。

〔2〕　孔子的仁恕审判方法论集中体现在其对"刖人救季羔"故事的评述上。卫国士师(司法官)季羔,经常向犯人施刖刑,即把犯人脚趾砍掉。后蒯聩叛乱,季羔弃城逃走,当他逃到外城城门时,被一个他判处刖刑的守城犯人所救。季羔不明白刖人为何救他,就问刖人:"过去我下令砍掉你脚趾,现我处落难时候,正是你报仇的好机会,为何你不仅不报仇,反而再三救我?"刖人答道:"你审理案件治我罪时,先人后我,我想你是在等待免除我罪责的机会;待罪定临刑时,你又面呈怜悯的愁容。可见你是一位德高心慈的好官! 这就是我之所以要救你的原因。"由此可见,司法官推崇仁恕在司法审判中的作用和社会效应。

合,渐进式地改进了中国法律的精神。引入春秋义理作为司法的衡平原则,使法律有了更多的人文关怀精神。

5. 断狱如流法

据《旧唐书》记载,唐朝司法官狄仁杰"为大理丞,周岁断滞狱一万七千人,无冤诉者"。对比今天就相当于我们一年审结疑难积案 1.7 万件,日平均 40 件案件,无一件涉诉上访。"断狱如流"是世界上最早的速裁审判方法,其实质意义在于:法官精通法律,讲究办案方法,注重调查案件事实,充分体察民情民意。

6. 实证检验法

大宋提刑官宋慈在司法过程中特别强调实证检验,强调司法检验官必须亲临现场调查取证,从不轻信当事人的陈言和口供;对于疑难狱讼,必须在充分调查取证的基础上,经过深思熟虑后才能作出判决。其实质意义在于:注重实证调查研究,不轻信口供。

7. 价值取断法

海瑞以擅长审理裁判复杂疑难案件著称,其价值判断审判方法的实质意义在于:对于复杂疑难诉讼案件积极运用价值判断和利益衡量的法律方法寻求解决途径,从结果中找裁判规则。这一价值判断的审判方法同样适用于现代民商事疑难案件和再审案件。

在今天的中国社会司法实践中,仍然依稀可见上述七种审判方法中所蕴含先贤智慧的哲思,很多现代法官在审理各类民商事案件时,自觉或不自觉地应用古代的审判方法和经验解决当今中国社会的现实问题,这表明传承我们自己的历史文化传统依然是寻找我们自己的法律方法论的必由路径。

## 二、现代社会七种民商事审判方法评析

比对现今中国社会司法实践中常见的七种民商事审判方法,我们也可以发现:无论是大陆法系的法律方法论还是英美法系的法律方法论,移植和借鉴来适用于中国社会的司法实践时,都需要根据我们的现实需要有所变通和变造后才有实用价值。尽管中西方法律方法论在法理层面是相通的,但西方的司法哲学与中国的司法规律之间仍然有一个历史文化传统的沟壑需要我们运用司法智慧和司法经验来填平。

1. 法律关系分析审判方法

审查案件事实所涉及的法律关系,明确争议焦点及与之相关的法律关系,分析法律关系的性质,进而分析法律关系的要素。根据法律关系的性质,寻找法律规范与法律关系的连接点,确定最佳适用法律规范。

2. 请求权基础检索审判方法

所谓请求权方法,系指处理实例应以请求权基础为出发点[1]。即根据诉讼请求审查原告请求权的性质,然后检索请求权涉及的法律规范,进而查找请求权的基础,最后将案件事实归入寻找到的法律规范。

3. 杨立新教授的五步审判法

杨立新教授的五步审判法实际上是将上述两种基本审判方法相结合的演绎方法,是将请求权基础检索法和法律关系分析法综合运用的方法,遵循发现请求权,给请求权定性,寻找请求权的发现基础,确定请求权,选择适用法律五个步骤进行裁判。

4. 邹碧华法官的要件审判九步法[2]

邹碧华法官的要件审判九步法实际上也是将前述两种基本审判方法相结合的演绎方法,其方法是以实体法律规范的构成要件为基础,以案件争议的法律关系为主线,从固定权利请求,到争点整理,再到要件归入并作出裁判,审判过程分为固定权利请求、识别请求权基础、识别抗辩权基础、基础规范构成要件分析、诉讼主张的检索、争点整理、要件事实的证明、要件事实的认定、要件归入并作出裁判九个逻辑严密、环环相扣的步骤。

5. 马锡五法官的审判方法

马锡五审判方法之所以在中国现代司法审判历史上有如此强大的生命力,就是因为这种审判方法契合了当代中国社会的现实需要,契合了中国传统法律文化的深层需求特点,契合了广大人民群众的现实需求和心理认同。马锡五审判方法的主要内容是审理查明案件事实、听取群众意见并形成解决方案、说服当事人接受,运用这样亲民的审判方式贴近中国社会的广大人民群众。

6. 宋鱼水法官的审判方法

宋鱼水法官的审案方法既有古代"妙判"司法智慧的传承,又有现代司法经验的发展,集中体现为"辨法析理,胜败皆服"。这八字诀的创新之处在于将传统审判方法的合理内核与现代司法的特点和规律相结合,探寻适合于现代社会司法需要的新的审判方法。

7. 陈燕萍法官的审判方法

陈燕萍法官的审案方法同样集中体现为"情法辉映,曲直可鉴"八字诀,

---

〔1〕　王泽鉴:《法律思维与民法实例——请求权基础理论体系》,中国政法大学出版社 2001 年版,第 42 页。

〔2〕　邹碧华:《要件审判九步法》,法律出版社 2010 年版,导论部分。

既继承了马锡五审判方法的核心价值理念,又符合现代社会主义司法规律,具有两个显著的时代特征——人民性和能动性。具体体现为"用群众认同的态度倾听诉求,用群众认可的方式查清事实,用群众接受的语言诠释法理,用群众信服的方法化解纠纷"。[1] 发挥能动司法服务性、主动性、高效性的效能作用。

横向比较当前人民法院中基层民商事审判工作中常见的七种审判方法,我们发现域外的经验必须在我国的司法实践中进行合理的变造、续造、演绎和发展,才能在人民司法工作中发挥作用。这更加坚定了我们努力寻找从现实社会生活出发的民商事审判方法的信心。

## 三、现代审判方法学理研究的类比分析

通过对国外法学家译著、国内学者专著、各级人民法院法官的实证理论研究专著进行类比分析研究,我们可以发现这三种关于审判方法的学术理论研究成果有一个共同的发展趋势——逐渐在向实证和应用法学研究方向转化,关于审判方法学术理论研究的主要领域也逐渐转向和立足于司法审判实践,更多的学术研究成果来自一线法官的审判实践经验。

1. 国外译著对比

| 序号 | 作 者 | 书 名 | 译 者 | 出版社 | 时间 |
|---|---|---|---|---|---|
| 1 | [美]本杰明·卡多佐 | 《司法过程的性质》 | 苏 力 | 商务印书馆 | 1998 年 |
| 2 | [德]卡尔·拉伦茨 | 《法学方法论》 | 陈爱娥 | 商务印书馆 | 2003 年 |
| 3 | [德]卡尔·恩吉施 | 《法律思维导论》 | 郑永流 | 法律出版社 | 2004 年 |
| 4 | [美]E.博登海默 | 《法理学——法律哲学与法律方法》 | 邓正来 | 中国政法大学出版社 | 2004 年 |
| 5 | [古希腊]亚里士多德 | 《范畴篇 解释篇》 | 方书春 | 商务印书馆 | 2003 年 |
| 6 | [英]尼尔·麦考密克 | 《法律推理与法律理论》 | 姜 峰 | 法律出版社 | 2005 年 |
| 7 | [美]安德雷·马默 | 《法律与解释——法哲学论文集》 | 张卓明等 | 法律出版社 | 2006 年 |
| 8 | [美]理查德·波斯纳 | 《法官如何思考》 | 苏 力 | 北京大学出版社 | 2009 年 |
| 9 | [美]黄宗智 | 《过去和现在:中国民事法律实践的探索》 | — | 法律出版社 | 2009 年 |

---

〔1〕 最高人民法院政治部、江苏省高级人民法院:《人民信服的好法官——陈燕萍》,人民法院出版社 2010 年版,第 279—288 页。

**2. 国内专著对比**

| 序号 | 书 名 | 作 者 | 出 版 社 | 时间 |
|---|---|---|---|---|
| 1 | 《法学方法论》 | 杨仁寿 | 中国政法大学出版社 | 1999 年 |
| 2 | 《法学方法与现代民法》 | 黄茂荣 | 中国政法大学出版社 | 2001 年 |
| 3 | 《法律推理论》 | 陈 锐 | 山东人民出版社 | 2006 年 |
| 4 | 《中国古典法律解释的哲学向度》 | 谢 晖 | 中国政法大学出版社 | 2005 年 |
| 5 | 《法律适用中的逻辑》 | 雍琦等 | 中国政法大学出版社 | 2002 年 |
| 6 | 《儒家伦理与法律文化》 | 林 端 | 中国政法大学出版社 | 2002 年 |
| 7 | 《法律适用的和谐与归一:论法官的自由裁量权》 | 井 涛 | 中国方正出版社 | 2001 年 |
| 8 | 《社会变迁的法律解释》 | 尹伊君 | 商务印书馆 | 2003 年 |
| 9 | 《法律推理与法律制度》 | 张 骐 | 山东人民出版社 | 2003 年 |
| 10 | 《民事判决研究:根据与对策》 | 罗筱琦 | 人民法院出版社 | 2006 年 |
| 11 | 《裁判的方法》 | 梁慧星 | 法律出版社 | 2003 年 |
| 12 | 《法律思维学导论》 | 林 喆 | 山东人民出版社 | 2000 年 |
| 13 | 《法律文化理论》 | 刘作翔 | 商务印书馆 | 1999 年 |
| 14 | 《法律解释的哲理》 | 陈金钊 | 山东人民出版社 | 1999 年 |
| 15 | 《法律方法论》 | 陈金钊 | 中国政法大学出版社 | 2007 年 |
| 16 | 《法律解释学》 | 陈金钊等 | 中国政法大学出版社 | 2006 年 |
| 17 | 《语境与工具:解读实用主义法学的进路》 | 苗金春 | 山东人民出版社 | 2004 年 |
| 18 | 《裁判的进路与方法:司法论证理论导论》 | 陈林林 | 中国政法大学出版社 | 2007 年 |
| 19 | 《民事审判方法:要件事实引论》 | 许 可 | 法律出版社 | 2009 年 |
| 20 | 《法律的人文主义解释》 | 杜宴林 | 人民法院出版社 | 2005 年 |
| 21 | 《法律实证研究方法》 | 白建军 | 北京大学出版社 | 2008 年 |
| 22 | 《法律论证与法学方法》 | 戚渊等 | 山东人民出版社 | 2005 年 |
| 23 | 《法律解释操作分析》 | 张志铭 | 中国政法大学出版社 | 1998 年 |
| 24 | 《法官角色与司法行为》 | 吴英姿 | 中国大百科全书出版社 | 2008 年 |

3. 法官论著对比

| 序号 | 书 名 | 作 者 | 出版社 | 时间 |
|---|---|---|---|---|
| 1 | 《法律解释方法与判解研究——法律解释·法律适用·裁判风格》 | 孔祥俊 | 人民法院出版社 | 2004 年 |
| 2 | 《司法理念与裁判方法》 | 孔祥俊 | 法律出版社 | 2005 年 |
| 3 | 《裁判的艺术——法官职业的境界与追求》 | 杨 凯 | 法律出版社 | 2005 年 |
| 4 | 《裁判方法论》 | 康宝奇 | 人民法院出版社 | 2006 年 |
| 6 | 《法律解释疏论——基于司法实践的视域》 | 尹洪阳 | 人民法院出版社 | 2006 年 |
| 7 | 《全国审判业务专家谈办案方法》 | 沈德咏 | 人民法院出版社 | 2010 年 |
| 8 | 《人民信服的好法官——陈燕萍》 | 最高人民法院政治部、江苏省高级人民法院 | 人民法院出版社 | 2010 年 |
| 9 | 《要件审判九步法》 | 邹碧华 | 法律出版社 | 2010 年 |
| 10 | 《推理与诠释:民事司法技术范式研究》 | 冯文生 | 法律出版社 | 2005 年 |

除了对学术专著进行类比分析,我们还可以进一步观察学术理论成果用于司法审判实践的实证和实例,上海市长宁区法院邹碧华院长在长宁区法院全面推行"要件审判九步法"就是一个典型的实践性例证。邹碧华法官的学术论文《要件审判九步法介绍——对民事司法方法的一次有益探索》不仅在全国法院系统学术讨论会上获得二等奖,而且在上海长宁区法院得到广泛实践推广运用,取得非常好的效果[1]。此外,学术界关于审判方法的学术理论研究方向也转为以审判方法的实践和实证为主。例如,由中国人民大学民商事法律科学研究中心、人民法院报社、法律出版社联合主办的"民商事审判方法"学术研讨会也是以上海长宁区法院的"要件审判九步法"在实践中推行的实际效果为中心议题。2011 年由北京大学法学院博士生导师傅郁林主持的国家社科基金重大课题"民事审判方法"也将审判方法在审判实践中的实际运用作为课题研究的重点内容。

---

[1] 宁杰等:《要件审判九步法 法庭上的剑谱》,载《人民法院报》2010 年 1 月 11 日。

## 第三节 遵循司法规律的民商事审判方法创制

当前传统、移植、演绎和经验的诸多审判方法与中国社会现实司法规律难以契合的真正原因在于:我们没有从自己真实的现实生活出发来研究和创制审判方法,我们没有找到符合中国社会主义司法规律的民商事审判方法的原创起点和精神内涵。解决现实问题需要我们在民商事审判方法理论上有所突破,在立足于当代中国社会现实生活这一原创出发点的基础之上构建我们自己的司法哲学。自然法学派认为法律和司法的目的在于使人民幸福,法官的娴熟而高超的司法技能和审判方法能够提升人民的幸福指数,我们寻找的审判方法应当是一种能够运用司法哲学创造幸福的实践理性,遵循社会主义司法规律创制民商事审判方法是我们努力的方向。

### 一、综合性应用型民商事审判方法的优势和内容

经过二十多年中基层人民法院民商事审判岗位的实践,结合长期担任法官培训教师的理性思辨,秉承"公允中庸,道法自然"的中国儒学和道学传统文化精神内涵,秉持"法以中庸为性格"的中国式司法实践理性,在综合研究古今中外各种审判方法的利弊特点和广泛总结审判实践经验的基础之上,笔者尝试创制一种具有中国逻辑、中国风格和中国特色的综合性应用型民商事审判方法。所谓综合性应用型审判方法,就是将民商事审判工作置于当代整个中国社会的现实背景之中来全盘考虑,综合考量中国司法的特殊规律、现实情况和实际需要,适用于中国当今社会所有类型的民商事案件,具有极强的针对性和实用性的综合性应用型民商事审判方法。综合性应用型民商事审判方法具体包括以下十项内容:

1. 法律关系和人际关系的综合分析应用
2. 案件事实和心证过程的综合分析应用
3. 审案过程和文书动态制作的综合应用
4. 群众路线与公共关系的综合分析应用
5. 诉讼心理和诉讼行为引导的综合应用
6. 法律思维和常识、常情、常理的综合应用
7. 依法公正判决与妥善调解的综合应用

8. 判前释明告知与判后释疑的综合应用

9. 风险评估和应对信访上访的综合应用

10. 法律、社会、政治、经济效果综合分析应用

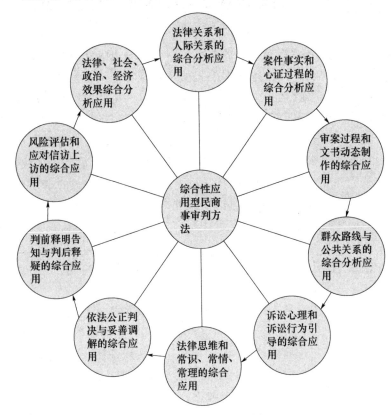

综合性应用型民商事审判方法的综合效应和整体优势体现为如下十个方面：

| 优势之一 | 将案件审判的法律效果与社会、政治、经济效果进行综合性全面考量 |
|---|---|
| 优势之二 | 在审理裁判案件时注重将天理、人情、国法相结合，融情、理、法于一体 |
| 优势之三 | 适时适当适中地运用法律手段，尊重民间习俗、习惯及商事交易惯例 |
| 优势之四 | 注重审判工作法制宣传的传播功能和运用审判公共关系沟通协调功能 |
| 优势之五 | 注重调判相结合和纠纷一次性解决原则的运用，辨法析理，服判息诉 |
| 优势之六 | 秉持法律思维和整合其他思维方式，强调发挥法官思维的综合性特质 |
| 优势之七 | 将案件事实证据认定与法官心证形成过程相结合，强调法官个体因素 |
| 优势之八 | 注重裁判依据综合性和裁判方法的多元化，注重利益衡量和价值判断 |
| 优势之九 | 强调法律文书说理的综合性和动态写作方法，注重综合法理、事理、情理 |
| 优势之十 | 注重方法论的应用，将综合性审判方法与法官的个性审判方法相结合 |

## 二、综合性应用型民商事审判方法的示范性论证[1]

1. 法律关系和人际关系综合分析法

在当代中国的中基层人民法院审理民商事案件有一个最大的社会现实问题和难题,就是常常会受到各种人情关系的影响。这是现实生活的常态,但是,人们的认识又普遍有一个误区:这些人情关系因素既要适当考虑,又不能拿到桌面上公开考虑。常常是在合议庭合议时说道:"这是某某人打招呼的案件,或某某领导签字的案件。"同时,附加一句:"这句话书记员不要记录。"其实,笔者认为,在中国司法的现实环境中,需要将法律关系与人际关系结合起来综合分析才能更好地解决民商事纠纷案件,人际关系的因素有时甚至比法律关系更加重要,所有的案件纠纷实际上都是因人而起。在中国现实人情社会中办案从某种意义上讲就是如何更好地理顺案内和案外的人际关系。有经验的审判员在审理民事案件时常说道"提起来千斤重,放下去四两轻",讲的就是人际关系的处理效果,人际关系处理好了就可以起到四两拨千斤的实效。具体包括如下几个方面的内容:

一是将案件当事人及其诉讼代理人的主体资格审查和社会背景相结合进行综合分析,预先分析可能影响案件正常审理的各种不利人际关系因素,并及时采取相应的应对措施有利于防患于未然。

二是将案件当事人本人的决策能力与其近亲属实际对案件处理方向的主导作用相结合进行综合分析,识别真正能够做主的主导性和决定性因素,综合运用各种方法促进案件向有利的方向发展。

三是将涉及案件院内和院外各种打招呼的情况、力度和影响力进行综合比对分析,"法官应当具备变阻力为助力,变说情为反说情的本领;要充分认识人情社会、熟人社会的正面作用,人情可以为诉讼当事人所用,也同样可以为法官成功调解案件所用"。[2] 善于借力借势是在人情社会中处理案件必须学会的办案技巧,法律不外乎天理人情,法官司法无非是运用审判方法将天理人情理性化而已。

四是将案件可能或已经因各种人际关系因素产生的负面影响与法律关系相结合进行综合分析,有针对性地及时消除或将负面影响转化成正面的内容。

---

〔1〕 限于篇幅,本章仅选择法律关系和人际关系综合分析结合法、审理过程与法律文书动态制作结合法的两项综合性应用型审判方法展开示范性论证。

〔2〕 杨凯:《裁判的艺术——法官职业的境界与追求》,法律出版社 2005 年版,第 227 页。

对于可能产生较大负面影响、引发矛盾激化或引发群体性事件的案件,需要预先进行案件诉讼风险评估,对于案件审理前和审理中就涉诉信访上访的案件应当及时进行诉讼风险评估,根据案件法律关系对应的人际关系积极采取应对措施。

2. 审理过程与法律文书动态制作结合法

在民商事法官办案过程中,一般的习惯是在案件基本审结后才开始写作审理报告,然后在此基础上经合议庭评议或庭务会、审委会讨论决定后再写作法律文书。这样的好处是对案情全程有较为透彻的了解,但也有弊端,有时候由于案件审理时间较长或者案件较多,对案件审理情况容易遗忘,案件审理基本完成后再写作往往需要重新阅卷,效率反而不高。笔者在基层法院和人民法庭工作期间尝试将审判过程与法律文书的写作分阶段结合起来的动态写作方法,取得较为明显的效果,一般案件审结后一个小时左右即可写出一份较高质量的案件审理报告和裁判文书。这个效果并非全是司法技能娴熟、写作速度快和效率高的原因,而是以提前分阶段动态写作的内容作为法律文书起草写作的坚实基础。案件的审判是一个整体性的过程,法律文书是这个整体性过程的全面展示,把案件审理的每一个阶段都用规范性的书面写作加以固定,既有利于审判程序的严格规范要求,防止程序性差错和审判环节的诸多遗漏,又有利于法律文书的写作;同时,以法律文书的分阶段动态写作促进案件审理的动态管理。具体操作的方法如下:

第一步:在立案审查、阅卷、送达等审前准备程序过程中,同步写作案件的由来、当事人的基本情况。及时的动态写作可以促进法官对诉讼主体资格进行严格的审查,同时,对案件的审理程序进行理性的把握。

第二步:在庭前准备和证据交换过程中,同步写作对诉讼当事人各方诉辩意见的归纳和对案件争议焦点的总结。对争议焦点的整理水平只有从裁判文书的写作上才能真正体现出来,对案件争议焦点的总结实际上是一个周密严谨的法律思维和法律论证过程,需要法官具备准确的分析判断和归纳总结提炼的职业技能,而这种职业技能的培养如果跟裁判文书的写作相结合起来,则更有利于其职业技能的提高和规范。

第三步:在调查、调解和庭审过程中,同步写作对案件事实和证据的分析与认定,也就是判决书中经审理查明的内容。审理案件的过程实际上就是法官心证形成的过程,这一过程如果能够及时进行动态写作,将会更进一步促进内心确信的形成,完善心证的法律理性论证。对案件事实和证据的分析判断,实际上就是法官经过调查、调解和庭审审理后,进行事实和证据的理性分析判断过程,这一判断过程需要动态写作的理性思维结合。

　　第四步:在审理全程中可以及时写明需要说明的相关问题。案件在审理过程中会出现各种各样的特殊问题,等到案件审结后可能会有遗忘,及时写明需要说明的问题有利于案件审理时采取针对性应对措施解决问题。

　　第五步:在开庭、合议庭评议、庭务会讨论、审委会汇报过程中,同步动态写作说理部分。裁判文书的说理部分其实就是一个判决理由的思维形成过程,这个过程在民商事案件的审理过程中往往不是主审法官一个人的思维结果,而是合议庭、庭务会、审委会集体议决的决策过程,是一个集思广益的讨论过程,如果能将评议讨论的各种观点及时记录并加以整理和思考,并及时动态写作成裁判文书的论理部分,将会有助于案件裁判文书的说理更加全面和透彻。

　　当前,人民法院"化解社会矛盾、公正廉洁执法、社会管理创新"三项重点工作都与民商事审判工作息息相关。在这样的时代背景下,改进和提高民商事审判工作方法尤为重要。考量民商事审判工作当前所面临的严峻形势,人民法院的民商事审判工作遭遇到了前所未有的困境,新类型案件和复杂案件不断增多,人民群众对司法的新需求和新期待不断增加,审判工作技术含量和劳动强度不断加大,社会公众对司法审判的评价和监督不断增强,当今社会经济发展对民商事案件审判的质量和效率要求更高,这些面临的困境迫使我们寻找一种符合社会主义司法规律的综合性应用型民商事审判方法。笔者立足于当代中国社会的现实,以人民司法审判实践的真实性和现实性为原创起点,用中国逻辑、中国风格、中国特色的司法哲学线条,初步描绘出符合中国社会主义司法规律的现代民商事审判方法的"大写意"司法图景。这幅缘起于"法官教法官"困惑与思考的法哲学图画,有自然法学派的美丽内涵,有实用法学派的纯朴意蕴,有分析法学派的玄妙深刻,也涂抹了些许司法浪漫主义色彩。带上这幅传承中国法律文化的"写意派国画"再登上中基层法官培训的讲坛,按图索骥讲课的唯一感受将会是——胸有成竹,行云流水。

# 第十三章

# 公信戒律:审判中心主义视角下刑事冤错案防范机制的建构

本轮司法改革明确提出"推进以审判为中心的诉讼制度改革"[1]。我们理解的"以审判为中心"的核心不是简单的"以法院为中心",而是包括侦查、起诉、审判等整个刑事诉讼程序都要理性回归"庭审和证据"这两个关键诉讼节点所折射出的司法规律和证据规则来运行。由于刑事诉讼侦查、起诉、审判工作在现阶段存在的各种问题,导致刑事审判阶段仍然存在造成刑事冤错案的风险,如何从审判权运行机制建构上有效防范冤错案发生,值得我们认真思考和研究。本章以湖北省高院2009年至2014年,六年期间再审改判、发回重审的175起案件为实证研究样本,结合近几年来全国范围内发现的重大刑事冤错案件,剖析目前刑事审判中在证据采信、事实认定和法律适用等方面存在的问题,分析刑事审判阶段造成刑事冤错案的主要原因,揭示审判中心主义视角下刑事审判的司法规律,进而有针对性地提出人民法院提升司法公信力需要合理建构防范刑事冤错案件机制的路径与方法。"以审判为中心"的核心不是简单地"以法院为中心",而是要求包括侦查、起诉、辩护、审判等整个刑事诉讼程序和环节都围绕"以庭审为中心"和"以证据为中心"展开,让刑事诉讼整体理性回归"庭审功能"和"证据裁判"所折射出的司法规律和证据规则来运行。建构以审判为中心的刑事冤错案防范机制必须靠大家,特别是依靠法律职业共同体的共同努力才能真正实现。以"审判为中心"视角下的刑事案件终究还是由人民法院依法独立行使审判权作出判决。由于侦查机关、公诉机关和辩护律师不可能完全按照理想化的刑事诉讼司法制度来满足法院刑事审判工作需求,人民

---

[1] 参见中国共产党第十八届中央委员会第四次全体会议通过的会议公报《中共中央关于全面推进依法治国若干重大问题的决定》。围绕推进"以审判为中心的诉讼制度改革"这一主题,学界和实务界都进行了广泛研究,本文命题和论述在此主题的视角下展开。

法院和刑事法官必须敢于担当,靠职业法官们自己用缜密的法律思维和周延的逻辑推理审理查明事实,用睿智而审慎的司法智慧准确解释和适用法律,用勇敢的心裁判,用廉洁自律和慎独慎权规范我们的言行,用勤奋的心总结和研究刑事冤错案防范机制建构路径和方法。随着推进司法体制改革对司法责任制的进一步落实,法官对自己所主审案件终身负责制的压力日益增大,刑事法官普遍忧患巨大的责任和压力,解决这个忧患必须靠科学的刑事冤错案防范机制建构。

# 第一节　湖北省高院 2009—2014 年度再审发改案件情况分析

刑事再审发改案件中存在的问题是研究刑事冤错案发生原因的最佳研究样本,我们选取湖北省 2009 年至 2014 年经过省高院审监庭再审改判、发回重审的 175 起刑事案件作为全样本进行实证分析。

## 一、案件总体情况分析

从 175 起发改案件的统计分析[1]可以看出,湖北省 2009 年至 2014 年历年经过省高院审监庭再审改判和发回重审的案件数量基本持平,而且稳中略有下降,特别是再审后减轻以及宣告无罪的案件下降趋势较为明显,从某种侧面反映了原一、二审法院对定罪量刑的把握相较过去更为严格。

## 二、案件罪名分布情况

在 175 起改判、发回重审案件中,涉及的罪名前五名分别是:受贿罪 25 件(其中 1 件被宣告无罪)、故意伤害罪 23 件、贪污罪 19 件(其中 5 件被宣告无罪)、故意杀人罪 17 件、挪用公款罪 10 件(其中 2 件被宣告无罪),这 5 类案件占到全部改判、发回案件的 53.7%,被改判、发回重审的案件类型相对集中。其中,贪污案件被宣告无罪占全部宣告无罪案件(20 件)的 25%。

---

〔1〕　因个别案件既有加重也有宣告无罪,或者既有减轻也有加重,或者既有减轻也有宣告无罪,故个别年份的总案件数与加重、减轻等案件总和并不完全一致。

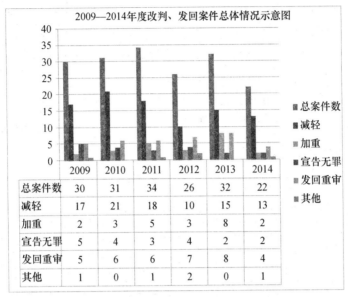

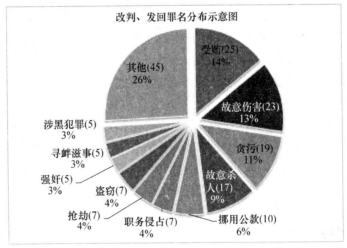

## 三、宣告改判、发回重审的原因分析

### 改判（减轻及加重）、宣告无罪、发回重审案件原因分析表

| 年度 | 涉及原因 | 事实不清，证据不足 | 认定事实错误 | 定性错误 | 适用法律错误 | 量刑不当 | 新的证据 | 审判程序违法 |
|------|---------|------------------|-----------|---------|-----------|---------|---------|-------------|
| 2009 | 改判 | 3 | 4 | 3 | 5 | 2 | | |
| | 无罪 | 1 | | 5 | 5 | | | |
| | 发回 | 4 | | 1 | | | | |

续表

| 年度 | 涉及原因 | 事实不清,证据不足 | 认定事实错误 | 定性错误 | 适用法律错误 | 量刑不当 | 新的证据 | 审判程序违法 |
|---|---|---|---|---|---|---|---|---|
| 2010 | 改判 | 5 | 2 | 1 | 11 | 20 | | |
| | 无罪 | 2 | | | 1 | | | |
| | 发回 | 6 | | | | | | |
| 2011 | 改判 | 4 | 3 | 3 | 7 | 9 | | |
| | 无罪 | 1 | 2 | | 2 | | | |
| | 发回 | 5 | | | | | | 1 |
| 2012 | 改判 | 3 | | 1 | 3 | 6 | 2 | |
| | 无罪 | 3 | | | 1 | | | |
| | 发回 | 7 | | | | | | |
| 2013 | 改判 | 2 | 1 | 1 | 12 | 8 | | |
| | 无罪 | 1 | | | 1 | | | |
| | 发回 | 3 | | 3 | 1 | 3 | | |
| 2014 | 改判 | 4 | | 1 | 5 | 6 | | |
| | 无罪 | 2 | | | | | | |
| | 发回 | 2 | | | | | | |
| 总和 | | 58 | 12 | 19 | 56 | 54 | 1 | 1 |

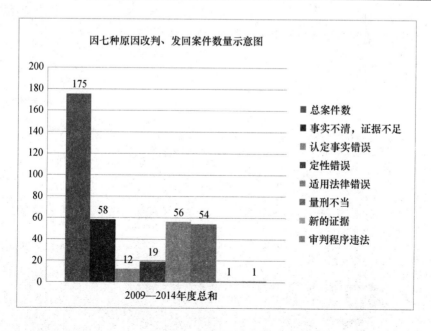

因七种原因改判、发回案件数量示意图

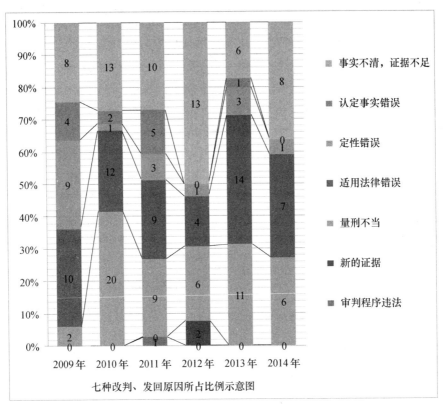

七种改判、发回原因所占比例示意图

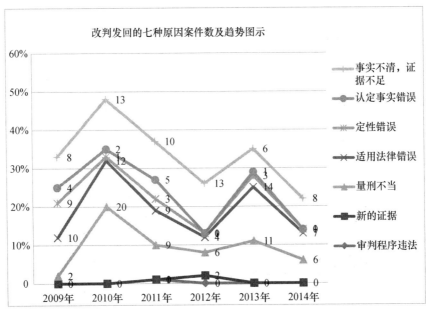

　　数据统计分析显示,导致冤错案件发生的原因先后为:事实不清,证据不足;适用法律错误;量刑不当;定性错误;认定事实错误。因为出现新的证据被改判、发回重审,或者因审判程序违法被发回重审在司法实践中并不常见。

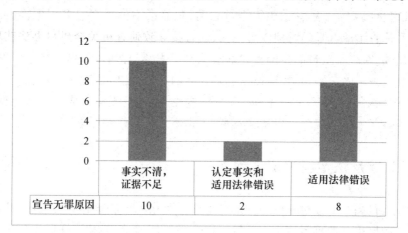

| | 事实不清,证据不足 | 认定事实和适用法律错误 | 适用法律错误 |
| --- | --- | --- | --- |
| 宣告无罪原因 | 10 | 2 | 8 |

　　在再审宣告无罪的案件中,存疑无罪的占50%,确定无罪(含认定事实错误和适用法律错误)的占50%,两者所占比例相同。

# 第二节　定罪证据问题导致刑事冤错案件发生的原因剖析

## 一、重要证据缺失问题

　　侦查机关选择性移送案件证据是冤错案件发生的重要原因。特别是在重大的冤错案件中这一情况更为常见。例如,某省中院主动纠错宣告无罪的杨某某故意杀人一案,现场有凶器和包裹凶器的报纸上有指纹鉴定,当时侦查机关在现场及时收集到了犯罪嫌疑人的左手环指、左手拇指和左手掌纹三个痕迹物证,但侦查机关没有随案移送。若干年后,全国公安系统做指纹比对,发现作案刀具上的指纹和正在某监狱服刑的刘某某指纹吻合,发现原杨某某故意杀人一案极有可能是冤案后,以院长发现形式对杨某某案进行再审。

## 二、过度依赖言词证据问题

　　一直以来,刑事侦查及审判存在过度依赖言词证据的情况,特别是被告人供述,只要被告人供认了,就如同打了强心针,可以确信无疑,如果被告人零口供,或者时供时翻,又或者供述前后不一致,则总是感到惴惴不安,不敢下决定。这在故意杀人、受贿等再审案件中反映最为典型。故意杀人案件多无证人,而被害人往往已经死亡,尽管故意杀人案件会留下一些物证线索,但都是碎片式的,唯有犯罪人是了解整个犯罪全过程的,犯罪人不供述则很多事实都无法查明。在侦查手段有限的时期或者地区,这直接导致侦查机关会想尽办法获取被告人供述,在近年报道的全国重大刑事冤错案中,都有刑讯逼供的影子。例如,佘祥林故意杀人一案,直接证据仅有佘祥林前后矛盾、时供时翻的口供,其有罪供述多达四五种,内容各不相同,间接证据也不多,且无法形成证据链。据此,湖北省高级人民法院两次以事实不清、证据不足将案件发回重审。

## 三、违反法定程序取证问题

侦查机关在取证过程中违反刑事诉讼法及相关司法解释的规定,取证程序违法的问题也是刑事冤错案发生的原因之一。例如,褚某某强奸罪宣告无罪一案,由于物证与书证的取得有重大的瑕疵,导致相关证据不能予以采信,再审认定褚某某犯强奸(未遂)罪的事实不清,证据不足,宣告无罪。

| 证据审查\证据 | 证明对象 | 是否采信 | 不采信理由 | |
|---|---|---|---|---|
| 被害人吴某某陈述(四次) | 被告人褚某某强行要与吴某某发生性关系,吴拼命反抗的经过 | 否 | 公安机关第一次询问吴某某的时间与从吴某某给其亲人所发的短信记录中反映出吴某某在一六一中心医院进行身体检查的时间相重叠,询问笔录内容和短信笔录记载在时间上自相矛盾 | |
| 吴某某短信记录 | | 否 | 吴某某的短信记录的提取由其本人完成,没有公安机关的人员签名和见证人的签名及具体提取时间 | |
| 被告人供述(七次) | 均未供述企图强奸吴某某 | 是 | | |
| 法医物证鉴定 | 褚某某右上臂咬痕处试纸 DNA 分型与吴某某 DNA 分型一致 | 否 | 无提取具体时间、无侦查机关提取人的签名,无当事人的签名 | 公安机关在该案侦查中未制作现场勘验笔录及现场说明图,现场照片及照片标注无拍照人、拍照时间及勘验人的签名;公安机关在侦查活动中没有进行现场勘验,也未制作现场勘验笔录 |
| | 送检床单上可疑血痕、白色枕套上可疑血痕均检出人痕且为褚某某血痕 | 否 | 吴某某的血样与褚某某的血样提取无提取报告,与枕头、床单上的血痕进行比对的样本如何获取没有说明,并且没有进行 DNA 比对 | |
| | 吴某某指甲中检出褚某某组织成分 | 否 | 无提取具体时间、无侦查机关提取人的签名,无当事人的签名 | |

续表

| 证据审查\证据 | 证明对象 | 是否采信 | 不采信理由 |
|---|---|---|---|
| 医院门诊病历 | 吴某某全身检查无任何损伤 | 是 | |
| 证据不予采信的理由 | 物证与书证的取得存在重大瑕疵和取证明显违反刑事诉讼法第 42 条、第 106 条及有关司法解释的规定 | | |

## 四、证据链不完整问题

在不少再审案件中,指向被告人犯罪的证据有很多,但是在某些关键的节点上,却存在证据缺失,不能形成逻辑周延的完整的证据链。例如,2014 年周某某受贿一案,周某某将收到某企业的钱款一事曾告知过本单位副科长周某某,其中的大部分款项也均用于了公务,尚未处分的剩余款 8178 元是在公车后备箱收缴的,由此认定周某某因未将 8178 元上账就认定为据为己有的理由不充分,认定为受贿的证据不足。此案中,原审法院认定周某某将上述款项据为己有的证据是缺失的。因为证据链不完整问题而在再审改判的案件占有一定的比例。

## 五、重定罪证据而轻量刑证据问题

在侦查、起诉阶段,以"破案"为终极目标的刑事侦查活动,往往对定罪证据较为重视,而忽视收集量刑证据。在审判阶段,同样存在重视案件的定性,而对量刑证据的审查不够重视、判断不够准确,导致对量刑事实认定错误的问题。例如,罗某某等抢劫一案,公安机关及检察机关均未认定罗某某有立功情节,原审判决认定罗某某协助抓获其他三被告人,有立功情节。经再审查明,侦查机关根据罗某某提供的电话号码,采取技侦手段抓获其他三被告人;罗某某提供的线索仅仅是部分同案被告人的姓名、手机号及住址等基本情况,这些均属于如实交代同案犯的基本情况,不构成立功。原审判决对罗某某立功情节认定错误,导致对其减轻处罚,量刑畸轻。

## 六、定放两难的疑罪从轻办案思路问题

陈旧的"疑罪从轻"刑事办案思路仍然存在。"罪疑从轻观念为冤案的产生

提供了平台,因而也是产生冤案的祸根所在。"[1]尽管"疑罪从无"的无罪推定原则已经提出多年,但直到现在,"有罪推定、疑罪从有、疑罪从轻"等旧观念仍然影响着刑事审判法官,对于定放两难的案件,审判机关不敢轻易宣告无罪,在部分事实无法查清、仍然心存疑惑,未能形成内心确信的情况下,选择从轻处理,仍然作出有罪判决。佘祥林杀妻案两次被判处死刑、杨某某故意杀人案两次被判处死刑,缓期二年执行,省高院均以事实不清、证据不足将案件发回重审,中院后作出降等处理,改判二被告人有期徒刑,二被告人均不再上诉。陈兴良教授指出,"疑罪从轻的提法是与无罪推定原则背道而驰的,应当彻底摈弃"。[2]

## 七、法官审查证据和认定事实能力欠缺问题

绝大部分改判案件并没有新的证据出现,依据的是原审中已有的证据,但再审中对证据采信和事实认定发生了变化,由此可见,法官在审查证据和认定事实的司法技能上还存在不同程度的欠缺。

| 序号 | 当事人 | 案由 | 改判发回原因 | 具体事由 |
|---|---|---|---|---|
| 1 | 夏某等 | 贪污、受贿 | 部分罪名事实定性错误,导致量刑不当 | 夏某收受饶某某的 11 万元。因存在人情往来因素,不能认定为受贿 |
| 2 | 闫某某 | 盗窃 | 认定事实错误,导致适用法律错误 | 大量户籍材料和与之相联系的证人证言等材料,足以证明闫某某在 2003 年 11 月盗窃作案时已满 16 周岁,应负刑事责任。原一、二审判决以闫某某未满 16 周岁而对其宣告不负刑事责任,系认定事实错误 |
| 3 | 关某某 | 故意伤害 | 部分事实认定不当 | 关某某系因违法生育一事而邀约杜某某,虽然关某某没有与杜某某预谋共同伤害何某,也没有直接对何某实施加害行为,但关某某对杜某某的行为是认同和放任的,应属共犯,关某某应对其所造成的后果负有一定的责任。关某某及其辩护人提出的关某某没有与杜某某共同预谋报复伤害被害人何某的理由成立 |
| 4 | 王某 | 故意伤害 | 事实定性错误,导致量刑不当 | 王某为使本人的人身免受正在进行的不法侵害而采取的制止不法侵害的行为,属正当防卫,但其防卫行为造成他人死亡,明显超过必要限度,依法应当负刑事责任 |

---

〔1〕 刘宪权主编:《刑法学研究(第 7 卷):赵作海冤案与聚众淫乱罪研究》,上海人民出版社 2010 年版,第 8 页。

〔2〕 陈兴良:《张氏叔侄案的反思与点评》,载《中国法律评论》2014 年第 2 期,第 194 页。

续表

| 序号 | 当事人 | 案由 | 改判发回原因 | 具体事由 |
|---|---|---|---|---|
| 5 | 李某某 | 贪污 | 部分事实认定有误,量刑不当 | 虽然王某某只是航运部的临时财务人员,但鉴于李某某为其办理了作为上海联络处职工身份的退休手续后,将该药费在该处报销,可定为违纪报账,不定为贪污,原判决裁定对报销药费的贪污事实部分认定有误 |
| 6 | 童某某 | 职务侵占 | 部分身份问题定性不准、适用法律错误 | 童某某没有"依法从事公务"的特征,不符合法律规定的国家工作人员主体身份 |
| 7 | 刘某 | 受贿 | 部分事实认定错误 | 原一审判决认定事实清楚。再审判决将刘某收取汉阳市政的 20 万元后由杨某某上交公司的部分事实认定错误 |
| 8 | 王某、孙某某 | 强奸等 | 认定事实错误 | 案发当日被害人王某某的报案材料和接受侦查人员询问的证言材料均反映其先后遭到王某胁迫和殴打及王某、孙某某二人各两次强奸。二审判决认定其行为不属轮奸系认定事实和适用法律错误 |
| 9 | 张某某 | 侵犯商业秘密 | 认定事实和适用法律错误 | 原判并没有认定张某某如何策划、教唆、组织人员利诱或窃取利用 A 公司商业秘密的事实,也没有证据证实张某某犯罪,故张某某的行为不符合该罪的构成要件。一审判决及二审裁定认定事实和适用法律错误 |
| 10 | 闻某某 | 侵犯商业秘密 | 认定事实和适用法律错误 | 从主观故意上看,闻某某仅是一般意义上的介绍;从客观方面看,闻某某介绍付某某与叶某某相识,在促使付某某到 B 公司工作起了一定作用,但其不具备利诱付某某的客观条件,亦不了解 VB2 产品及菌种的生产工艺技术,不知这些为商业秘密,没有证据证实闻某某教唆付某某违法披露、非法使用 B 公司的涉案商业秘密,侵犯其商业秘密的事实,闻某某的行为不符合侵犯商业秘密罪的构成要件 |
| 11 | 何某 | 贪污 | 部分事实认定错误 | 何某利用职务之便,违规为其亲属办理低保手续,贪污国家低保金 51190.48 元;原判对何某的部分贪污犯罪事实认定错误 |
| 12 | 符某某 | 绑架 | 认定部分事实不清、定性不准 | 案发时符某某主要起到告知汪某某行踪的作用,并未实施掳人勒索行为,案发后符某某亦未分得任何好处。对此,原一、二审判决均已确认。符某某的行为构成非法拘禁罪。原一、二审判决认定符某某的行为构成绑架罪,属于定性错误 |

第一,关于瑕疵和缺陷证据的审查认定问题。现行法律规定允许对有缺陷、瑕疵的证据进行补正或作出合理解释后采用,但是补正与解释到什么程度才算弥补了证据的缺陷、瑕疵,这是法官在实践中需经常判断却也难掌握的问

题。第二,涉及专业性问题证据的审查认定问题。由于法官相关专业知识有限,对于所涉及的专业技术问题不了解,对鉴定意见盲目相信,导致对证据的证明力判断不准确,出现错案。当对于同一问题,不同的鉴定机构出具的鉴定意见不一致时,如何审查认定证据又成了问题。第三,对案件事实性质的正确审查认定问题。不少改判案件,其事实是清楚的,证据是确实、充分的,但由于法官对于特定法律事实的审查认定存在误读、偏差,导致事实认定错误。

## 八、法官解释和适用法律技能欠缺问题

在 175 件再审发改案件中,存在定性错误的 19 件次,发生适用法律错误的 56 件次,均占有很高的比例。尽管可能涉及法律的模糊性和因历史社会条件变化所带来的对法律解读的不一致性,但是更多的情况是法律规定是明确的,法官由于对法律规定不了解、理解不深刻或者对刑事政策把握不准确,导致适用法律错误。

| 适用法律错误案例 | |
|---|---|
| 错案类型 | 具体案例 |
| 对法律及相关司法解释掌握不够造成错判案例 | 贾某某非法经营一案。贾某某所经营的锦西百货商店持有烟草专卖零售许可证,又在正常进货渠道前提下的卖烟(真品卷烟)行为,一次性销售 900 条香烟,属于超范围经营,根据最高人民法院〔2011〕刑他字第 21 号批复之规定,不应以非法经营罪论处 |
| 对法律规定了解不深刻造成改判案例 | 张某合同诈骗一案。张某与其同学周某某、吴某某签订《融资协议》,并取得周某某、吴某某各 5 万元的事实清楚。但对于吴某某的 5 万元,张某已予退还,并且依照约定支付了红利;对于周某某的 5 万元款项,张某出具有欠条,说明其承认该笔债务(包括本金及红利)。根据该案的具体情况,张某虚构事实的行为属于情节显著轻微,可不以犯罪论处 |
| 对刑事政策把握不准确造成发回重审案例 | 廖某某故意杀人判处死刑一案。最高人民法院复核认为,廖某某因职称评定问题,迁怒他人,持械故意非法剥夺他人生命,其行为已构成故意杀人罪。廖某某故意杀人手段残忍,情节恶劣、后果严重,应依法惩处。鉴于廖某某犯罪后能主动到公安机关投案自首,如实供述自己的罪行,对廖某某判处死刑,可不立即执行,遂裁定撤销对廖某某的死刑判决,发回重审 |
| 总　　结 | 加强对法律法规及司法解释、死刑核准和不予核准案例的学习和理解,准确把握刑事司法政策 |

## 九、非法证据排除困难问题

《最高人民法院、最高人民检察院、公安部、国家安全部、司法部关于办理刑事案件排除非法证据若干问题的规定》于 2010 年颁布实施后,"非法证据排除

规则"已被新的刑事诉讼法解释所吸收。但在某省高院发改的 175 起案件中,没有一件是基于"据以定罪量刑的证据依法应当予以排除"的理由的。非法证据排除在审判实践中的适用情况不太理想,源于法官对"排除非法证据"存在诸多顾虑。第一,非法证据范围和标准不明确,法官不会排除。例如,对刑讯逼供等非法方法的理解问题。第二,排除非法证据的责任重大,法官不敢排除。犯罪的人为了逃避刑事责任,往往不会如实供述。这就要求侦查机关要使用某些侦查策略、侦查技巧,而这些侦查策略、侦查技巧的界限不清晰,有时甚至会突破一般的界限,法官在判断上总是左右为难,特别是在非法证据排除影响有罪认定的情况下,更是不敢轻易排除相关证据。第三,排除非法证据面临政治风险,法官不愿排除。被害人上访闹访、舆论压力、检察机关抗诉、上级法院审查等,都是法官在排除非法证据时不得不考虑的潜规则,甚至是更为重要的因素。

## 第三节　审判中心主义视角下刑事冤错案防范机制的建构路径

　　刑事案件终究还是由法院依法独立审判,我们必须系统建构刑事冤错案防范机制,才能真正做到通过科学制度严把案件证据关、事实关、程序关、法律适用关和文书关,依靠事实客观、证据扎实全面、文书说理充分、法律依据明确及定罪量刑公允来独立面对社会各界和人民群众,确保每一起刑事案件都经得起法律和历史检验。合理建构刑事冤错案防范机制的路径主要包括十个方面。

### 一、以人权保障和人文关怀为机制建构之基础

　　任何人不因他人的不法行为受处罚。"或者说,只有实施了犯罪行为的人才能承担刑事责任,或者说,任何人只对自己的不法行为承担责任,而不对他人的不法行为承担责任"[1]"刑讯逼供犹如诉讼程序中的一颗毒瘤,侵蚀着公众的法律信仰和对司法公正的期盼,在一次次的毒瘤破裂时,一个个人间悲剧就会悲壮地呈现在世人面前。"[2]刑事冤错案件发生过程中,侦查机关采取刑讯逼供、暴力取证是对人权的漠视;公诉机关将事实不清、证据不足,已撤回起诉的

---

〔1〕　张明楷:《刑法格言的展开》,法律出版社 2003 年版,第 81 页。
〔2〕　赵秉志主编:《中国疑难刑事名案法理研究》(第五卷),北京大学出版社年 2011 年版,第 184 页。

案件通过形式上的补充侦查重复起诉,是对人权的漠视;审判机关对明知有瑕疵或者以非法方法获取的证据予以采信、不认真听取被告人及其辩护人的意见,是对人权的漠视。"惩罚不应该比过错引起更大的恶感,犯罪的耻辱不应该变成法律的耻辱。"[1]2010 年施行的两个证据规定,明确了我国刑事司法过程中应"坚持证据裁判原则,严禁刑讯逼供,保护被羁押人权利"[2]。2012 年修正后的《中华人民共和国刑事诉讼法》(以下简称《刑事诉讼法》),将尊重和保障人权写入了总则,这意味着我国刑事诉讼开启了新的篇章。"宁可错放,也不可错判。"[3]"错案平反"的呼格案,"疑罪从无"的念斌案,均是中国刑事司法理念转型的标志性案例,是中国司法保障人权的标志性案例,充分体现了我国刑事审判理念的理性进步。"未来,中国刑法将进一步以人权保障为基石"[4],"保护人权在刑事诉讼中有两个含义:一是指通过惩罚犯罪,保护人民,保护人民的权利不受侵犯;二是指在诉讼中,保护被告人的合法权利以及保护无罪的人不受刑事追究"[5]。从重大冤假错案的历史教训中,我们深刻体会到,唯有人权保障和人文关怀深入人心,唯有将人权保障和人文关怀作为机制建构的基础,贯穿于侦查、公诉、审判中的每一个环节和每一处细节,才能从源头上减少以至杜绝冤错案的发生。

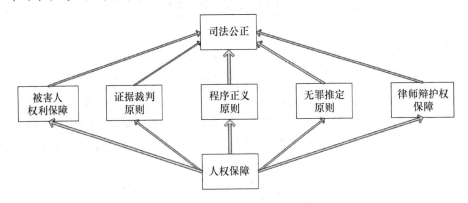

## 二、以证据规则和证据裁判为机制建构之核心

以"审判为中心"的诉讼制度改革,是要将侦查机关、公诉机关、辩护律师、

---

〔1〕 [德]马克思、恩格斯:《马克思恩格斯全集》(第一卷),人民出版社 1956 年版,第 148 页。

〔2〕 熊选国:《坚持宽严相济 依法保障人权》,摘自《光明日报》2011 年 7 月 13 日,第 7 版。

〔3〕 沈德咏:《我们应当如何防范冤假错案》,载《人民法院报》2013 年 5 月 6 日,第 2 版。

〔4〕 赵秉志:《中国刑法的演进及其时代特色》,载《南都学坛》2015 年第 2 期,第 74 页。

〔5〕 徐益初:《论我国刑事诉讼中的几个辩证关系——兼论完善我国刑事诉讼原则的问题》,载《中国法学》1990 年第 1 期,第 94 页。

审判机关在不同阶段、不同人员的工作都统一到审判中来,其核心是要以"庭审为中心",即控、辩、审三方在庭审中各自发挥作用,通过庭审的指控、辩护和调查,真正实现在庭审中确定证据的资格、合法性、证明力。因此,以庭审为中心的关键在于以证据为中心,指控、辩护及审判围绕着证据展开,对证据严格按照证据规则进行审查,紧紧依靠证据说话,通过对证据实质的举证、质证和认证,在庭审中实现查清事实的重要目标和任务。"如果说防止冤案的最后一道防线是审判,那么防止事实错误的最重要程序就是将定案证据在法庭上出示并质证。"〔1〕严格把握证据,认定事实,是防止冤错案件发生的制度基础。以证据为中心,要求公诉机关必须提出能够在庭审中接受质证、认证的检验,能够站得住脚、符合证明标准要求的证据。"我国《刑事诉讼法》中规定的'排除合理怀疑'是指排除符合常理的、有根据的怀疑,不仅包括'最大限度盖然性',而且包括结论之'确定性''唯一性'。"〔2〕无论是什么类型的案件,无论来自案子以外的审判压力有多大,都不能降低"证据确实、充分,排除合理怀疑"的证明标准。

### 三、以非法证据的排除规则为机制建构之保障

因非法证据应当排除而未排除的,在 175 起改判、发回案件中只有 1 件,但在申诉复查案件中,不少申诉人提出过受到刑讯逼供或者证人受到暴力取证,但通常这一申诉理由因为申诉人没法提供证据或者证据线索而被驳回。一方面,由于程序正义理念已经逐渐深入人心,在侦查阶段注重依法收集证据并保存收集证据合法性的材料,在审查起诉阶段主动排除非法证据;另一方面,则体现法官在排除非法证据时的顾虑。贝卡里亚断言,刑讯逼供"保证使强壮的罪犯获得释放,并使软弱的无辜者被定罪处罚"〔3〕。推进"以审判为中心"的诉讼制度改革,其中法官职业保障机制和错案追究机制的改革,都是为了打消法官排除非法证据的顾虑,大胆判断、勇于担当。"完善我国的非法证据排除规则必须从我国的实际情况出发,充分考虑规则的必要性、合理性和可行性,而且规则应该尽量具体明确,并有切实的保障措施和激励机制。"〔4〕坚决排除非法证据,并不意味着只要在侦办案件过程中发生了暴力、威胁、引诱、欺骗等行为,该供述就必然应当被排除。例如,侦查人员仅打了犯罪嫌疑人一个耳光,犯罪嫌疑

---

〔1〕　陈光中、于增尊:《严防冤案若干问题思考》,载《法学家》2014 年第 1 期,第 63 页。

〔2〕　陈光中、于增尊:《严防冤案若干问题思考》,载《法学家》2014 年第 1 期,第 63 页。

〔3〕　[意]切萨雷·贝卡里亚:《论犯罪与刑罚》,黄风译,北京大学出版社 2008 年版,第 37 页。

〔4〕　何家弘、何然:《刑事错案中的证据问题——实证研究与经济分析》,载《政法论坛》2008 年第 2 期,第 18 页。

人就供述了自己故意杀人的经过,那么不能因为侦查过程中的暴力(一个耳光),就排除了犯罪嫌疑人的供述。

## 四、以刑诉法无罪推定原则为机制建构之逻辑

最高人民法院沈德咏大法官指出,无罪推定原则、证据裁判原则和程序法治原则业已成为现代刑事证据乃至整个刑事诉讼制度的基石。[1]《刑事诉讼法》明确规定,任何人在未经依法判决有罪之前,应视其无罪,这意味着司法机关,特别是审判机关不能先入为主地将被告人视为罪犯。在我国,犯罪嫌疑人或者被告人有如实供述的义务,但是不得强迫任何人自证其罪,不能因为被告人没有或不能证明自己无罪而认定被告人有罪。证明被告人有罪、罪重的责任在于公诉机关,被告人不承担证明自己无罪或者有罪的义务。如果公诉机关不能提出确实充分的证据证实被告人的罪行,法院应该依法宣告被告人无罪。"我们主张疑罪从无,是为了从'模棱两可'的'泥潭'中及时解脱出来,是为了更加有力地打击真正的罪犯。因为让真正的罪犯逍遥法外,这才是最大的打击不力和最大的司法不公。"[2]法官必须恪守无罪推定原则,敢于坚持疑罪从无的司法原则。

## 五、以诉讼程序正义的理念为机制建构之模式

"理想的正义是形式要素和实体要素之和。"[3]努力让人民群众在每一个司法案件中感受到公平正义,最直观的感受就是程序正义。"通过审判程序,广大人民群众对司法是否公正可以更直接、更清楚、更真实地看到、感受到并作出评判;审判程序是司法制度公正与否形式与内容的统一、表与里的统一。"[4]《刑事诉讼法》是司法公正的程序保证,是防范冤错案件发生的制度保证。人民法院"必须进一步强化刑事诉讼程序公正意识,正确认识和充分认同程序公正的价值,准确理解和切实践行程序公正的内在属性"[5]。严格依照刑事诉讼程序审判,也是避免案件因违反程序规定而被发回重审、指令再审或者改判的制度性保障。

---

〔1〕　沈德咏:《论疑罪从无》,载《中国法学》2013 年第 5 期,第 21 页。

〔2〕　沈德咏:《论疑罪从无》,载《中国法学》2013 年第 5 期,第 11 页。

〔3〕　[美]戈尔丁:《法律哲学》,齐海滨译,生活·读书·新知三联书店 1987 年版,第 237 页。

〔4〕　张军:《关于审判程序规范化的几点思考》,载《人民司法》2008 年第 17 期,第 6 页。

〔5〕　黄尔梅:《认真贯彻修改后刑事诉讼法 切实保障刑事司法程序公正》,载《人民法院报》2012 年 6 月 13 日,第 5 版。

## 六、以切实保障律师辩护权为机制建构之关键

辩护权是被告人权利的核心和基础,有学者认为"辩护人是被追诉人所有诉讼权利的总和"[1]。在过去的刑事司法实践中,辩护权常常被认为在刑事审判中被架空了,没有发挥其应有的作用。在2009年至2014年20件经再审宣告无罪的案件中,被告人及其辩护人都在原审中提出了无罪的辩护意见;然而,这些无罪意见都没有受到足够的重视,文书的裁判理由也没有针对性地作出回应。切实保障律师辩护的正当执业履职环境,充分尊重人权和保障辩护权,是防范冤错案件发生的关键所在。在刑事审判的具体阶段,给予被告人及其辩护人充分的辩护时间,进行实质性的辩护行动。在认真听取和评价被告人及其辩护人提出的辩解理由和辩护意见,在撰写审理报告、合议庭评议、审委会讨论、写作裁判文书时,要针对辩护意见,逐一作出评价,并说明采信或不采信的具体理由和法律依据。

## 七、以理顺公检法相互关系为机制建构之补充

"刑事司法的公正性是刑法公正性的首要之义,但刑法公正性的真正实现还有待于刑事司法的公正性。"[2]由于我国刑事司法活动的特殊规定性,侦查、公诉、审判阶段的最终目标是一致的,那就是惩罚犯罪,保护人权;从《刑事诉讼法》的规定看,三个阶段对证明标准的要求是一致的,那就是"事实清楚,证据确实、充分,排除合理怀疑"。过去,公检法更强调配合,制约不足。例如,江某某贪污再审宣告无罪一案,原一审法院经审判委员会讨论认为该案事实不清,证据不足,向上级人民法院请示,该院审判委员会讨论后也认为证据不足,但建议进一步鉴定。原一审法院曾建议检察院撤诉,后经过再次鉴定,法院认定了鉴定书中的一笔款项为江某某贪污。人民法院实际上承担了证明被告人有罪的工作。公检法机关的相互配合,是中国特有的刑事审判模式的优势,应予坚持。然而,作为案件的最终裁判者,法院以其裁判结果独立面对人民、社会、历史的检验,因此,应该站在更加中立的立场,居中裁判,而不是始终与检察机关和侦查机关一起并肩作战。"当然,强调以审判为中心,并不是说以法院为中心,更不涉及公安、检察、审判机关谁高谁低的问题,而是公检法三机关办案活动都应围绕审判工作进行。"[3]

[1]　熊秋红:《刑事辩护论》,法律出版社1998年版,第6页。
[2]　陈兴良:《刑法的价值构造》,中国人民大学出版社1998年版,第280页。
[3]　李少平:《全面推进依法治国背景下的司法改革》,载《法律适用》2015年第1期,第10页。

## 八、以审理查明和认定事实为机制建构之支柱

　　法官在庭审中如何审理查明事实和认定事实,是法官审判能力的一个重要体现。严把事实关就是在对证据依法采信的前提下,准确认定事实,对事实进行准确的定性,这是准确适用法律的前提和基础。对事实的认定和定性,对于一审法院而言尤为重要。一审法院与公诉机关、被告人之间有最直接、最深入的接触,因此最有利于事实的审查和认定。"有一分证据说一分话"[1],尽管是针对侦查阶段提出的要求,然而,这对于审判环节而言更为重要。法院判决认定的每一部分事实,都要有证据证明;无论是有罪事实或者无罪事实,无论是罪轻事实还是罪重事实,无论是定罪事实还是量刑事实,都要根据拥有证明力的,确实、充分的证据予以认定;同时,要求所认定的事实已经排除了合理怀疑。

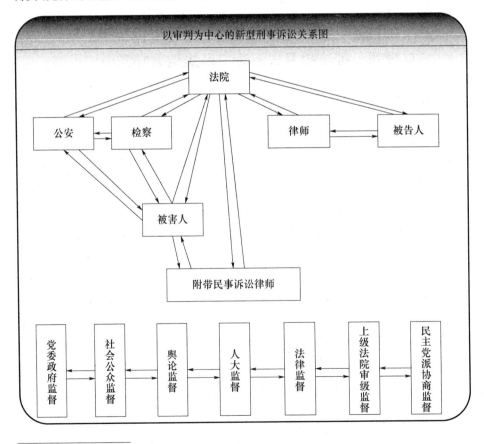

以审判为中心的新型刑事诉讼关系图

---

〔1〕　此为刑事鉴识学专家李昌钰博士的座右铭。

## 九、以正确解释和适用法律为机制建构之内涵

在我国新型的犯罪手段、类型和犯罪形式日益多样化、复杂化的语境下,在刑事法律及相关司法解释日渐增多的情况下,准确解释和适用法律应当成为刑事冤错案防范机制建构的内涵。构建及时总结和发布有关司法解释工作机制。司法解释发布机构、发布方式都不尽相同,这使得刑事审判法官难以接触到全部的司法解释。最高人民法院特定庭处室对于具有普适性的个案批复,应当及时予以发布,构建指导案例及时发布学习和引用机制,以有效指导全国范围内的刑事审判。最高人民法院自 2011 年 12 月发布第一批指导性案例以来,至今一共发布了十批 52 件指导性案例,其中,属于刑事指导性案件的有 9 件,分别为受贿案 1 件,故意杀人案 2 件,贪污案 1 件,非法买卖、储存危险物质 1 件,抢劫 1 件,盗窃、诈骗 1 件、拒不支付劳动报酬 1 件,危险驾驶 1 件。指导性案例的选择,主要是较多发的、人民群众比较关注的案件类型;这些指导性案例,对特定类型案件涉及的部分典型问题、法律规定不够明确的、争议较大的问题进行了厘清和解答。此外,尽可能统一定罪量刑尺度。裁判文书上网制度使得全国不同地区、不同时期的案件裁判结果得以被所有人获取。定罪量刑的不统一很容易引起当事人的不满,以及社会公众的关注。因此,应当加快推进量刑规范化改革,同时,加强对刑事法官审判技能和业务培训,在全国范围内统一裁判尺度。

## 十、以总结经验和研究方法为机制建构之发展

机制建构是建立在总结审判经验和及时调整方法论指引的基础之上的,最高人民法院南英大法官主编的《刑事审判方法》就是近几年来法院刑事审判实践经验上升到司法哲学理论层面的方法论总结。[1] 总结刑事审判经验和研究刑事审判方法是帮助一线刑事法官理顺办案思路的最好路径,同样也是刑事冤错案防范机制建构的发展方向。"在很多刑事法官的司法阅历中,这种思路往往是自发的、经验的甚至是琐碎和凌乱的。苗有水从刑事法官运用技术理性判断刑事案件的方法的角度,论述了刑事审判的三个思路,即往返于案件事实和构成要件之间;在刑事证据规则的指导下审查和确认事实;在罪刑法定和罪刑

---

〔1〕　南英、高憬宏:《刑事审判方法》,法律出版社 2013 年版。

相适应原则的视野内能动地解释和适用法律。"[1] 这三个刑事案件办案思路对于当前刑事法官办案的指导性意义重大。如果能随着推进"以审判为中心"诉讼制度改革的深入,将经验和方法也选择建构成为一种刑事审判权运行机制的制度性运行模式和发展方向,刑事冤错案防范机制建构将会不断得到法官职业群体司法实践经验和司法智慧的完善、改良与发展。

建构"以审判为中心"的刑事冤错案防范机制必须依靠法律共同体的共同努力才能真正实现。由于现阶段侦查机关和公诉机关还不可能完全按照理想化的刑事诉讼司法制度来满足法院刑事审判工作需求,人民法院和刑事法官必须敢于担当,让我们用职业法官们缜密的法律思维和周严的逻辑推理来审理查明事实,用睿智而审慎的司法智慧准确解释和适用法律,用廉洁自律和慎独慎权规范我们的言行,用勇敢的心裁判,用勤奋的心总结和研究,与参与刑事诉讼的法律职业共同体一道共同探寻建构刑事冤错案防范机制的正确路径和方法。

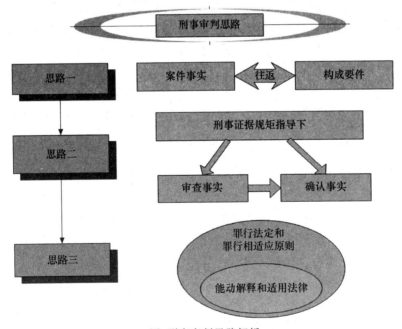

图:刑事审判思路解析

〔1〕 牛克乾:《刑事法官的审判思路与审美境界——读〈刑事审判的一般思路〉有感》,载《人民司法》2013 年第 13 期。

# 第十四章

# 公信载体:从刑事再审裁判文书的写作规则看司法公信力提升路径

刑事审判监督程序属于特殊的刑事救济程序,这一程序不同于刑事一审和二审程序,有其特殊的规律。刑事审判监督程序是对已经发生法律效力的刑事案件再次进行程序和实体意义上的法律评判,而这一法律评判最集中的体现就是刑事再审裁判文书。刑事再审裁判文书撰写的难点在于,经过多次审理的案件,只有通过认真梳理才能使裁判文书显示出更为清晰的脉络;再审作为对案件的再次评判,无论是改判还是维持原判,均需要更加充分说明理由;如果原审裁判文书存在事实认定不清、事实认定错误、事实表述不当,证据采信不当,证据罗列方式不合理等问题,再审裁判文书就必须克服原审裁判文书的影响,有时"推倒重来"比"白手起家"更为艰难。本章提出,提高撰写刑事再审裁判文书的写作技能和水平,需要根据刑事再审司法规律和实践经验总结写作规则和方法。本章以中国裁判文书网公开的 305 篇再审刑事判决书和刑事裁定书为研究样本进行实证分析,[1]论述刑事案件再审裁判文书的写作规则与方法,揭示刑事审判监督工作规律以及再审案件透射出的审判监督司法理念,总结刑事再审裁判文书的一般写作规则和方法。

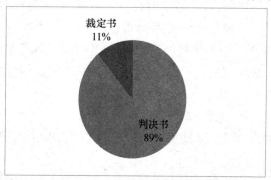

表:305 篇裁判文书类型

---

〔1〕 其中,刑事判决书 271 篇,刑事裁定书 34 篇。

## 第一节　刑事再审裁判文书写作与审判
### 监督理念的辩证统一

### 一、再审启动程序主动性与被动性兼具的特殊规律

法律明确规定的三种启动再审途径，一是院长发现；二是最高人民法院发现和上级人民法院发现；三是最高人民检察院、上级人民检察院抗诉。从启动再审的程序而言，"院长发现"可以作为一种主动的形式，尽管发现的途径可以来自当事人及其法定代理人、近亲属的申诉，还有可能是检察机关的检察建议。当事人的申诉或者检察机关的建议，尽管在司法实践中有复查程序，但并不是刑法上的审理程序，而是人民法院发现错案的一个途径。此外，还有人民法院在审理案件过程中发现错案的情形和法院通过自查或者上级法院检查中发现错案线索启动再审，这也是法院发现原判确有错误主动再审的情形。检察机关抗诉则是一种人民法院被动的启动再审的形式。

### 二、维持既判力原则与有错必纠原则平衡的特殊规律

终审判决（裁定）一旦作出，必须有相当的稳定性；否则，"终审不终"将导致社会关系一直处于不稳定的状态，最终也会损害司法的权威性。因此，司法必须容忍人民法院在量刑幅度范围内的自由裁量，对于偏轻与偏重的裁判，不宜轻易启动再审予以改判。我国刑事再审程序坚持"实事求是、有错必纠、不枉不纵"的指导原则，"有错必纠"要求对于在罪与非罪之间、在量刑畸轻或畸重时，都没有自由裁量的余地。可见，维持既判力与有错必纠之间是辩证统一的关系，不能失之以衡。

### 三、有罪推定的旧习与疑罪从无原则两难的特殊规律

再审案件与一、二审案件最大的不同，是再审案件是对原本已经发生法律效力的案件进行重新评判，被告人在原审中已经被认定为有罪，其身份上就是罪犯，是被法院确认的犯有特定罪行的人。部分当事人在申诉时认为，其只要

对案件认定的事实提出一点疑点，事实只要有一部分细节认定得不明确，对证据提出一点质疑，法院就应当进行调查，或者对案件进行再审，这是对刑事审判监督程序的误读。在一、二审阶段，证明被告人有罪或者罪重的责任应当在检察机关，而一旦判决、裁定发生了法律效力，这个证明责任就不再是检察机关，而是转移到了当事人一方。当事人必须提出证据或者证据线索，证明原判认定的事实确有错误。换句话说，刑事审监法官在审查申诉案件时，应当坚持有罪推定的原则，而不是在案件未决状态时的无罪推定。

　　但另外，对刑事案件进行复查、再审，同时又必须要坚持疑罪从无原则，而不能疑罪从有或者疑罪从轻。疑罪从无针对的是原审中的证据不确实、不充分，不具有排他性，不能排除合理怀疑，或者证据链不完整等，不能完全证明检察机关所指控的犯罪事实，那就必须根据疑罪从无的原则作出有利于被告人的评价。例如，广东珠海中院审理的徐某奸杀案，由于被告人供述的细节与现场勘查情况高度一致使得供述不合情理；被害人体内提取的精液经DNA鉴定一个是其男友的，另一个"不能肯定是徐某的，也不能排除是徐某的"；等等，疑点不能排除，珠海中院以事实不清、证据不足为由对坚持申诉16年的徐某宣告无罪。还有湖北安陆法院对王某贩卖毒品一案，对于部分贩卖毒品的事实，由于被告人供述与证人证言不一致，因此，法院从排他性角度和疑罪从无的原则，仅认定供证一致的王某向谢某贩卖毒品麻果2次的犯罪事实。"宁可错放，也不可错判。"[1]"疑罪从无的最大风险就是有可能放纵犯罪，而疑罪从有的最大恶果就是有可能出现冤假错案……在必须作出抉择的时候，就要权衡哪种结果对社会秩序的破坏更大。"[2]"我们主张疑罪从无，是为了从'模棱两可'的'泥潭'中及时解脱出来，是为了更加有力地打击真正的罪犯。因为让真正的罪犯逍遥法外，这才是最大的打击不力和最大的司法不公。"[3]疑罪从无的原则，不论是一、二审阶段，还是再审阶段，都必须坚持的刑事司法原则。

## 四、原审证据证明力偏低与证据裁判矛盾的特殊规律

　　证据裁判原则贯穿了刑事再审的全部程序，包括启动程序和审理程序。现行司法解释规定，符合以下情形的应当决定重新审判：有新的证据证明原判决、

---

〔1〕　沈德咏：《我们应当如何防范冤假错案》，载《人民法院报》2013年5月6日，第2版。
〔2〕　沈德咏：《论疑罪从无》，载《中国法学》2013年第5期，第8页。
〔3〕　沈德咏：《论疑罪从无》，载《中国法学》2013年第5期，第11页。

裁定认定的事实确有错误,可能影响定罪量刑的;据以定罪量刑的证据不确实、不充分、依法应当排除的;证明案件事实的主要证据之间存在矛盾的;主要事实依据被依法变更或者撤销的。[1] 可见,"证据问题"是重新审判的原因。经过再审后,同样要依照证据裁判原则,准确认定事实,并依照处理:对于依照第二审程序审理的案件,原判决、裁定事实不清或者证据不足的,可以在查清事实后改判,也可以裁定撤销原判,发回原审人民法院重新审判;对于原判决、裁定事实不清或者证据不足,经再审审理,事实已经查清的,根据查清的事实依法裁判;事实仍无法查清,证据不足,不能认定被告人有罪的,应当撤销原判决、裁定,判决宣告被告人无罪。[2]

## 五、重实体、轻程序与程序正义原则对立的特殊规律

程序正义原则在刑事再审程序中有着至关重要的意义。其一,违反程序正义原则的要求,是重新审判的法定理由。[3] 其二,刑事再审程序是当事人寻求司法救济的最后一道屏障。我国刑事案件在二审终审的原则性规定下,《刑事诉讼法》又赋予了当事人以申诉权,当事人得以对已经发生法律效力的案件提出申诉,人民法院应当保障当事人的申诉权利。其三,人民法院复查申诉案件,审理再审案件要符合法律规定的程序性规定,包括审限要求、开庭规定:依照法律规定的审理期限审理案件,不无故拖延;对法律规定应当开庭审理的必须一律开庭审理,对法律规定可以开庭审理的也尽可能开庭审理,充分保证当事人的各项诉讼权利。

## 六、同等保障刑事被告人与被害人人权的特殊规律

新修正的《刑事诉讼法》将尊重和保障人权写入总则,这意味着人权保障成为全部刑事诉讼活动的一项基本原则。刑事再审程序,正是通过对案件的重新审判,真正实现对"惩罚犯罪分子,保障无罪的人不受刑事追究""保护公民的人身权利、财产权利、民主权利和其他权利"的任务,其中包括对无辜被告人人权的保障,也包括对被害人人权的保障,两者不可偏废。为什么要坚持"有错必

---

〔1〕 参见《最高人民法院关于适用〈中华人民共和国刑事诉讼法〉的解释》第375条第2款第(1)至(4)项规定。

〔2〕 参见《最高人民法院关于适用〈中华人民共和国刑事诉讼法〉的解释》第389条的规定。

〔3〕 参见《中华人民共和国刑事诉讼法》第242条第1款第(4)项规定,违反法律规定的诉讼程序,可能影响公正审判的,人民法院应当重新审判。

纠"的原则,正是因为任何的错判,都是对人权保障原则的破坏。"未来,中国刑法将进一步以人权保障为基石,以刑法的公正性、平等性、科学性为目标,不断推动刑法立法的繁荣与进步,更好地服务于中国社会发展的需要。"[1]

## 第二节 刑事再审裁判文书的规则、特点与现行文书的不足

### 一、刑事再审裁判文书的共性特点

所有的刑事再审裁判文书基本上都包括以下基本内容:当事人身份情况,原判审理经过,案件来源及再审经过,原审认定的事实,原审裁判理由,申诉或抗诉理由、再审理由,再审认定的事实,再审裁判理由,裁判法律依据,判项,落款。

### 二、刑事再审裁判文书的差异性

1. 案号类型

从裁判文书的案号中,一般都能直观地看出案件的审判机关、审理阶段,如福建省福州市中级人民法院审理的(2014)榕刑再终字第 3 号案件、湖北省高级人民法院审理的(2013)鄂刑监一再终字第 00012 号案件。部分案件的案号没有突出再审程序的特点,如河南省驻马店市中级人民法院再审的司某某交通肇事案的刑事判决,案号为(2015)驻刑二终字第 00055 号;部分案件案号没有明确列明再审程序是一审或者二审阶段,如广东省汕尾市中级人民法院再审的(2015)汕尾中法审监刑再字第 1 号案件。

2. 对当事人的称呼

在刑事再审裁判文书中,对当事人(以被告人为例),通常被称为原审被告人、原审上诉人、申诉人。有些裁判文书在整份裁判文书中只使用一个称呼,即"原审被告人",如安徽省高级人民法院审理的张某等故意杀人、抢劫罪再审的(2014)皖刑再终字第 00005 号刑事判决,浙江省高级人民法院审理的潘某受贿

---

〔1〕 赵秉志:《中国刑法的演进及其时代特色》,载《南都学坛》2015 年第 2 期,第 74 页。

再审的(2014)浙刑再抗字第 1 号刑事判决。有些则注重在裁判文书中体现被告人在不同审判程序中的特点,如江苏省高级人民法院审理的姜某、王某某贪污、挪用公款再审的(2011)苏刑再终字第 0001 号刑事判决,在表述一审程序、上诉程序、再审一审程序、再审二审程序中分别使用了被告人、上诉人、原审被告人、原审上诉人的称呼。有些还突出了申诉案件的特点,在裁判文书表述再审内容时使用"申诉人"的称呼,如贵州省安顺市中级人民法院审理的申诉人金彪、杨荣、赵文学等人抢劫、盗窃、掩饰隐瞒犯罪所得收益罪一案的(2015)安市刑再终字第 3 号刑事判决。

　　3. 内容的差异

　　刑事再审裁判文书一般不表述公诉机关起诉指控的内容,这也是最高人民法院公布的刑事再审裁判文书的标准范式,因为再审案件主要是针对原审认定的事实和证据进行评判。也有个别法院(如湖北高院)为了体现诉讼的完整性,在刑事再审裁判文书中仍然保留公诉机关指控的内容,在内容上可能会显得重复和累赘,但有助于阅读者了解审理的全过程,也不失为一种有益的尝试。由于案件具体情形的不同,再审裁判文书对事实和证据的表述差异很大。再审认定的事实和证据与原审认定的一致,特别是控辩双方对于事实和证据没有异议的,不再重复表述事实,证据则可能采取完全列举或者证据名称的简单罗列。再审认定的事实和证据与原审认定的不一致的,如果是案件的主要事实发生变化,通常采取简单表述原审,详细表述再审认定的事实和证据;如果是案件的部分事实发生变化,则可能有不同做法,既可能采取上述同样做法,也可能详细表述原审,再针对性地表述再审认定的不一样的事实部分。再审中当事人或者检察机关提交了新的证据的,应当针对其提交的新的证据进行详细评价。刑事再审裁判文书并没有强制性的规定附相关法条,部分法院选择在裁判文书的最后附相关法条,如安徽高院、上海高院的再审文书,这有助于帮助当事人充分了解人民法院的裁判依据,让人一目了然,一则省去查找法律条文的麻烦和时间,二则也直接通过裁判文书普及了法律知识,不失为一种有益的尝试。

## 三、刑事再审裁判文书的不足

　　刑事再审裁判文书的制作,应当坚持规范性的原则,按照最高人民法院下发的刑事再审裁判文书样式和技术规范要求制作,保证刑事再审裁判文书的基本结构,并符合裁判文书的一般技术性规范。从中国裁判文书网公开的刑事再审裁判文书中可以看到,目前刑事再审裁判文书还存在以下的不足。

1. 裁判文书的规范性有待进一步加强

(1)称谓不统一

对于当事人的称谓,正如前所述,不同法院对于当事人在裁判文书全文中的称谓并不一致,建议根据相关诉讼程序,表述当事人的身份。即:

申诉人(原审被告人,二审上诉人)李某某,……

公诉机关指控,被告人李某某……

××人民法院一审认定,被告人李某某……

被告人李某某不服,提出上诉……

××人民法院二审认定,上诉人李某某……

原审上诉人李某某不服,向××人民法院提出申诉。

本院再审认定,申诉人李某某……

……判决如下:申诉人李某某无罪。

(2)引用法律、法规不统一

一是刑事再审裁判文书是引用全部定罪量刑的法律、法规,还是只引用涉及改判部分的法律、法规,做法不统一。例如,湖南省郴州市中级人民法院(2014)郴刑再终字第3号刑事再审判决,陈某军、张某、胡某兵、邱某犯故意伤害罪、寻衅滋事罪再审一案的争议事实为邱某是否构成累犯,该院以邱某在犯前罪抢劫罪时未满十八周岁为由,认定邱某不构成累犯;该判决引用了《中华人民共和国刑法》(以下简称《刑法》)第234条第2款(故意伤害罪)、第293条第1款第(2)项(寻衅滋事罪)、第25条第1款(共同犯罪)、第27条(从犯)、第69条(数罪并罚)和《刑事诉讼法》第245条(按审判监督程序重新审判案件的审理程序)、第225条第(2)项(二审案件的审理程序),即引用了关于定罪量刑的全部法律条款。

二是先引用实体法还是先引用程序法不统一。最高人民法院范文规定,"并列引用多个规范性法律文件的,引用顺序如下:法律及法律解释、行政法规、地方性法规、自治条例或者单行条例、司法解释。同时引用两部以上法律的,应当先引用基本法律,后引用其他法律。引用包括实体法和程序法的,先引用实体法,后引用程序法"。[1] 从这一规定看,裁判文书在同时引用实体法和程序法时,应当先引用实体法,后引用程序法,然而,在司法实践中,对于实体法和程序法的引用先后问题,各地人民法院并不一致。经统计,笔者所收集的刑事再审裁判文书中,同时引用实体法和程序法的,先引用实体法后引用程序的有165件,先引用程序法后引用实体法的有58件。

---

[1] 参见《最高人民法院关于裁判文书引用法律、法规等规范性法律文件的规定》第2条。

三是部分案件只引用了实体性规范或者程序性规范。仅引用实体法或者程序法,并不违反法条引用的强制性要求,但是对于再审案件而言,无论是维持原判还是撤销原判,处理结果都可以在程序法中找到依据。

2. 辩护权保护有待进一步加强

辩护权是被告人权利的核心和基础,甚至有学者认为,"辩护人是被追诉人所有诉讼权利的总和"[1]。然而,我国的刑事审判中,对于辩护权的尊重和保障不足,一直为人所诟病。体现在刑事再审裁判文书中,就是对被告人的辩解意见和辩护人的辩护理由简单概括,概括不准确、不完整。对于被告人的辩解意见和辩护律师基本没有在裁判文书中予以对应说明理由,说理不充分甚至没有说明理由。"如果法官不采纳被告人及其律师提出的无罪或者罪轻的辩护理由,就必须逐一反驳,而不能简单地说一句'被告人与辩护律师的辩解不成立'。"[2]

3. 事实认定依据不足,说理不足

第一,一些案件尽管认定了相关事实,但某些特定的细节、情节实际上没有列举相应的证据,使得事实的认定显得依据不足,或者某些事实的认定,实际上没有证据证实。

第二,部分刑事再审裁判文书说理不充分,简单地引用法条、或者将案件基本事实表述并直接得出被告人的行为构成或者不构成某种罪名。对于简单的案件,控辩双方对事实和证据基本没有异议时,这样处理并无不当。但对于部分情节复杂、涉及的关系复杂、控辩双方争议较大的案件,没有推理的过程,只简单的套用法条,难以说服控辩双方。这一方面是由于我国刑事审判法官一直以来的刑事法律思维训练的不足,另一方面是由于部分刑事法官存在"多说多错,少说少错"的想法,害怕承担责任,不愿意深入地剖析、充分地说理。

第三,由于部分案件的部分事实和证据确实有存疑之处,而裁判文书选择对这部分的事实和证据的认定采取回避的态度,以免显出裁判依据的不充分和对裁判结果的不自信。而裁判文书说理的不充分,是导致部分当事人不停上访、申诉,检察机关坚持抗诉的原因。"加强裁判文书说理是提高司法公信力的切入点。"[3]

---

[1] 熊秋红:《刑事辩护论》,法律出版社 1998 年版,第 6 页。

[2] 张明楷:《耐心倾听、正确判断与合理采纳——法官的正确思维及对控辩意见的合理判断》,载《法律适用》2012 年第 7 期,第 27 页。

[3] 颜研生:《论刑事裁判文书说理与司法公信力》,载《广西政法管理干部学院学报》2013 年第 2 期,第 92 页。

| 刑事再审文书不足统计图 | | |
|---|---|---|
| 文书规范不足 | 1. 称谓不统一 | |
| | 2. 引用法律、法规不统一 | A. 全部引用或部分引用 |
| | | B. 实体法、程序法引用先后顺序不统一 |
| | | C. 实体法、程序法引用与否不统一 |
| 辩护权保护不足 | 1. 对辩护意见概括不完整、不准确 | |
| | 2. 对辩护意见采信与否说理不透彻 | A. 对辩护意见不回应 |
| | | B. 过于简单回应 |
| 说理不足 | 1. 事实和证据认定的说理不足 | A. 证据是否采信和采信理由说理不足 |
| | | B. 事实认定说理不足 |
| | | C. 回避存疑事实 |
| | 2. 法律适用的说理不足 | A. 简单引用法条，缺乏论证过程 |
| | | B. 未公开自由心证过程 |

## 第三节　刑事再审裁判文书的写作规则、方法与改革的方向

### 一、用规范化的格式和形式体现再审规律

"理想的正义是形式要素和实体要素之和。"[1]一篇形式规范、格式完整的刑事再审裁判文书，能够让人一目了然。正如前述，我国的刑事再审裁判文书所包含的基本内容是一致。总的说来，目前的刑事再审裁判文书的形式已经基本完备，但仍然可以在其完整性上作进一步的改进。例如，绝大多数刑事再审裁判文书没有公诉机关指控内容，也没有在原审中被告人及其辩护人的辩解意见和辩护理由，仅表述原审法院原审中认定的事实。这是由于再审是基于原审认定的事实和证据开展的，也是为了避免裁判文书过分拖沓冗长。但从内容完整性来讲，有诉才有审，正如刑事裁判文书有"公诉机关指控"部分，刑事再审裁判文书同样可以保留该部分。"判决书不仅是写给当事

---

〔1〕　[美]戈尔丁：《法律哲学》，齐海滨译，生活·读书·新知三联书店1987年版，第237页。

人看,而且更是写给天下人看。"〔1〕将案件审理的全过程在刑事再审裁判文书中予以展现,可以让所有看到刑事再审裁判文书的人,都能了解案件审理情况全貌,更加符合裁判文书公开的真正目的。完整地展示诉讼程序过程,既是公开审判司法原则的具体要求,也有利于向社会公众展示法官严谨细致的审判作风,有利于消除"暗箱操作"的疑虑,有利于增强裁判的权威性和公信力。

## 二、加强再审裁判文书的说理

十八届三中、四中全会公报中关于司法改革内容均提出了要加强文书说理的要求。〔2〕增强刑事再审裁判文书的说理性,是刑事再审裁判文书改革最重要的目标。

1. 针对申诉理由、抗诉理由和决定再审理由说理

作为刑事再审裁判文书,其最重要的特征是对已经发生法律效力的案件进行评价,而申诉人的申诉理由、检察机关的抗诉意见、人民法院决定再审的理由有时是针对全案的,更多的情况仅仅针对某一个或者某几个犯罪事实、量刑事实,或者法律适用情况,因此,刑事再审裁判文书没有必要"胡子眉毛一把抓",重新对全案的事实和证据进行评价,特别是控辩双方没有异议,而且经过再审认定与原审无异的事实和证据部分。刑事再审裁判文书主要是针对控辩双方有异议的事实和证据,以及经过再审后,再审法院认定的事实和证据与原审认定不一致的部分,进行有针对性的评判。这既是刑事再审案件中"有罪推定"原则的适用,也是为了提高刑事再审案件的效率,实现程序正义的保证以及对检察机关抗诉权的尊重。

2. 针对定罪理由的说理

定罪的说理包括事实、证据和法律适用的说理。第一,针对案件法律事实构建的本质和特点来说理;第二,针对证据的采信来说理;第三,针对双方在构建事实、适用法律过程中的争议焦点来说理。对于刑事再审案件,关键在于针对再审认定的事实和证据与原判认定的事实和证据不一致的部分进行说理。如此,才能为改变原审裁定赋予充分的理由。

---

〔1〕 田成友:《法官要贡献自己杰出的作品》,载《法制日报》2009年2月24日,第5版。

〔2〕 党的十八届三中全会《中共中央关于全面深化改革若干重大问题的决定》明确要求"增强法律文书说理性",十八届四中全会《中共中央关于全面推进依法治国若干重大问题的决定》再次要求"加强法律文书释法说理",《人民法院第四个五年改革纲要(2014—2018)》对"推进裁判文书说理改革"进行了具体部署。

3. 针对量刑理由的说理

量刑公正问题日益成为社会各界关注的焦点问题,特别是裁判文书在全社会公开后,相同情形不同判决结果,将引起当事人的极大不满,也严重影响了刑事司法的权威性。量刑规范化改革已经成为当前刑事审判改革的焦点和难点问题。量刑规范化将量化引入量刑机制,采取"定性分析与定量分析相结合"的量刑方法,同一法律适用标准,规范法官的裁量权。量刑规范化使得量刑的结果更为合法和适当,同时也使得量刑的过程更加公开和透明。然而,在刑事裁判文书中,我们依然没能看到量刑过程的展示。笔者建议,在刑事裁判文书的改革中,增加刑事案件的量刑说理部分。特别是以量刑不当为由改判的刑事再审案件而言,对量刑的说理部分更为重要。在司法实践中,刑事审判法官对于判处有期徒刑的案件,均会制作量刑评议表。如同将相关法条附在刑事裁判文书之后一样,将案件的量刑表附于文书之后,清晰明了、直观地展示量刑的依据、过程和结果,说明量刑结果的合法性、适当性,增强量刑过程的公开性和透明度。

## 三、裁判文书的风格

说到裁判文书的风格,不得不提 2015 年 6 月在微信朋友圈最火的一篇刑事裁判文书,被称为惠阳"许霆案"的于德水盗窃案的刑事判决,甚至有人称为"最伟大的判决"。这件案件的犯罪事实并不复杂:于德水在银行柜员机上准备存钱,但发现取款机故障,钱存不进去,账户余额却有增加。因此,他把钱往有故障的 ATM 机存了十多次后,其账户里增加 9 万多元。然而该案的"本院认为"部分用了 6752 个字,对罪与非罪、此罪与彼罪、刑罚的衡量,从技术、与许霆案的差异、专家意见、控辩双方的意见、刑法理论、立法本意、人性剖析、主观恶性、行为方式、犯罪后果等角度,进行了"苦口婆心"的说明,毫无保留地展示了法官自由心证的过程。尽管对于这份刑事裁判文书的评价有不同的声音,但不可否认的是,这篇情理法相结合、极具个性的刑事裁判文书,是一份极为经典的判决。对刑事再审裁判文书的撰写,有着极有益的启示。

1. 个性化

在司法实践中,刑事案件的事实各异、类型多样,个性化的裁判文书不仅仅不会削弱其说理性,而恰恰只有个性化的裁判文书才能加强其说理性。裁判文书的个性化主要体现在事实、证据的认定,以及理由论证的写作上,要求裁判者根据具体案情,具体分析,反映案件的个性特征,将裁判结果的形成过程,逻辑

性地展示在刑事再审裁判文书之中。追求刑事再审裁判文书的个性化,有多种途径和方法:

(1)在裁判文书中表达法官的道德情感主张,这在原审定罪结果符合法律相关规定,量刑在法律规定幅度范围之内的情况下十分必要。从道德情感的角度出发,原判的量刑应当进一步从轻、减轻或者从重时,在裁判文书中对强烈的法官的道德情感主张进行表达,才能在当事人及社会公众中引起共鸣,认可再审改判的结果。

(2)法官后语。法官在裁判文书后附加针对案件所表达的个人看法。法官针对个案情况和特点,进一步阐述观点,说明案件本身或者案件之外所折射的法律精神和法治内涵,或者表达对当事人表达法官所寄予的期望,以情感人,以理服人。法官后语的目的在于"激活长久以来严肃之法律理性,体现判决之道德关怀"[1]。

(3)开创新的案件事实和证据的展示方式。例如,在刑事裁判文书中加入示意图、表格等,让案件的事实和证据的展示更为直观,一目了然。

2. 人性化

刑事再审裁判文书既要体现依法性,又要体现人文的关怀。惠阳"许霆案"的刑事判决中提到,"这一盗窃案是否发生,几乎产生于公民贪欲是否膨胀的一念之间。面对这种罪案,普通公民关注的应该是自己面对这种情况会怎么选择,而不会因这一特殊形式的盗窃对自己的财物产生失窃的恐惧感。所以,这一犯罪对社会秩序和公民的人身财产安全感并不会产生恶劣影响,本案的社会危害性比常态化的盗窃犯罪要小得多"。这与20世纪80年代的比利时布鲁塞尔法院所作出的具有历史影响力的判决一样,充满了人文关怀的光芒。刑事再审裁判文书不能只机械地反映法律规范,而是要从中体现现代法治文明的刑事审判监督理念,体现刑事再审程序对人权的保护,对社会良好风气的传扬,对人本身的尊重。

裁判文书不仅是法官的名片,也是法院的名片,更是中国司法的名片。"裁判文书好坏不仅是法官自身的荣誉,更关乎法律的生命和尊严,社会的公平正义、人民的福祉和信仰。"[2]"诉讼文书的质量不仅仅是一个文化水平和驾驭语言文字的技巧问题,而是法官的政治、法律素养,审判业务,文化水平文字表达

---

[1] 沈志先:《裁判文书制作》,法律出版社2010年版,第81页。

[2] 孙海龙:《在每一篇裁判文书中体现公平正义——如何提高裁判文书质量》,载《人民司法》2013年第23期,第5页。

能力和审判作风等综合素质作用的结果。"[1]裁判文书上网制度,对刑事审判监督法官来说,既是挑战,也是机会。每一个刑事审判监督法官都必须善于思考,勤于总结,用缜密的法律思维和周严的逻辑思维审查证据和查明事实,用睿智而审慎的司法智慧适用法律,用体现道德主张和人文关怀的个性文字来伸张正义,让我们共同探寻以公开透明的美文妙判让每一个刑事再审案件的当事人都感受到公平正义。

---

[1] 周道鸾:《法院刑事诉讼文书样式的修改与制作》,人民法院出版社 1999 年版,第 12 页。

# 第十五章
# 公信重塑:刑事司法理念的变迁与发展

党的十八届四中全会和第六次全国刑事审判工作会议以来,全国范围内刑事冤错案件的密集发现和纠正,在全社会受到了广泛关注,体现了人民法院对党的十八届四中全会提出的建立科学的刑事司法理念的有效宣传和全面贯彻落实。近年来相继出现的重大刑事冤错案件引起社会公众的广泛关注。一方面,刑事冤错案件的密集发现和报道,在社会上对司法公信力产生了较大的负面影响,给人民法院的审判工作带来了巨大压力;另一方面,对刑事冤错案件的积极应对和纠正,表明了人民法院依法纠正冤错案件的坚定决心,有利于构建人民法院公平正义的法治形象,有利于提升司法公信力,有利于国家和社会的长治久安。本章从近年来重大冤错案件的纠正中,剖析错案发生的理念原因,并总结当前我国刑事司法理念所发生的重大变迁,以巩固科学刑事司法理念的成果,大力培育和倡导与以审判为中心的诉讼制度相适应的刑事司法理念,以进一步指导刑事冤错案件的纠正工作,并最终防范刑事冤错案件的发生,提高审判质量,提升司法公信,让人民群众在每一个司法案件中都感受到公平正义。科学的刑事司法理念,对于刑事法治建设发挥着根本性的指引作用。冤错案件的发生,原因往往是多重的,然而其中必然受到刑事司法理念的影响。而刑事冤错案件的发现和纠正,体现了我国刑事司法理念的转变,特别是党的十八届四中全会以来,全国各级法院及司法人员致力于树立科学的刑事司法理念,努力排除陈旧落后的刑事司法理念的影响,并坚持在科学的刑事司法理念指引下开展刑事冤错案件的发现和纠正工作。本章提出,从刑事冤错案件的密集发现和纠正可见,我国当前刑事司法理念已经发生了翻天覆地的变化。在科学的刑事司法理念的指引下,全国法院依法有序地推进刑事冤错案件的纠正与防范工作。司法机关要依照十八届四中全会精神,进一步革新刑事司法理念,要大力培育与以审判为中心的诉讼制度相适应的理念。刑事审判工作应进一步强化严格依法办案观念,坚持法律面前人人平等,坚持以事实为依据、以法律为准绳,突出庭审中心,严格裁判标准,认真落实罪刑法定、疑罪从无、证据裁判、非法证据排除等法律原则和规则，充分保护被告人及其辩护人的诉讼权利，严把案件事实关、证据关、程序关和法律适用关，确保案件办理经得起法律和历史检验。特别是对证据不足、事实不清的案件，对依法律规定不认为是犯罪或者不负刑事责任的案件，审判机关要敢于坚持原则，依法宣告无罪，坚决守住防范冤假错案的底线。以树立社会主义核心价值观为重点，牢固树立人民主体、权利本位、公权法定、权责统一、监督制约、法律至上、公平正义等理念，努力实现习近平总书记在十九大报告中重申的"努力让人民群众在每一个司法案件中感受到公平正义"的司法治理与司法改革目标。

# 第一节　刑事冤错案发生的理念原因

## 一、违反罪刑法定原则

费尔巴哈在《对实证主义刑法的原则和基本原理的修正》中指出："每一个判刑的行为都应依据法律处刑。"在他的极力倡导下，罪刑法定得以成为刑法的基本原则。"法无明文规定不为罪，法无明文规定不处罚"，是罪刑法定的基本含义。我国《刑法》第3条对这一基本原则作出了规定："法律明文规定为犯罪行为的，依照法律定罪处罚；法律没有明文规定为犯罪行为的，不得定罪处罚。"前者是积极的罪刑法定；后者是消极的罪刑法定。前者是为了保护社会，实施刑罚权；后者是为了保障人权，限制刑罚权。"这种立法表达的优点是突出犯罪认定中的刑法规定性因素，缺点是并没有显示出罪刑法定的人权保障取向，其思想的出发点仍是刑法工具主义。"[1]当二者冲突时，应以消极的罪刑法定优先，否则就违背了罪刑法定的本意，导致错案的发生。

罪刑法定原则的破坏与犯罪概念的界定密切相关。《刑法》第13条对"犯罪概念"作出了规定："一切危害国家主权、领土完整和安全，分裂国家、颠覆人民民主专政的政权和推翻社会主义制度，破坏社会秩序和经济秩序，侵犯国有财产或者劳动群众集体所有的财产，侵犯公民私人所有的财产，侵犯公民的人身权利、民主权利和其他权利，以及其他危害社会的行为，依照法律应当受刑罚

---

[1]　董玉庭、黄大威：《刑事错案产生的原因与制度防范——以张氏叔侄案为标本》，载《辽宁大学学报（哲学社会科学版）》2015年第1期，第111—112页。

处罚的,都是犯罪,但是情节显著轻微危害不大的,不认为是犯罪。"我国的犯罪概念中,社会危害性被作为犯罪的决定性要素,以保护社会法益作为犯罪本质的观念会忽视刑事违法性,罪刑法定所追求的人权保障时常被忽视,放在次要的位置。当强调犯罪的社会危害性,以社会整体的保护为主导时,会导致片面强调社会利益的保护,而忽视被告人的个人权利的保障。一种情况是,当具有社会危害性的行为发生时,为保护社会整体利益,修复被破坏的社会法益,以"口袋罪""兜底条款"对上述行为实施刑事打击:这种做法,一方面确实弥补了刑法规定的不足及滞后,但另一方面则造成打击面过大,将本不应由刑法调整的社会关系纳入了其中,将违法行为,或者违背道德的行为作为犯罪行为进行定罪处罚。而另一种更为严重的情况是,在重大刑事案件发生时,鉴于犯罪的严重社会危害性,快速破案成为各方共同愿望,侦查机关在"命案必破""限期破案"的压力下,急于收集对定罪有利的证据,忽视对定罪不利的证据,甚至不惜非法取证,置被告人权利于不顾,最终导致重大冤错案件的发生。

## 二、违背无罪推定原则

无罪推定原则的违背表现在侦、诉、审三个阶段:侦查阶段仅注重对犯罪嫌疑人有罪证据的收集,或者收集所谓"间接证据"形成似是而非的证据锁链,侦办人员违背有关《中华人民共和国刑事诉讼法》的规定,将犯罪嫌疑人关押在公安局进行讯问,甚至采取刑讯逼供或者暴力取证的方式收集证据;公诉阶段对事实不清、证据不足的案件勉强提起公诉,对公安机关可能的刑讯逼供行为采取放任的态度,对法院提出的补查、退查要求,没有进行实质性的查证,或者不提供对被告人有利的证据,而是提交相关情况无法调取相关证据的说明;审判阶段对事实不清、证据不足的案件勉强定案,作出留有余地的判决。

对无罪推定原则的违背首先发生在侦查阶段。浙江张氏叔侄案中,侦查机关将具有作案嫌疑的张氏叔侄先入为主地确定为凶手,整个案件侦查过程中着重收集对定罪有利的证据,而对否定犯罪的证据一概否定,并进行有罪证据填充:第三人的 DNA 被认为是与本案无关联;被害人体内未有精斑被认为是被水冲刷;根据空驶车辆的侦查实验指证张氏叔侄有作案时间,而不顾当时车辆是超载的事实,路口监控也不予及时调取;等等。安徽于英生杀妻案中,孩子、幼儿园老师、于英生所在单位门卫的证言相互佐证,能证明于英生是何时离家、何时出现的,中间留给于英生的作案时间只有 10 分钟。侦查机关为证明其有作案时间,将其离家时间人为地"提前"20 分钟;DNA 鉴定结果显示,受害者体内发现的精液并非来自于英生,为了把这个细节圆过去,采纳了于英生关于"用从外面捡来的安全套里的精液伪造了现场"的供述，同样罔顾了于英生没有作案时间的问题。内蒙古呼格吉勒图奸杀案中，在受害女性体内曾发现并提取了作案人的精斑，但办案人员没有将呼格的精斑与受害者体内的精斑进行比对，理由是侦查人员认为口供即足以证明呼格吉勒图是罪犯，无须再做 DNA 鉴定。

对无罪推定原则的违背其次发生在起诉指控阶段，部分案件，检察机关在审查起诉阶段认为事实不清、证据不足，退回公安机关补充侦查，在公安机关提交了无法查清的说明后，检察机关即"予以妥协"，将案件起诉至法院；在人民法院提出补查要求后，检察机关在无法查清法院要求补查的事实时，提交所谓"情况说明"即将案件再次提交法院，或者以需要补充侦查为由撤回起诉后，又再次以相同证据、相同事实起诉至人民法院；更有甚者，检察机关以其"主观判断"，为了让其指控得到人民法院的支持，而不将有关证据提交人民法院。浙江张氏叔侄案一审中，对被告人有利的证据如 DNA 鉴定报告，检察机关一开始并没有出示，直到在律师强烈要求下才出示，检察机关试图将侦查机关收集的对被告人有利的证据舍弃，成为冤案产生的推手。更为常见的是，检察机关不提交讯问过程的同步录音录像资料，或者仅提交一部分同步录音录像资料。

对无罪推定原则的违背最终发生在审判阶段。湖北佘祥林杀妻案件，原荆州地区中级人民法院以故意杀人罪判处佘祥林死刑，剥夺政治权利终身后，湖北省高级人民法院两次以事实不清，证据不足为由发回重审。原荆州地区中级人民法院两次以事实不清、证据不足为由将案件退回检察院补充侦查，但检察机关均未补充新证据。后因行政区划的变更，该案由京山县人民法院一审，以佘祥林犯故意杀人罪，判处其有期徒刑十五年，剥夺政治权利五年；佘祥林上诉后，荆门市中级人民法院裁定驳回上诉，维持原判。在证据不足使案件的有罪结论既不能认定也不能否定时，会使法官陷入一种两难境地。一方面，湖北省高级人民法院以发回重审的方式，避免了对事实不清、证据不足的案件勉强定罪，造成更为严重的后果；但另一方面，反复发回重审，实际上也导致了案件循环反复、久拖不决，也是一种拒绝裁判的行为。由于佘祥林已经被长期关押，在检察机关一直未能根据法院的要求补充相关证据的情况下，京山县人民法院和荆门市中级人民法院在害怕放纵罪犯和避免冤枉无辜之间，从死刑改判为有期徒刑15 年。疑罪从有、疑罪从轻的理念使法院实际上采取了折中办案的做法。

人民法院对重大的刑事案件，对证据不足而宣告无罪的案件，都要承担诸如"放纵罪犯""打击犯罪不力""影响社会稳定""枉法裁判"等风险和责问，致使人民法院不能充分行使"存疑无罪判决"权力。少数案件当时作出"留有余地"的有罪判决，一定程度上也是出于无奈，虽然避免了更大差错和无可挽回的后果,但无论如何还是对最终酿成冤错案件负有不可推卸的责任。

## 三、刑事诉讼监督形式化

### 1. 公、检、法之间的监督制约失效

《刑事诉讼法》第 7 条规定,人民法院、人民检察院和公安机关进行刑事诉讼,应当分工负责,互相配合,互相制约,以保证准确有效地执行法律。在司法实践中,不少案件配合多于制约,案件在审判之前已经由侦诉机关"定案",庭审流于形式。"刑事诉讼程序并非以审判为中心,而是以侦查为中心,公检法三家流水作业,一步一步为侦查的成果加贴法律标签。"[1]

(1)相互配合的法律观念和办案模式

① 公、检、法的相互配合

相互配合原则强调三机关互相支持,通力合作,追求效率价值。公安机关与检察机关,检察机关与审判机关之间的相互配合,往往成为冤错案件的推手。云南杜培武杀妻一案,"4·22"案发生后,昆明市公安局成立专案组,经过一系列的走访摸排工作,将死者的丈夫、昆明市公安局戒毒所民警杜培武确定为专案的重大嫌疑人。在杜培武拒不承认的情况下,专案组邀请昆明市检察院有关人员一起研究对杜培武是否采取强制措施,随后决定对杜培武刑事拘留。此案中,检察机关在案件确定犯罪嫌疑人的侦查阶段即行介入。浙江张氏叔侄案一审公诉,对被告人有利的证据如 DNA 鉴定报告,在律师强烈要求下才出示,检察机关没有履行对侦查机关的监督责任,反而试图将侦查机关收集的对被告人有利的证据舍弃,成为冤案产生的推手。本案证据上存在明显缺陷:DNA 证据指向第三个人,两名被告人在侦查过程中所作口供存在矛盾,讯问犯罪嫌疑人和指认现场的录像不完整等,法官认为这与案件没有关联,并拒绝被告人提请证人出庭作证。该案的审理也是顺着有罪推定的思路,而非居中裁决的客观立场。在过去的司法实践中,三机关协调办案成为惯性思路或潜规则,检察机关在侦查阶段即行介入,审判机关在起诉指控阶段即行介入,相互配合原则削弱了相互制约原则的作用。刑事诉讼实质上是"侦查决定型",案件自侦查终结后结果几乎不可逆转。

② 政法委的统一协调

政法委在刑事司法运作中的权力来源并不是来自法律规定,而是来自政治体制。协调政法各部门的关系,重大业务问题和有争议的重大疑难案件是政法

---

〔1〕 谢佑平:《防止冤假错案,有赖于健全的刑事程序法》,载《法学》2005 年第 5 期。

委的主要职责之一。公安机关、检察机关、审判机关由政法委统一领导，侦查机关、检察机关和审判机关难以形成监督，互相配合消解互相制约原则。佘祥林一案从 1994 年 10 月第一次被荆门地区中级人民法院判处死刑，后又多次发回，已经长达四年，其中疑点经多次再审始终不能排除。最后经过荆门市、县两级政法委的协调，在 1998 年以有罪定案，佘祥林被判处死刑，缓期二年执行，该案迅速得以结案，冤案由此铸成。赵作海冤案中同样出现政法委协调的阴影。1999 年 5 月，河南省柘城县公安局将赵作海案多次向检察院移送起诉，检察院拒不受理。至 2002 年全国清理超期羁押专项活动期间，柘城县政法委召开会议协调研究此案，认为案件基本事实清楚，基本证据确实、充分，商丘市检察院可尽快起诉。商丘市政法委扩大会议研究决定，由商丘市检察院重新阅卷，同年 11 月 11 日，河南省商丘市人民检察院对赵作海故意杀人一案提起公诉。〔1〕

（2）命案必破的舆论压力

命案必破使公、检、法均面临着重大压力，尽快结案成为各方的共同诉求。部分案件中，公众舆论对司法判决产生重大的影响。无论是纸媒体时代、多媒体时代，还是自媒体时代，民众对案件的了解，实际上主要来自主流媒体或者网络大 V 等能够对网络形成控制的信息源。媒体的报道素材是有所倾向性的，常常案件未审，公众舆论已经先形成定论，甚至出现群众签字请愿要求判处嫌疑人死刑的事件，如佘祥林案中，二百余群众签字请愿要求从严判决。

2. 对讯问程序的监督失效

刑讯逼供是冤案产生的重要原因。零口供定案的冤错案件尽管存在（浙江张氏叔侄案曾被视为"零口供经典案例"），但并不多见。在侦查技术和手段落后的情况下，"获取口供是一条成本较小而收益较大的侦查路径"〔2〕，在有口供的情况下，侦查人员、检察员、法官都更容易产生内心的确信或者倾向性判断。

（1）我国对刑讯逼供的制度防范不足。过去《刑事诉讼法》及其相关规定没有对被告人讯问作出全程录音录像的要求，目前除了死刑案件、职务犯罪案件以外，其他类型案件仍然没有要求进行全程录音录像；而且《刑事诉讼法》及相关司法解释没有明确规定，在没有同步录音录像的情况下，对被告人供述一律予以排除，公诉机关经常以出具"情况说明"或者提请侦查人员出庭作证的方式代替出示同步录音录像，或者仅仅移送部分录音录像资料。

（2）刑讯逼供难以认定，法律后果较轻。在被刑讯者没有伤残或者死亡的

---

〔1〕　陈旗、陈兴良：《湖北佘祥林案件的反思与点评》，载《中国法律评论》，2014 年第 2 期，第 187 页。

〔2〕　何家弘、何然：《刑事错案中的证据问题——实证研究与经济分析》，载《政法论坛》2008 年第 2 期。

情况下,辩方想要证明刑讯逼供的存在非常困难,刑讯逼供的事实难以认定。从媒体披露的呼格案取证情况,侦查机关曾对呼格吉勒图谎称被害人没死,利用呼格尿急的内在生理压力,以让其上厕所为诱,并作出"讲完就可以回家"的许诺,诱使呼格作出有罪供述。[1]

3. 过分注重对实质正义的追求,忽视程序正义

刑事案件中,实质正义和程序正义应当是辩证统一的关系。其矛盾性存在于实质正义和程序正义的价值指向是反向的:刑事案件的实质正义是通过刑事审判,对犯罪的人之人身权利、财产权利、政治权利进行严厉的剥夺;刑事案件的程序正义是为使有可能被剥夺上述权利的人受到公正的审判,对其相关权利进行保护。在冤错案件中,不难发现,为了追求"实质正义",侦查机关、检察机关、审判机关会忽视程序正义的要求,甚至严重违反程序的规定。司法实践中,对程序正义的违背时常发生。

在侦查阶段,为获得被告人的有罪证据,侦查机关仅仅收集对被告人有罪、罪重的证据,不注重收集证明被告人无罪或者罪轻的证据,是对程序正义的违背;侦查机关未严格遵守《刑事诉讼法》及其相关司法解释的规定,造成证据的瑕疵、缺陷,是对程序正义的违背;侦查机关为了定案,不惜采取刑讯逼供、暴力取证、非法使用狱侦耳目,甚至在证据上造假等方式,更是对程序正义的严重违反。

在起诉指控阶段,检察机关在法院要求补查、补正时不进行真正的查证,在撤回起诉后再次以相同事实和证据指控被告人犯罪,是对程序正义的违背;检察机关不提供对被告人有利的证据,包括"无关证据",是对程序正义的违背;检察机关在明知事实不清、证据不足的情况下仍然将案件起诉指控,更是对程序正义的违背。

在审判阶段,审判机关拒绝被告人及其辩护人的关于关键证人出庭作证、关键事实进行鉴定的请求,是对程序正义的违背;二审人民法院认为一审裁判错误时,通常不直接、彻底否定原判,作出无罪判决,而是反复地以事实不清,证据不足为由发回原审人民法院重审,是对程序正义的违背;法院在明知事实不清、证据不足的情况下,留有余地地作出有罪判决,更是对程序正义的严重违背。

但刑事冤错案件给予我们最深刻的教训是,司法机关对程序正义的违背,恰恰使得所追求的实质正义也受到了严重损害。例如,念斌一案,福建省高级

---

〔1〕 周跃飞:《中国刑事错案之现状、成因及对策——以呼格冤案为视角》,载《法制与社会》2015年第3期,第54页。

人民法院多次以事实不清、证据不足为由发回福建中级人民法院重审,但福建中院每次都将念斌判决死刑,念斌不断上诉。这样,案件就以判决—上诉—发回—再判决—再上诉—再发回,案件就像一个球一样在福建省市两级法院之间来回滚动,陷入无休止的状态,这也使得念斌案历经 8 年 10 次庭审。佘祥林案同样被湖北省高级人民法院两次发回荆门地区中级人民法院。在高级人民法院多次发回重审,但中级人民法院仍无充分证据认定被告人有罪或者罪重时,市中院和市检察机关经过协调,作出将案件由区一级检察机关提出指控的做法,在量刑上从轻处罚,由中院维持一审判决。

## 第二节 我国刑事司法理念的嬗变与发展

“过去的刑事司法理念是建立在专政的基础之上的,是把打击犯罪作为一个首要的目标来提出的”[1],“我国刑事司法目前正在经历一场深刻的变革,这就是逐渐地摆脱以专政为核心的刑事司法理念,向以人权保障为皈依的刑事司法理念演进”[2]。科学的刑事司法理念,推动了刑事冤错案件的纠正和防范工作;刑事冤错案件的发现和纠正,又进一步促进科学的刑事司法理念的树立、传播和巩固。

### 一、进一步树立惩罚犯罪与保障人权并重的司法理念

1. 以事实为依据,以法律为准绳

该原则要求司法机关在查清事实的情况下,正确适用法律。在事实的认定上,应当从客观事实转变为法律事实,在依据证据认定事实的过程中,通过法官的自由心证,逐步形成法官的内心确信。而法官自由心证必须受成文法规则的约束;内心确信必须有确实、充分的证据支持,否则,“内心确信”就成了无水之源、无本之木。在准确认定事实的前提下,根据法律的明文规定,认定特定的行为是否符合特定罪名的犯罪构成、立法精神和时代要求。

2. 法律面前人人平等,充分保障被告人及其辩护人的诉讼权利

辩护权是被告人权利的核心和基础,甚至有学者认为,“辩护人是被追诉人

〔1〕 陈兴良:《面向 21 世纪的刑事司法理念》,载《当代法学》2005 年第 3 期。
〔2〕 陈兴良:《国际刑事司法准则与中国刑事司法改革》,载《山东公安专科学校学报》2002 年第 1 期。

所有诉讼权利的总和"[1]"偏听则暗,兼听则明",很多冤错案件在审判过程中,被告人及其辩护人都提出了无罪的辩护意见,然而,这些无罪意见没有受到足够的重视;司法实践反复证明,如果法庭违反了司法中立原则,不重视被告人的辩解和辩护人的辩护意见,终将铸成大错。充分尊重人权和保障辩护权,是防范冤错案件发生的关键所在。

3. 人权保障理念逐渐深入人心,人权保障的内涵更加丰富,拓宽了人权保障的深度和广度

2012 年修改后的《刑事诉讼法》第二条明确规定了"尊重和保障人权",人权保障理念贯穿于具体法条。这里的人权保障,既有被告人的人权保障,也有被害人的人权保障;既包括未决犯的人权保障,也包括已决犯的人权保障。对冤错案件的纠正,既是对被告人被侵犯的人权的救济,也促使司法机关寻找真凶、查清事实,也是对被害人的人权保障中关于"查明真凶,伸张实质正义"的人权要求。福建省高级人民法院以"疑罪从无"为由,对历经 8 年审判的念斌宣告无罪,是保障未决犯的人权;广东省珠海市中级人民法院以事实不清、证据不足为由,对坚持申诉 16 年的徐辉宣告无罪,是基于对已决犯人权的保障。

## 二、从侦查中心主义到以审判为中心

1. 以审判为中心,核心是以庭审为中心

党的十八届四中全会通过的《中共中央关于全面推进依法治国若干重大问题的决定》(以下简称《决定》)明确提出要"推进以审判为中心的诉讼制度改革,确保侦查、审查起诉的案件事实证据经得起法律的检验",这要求侦查机关的立案、侦查工作,检察机关的审查起诉工作,都统一到审判机关的审判工作当中来,其核心是统一到庭审中来,让庭审实质化。侦查机关所收集和检察机关所提供的证据都在庭审中予以举证、质证、认证,检察机关的指控理由和辩护律师的辩护理由都在庭审中进行展示与对抗。薄熙来案件公开庭审取得了巨大的成功:王立军坐着轮椅出庭、徐明接受薄熙来十几个连续发问,以及薄谷开来的证言视频,都是连审 5 天的薄熙来案中经典的庭审画面,法官的居中裁判,以及对被告人及律师辩护权利的尊重也给公众留下深刻印象。聂树斌复查案件同样也遵循了以审判为中心、以庭审为中心的原则,所有的证据、各方代表的意见均在听证会现场予以开示,尽管因为涉及当事人的隐私而不予公开听证,但山东省高院仍然以官方微博文字直播的方式,对听证会的有关情况进行了最大

---

[1] 熊秋红:《刑事辩护论》,法律出版社 1998 年版,第 6 页。

限度的公开。

2. 保障人民法院依法独立公正行使审判权

《宪法》第 126 条规定,"人民法院依照法律规定独立行使审判权,不受行政机关、社会团体和个人的干涉"。党的十八届三中全会提出深化司法体制改革,保障程序公正。"让审判者裁判,让裁判者负责",是防范冤错案件发生的重要保证。

3. 勇于担当,敢于坚持

周强院长指出,各级人民法院领导敢于坚持原则,敢于坚持真理,敢于依法办案;上级法院要理直气壮地支持下级法院公正办案。2014 年 8 月下旬,福建省高级人民法院对涉嫌犯投放危险物质罪的上诉人念斌宣告无罪,随后 2014 年 9 月平潭县公安局已经对投毒案重新立案,并将念斌再度确定为犯罪嫌疑人,对其重新布控,依法不允许出境,从某种程度上说明了侦查机关对法院这一无罪判决的不满。福建省高级人民法院这一判决,充分体现了该院的勇气和担当精神,国务院将念斌案作为以"疑罪从无"宣告无罪的典型案例写入《2014 年中国人权事业的进展》白皮书,表明了国务院和最高人民法院对于福建省高级人民法院这一无罪宣告的认可和支持。

## 三、确立科学的刑事案件办案思路

1. 强化对客观性证据的收集

湖北省武汉市中级人民法院宣告无罪的杨胜兵故意杀人案、浙江张氏叔侄强奸杀人案等,都是由于客观性证据的出现而使真凶浮现。物证、书证、DNA 鉴定、指掌纹鉴定等痕迹鉴定意见等客观性证据,对于认定案件事实具有客观、准确、不易推翻的天然优势,应当成为侦查阶段收集证据、固定证据的主要着力点。不仅包括与被告人相关的客观证据需要收集和固定,与被告人无关或者不能明确认定其相关性的证据同样也需要收集和固定。这些证据,往往成为认定被告人有罪与否、认定第三人有作案嫌疑的关键因素。

2. 弱化口供在案件侦查中的作用

过去过分依赖口供,侦查模式为"由供到证";现代科学技术的发展,为侦查模式转变为"由证到供"提供了物质、技术保障,司法机关应当与时俱进,更新观念,付诸实践。

3. 进一步规范取证程序

侦查机关要严格依照《刑事诉讼法》及相关规定开展刑事侦查工作,确保案件办理的每一个环节都符合程序规范的要求,杜绝非法证据,减少瑕疵证据。

4. 依法全面收集和移送证据

本着对法律、人民、历史高度负责的态度,侦查机关应当全面收集、固定、移送与定罪量刑有关的全部证据材料,特别是不能隐匿对犯罪嫌疑人有利的证据材料。

## 四、从疑罪从有、疑罪从轻到疑罪从无

"疑罪从无"的理念推导出"宁纵勿枉""宁可错放,不可错判"。诚如何家弘教授所指出的:"'错放'可能是放纵了一个罪犯,而'错判'不但放纵了一个真正的罪犯,还错误地处罚了一个无辜者。"2013年7月,中央政法委出台《中央政法委关于切实防止冤假错案的指导意见》,该意见明确要求,对于定罪证据不足的案件,应当坚持疑罪从无。2013年10月,《最高人民法院关于建立健全防范刑事冤假错案工作机制的意见》规定,"定罪证据不足的案件,应当坚持疑罪从无原则,依法宣告被告人无罪,不得降格作出'留有余地'的判决"。疑罪从无原则,不仅必须适用于正在审判中的案件(如念斌投毒案),同时也应当适用于已经发生法律效力的案件(如于英生杀妻案、徐辉强奸杀人案)。

## 五、证据裁判理念

1. 严格把握证明标准

《最高人民法院关于适用〈中华人民共和国刑事诉讼法〉的解释》第六十四条第二款规定,"认定被告人有罪和对被告人从重处罚,应当适用证据确实、充分的证明标准"。《刑事诉讼法》对"证据确实、充分"的证明标准相比过去的刑事诉讼法作了进一步的细化:"证据确实、充分,应当符合以下条件:(一)定罪量刑的事实都有证据证明;(二)据以定案的证据均经法定程序查证属实;(三)综合全案证据,对所认定事实已排除合理怀疑。"

2. 直接言词原则

直接言词原则要求法官、检察官、当事人及其他诉讼参与人在法庭开庭审判时同时接触到证人、鉴定人的口头证据,特别是法官亲历审判,直接采证,因为,这使得"负责审理之法官亲自听取言词陈述,并且能够察言观色,而得以获取正确的心证,形成确信"[1]。这要求进一步推进一审庭审实质化,落实证人、鉴定人出庭作证制度。

---

[1] 林钰雄:《严格证明与刑事证据》,法律出版社2008年版,第8页。

3. 摆脱口供中心主义,重视客观证据,特别是 DNA 鉴定、指掌纹鉴定等科学证据

对于被告人有多次不一致的供述,要特别注重被告人供述与客观证据之间的关联性和相互印证程度,对被告人提出刑讯逼供的,要认真审查被告人提出的刑讯逼供线索,以及要求公诉机关提供同步录音录像等客观性过程证据。对客观证据与被告人供述、证人证言不一致的,客观证据的证明力应当大于言词证据,并认真、谨慎地审查客观证据的真实性、关联性、合法性、合理性,决定是否予以采信。

4. 坚决排除非法证据

目前,新修正的《刑事诉讼法》等立法层面明确了非法证据排除规则,然而在司法实践中,人民法院通过排非程序排除非法证据的案件并不多,一是由于非法证据的标准尚不十分明确,二是由于法官对于排除非法证据尚有很多顾虑。周强院长在多次讲话中强调对非法证据要坚决予以排除。审判机关依法坚决排除非法证据,才能有效防范冤假错案的发生,才能倒逼侦查机关按照《刑事诉讼法》及相关规定的要求规范取证行为,才能切实保证案件质量,真正实现对人权的保障。

## 六、从维护生效判决既判力到有错必纠

1. 无论何时的冤假错案,无论何时发现的冤假错案,必须依法纠错,这是全国人民法院达成的共识

1996 年呼格吉勒图因"厕所女尸案"被执行死刑。2005 年,被媒体称为"杀人魔王"赵志红落网,其交代的第一起杀人案即"4·9"案,经专案组 4 次复审,证明赵志红确系"4·9"案真凶。2014 年 12 月,内蒙古高院启动再审,宣告呼格吉勒图无罪。2015 年 6 月 8 日,国务院将该案作为"错案平反"的典型案例,写入《2014 年中国人权事业的进展》白皮书。无独有偶,聂树斌在 1995 年因"强奸杀人"被执行死刑。2005 年 1 月被抓获的王书金,供述在河北等地奸杀多名妇女,其供述了当年"聂树斌案"同一玉米地的强奸杀人案,而在当年,该玉米地仅发生过一起强奸杀人案。2014 年 12 月,最高人民法院根据河北省高级人民法院的请求和相关法律规定,将该案移送山东省高级人民法院异地复查;2015 年 3 月 16 日,山东高院正式通知聂树斌案的申诉代理律师可以阅卷;2015 年 4 月 28 日,召开了复查听证会,聂树斌的母亲及其代理律师,原办案的公安机关、检察机关、法院代表均参加了听证会,山东高院官方微博对听证会进行了文字直播。2016 年 12 月 2 日,最高人民法院第二巡回法庭对聂树斌故意杀人、强奸妇女再审

案公开宣判,宣告撤销原审判决,改判聂树斌无罪。这些案件的依法复查、纠错的艰难过程,清晰地展示了当前我国对冤错案件依法纠正的坚定决心。

2. 从被动纠错到主动纠错

与过去冤错案件的发现通常是经过被告人及其亲属多年坚持不懈的申诉才有可能启动复查再审不同,近年来的一些冤错案件的纠正,是司法机关主动启动。

(1)法院主动纠错。例如,安徽省高级人法院再审的于英生杀妻案,湖北省武汉市人民法院再审的杨胜兵故意杀人案,都是在发现了可能证明不是被告人作案的证据后,由终审人民法院主动启动再审程序并宣告无罪。

(2)检察院主动纠错。湖北省人民检察院对晏桂林故意毁坏财物一案,以证据不足为由提出抗诉;对宋才强故意伤害一案,以"被害人不属轻伤,被告人不构成犯罪,适用法律错误"为由提出抗诉,请求宣告上述被告人无罪。目前,湖北省高级人民法院经过审委会讨论决定,已对二案作出再审判决,依法宣告二被告人无罪。早在1995年即因涉嫌故意杀人被拘的贵州青年杨明,虽已被终审判处死缓,但其与家人坚持喊冤20年。2015年4月1日,贵州省人民检察院以"生效判决书事实不清、证据不足"为由,向贵州高院提出再审检察建议。4月21日,贵州高院作出再审决定,对杨明故意杀人案立案再审。

结语:从刑事冤错案件的密集发现和纠正可见,我国当前刑事司法理念已经发生了翻天覆地的变化。在科学的刑事司法理念的指引下,全国法院依法有序地推进刑事冤错案件的纠正与防范工作。司法机关要依照《决定》要求和"六刑会"精神,进一步革新刑事司法理念,要大力培育以审判为中心的诉讼制度相适应的理念。刑事审判工作应进一步强化严格依法办案观念,坚持法律面前人人平等,坚持以事实为依据、以法律为准绳,突出庭审中心,严格裁判标准,认真落实罪刑法定、疑罪从无、证据裁判、非法证据排除等法律原则和规则,充分保护被告人及其辩护人的诉讼权利,严把案件事实关、证据关、程序关和法律适用关,确保案件办理经得起法律和历史检验。特别是对证据不足、事实不清的案件,对依法律规定不认为是犯罪或者不负刑事责任的案件,审判机关要敢于坚持原则,依法宣告无罪,坚决守住防范冤假错案的底线。以树立社会主义核心价值观为重点,牢固树立人民主体、权利本位、公权法定、权责统一、监督制约、法律至上、公平正义等理念,努力实现习近平总书记提出的"努力让人民群众在每一个司法案件中感受到公平正义"的根本目标。

# 第十六章
# 公信思辨：刑事审判的思维、理念与技能

　　过去，刑事法官凭着"杀人偿命、欠债还钱"等朴素的正义观、平常人的良心和办案经验就可以审理好各类刑事案件。从古代汉高祖刘邦入关宣布的"约法三章"开始，民众对于刑事法官的思维、理念和技能没有太多的期盼和诉求，社会公众普遍朴素地认为刑事法官具有正义感和良心就能办好案。随着现代社会的进步和发展，社会公众对于刑事案件和刑事审判的关注程度日益提升。从近几年社会舆论对"李昌奎案""许霆案""邓玉娇案"等多起刑事案件的关注度来看，社会公众不仅要求刑事判决公正，而且要求现代刑事法官具有娴熟的审判技能和高超的办案艺术。笔者认为，过去的法官与现代法官二者之间的本质区别就是在于是否形成了法律思维的职业特色，有法律思维就有审判技能，无法律思维就只是一种本能。法官是机械地适用法律法条的法律工匠，还是创造性适用法律、发展法律和超越法律的法律家、法学家、艺术家，关键在于其是否具有思想。卡多佐法官在其名著《司法过程的性质》、波斯纳法官在其著作《法官如何思考》、我国古代《唐律疏义》和李悝所著《法经》、现代学者梁治平所著《法辨》等书中均有关于法官如何思考的论述，总结其中的核心内容：法官的价值就是在于不断地创造性适用法律、发展法律、超越法律。[1] 现代刑事审判不是仅仅只满足于惩罚犯罪、定分止争，而是要推动法理的发展、法学的发展、法律的发展，规范社会秩序和推进社会道德。本章选取刑事法官思维理论解构、思维理念基础和刑事审判技能这三个维度，采用实证分析方法，从为什么思考、怎样思考、如何构建技能三个层面论证刑事审判思维、理念与技能三位一体逻辑结构体系之建构，研究如何从刑事审判思维、理念与技能的统一视角提升司法公信力的路径与方法。

---

　　〔1〕 〔美〕理查德·A.波斯纳：《超越法律》，苏力译，中国政法大学出版社 2001 年版，第 143—146 页。

## 第一节　缘由:刑事法官办案为什么要思考?

当前,社会民众的权利意识和对刑事审判公正性要求空前高涨,全社会对刑事审判的关注前所未有。历史悠久的重刑传统、因果报应的重刑思想、刑罚万能的社会心理,对人民法院公正审判形成巨大压力,新媒体特别是互联网的高度发达和日益普及,使社会民意表达简便迅速,不断被舆论传媒发现、披露出的冤错刑事案件对司法的公信力发起一波又一波冲击,严重干扰人民法院依法独立公正审判。刑事法官如何应对如此复杂的司法环境和现实困境值得我们深思。

由于我国的司法体制的建构是以人民法院作为审判权的行使主体,而不是以法官为独立行使审判权的主体,因此,司法裁判中个人的因素特别是法官个人的因素在很大程度上被遮蔽了! 人民法院的终审权和司法权威受到极大的挑战。法官职业与一般职业之间失去了专业技术差别,法官职业的神圣性荡然无存,"谁都可以当法官"正在侵蚀法官职业的专业性。其实这种观念既有对的成分,也有不对的成分,至少是不全面、不客观的观念。现实的无奈需要我们正确理性思考,如何实现法官职业的合理超越? 笔者认为,改变法官的这种现实困惑状态的方法就是学会思考,即做一个有思想、会思考的法官。要求法官学会法律思维和辩证思维的方法,要求法官具有与时代发展合拍的思想,刑事法官对刑法哲学公正、谦抑、人道价值目标的追求就是体现在法官的思想之中,[1]刑法调整的社会秩序和自由需要刑事法官通过法律思维来演绎成案例来展现[2],所以,法官的思想是最为可贵的精神财富。

### 一、启蒙:法律思维的学理解构

启蒙运动就是人类脱离自己所加之于自己的不成熟状态。不成熟状态就是不经别人的引导,就对运用自己的理智无能为力。[3] 现代法官职业的职业特质需要有一个思想和思维的启蒙。我们理想中的法官职业富有怀疑精神、

---

〔1〕　陈兴良:《刑法哲学》,中国政法大学出版社 2009 年版,第 4 页。

〔2〕　曲新久:《刑法的精神与范畴》,中国政法大学出版社 2000 年版,第 1 页。

〔3〕　[德]康德:《历史理性批判文集》,何兆武译,商务印书馆 1990 年版,第 22 页。

具有深厚文化底蕴、能够独立判断、具有批判思维特质,法官能用睿智的心体验、用勇敢的心裁判。法官的尊严来源于其在法庭上不说没有证据的话,能够大胆表达自己思想的法律观点,否则很难超越自己,就会因为不自信和处于无知状态而沦为工具。法律思维的启蒙从学理上进行解构有如下几个主流观点。

美国联邦上诉法院首席大法官波斯纳认为:"如果法官只是机械地适用立法者创制的法条,那么法官怎么想就没有什么意义,法官也就完全可能为人工智力数字化项目所替代。法官审判其实是一个慎思和慎思地修改立法和完善立法或再立法过程。"[1]

原国家法官学院院长、上海交大法学院院长、教授郑成良先生认为:"法律思维是按照法律的逻辑来观察、分析、解决一个社会问题的思维方式。与另外三种与公共决策有关的思维方式进行比较:政治思维(强调政治上的利弊权衡),经济思维(用更少的投入获得更多的产出,即成本与收益的问题),道德思维(道德上的善恶为评价标准)。法律思维将合法性作为第一位的考虑标准,其他作为第二位的。法律思维基本规则是:以权利义务为分析的基本逻辑线索;形式合理性优先与实质合理性;程序公正优先于实体公正;普遍正义优先于个案正义;理由优先于结论;合法性优于客观性。"[2]

浙江大学法学院教授孙笑侠先生认为:法官思维特征是,运用思维进行观察、思考和判断;法官只在程序中思考,严守逻辑程序;向过去看,比较稳妥;注重缜密的逻辑,谨慎地对待情感、情理因素;只追求程序中的真,不同于科学中的求真;判断结论总是非此即彼,不同于政治思维中的权衡。[3]

中南财经政法大学教授,现湖北经济学院院长吕忠梅教授认为:法律思维是一种转化性思维,即将各种法律问题、社会问题、宗教问题乃至政治问题转化为法律术语或者概念进行表达,并按照法律逻辑进行判断,具有平衡性思维、规则性思维、程序性思维、确定性思维的特点。[4]

山东大学法学院教授陈金钊先生认为:法律思维是一种反省性思维,属于定性思维,所使用的是法言法语,确信法治观念,与法律方法密切相关,是法律职业化的标志之一。[5]

还有学者认为:法律思维是专为法律人的法律共同体所共同具有的思维习

---

〔1〕　[美]理查德·波斯纳:《法官如何思考》,苏力译,北京大学出版社2009年版,第5页。
〔2〕　郑成良:《法律之内的正义》,法律出版社2002年版,第68页。
〔3〕　孙笑侠等主编:《返回法的形而下》,法律出版社2003年版,第29—64页。
〔4〕　吕忠梅:《环境法的裁判解释初论》,载《江苏社会科学》2010年第6期,第150—154页。
〔5〕　陈金钊主编:《法律方法论》,中国政法大学出版社2007年版,第56—61页。

惯、思维定式、思维方法和思维技巧。[1] 其中思维习惯、思维定式、思维形态、思维模式、思维传统等为思维方式;思维逻辑等方法的应用属于思维方法。当法律思维作为思维方式,它的一点连接着法律的形而上层面,联系着法律人的文化内蕴、品格和精神需求;当法律思维作为思维方法时,它的另一端连接着法律的形而下层面,它是在对解释、推理、论证等法律方法的探索中使法律为人们的生活提供了更为理性的安排,法律思维成了沟通两个世界的桥梁。

思想是一种品格更是一种人格,美国律师协会司法委员会推荐法官的三大标准就是正直、职业能力、司法品格。其中的司法品格就是指法官的思想品质。法官有高尚的精神生活、健康的生活态度和善良的情感。高校学者教授是独唱家,讲求个性,独创,原创和批判性。法官职业群体可贵的不是一两个人而是一个职业群体在思考。法官通过独立思考和勇敢表达而留下法官职业经验的思想火花,为法官职业群体和技能作出贡献。

法官职业的最大特点在于这个职业是一个群体性的团队,法官群体是合唱团,讲求共性、稳定性、协调一致性、集体智识经验与合作。法官个体的司法智慧和经验实际上是属于集体的,属于这个职业群体集体所有。每一个法官都应当把个人的智慧变成集体的智慧,每一个法官都应当走上法官培训的讲台把思考的智识和收获与同人们分享,都应当把自己的司法经验和司法智慧用文章或专著的形式留给后来的法官职业群体。古语:"智者千虑,必有一失;愚者千虑,必有一得。"法官的思想应有一定的深度:能用形而上(Why)与形而下(What)的完美结合(How)来解决司法实践中的现实问题。法官的思想应有一定的广度:涉及法学、社会学、哲学、宗教学、经济学、政治学、文化学等。[2] 一个没有思想的刑事法官很难对社会正义怀有强烈的追求,刑事法官职业不仅需要丰富的社会阅历和生活经验,更需要深刻的思考,善于思考与追问应当成为现代刑事法官最为显著的职业特点。

## 二、理性:法律思维的理念基础

理性,确实成为启蒙精神的核心,是一个极具象征意义的词汇。经过启蒙发现理性,追寻理性、运用理性就是启蒙运动的结果。[3] 刑事法官思维的启蒙就在于理性的体现,而理性的体现就必须有理念基础。在法学家眼中没有法律

---

〔1〕 王纳新:《法官的思维——司法认知的基本规律》,法律出版社2005年版,第9页。
〔2〕 [美]本杰明·卡多佐:《司法过程的性质》,苏力译,商务印书馆1998年版,第69—71页。
〔3〕 陈兴良:《刑法的启蒙》,法律出版社2003年版,第1—2页。

只有法理,在执法者手中没有法理只有法律。法学家的使命就在于将法律的理性变成理性的法律交到执法者手中。[1] 刑事法官的理念基础主要包括以下几个方面的内容:

一是形式正义与实质正义理念。刑事审判的形式合理性与实质合理性问题所对应的是刑法罪刑法定原则。刑事审判合理性与正当性两者存在一定的矛盾和冲突,"法有限,而情无穷"。刑法条文和罪名是有限的,社会上形形色色的犯罪行为却是层出不穷的,刑法不可能毫无遗漏、包罗万象。刑法的相对稳定性和犯罪的多样性,使得刑法典永远会滞后于犯罪形势的发展。荀子有云:"有法者依法行,无法者以类举",过去适用"类推"方法定罪,入罪:举轻以明重;出罪:举重以明轻。现代刑法确立的罪刑法定原则排斥"类推"方法定罪,体现刑事法治的文明,但却对刑事法官提出了很高的职业技能要求,需要法官培养"找法""造法""释法""用法"的思维和思辨的职业技能。然而,显形的法律很容易从刑法典的条文中找到,隐形的法律却很难从中找到。仅仅看字面意思难以在法条中找到合适的法律,需要法官解释法律。在罪刑法定原则下要找到一个正确的法律条文不仅需要从条文的字面来理解,而且应当从立法的目的和立法的精神来理解,理解法条与法条之间的逻辑关系,这对法官的思维能力提出了很高的要求。法官适用法律的过程是一个发挥主观能动性的创造性劳动过程,必须摈弃法律教条主义。罪刑法定原则是为了限制司法权,犯罪不仅有形式内容,而且有实质内容,所以不能强调形式正义在任何时候都优先于实质正义,法官更多的是要学会对法律作出实质正义的解释。[2]

二是法律真实与客观真实理念。法律真实与客观真实对应的是刑法确立的无罪推定原则。诉讼认识活动的特殊性和司法资源的有限性决定了我们的刑事审判所能达到的只能是一种以证据事实为基础的法律真实,刑事判决应当建立在证据事实的基础上,只能是法律真实,而不是客观真实。[3] 无罪推定原则为刑事诉讼提供了一个逻辑起点,实际上是一个举证责任问题。建立无罪推定原则基础上的法律真实,需要建立刑事审判重证据的司法理念。在我国现代刑事审判中仍然贯彻有错必纠和实事求是的原则,原因在于错案仍有一定的比例,如"杜培武案""佘祥林案""赵作海案"等。因为有错,所以才必纠,只有将来错案很少,才有可能实现有错不纠的理想。云南昆明的"杜培武杀妻案"暴露出刑讯逼供、轻采测谎证据的弊端;湖北钟祥的"佘祥林杀妻案"同样暴露出刑

〔1〕 邱兴隆:《关于惩罚的哲学——刑罚根据论》,法律出版社 2000 年版,第 1 页。
〔2〕 吴卫军:《刑事司法的理念与制度》,中国检察出版社 2004 年版。
〔3〕 曲新久:《刑法的精神与范畴》,中国政法大学出版社 2000 年版,第 433—439 页。

讯逼供、对未做 DNA 鉴定尸体的错误认定,及迫于群体性上访和上级领导机关协调而作出妥协性有罪判决的弊端。武汉"二王杀妻骗保案"二审改判无罪也暴露出刑讯逼供、未对短信证据及时保存及轻信口供等问题。沈阳"刘涌案"因为刑讯逼供而构建非法证据排除规则暴露出中国社会公众对客观真实与实质正义的偏好。刑事案件审判中发现公安机关刑讯逼供、作假证据(假书证、假物证)、作假鉴定结论、作假立功证据、作假年龄证据等情况,媒体的舆论审判对刑事案件判决的误导作用,都给刑事法官对刑事诉讼证据的审查分析判断技能提出更高的要求。

三是程序正义与实体正义理念。程序正义与实体正义对应的是刑法确立的平等适用刑法原则。正义可以被理解为实体正义和程序正义。[1] 程序正义和实体正义是刑事审判工作中纠结于心的一个难题。程序正义要求我们恪守程序,但社会现实是社会公众普遍看重实质正义,看重刑事判决结果是不是达到实际意义上的公正。这就是很多刑事案件判决后引起社会舆论轩然大波的原因,老百姓认为判决结果不够公正就会质疑,这需要引起我们的反思,我们的程序究竟需要针对中国社会的特殊现实情况作哪些改进。程序正义要求使用刑法公开透明、平等而无歧视。要求纯粹的程序正义,程序正义决定实体正义。完善的程序正义是通过设计一种程序来百分之百实现实质正义,即让切蛋糕的人最后取蛋糕。不完善的程序正义结果可能是错的,有时却可能是对的。这就要求我们在刑事审判中遵循程序正义与实体正义并重原则,以追求实体公正为终极目标,同时以程序公正优先为实现实体公正的重要手段。

四是客观要素与主观要素理念。客观要素与主观要素对应的是法益保护原则。所谓法益就是法律所保护的利益或价值。[2] 刑法保护的法益需要法官从主观要素和客观要素两个方面进行整体把握。然而,当前刑事审判中的现实是太重主观要素,而忽视了客观要素。例如,杀人罪与伤害罪,从主观到客观难以区分,因此,在审理此类刑事案件时一定要遵循从客观到主观的思维路径。我们在思考案件处理结果时应当更多地考量客观要素,这是法律思维理性的标志和象征,从客观要素出发有利于更好地保护法益和体现刑法基本精神和原则。

---

〔1〕 曲新久:《刑法的精神与范畴》,中国政法大学出版社 2000 年版,第 79 页。

〔2〕 马克昌:《比较刑法原理——外国刑法学总论》,武汉大学出版社 2002 年版,第 13 页。

# 第二节　路径:刑事法官办案应当怎样思考?

法律思维是以法律为起点和终点的思想的旅程,法官法律思维技能的养成需要法官培养法律思维的能力和训练法律思维的方法,善于思考应当成为刑事法官的基本职业特质。作为法律职业共同体中的法律人,法官的法律思维技能是其他任何社会职业群体都难以形成的一种特有的职业思维模式。法律思维的过程是一个痛苦并快乐的过程,需要顶住很多的压力,需要辨识很多的误区,需要学会防止欺诈,需要学会判断真伪善恶,需要学会协调平衡。刑事法官办案思考的路径主要包括如下几个方面。

## 一、法律思维的信仰信念

刑事法官办案的法律思维应当建立在法律信仰与法治信念的基础之上。一是宪法至上理念;二是权利平等、权利平衡理念;三是市民社会理念,即强调主体意识、人本主义;四是法律是实践艺术理念;五是公平正义理念,即法律人的信念基础和法律信仰。确立这五个理念基础的意义在于锤炼法律人格,成就现代法学与法律大家,实现现代法官职业群体思想和理念的升级换代。确立法律思维的这五个理念基础是解决法官思维形成的基础理念出发点,正如道家思想的精髓"道法自然"和儒家思想的精髓"道不远人"一样,法律思想也应当搭建在信仰与信念的基础之上。有了上述信仰与信念的理念基础,法官在审理、裁判案件时就不会偏离社会正义的基点。例如,广州中院审理的在全国引起广泛关注的"许霆案",虽然法律界、法学界和社会舆论存在较大的分歧和争议,但因为纳入法律思维的轨道而比较容易达到最初符合法律精神和原则的判决结果。该案一审时广州中院以盗窃金融机构罪判处被告人无期徒刑引起全国舆论一片哗然,其原因就在于办案的思路没有遵循法律思维的理念基础。对于许霆行为的罪与非罪、此罪与彼罪的判断争议较大,究竟应当入罪还是应当出罪;如定罪,是因不当得利构成侵占罪还是盗窃罪,是构成一般盗窃罪处五年有期徒刑,还是构成盗窃金融机构罪处无期徒刑。对该案如何判决的问题,刑法专家与民法专家的看法不一致,法学家与社会公众的看法也不一致,刑法专家和法官的看法也不一致。虽然有争议,但有一个维系社会公正的底线是必须坚守的,那就是法律不是刑,也不是铁,而是秩序,法律的社会秩序校正功能就是要规范和维护公平正义的社会秩序。刑事审判必须坚守公平正义这一基本法律思维理念。广东省高院发回重审后,广州中院再审以盗窃罪改判有期徒刑五年,也在社会公众和舆论传媒的可接受范围内。

## 二、法律思维的理性分析

刑事法官的法律思维应当具备完善的大众思维的特点:一是客观思维,充分研究案件事实证据的现实状况,最大限度地审理查明案件事实的真相;二是辩证思维,充分研究正反两方面的状况,掌握案件的全面信息;三是批判思维,法官职业的品质就在于独立思考,敢于质疑与决疑,敢于挑战最时尚的事物,敢于去除伪装和欺诈;四是历史思维,我们常说的"办案要经得起历史的检验"就是运用历史思维辅助法官准确判断案件真相的表现。刑事法官办案应当恪守法律思维的理性基础,才能确保办案思路的正确方向。例如,武汉中院二审审理的"涂某诽谤案",虽然被告人涂某符合刑法规定的诽谤罪构成的全部构成要件,且当时武汉大学教授马克昌、刘明祥、莫宏宪、李希慧、康均心和中南财经政法大学教授齐文远、夏勇、赵俊新等著名刑法学专家都认为构成犯罪,并建议作出有罪判决。但遵循上述客观、辩证、批判、历史思维的路径,刑事法官不能轻易作出有罪判决。因为,现代社会文明发展到今天,"文字狱"已经远离了刑法的视域,对于本案一审法院判决构成诽谤罪判处拘役六个月的结果,引起湖北省市文联、文艺界、作协和海外传媒的一致声讨,国内大部分文学家、文艺家、人大代表、政协委员都认为该案如果作出有罪判决就是当代的"文字狱",如果文学创作可以获罪将会是现代刑法和法治的倒退。该案一审法院如果遵循法律思维的大众思维特点,及时进行案件诉讼风险评估,运用法律方法回避刑事案件审理可能存在的法律效果和社会效果冲突的问题,对刑事诉讼部分作技术处理,对附带民事诉讼部分作出判决,就当然可以避免社会舆论的责难。所以,该案二审只能采取程序性策略来回避社会矛盾。

## 三、法律思维的法律原则

刑事法官的法律思维应当遵循法律基础性原则,坚守法律的底线。具体包括:一是背靠法律的屏障,坚守法律思维的主导性原则;二是站在社会的舞台,坚守法律思维的社会性原则;三是秉承公正之心,坚守法律思维的无私性原则;

四是拥有独特的性情,坚守法律的人文性原则。例如,"牟其中信用证诈骗案",对于案件的处理结果虽然有政府经济发展需要的政治影响,但法院严格按照法律基本精神和原则进行审理裁判,体现了法官以法律为基础的法律思维,展现了法官的司法智慧。再如,曾经被媒体关注的"婚内强奸案""裸聊案""人肉搜索案""各种类型的计算机犯罪""各种类型的侵犯知识产权犯罪"等社会广泛关注案件的审理思路,如果不是在法律的底线之内,公正就无从谈起,从案件最终处理的结果来看,都是在坚守法律思维的法律基础之上作出的公正裁判,才赢得社会公众的普遍认同,坚守法律思维的法律原则就是恪守司法公正的底线。

### 四、法律思维的关联基础

刑事法官的法律思维应当关注法律思维的关联基础,综合考量法律思维与政治思维、政策思维、道德思维、经济思维的关系,关注政治、政策、道德、经济、历史、社会、宗教、文化等因素,但是,法官的法律思维从来不会混淆各种关系,其出发点与终点都是法律问题。法律是政治的一种庄重形式,是穿着礼服——法袍的政治。法律调整的任何问题都是政治利益所关心的,都是政治集团追求的,一个成熟的政治社会善于将政治问题法律化,也善于利用法律工具进行政治斗争,法律从来都不依赖但也不可能脱离政治来谈正义和高尚。"有政治考量或政治判断并不必定是要追求司法政治化,而恰恰是为了避免司法政治化"。[1] 社会是法律产生、作用和发展的环境与背景。法律的意义、内容等都依赖于社会的经济发展状况和人民的人文总体水平。离开社会的支撑与自然选择,法律就失去了服务的对象,也就失去了存在的意义。至于法官判决,除了法律完全不考虑社会后果是有欠缺的。刑事审判是一项适用法律和政策互为交叉的领域,刑事法官对于刑事法律和刑事政策的掌握运用非常重要。例如,过去从重从快"严打"的刑事政策和现在"宽严相济刑事政策"都在刑事审判工作的不同时期发挥着指导协调作用。

### 五、法律思维的理性平衡

法官职业的尊崇感和荣誉就在于法官职业思想理性的可贵,理性的可贵又

---

〔1〕 ［美］理查德·波斯纳:《法官如何思考》,苏力译,北京大学出版社 2009 年版,第 11 页。

在于平衡性思维对法律思维的补充和完善。在现代刑事司法理念和法律思维方式的支撑下,刑事法官思维的基点就是在各种刑事司法理念之间寻找平衡。要求实质思维与程序思维相结合,经验思维与法律性思维相结合,依附性思维与独立性思维相结合,平民化思维与精英职业化思维相结合,神秘性思维与开放性思维相结合,机械性思维与立体性思维相结合。只有将平衡的理性融合在法律思维的理性思考之中,刑事法官才能在具体的刑事案件的审判过程中应对和处理法律问题,平衡各种社会矛盾和利益纠葛,更好地运用法律方法解决刑事案件中所面临的各种社会矛盾纠纷。

## 六、法律思维的过程特点

法律的缺陷是法律本身固有和无法消除的。西方人最终选择法治的理由,恐怕不在于觉得法律的优点胜过人的智慧,而仅仅在于觉得法治比人治要可靠,因为,历史说明,人的自觉自律是不恒常的。[1] 我们倡导法律思维就是要形成法官法律思维的恒常习惯和规律。法律思维的特点是使用法言法语,表现出对法治观念的确信,与法官的法律方法密切相关,是法律职业化的标志之一。[2] 法律思维的重要特点就是其过程具有不可替代的思维特点。刑法研究的思路是多方位的立体思维,[3]刑事法官的思维也应当兼具多方位立体思维的特性。根据刑事法官法律思维过程的特点分析,法官的法律思维应当具备以下特点:一是找出案件法律上的问题,体现法律中心主义;二是用法律方法来分析案件事实和适用法律,分析材料具有现实性与社会性,体现法律工具主义;三是得出法律(学)意义上的结论,体现法律目的主义。凡是遵循这一思维过程特点的就是符合规律的法律思维。

## 第三节　融合:刑事审判技能三位一体之构建

刑事法官的司法理念与法律思维实际上都需要通过司法审判技能体现出

---

〔1〕 刘星:《西窗法雨》,法律出版社 2003 年版,第 4 页。
〔2〕 陈金钊主编:《法律方法论》,中国政法大学出版社 2007 年版,第 58—61 页。
〔3〕 储槐植:《刑事一体化》,法律出版社 2004 年版,第 226 页。

来,三者只有融合为一体才能发挥作用。刑事法官的审判技能实际上也就是思维和理念在实际案例中的体现。根据与思维和理念最为密切相关的技能,我们可以作如下分析。

## 一、审前准备和证据审查判断技能

审前准备是法律程序和法律思维的逻辑起点与刑事审判程序的引导,是法律程序和法律认知的准备,具体包括阅卷归纳能力、筹划安排能力、预测变化能力。而证据审查判断技能是指法官根据证据法上规定的证据客观性、关联性、真实性要求对刑事诉讼证据进行全面审查判断的能力。刑事法官审理案件实际上是有心证过程的,刑事法官审理查明案件事实所形成的客观流程为:首先是原初事实,即未经加工的生活事实,是已经发生的客观唯一事实;其次是证据事实,诉讼中摆在刑事法官面前的事实,即当事人为了确定案件事实而向法庭提交的有证据的事实;再次是认知事实,即法官认识到的、在法官内心形成但尚未表达的事实,也就是法官对案件事实做到"心中有数";又次是内心确信,即法官心证形成,合议庭法官对案件事实证据内心确信的认知有差异,也是合议庭意见分歧的主要原因之一;最后是案件事实,也称法律事实或裁判事实,即经过法律构成要件雕琢过、直接用作法律判断、进行法律评价的梗概性的事实,是最终产生法律效果的事实依据。

## 二、庭审驾驭和裁判文书制作技能

庭审驾驭技能和裁判文书制作技能是法官可以量化考核评比的核心技能。目前在全国法院系统广泛开展的"两评查"活动就是以庭审驾驭能力和裁判文书制作能力为主线的。我们评价一个人的说话水平讲求"语感";评价一个人的打球技艺讲求"球感";评价一个人的开车驾驶技术讲求"车感";评价法官庭审驾驭能力时讲求"法感"。所谓"法感",即指法官对法律现象的直接接受能力,对法律现象的敏锐感受力和正确的理解力。培养刑事法官的"法感"能力,逻辑思维训练是关键。必须坚持长期实践培养才会有所提升。庭审是固定证据、表达观点和形成心证的特定场域,法官逻辑思维与直觉思维(顿悟)艺术与技能的培养需要长期积累和打磨。以最高人民法院正在全国法院系统广泛开展的"两评查"活动为例,[1]笔者选取某市刑事庭审观摩评查表的主要内容和评查结果展开分析,庭审技能主要包括:预测、筹划和安排能力;庭审控制和引导能力;协调和应变能力;庭审语言表达能力;综合分析、辩证、认证和裁判能力等多项要求。

表1:某市中级人民法院刑事案件庭审评查评分表

| 评分事项 | 评 分 标 准 | 标准得分 | 实际得分 |
|---|---|---|---|
| 一、庭前准备充分,庭审思路明确(20分) | 1. 保障被告人依法行使辩护权。是否告知被告人有权依法获得律师帮助的权利,为符合条件的被告人指定辩护人。 | 5 | |
| | 2. 保障庭审功能的充分发挥。庭前将拟开庭的情况及时通知各诉讼参与人,确认其能够参加庭审。 | 5 | |
| | 3. 保障司法公开责任的落实。公开审判的案件,开庭前依法公告并严格按照公告的时间、地点开庭,为群众旁听案件提供便利。 | 5 | |
| | 4. 制作庭审提纲,明确庭审思路。庭前撰写庭审提纲,并根据案件具体情况制订应急预案,合理确定合议庭成员分工。 | 5 | |
| 二、庭审程序规范,确保居中裁判(35分) | 1. 宣布开庭。审判长宣布开庭后,全面查明被告人的相关情况。 | 5 | |
| | 2. 宣布案件的来源、起诉的案由、附带民事诉讼原告人和被告人的姓名(名称)及是否公开审理;宣布合议庭组成人员、书记员、公诉人、辩护人、鉴定人和翻译人员的名单。 | 5 | |
| | 3. 告知诉讼权利。告知当事人、法定代理人在法庭审理过程中依法享有的诉讼权利,并分别询问其是否申请回避、申请何人回避和申请回避的理由,及时适当地对回避申请作出处理。 | 5 | |

---

[1] 所谓"两评查"活动,即指2012年最高人民法院在全国法院系统开展的对法官庭审观摩和裁判文书两项技能进行的量化评比检查活动。在"两评查"活动中,每一级法院、每一个业务庭、每一名法官、书记员都没有置身事外,而是自觉融入其中,共同参与评查,共同整改落实,千方百计找差距、补短板、促提高。不仅领导干部以身作则,率先垂范,带头开示范庭、讲评法律文书,而且广大法官也自我评查、自找差距,形成了人人参与、人人接受评查的工作格局。在短短五个月时间内,各高院、中院、基层法院都已严格按照最高院规定的比例要求,广泛开展了庭审、裁判文书评查。不少法院还自定目标、自加压力,大幅提高评查比例,对2012年以来的生效裁判文书进行了拉网式评查,对评查出来的问题,及时分析原因,明确责任,落实整改。

续表

| 评分<br>事项 | 评　分　标　准 | 标准<br>得分 | 实际<br>得分 |
|---|---|---|---|
| 二、庭审程序规范，<br>确保居中裁判<br>（35 分） | 4. 对法庭调查的驾驭。对于控辩双方之间的讯问、发问;控辩双方申请通知新的证人到庭,调取新的证据,申请重新鉴定或者勘验;控辩双方讯问、发问证人、鉴定人及就证据的质问和辩论,能够严格掌控、合理引导,并对相关的异议或申请及时作出处置;法庭调查阶段,注意保证量刑事实调查的相对独立性。 | 5 | |
| | 5. 对法庭辩论的驾驭。能够引导控辩双方围绕争议焦点问题辩论,对于与案件无关、重复或者互相指责的发言及时制止。在法庭辩论阶段,注意保证量刑辩论的相对独立性。 | 5 | |
| | 6. 附带民事调解。法庭辩论终结后,对附带民事部分作当庭调解。 | 5 | |
| | 7. 保证被告人依法行使最后陈述的权利。 | 5 | |
| 三、合理驾驭庭审,<br>程序繁简得当<br>（25 分） | 1. 明确庭审重点。对于适用简易程序或者普通程序简化审理的被告人认罪的案件,法庭调查和法庭辩论主要围绕量刑等争议问题进行。 | 5 | |
| | 2. 把握争议焦点。在庭审程序要素齐备的基础上,围绕争议焦点组织控辩双方进行举证、质证和辩论,既注重维护中立形象,又合理引导控辩双方的发言,把握好庭审节奏。 | 5 | |
| | 3. 重视归纳总结。在举证、质证、辩论的过程中注意繁简得当,适时进行阶段性的总结和概括,使庭审提高效率和加强针对性,并使庭审逻辑清晰、简洁洗练。 | 5 | |
| | 4. 发挥集体智慧。充分发挥合议庭集体智慧,合议庭成员分工明确、团结协助,有条件的情况下能够当庭调解或作出判决。 | 5 | |
| | 5. 避免重复开庭。避免因工作疏忽出现举证、质证和辩论不充分,导致不必要的重复开庭现象。 | 5 | |
| 四、讲究庭审礼仪,<br>维护司法形象<br>（20 分） | 1. 法庭布置与设备符合规定的要求,法庭环境整齐、卫生,严格依照《中华人民共和国人民法院法庭规则》维护法庭秩序。 | 3 | |
| | 2. 法槌的使用符合《人民法院法槌使用规定（试行)》。 | 2 | |
| | 3. 审判人员着装符合《人民法院制服管理办法（试行)》,庭审形象好。 | 2 | |
| | 4. 审判人员庭审中精力集中,尊重并耐心听取控辩双方的发言,对于双方的发言能够给予平等的关注,行为举止得体。 | 5 | |

续表

| 评分<br>事项 | 评 分 标 准 | 标准<br>得分 | 实际<br>得分 |
|---|---|---|---|
| 四、讲究庭审礼仪，<br>维护司法形象<br>（20分） | 5. 审判人员在庭审中的用语规范、准确、简练、不带有倾向性和个人情绪。 | 5 | |
| | 6. 司法警察依照《人民法院司法警察刑事审判警务保障规则》的规定提供警务保障。 | 3 | |
| 得分 | 得分值 | 100 | 总分 |

合议庭审判长： 审判员（代理审判员）： 书记员： 年 月 日

从某市评查的结果来看，优秀庭审都是相对的，没有100分的庭审，这证明驾驭庭审实际上还是有很大的技术含量的，开好一个庭并不容易，从庭审观摩评查的结果情况来看，大部分法官开庭时均有瑕疵和不足，一审法官如此，二审法官也是如此，审监庭的法官同样如此，分析原因，我们认为原因就在于法官的法律思维和司法理念仍然没有与庭审技能融为一体。比对每一个瑕疵和错漏之处，都可以上升到思维和理念不足的层面。这从一个侧面论证本文提出三位一体的观点。

"从本质上来说，刑罚应该是公开的、及时的、必需的，在既定条件下尽量轻微的、同犯罪相对称的并由法律规定的。"[1]刑事裁判文书应当从思维理解的视角体现刑罚的公开、及时和必需。实际上，刑事裁判文书是法官法律思维的文字表达，裁判文书制作技能主要内容反映了主审法官的说理和论证能力。美国法官格雷曾说过："法官的判决就是法律"，判决是将法律条文运用到活生生的具体案件中的法律精神的诠释。[2] 阐释法律精神必须说明法理，即要不断加强裁判文书的说理和论证的理由。裁判文书是司法审判实体公正和程序公正最直观的表现形式，也是司法审判实体与程序终端的载体。司法公正只有通过裁判文书的充分说理和论证来体现，离开了这一载体，人们就无法判断司法过程和裁判结果是否公正，法院判决的合法性及合理性就会受到怀疑和质疑。让公众知晓法官如何对事实和法律进行论证和评判，从而使法官处于社会公众的监督之下，这也是司法审判防止腐败的最佳途径。

判决书增强说理性，详尽说明判决理由可以让法律职业共同体和社会公众看到与具体事实相关法律的适用过程，可以向社会公众证明法官依法审判、公正无私；可以证明各方当事人在法庭上是否得到了公正的审判；可以证明具体

---

〔1〕 ［意］切萨雷·贝卡里亚：《论犯罪与刑罚》，黄风译，北京大学出版社2008年版，第109页。

〔2〕 谢晖：《法律的意义追问——诠释学视野中的法哲学》，商务印书馆2003年版。

案件中的正义和公正是否得以伸张。提高裁判文书的写作水平和质量,是现代法院通过裁判文书这一工具和载体搞好公共关系的重要途径。我国正处于社会变迁和转型的时代,公众的自主独立意识、思想自由意识和问责意识正在不断增强,社会公众的群体交流日渐广泛和活跃,法院判决如何消化公众意见已经是一个无法回避的现实问题。民意如流水,但民意不可违。法官作出的判决如果与公众意见相去甚远,不是法官判错了,就是立法存在疏漏或滞后的地方。判决必须考虑公意,[1]因为判决这一公器应当顺应和符合公意的诉求与期盼。

　　人民法院审判工作的发展与公共关系的发展有一定的同步性。通过向全社会公开裁判文书,不仅记录裁判过程,而且公开裁判理由,使裁判文书成为向社会公众展示司法公正形象的载体,成为进行法制教育的生动教材。在刑事法律存在漏洞的情况下,法官如何运用法律职业者的睿智与哲思来正确地适用法律、公正地裁判刑事案件,是现代法官都必须面对的课题。法官是成为机械地运用法律的法匠,还是通过解释法律、发现法律的方法而创造性地适用法律,抑或是法官自我创设可适用的法律规则?[2]　刑事法官的思想应当在判文说理部分熠熠闪光,高水平的刑事裁判文书制作技能可以充分展现法律职业人的睿智与哲思,传播法律信仰和法律精神,[3]这是职业法官群体的理想和追求。

## 三、和解、调解和应对复杂问题的技能

　　刑事法官在审理刑事附带民事案件、刑事自诉附带民事案件中的协调和解、调解技能是现代法官必须掌握的重要技能之一。几千年来,在以儒家思想传统为主线的中国社会里,无论是民间调解还是官方调解都是非常重要的社会纠纷解决机制。在维护社会稳定和矫正利益冲突的过程里,和解和调解成为不可或缺的方法之一。新中国成立后,在五十多年的刑事审判实践中,广大职业法官在"马锡五审判方式"的指引下,积极探索刑事和解和附带民事诉讼调解经验,以刑事和解和民事调解方式处理了大量的刑事案件,创造了许多经典的案例。很多刑事法官的调解技能与技巧都达到了娴熟自如、游刃有余的境界,涌现了众多的调解能手。刑事和解和附带民事诉讼调解是法官运用法律规则在僵持中化解矛盾和纠纷的裁判技能,是社会转型时期解决社会纠纷的重要职业

---

〔1〕　梁治平编:《法治在中国:制度、话语与实践》,中国政法大学出版社 2002 年版。

〔2〕　[美]理查德·波斯纳:《法官如何思考》,苏力译,法律出版社 2009 年版。

〔3〕　孔祥俊:《法律解释方法与判解研究——法律解释·法律适用·裁判风格》,人民法院出版社 2004 年版。

技能和技巧。法官调解的技能所包含的内容非常精深,需要我们在审判实践中着力探索和领悟,特别要在传统的调解制度中注入现代司法理念和法的精神,使传统调解技艺与现代社会需求相契合,将法官的调解经验总结、升华为息讼层面的行为技能,将职业法官群体的智慧、创意,演变成一种职业技能与技巧,使诉讼调解之诉真正变成具有和谐之美的裁判技能!此外,当前刑事案件远远不是像原来一样下个判决就能解决问题,现在刑事审判一要面对涉诉信访上访,二要应对聚众闹事,三要缓解各方面的压力,如媒体负面报道、社会舆论误解、网络舆论施压等。

根据法律人文主义解释,融合思维、理念和技能三位一体的刑事法官审判技能应当能够充分体现刑事法官的良心和良知。我国的传统文化中虽没有产生过类似司法系统的自然法理论,也不存在超验的宗教情结,但我国传统文化中却有着异常丰富的关于良知理论的本土资源,如"仁而爱人""三省吾身""哀民生之多艰""上下求索""舍生取义""先天下之忧而忧,后天之乐而乐"等思想均可用于对法律的人文主义解释。[1] 古语云:"抬头一尺有王法,举头三尺有神明。"法律思维和司法理念其实就是"神明",就是思想对司法审判行为的方向性指引。儒家思想传统中"听君一席话胜读十年书"、佛教思想中的"觉悟、自觉、觉他、觉满"、道家思想中的"道法自然和太虚太清境界"、禅宗义理中的"顿悟"、基督教教义中的"神性的拓展与人性的升华",归根结底讲的都是思想和觉悟。思想和觉悟提高了,法官的司法技能必然会提高。从现代社会对刑事法官司法技能的现实需求来分析,需要启发思维、改变观念、丰富思想、建立信仰,培养哲思和自觉顿悟,构建刑事法官个体的司法理念和刑事司法哲学,形成刑事法官职业共同体独特的司法理念、法律思维和娴熟审判技能三位一体逻辑结构,提高刑事法官的职业技能和司法能力,促进刑事审判工作的公正和效率,提升司法公信力。

---

〔1〕 郭成伟主编:《中华法系精神》,中国政法大学出版社 2001 年版。苏力:《法制及其本土资源》,中国政法大学出版社 1996 年版。梁治平:《清代习惯法:社会与国家》,中国政法大学出版社 1996 年版。

# 第十七章
# 公信辅助:改革与建构新型法官助理制度

建立法官助理制度、深化书记员管理体制改革是提升司法公信力的重要步骤与内容。推行法官助理制度、改革书记员管理体制的目的在于理顺现行法官审判职能中的主次关系紊乱、法官与书记员工作职责混杂的状况,将员额制法官从程序性工作中解放出来,把从法官职能中剥离出来的辅助性、程序性工作交由法官助理承担,将庭审记录、装订卷宗等事务性工作交由书记员承担,而由法官专司审判职能,使法官的主要精力完全用于案件的审理裁判,从而大幅度提高审判工作的质量与效率。将审判职能中的主要职能和辅助职能进行合理、科学地划分,有助于审判职能的高效行使,也有助于推进法官职业化的进程。法官、法官助理、书记员三者共同构成履行法官审判职能的主体,法官是履行审判职能的主导,法官助理和书记员是法官履行审判职责、公正裁判案件的辅助,是法官从事审判工作必须且必要的助手。因此,法官助理制度和书记员管理体制都属于法官职业管理体制中的重要内容,是提升司法公信力的重要司法辅助职业,法官助理和书记员的职业技能属于法官职业技能的范畴,法官助理和书记员工作的质量与效率,直接影响司法审判工作公信力的质量与效率。本章侧重从法官职业技能的视角对改革建构法官助理制度辅助提升司法公信力进行实证分析。

## 第一节 法官助理制度的含义与功能评析

最高人民法院早在《人民法院第二个五年改革纲要(2004—2008)》中就把法官助理制度作为一项重要的改革内容,明确提出要在总结试点经验的基础上逐步在全国法院推行法官助理制度。[1]这项制度的推行和实施奏响了法官职业化建设的前奏曲。2014 年出台的《人民法院第四个五年改革纲要(2014—2018)》则明确提出:"推进法院人员分类管理制度改革……拓宽审判辅助人员来源渠道,建立审判辅助人员的正常增补机制,减少法官事务性工作负担。"把法官助理制度改革明确为法官员额制和司法责任制改革,以及审判权力运行机制改革的重要配套协同改革举措。实行法官助理制度的真正目的在于减少法官的数量,使职业法官少而精,成为同时代的法律职业精英,最大限度地节省司法成本和人力资源。推行法官助理是加强法官队伍建设与法院专业需要相结合的一项重要举措。

法官助理的定位首先是法官的助理,而不是法官。其次,法官助理不是普通的司法行政人员,而是受法官委托可以执行辅助性、程序性、事业性审判职能,可以主持调解的专业人员。最后,法官助理不同于目前法院自行任命的助理审判员。按照现行法律规定,助理审判员是法官,而法官助理仅仅只是法官执行审判职务的辅助工作人员,对案件没有独立的决定权和裁判权。

法官助理与法官(包括审判员与助理审判员)之间是辅助与指挥的关系,二者具有不同的职能范围,工作方式也有明显区别,在职业技能的总体要求上虽然大体相近但在很多细节上又有不同的侧重:从审判职能的实现形式上看,法官助理是法官的助手,具有辅助性;从审判机制的管理上看,法官助理是联系法官和书记员的纽带,具有承上启下的作用,具有独立性。

《中华人民共和国法官法》和《人民法院组织法》均没有设置法官助理制度的相关规定,只是在《人民法院组织法》的修改过程中已经将法官助理制度的设置作为立法修改的一项内容。因此,在法官职业技能的范畴中还没有正式将法官助理的职业技能纳入其中。

## 一、法官助理制度的含义

按照法官助理的字面意义来理解,法官助理就是法官的助手,是法院内部通过选任产生,在案件审理过程中专门辅助职业法官履行审判职责、协助法官进行审判活动的法律专业人员。

---

[1] 参见最高人民法院《人民法院第二个五年改革纲要(2004—2008)》第 34 条:"推进人民法院工作人员的分类管理,制定法官、法官助理、书记员、司法警察、司法行政人员、司法技术人员等分类管理办法,加强法官队伍职业化建设和其他各类人员的专业化建设。建立符合审判工作规律和法官职业特点的法官职业序列。在总结试点经验的基础上,逐步建立法官助理制度。"

法官助理制度是各级法院内部建立起来的具体调整法官助理的选任、职责分工、管理、考评、奖惩等工作的一系列规范的集合。设计法官助理制度的出发点在于:一方面改变目前审书职能不分和法官队伍过于庞大的不良现状;另一方面纯化法官工作,使法官专司审判职能,专心致志、优质高效地审理和裁判案件。

法官助理的主要工作职责是办理日常审判活动中的常规事务,辅助法官优质、高效完成审判任务——即负责法官审理案件全过程的一般程序性、事务性、联络性工作,为法官的审判工作提供全面、细化的帮助,包括负责案件的庭前调解、制作调解书、案件开庭排期、送达、接待、证据交换、采取诉讼保全和证据保全措施、归纳案件争议焦点等庭前程序性和事务性的准备工作,为法官开庭审理案件做好庭前准备性工作,促进法官庭审效率的提高,使法官通过庭审能顺利而高效地查明案情。此外,法官助理还负责在庭审后,在法官的指导下拟写一些简单的法律文书。受主审法官的委托,法官助理也可以行使一些裁判权,如签发支付令和有关程序性的裁定及管辖异议的裁定等,对于双方当事人在庭审中有意愿和解或撤诉的,可以主持调解或处理撤诉的程序性问题,使法官能够集中精力坐堂审案——即主持庭审、居中裁判,公正地行使裁判权。

## 二、法官助理制度的功能评析

评价一项制度的功能或作用,应当从这项制度设置的目的、宗旨、效用及其职责范围来考量。

第一,设置法官助理制度的直接目的是为了推进法官队伍的职业化进程,其制度设立的宗旨在于最大限度地促进和保障司法公正与效率。因此,法官助理制度的首要功能在于实现法官职业化。我国拥有一支庞大的法官队伍,但规模并不等于效益。客观评价现有的法官队伍,可以说,三分之一的法官可以称为优秀;三分之一的法官可以算得上称职;而还有三分之一的法官是不称职的;在称职和优秀的法官之中也还有一部分因为法院工作的需要而没有从事专职审判业务,而是在综合职能部门从事综合性工作[1]。一方面,时代和社会的发展需要法官走职业化、精英化、专业化的道路,要求严格控制法官数量的增长幅度,强调高理论素质和专业技能,在这一要求下,职业法官群体应当是小规模、高品质;另一方面,随着社会的发展,案件的数量不断上升,各种新颖复杂疑难

---

〔1〕 所谓综合性工作,是指法院从事办公室(研究室)公文写作、政治部政工人事、机关党办党务、司法行政处后勤管理等综合性事务性的工作。

案件不断诉诸法院,案件审理的难度在不断增长,法官牵扯的事务太多,办案效率难以保证,人力仍显匮乏。这种"求少"与"求多"的两难困境需要一种妥当的制度来突破。

根据各地各级法官审判工作的特殊情况与规律,推行法官助理制度,在少量增加法官的基础上,大幅度增加法官助理等司法辅助人员是突破目前这种两难困境的最佳选择。美国等许多法治发达国家的司法改革在应对这种两难困境时都毫无例外地选择了推行法官助理制度。

推行法官助理制度,可以将法官从大量繁杂、琐碎的具体事务中解脱出来,集中精力行使审判权,确保实体和程序的公正;可以避免法官与当事人的单方面接触,确保中立、超然地行使审判权;[1]可以促进法官的职业化进程,使真正优秀的人才被选拔出来专司审判职能,而一般人员则从事辅助性的事务工作,人尽其才,才尽其用,科学合理配置司法人力资源,促进司法质量和效率。

第二,推行法官助理制度可以为精英型职业法官的选任提供充足而坚实的人才储备。法官助理群体的形成,有利于培养法律职业的后备队伍,同时也有利于对后备人才集中进行法官职业技能的培训、教育与实践。

正如霍姆斯法官所言:"法律的生命不在于逻辑,而在于经验。"[2]法官职业是一种经验型的职业,需要不间断的培训教育和司法审判实践经验的积累。法官助理制度的设置实际上既是法学院法学教育的延续,也是法官职业技能培训教育的新领域。这种教育与培训具有一个最大的优势:司法审判的实践性。法官助理们在日常工作中辅助法官完成审判工作任务,通过与法官的紧密配合与协作,参与处理审判中的程序性和事务性的工作,参与庭审准备工作和拟写法律文书等工作,能够观察、体验、感悟、总结审判工作的经验,同时也能够在事务性的工作中逐步养成法律思维的习惯,潜移默化地掌握法官裁判的方法与技巧,领略法官裁判的艺术与风格。客观地评价,法官助理制度的设立,实际上就是为法律职业技能的培养教育提供了一个最佳的实践岗位和场所,勤奋、敬业、敏锐、多思的法官助理很容易在平凡的工作中脱颖而出,最终走向审判岗位。

第三,从设置法官助理制度的职责和效用来分析,这项制度的设立有助于优化配置司法人力资源,最大限度地发挥法律职业人各自的优势,从而更好地提高审判工作的质量和效率。法官助理制度实际上是对审判职能和一般事务的科学分工,其优势在于改变了以往审判职能混淆不清的状况,对职业法官、法

---

〔1〕 蔡则民主编:《法官职业化建设探索与实践》,人民法院出版社2004年版,第6页。

〔2〕 [美]本杰明·N.卡多佐:《演讲录:法律与文学》,董炯、彭冰译,中国法制出版社2005年版,第75页。

官助理、书记员三者的职责进行了科学而明确的划分,使司法人力资源得到优化配置,使三者以其特有的职业技能在各自的领域里充分发挥,从而节约司法资源。

由于法官助理承担了审判过程中的日常事务性工作,法官就能够将主要的精力和时间用于提高庭审驾驭能力、法律适用能力和裁判文书写作能力,从而提高法官裁判案件的效率和质量。过去法院基本上实行的是审判员与书记员相配合的"审书配合"模式,有"一审一书""两审一书""三审一书"或书记员统一集中管理的制度模式,这种"审书配合"的旧模式很容易造成审判员与书记员之间的权责不明确、分工不科学;由于审判员与书记员之间的中间环节缺乏,审书矛盾较为突出。例如,由于人员配置紧张,基层法院和法庭常常出现一人开庭、一人调查的"独审独记",或者是书记员违法办案等违反程序法的现象。法官助理制度针对旧的"审书配合"模式的弊端,采取"审书分离"的方法,在法官与书记员之间既充当屏障又充当桥梁,使法官、法官助理、书记员在相对独立又互相对应的环境下工作,既致力于自身领域的技术提升,同时也增进合作伙伴的工作效益。

第四,设置法官助理制度有利于完善审前程序。从目前审前程序改革与完善的视角来看,法官助理是专门根据审前程序的职能要求而设计的。在法官的指导下,由法官助理完成庭审前的程序性准备工作,能够对受理的案件进行繁简分流;能够更好地实施回避制度,更好地执行法官职业道德与行为规范的要求;能够通过庭前调解更好地化解纠纷。在繁简分流过程中,法官助理承担了一些相对简单,但又相当琐碎的事务性工作,使法官能够将工作重点真正转移到重大案件的审理和裁判上来。案件的繁简分流使司法人力资源得到最佳的运用。简单案件直接由法官助理在庭审前处理结案,复杂案件则由法官助理负责进行庭审前的准备工作,择期安排审前会议和证据交换,将诉讼请求、争议焦点、案件证据一一确定并梳理清晰,然后安排进入庭审程序,由法官主持庭审。在这一程序下,法官在案件审理前不能接触当事人,有效地克服两个弊端:一是先入为主,对案件产生偏颇的认识,从而影响案件的公正裁判;二是腐败,法官助理制度的设立,可以避免主审法官在庭前与当事人进行正面接触,在两者之间形成有效的隔离带,促进法院的廉政建设。[1] 过去不少法官在审理承办案件时,要包揽案件审判全过程的所有事务,这既不利于法官保持中立地位,也影响法官集中精力审理裁判案件。确立法官助理制度以后,法官助理的地位介于法官和书记员之间,其本身不具有审判权,只负责协助法官履行审判职责,法官

---

〔1〕 乔金茹:《完善我国民事审前程序的几点建议》,载《法律适用》2006 年第 1—2 期。

助理进行"权力寻租"的情况也将会比较少见。

第五,设置法官助理制度有利于司法审判公开原则的落实,促进司法透明。司法公开和司法透明是现代各国秉承的司法理念和原则。随着依法治国写入宪法成为治国方略,以及我国加入世界贸易组织,内外产生的力量不断推动各项改革向民主和法制方向纵深发展,对人民法院司法公开和司法透明的要求越来越高,全面落实审判公开原则,增加司法透明度和司法信息公开已经成为人民法院司法改革的重要内容之一。法官助理制度施行后,改变了过去审判组织成员间的隶属关系模式,法官、法官助理和书记员具有各自独立的职责,法官与法官助理、书记员之间不再是统属关系,而是辅助、协作和监督关系。法官助理和书记员作为审判工作的辅助人员,能够在审判程序方面对法官进行有效的监督和制约。由法官助理负责审前程序和庭前调解,能够更加提高司法的透明度,使司法审判的程序和相关信息的公开程度最大化。法官助理制度明确了法官助理的职责分工,法官、法官助理和书记员都各自在自己的职责范围内履行职能,这将彻底改变过去旧的"审书制度"下的关系模式。这种相对独立、相互协作、职能分工、职责分明的制度约束将使整个审判程序更加公开和公正。因此,法官助理制度的建立为司法透明提供了更深层次的制度保障。

## 第二节 国外法官助理制度的借鉴和参考

现代意义上的法官助理制度最早产生于 1886 年的美国。从 20 世纪 30 年代开始,雇用刚从法学院毕业的优秀毕业生担任一年或两年助手已经成为美国联邦法院的一种普遍做法,这是现代法官助理制度的萌芽。随着案件的增多,为了提高审判效率、辅助审判,美国上诉法院于 20 世纪 70 年代末期开始正式聘用法官助理,法官助理制度逐渐成形,并迅速发展。纵观世界法制发达国家,无论是英美法系还是大陆法系国家的职业法官均是采用聘请法官助理的方式来辅助法官完成审判工作任务,法官助理制度成为确保法官职业化的一项重要功能性制度。美国、法国、德国、澳大利亚等国的法官助理制度均可以作为我国设置法官助理制度之有益借鉴。

### 一、美国的法官助理制度

英美法系国家中,美国的法官助理制度是比较完备的。由于美国法官的地位崇高、待遇丰厚,法律从业者把获得法官职位视为毕生的追求,许多优秀律师都把最终成为一名法官作为达到律师生涯顶峰的标志。由于法官职业成为法律职业者的终极追求,为了保障法官职业的精英化和专业化以及法官地位的尊崇,法官必须走职业化的道路,要求法官数量少、质量精。美国法官的职位数量相当少,美国的联邦最高法院(相当于我国的最高人民法院)只有 9 名法官,联邦上诉法院(相当于我国的中级法院)也只有 10 名法官。为了使法官能专心审判,美国各级法院均设立了法官助理。早在 1886 年,美国国会就规定联邦最高法院法官必须有法官助理。1930 年美国国会制定法律规定,联邦巡回上诉法院法官也必须有法官助理。1936 年美国国会又制定法律规定,联邦地方法院法官必须有法官助理。1979 年美国国会再次制定法律规定,联邦地方法院法官必须有法官助理。1984 年美国国会继续制定法律规定,联邦破产法院法官必须有法院助理。法官助理制度已经成为美国法院的一项重要制度。依照美国法律,联邦最高法院首席大法官可以有 5 名法官助理,其他大法官可以有 4 名法官助理和 2 名秘书;联邦上诉法院法官可以有 3 名法官助理和 2 名秘书;联邦地方法院法官可以有 2 名法官助理和 1 名秘书;州各级法院法官也都可以有法官助理和秘书。除法官助理之外,各级法院法官还可以根据需要聘请法庭助理和法律顾问。担任美国法官助理的基本条件是必须获得职业法学博士学位。按照惯例,一般都是由各级法院的法官根据自己的需要,挑选各法学院的博士毕业生担任法官助理。法官助理不是法院永久雇佣的工作人员,而只是法官个人录用的助手,法官助理的任期一般均为 1—2 年。在美国,法官助理也被喻为"不穿法袍的法官",法官助理既不做庭审记录工作,也不做具体的行政事务工作,庭审记录由专门的法庭记录员完成,行政事务由专门雇用的秘书完成。法官助理的职责主要是在法官指导下,协助录用他的法官完成判决以外的有关法律性任务。法官助理的日常工作主要包括:

1. 协助法官查阅卷宗,根据起诉状和答辩状(或者是上诉状和上诉答辩状)中所提出的诉讼请求和答辩反驳意见归纳出双方的争执焦点,给法官提供一份案件基本情况和审理要点的阅卷备忘录。

2. 美国是判例法国家,在审判案件中有"遵循先例"的原则,即在案情相同情况下必须遵照以前的判例的原则。因此,美国的法官助理需要根据案情来查找所有相关的判例和法律,并将先例判决和相关法律结合案情写一份诉讼要点摘录。这份案情诉讼要点摘录将在庭审前连同案件的全部材料一并交给法官。

3. 为法官正确解释和适用法律提供理论界有关法律问题上的最新学术研究成果和最前沿的学术研究动态。美国法官的判决并不是简单的就事论事,而是要针对案件事实,以及双方当事人提出的法律问题,作出法理上的论证,即提出法官支持一种观点或者反对一种观点的法理依据。由于法官整日忙于具体案件的审判,对于法学理论研究的动态缺乏及时的了解,因此,需要法官助理起到与学术界联系的桥梁作用。法官得到由法官助理根据案情及时提供的最新的学术研究成果和研究动态,便于在判决中将法理阐述得更为详尽和透彻。

4. 法官助理参与庭审。在法官开庭时,法庭上一般没有法官助理的位置,如有复杂疑难案件需要法官助理参加庭审的,一般是坐在法官所坐的法台左下方一个不显眼的座位上,听取各方当事人的辩论意见,法官助理参与庭审的目的在于进一步补充和完善其庭审前所撰写的诉讼要点摘录,与法官共同讨论案件所涉及的法律问题,并按照法官的要求撰写法律意见书。

5. 为法官草拟法律意见书,负责法律文书的编辑、修饰、校对与整理。由于美国的法官助理是协助特定的法官工作,因此,法官助理的工作职责取决于录用他们的法官的指示,每一位法官在司法职业生涯中都会形成各自的审判风格和习惯,作为法官的助理应当适应和配合法官的风格和习惯。

在美国从事法官助理实际上是获得了一个接受法官职业技能培训与实践的好机会。优秀的法学院毕业生都将进入法院担任法官助理作为毕业后就业的第一志愿,法官助理工作实际上已经成为法学教育的延伸。美国法学院没有法学本科教育,进入法学院学习之前一般要先取得学士学位,考入法学院要经过三年学习才能够取得法学专业学位,法学院毕业生毕业后能够进入法院担任法官助理将可以获得法官职业技能的培训与实习机会。法官助理通过参与法官审理裁判案件的全过程,能够获得在法学院无法获得的审判经验。由于美国的法官在任职前都是执业多年的律师或执教多年的法学教授,辅助这样的法官办案,可以学到很多职业技能,因此,从事法官助理工作的过程实际上就是一个接受法官职业技能培训的再教育过程。担任法官助理一两年之后再成为执业律师或者进入法学院执教,就会在职业技能和实践经验方面优于其他人。美国法院对法官、法官助理、秘书、法庭记录员根据职能进行科学分工的制度充分体现了一种重视人才和讲求效率的审判管理原则。美国法官助理制度的设置,充分考虑司法审判的不同阶段对审判人力资源的现实需要,进行科学的分工协作,既节省了司法人力资源,又提高了工作效率,使法官助理成为真正意义上的法官的助手。

美国之所以能够产生法官助理制度是因为以下原因:法官的职业化和精英化需要法官助理制度。法官是社会纠纷的裁判者,是捍卫社会公正的最后一道防线,职业法官不仅要有深厚的法学理论素养、丰富的社会生活经验和高超的司法职业技能,同时还要有高尚的道德品质和非凡的人格魅力。精英型的要求决定了只有少数的法律职业者才能成为精英型职业法官,职业法官的数量只能保持一个相对较小的规模。美国法官的数量始终控制在一个相当有限的范围之内，其法官选任与晋升有着非常严格的程序和条件，而且法官的员额也是固定的，只有当原任法官退休或离职才能重新选任和增补法官。法官职业的精英化要求美国的法官数量始终控制在一个有限的范围内，而美国法院的受案数量一直呈增长的趋势，特别是 20 世纪 80 年代以来，受案数量急剧增长，人们惊叹诉讼爆炸给司法审判带来的艰难。如何让数量有限的精英型法官审理数量越来越多案件，是美国司法界面临的难题。美国法院解决这一难题的方法就是法官助理制度。在法官助理制度下，司法事务划分为两大类：一类是主持庭审和适用法律裁判案件；另一类是诉讼程序辅助性事务。前者由法官负责完成，后者则由司法助理人员负责完成。对于诉讼程序辅助性事务，也根据难易程度予以划分，分别由法官助理、秘书、法庭记录员完成。

美国法院对于司法事务的分工管理确立了职业法官在司法中的核心地位，从司法职业技能的角度提高了精英型职业法官群体的地位，它从司法职业技能的角度对司法审判事务进行了科学合理的分工管理，从司法职业技能角度构建了法官精英化的职业基础。美国的法官助理制度虽然是契合其当事人主义诉讼模式的司法事务科学分工管理制度，但这项制度对于审判质量与效率的促进机制，特别是其根据司法职业技能需求的不同层次进行科学分工的管理模式，值得我国学习与借鉴。

虽然美国法官助理制度为实现其司法目标作出了巨大的贡献，但也面临着制度发展的困境与难题。美国法官助理的预备人选是法学院职业法学博士毕业生，具有较高的素质和能力，法官可以较为放心地将许多重要工作交给法官助理完成，实践中，法官助理与法官之间的职责划分逐渐模糊。另一方面，由于美国法官年龄偏大，法官助理对于辅助工作甚至法官的裁判工作包揽过多，使得法官逐渐变得过分依赖法官助理，这已经成为美国法官助理制度的主要弊端之一。我国在设置法官助理制度之时应当以此为戒。

客观地说，我国法官助理不可能具备美国法学院职业法学博士毕业生的水平和能力。法官过于依赖法官助理的现象也不利于法官自身职业技能的提高。美国法官助理是由法官个人负责录用的，其仅对法官个人负责，法官助理实际上是法官个人的助手，完全按照法官的指示来开展工作，只有辅助和协作的责任，而没有监督的义务，这是一种以当事人主义诉讼模式、律师强制代理制度、法官独立审判为基础而构建的制度，不存在法官助理对审判组织（合议庭、审判委员会）的责任，这与我国实行的法院独立行使审判权制度、职权主义相对为主导的诉讼模式等司法基础是有区别的。因此，在设计法官助理制度应当充分考量我国具体的诉讼模式、司法传统、司法体制等基础性要素，而不能盲目照搬美国的法官助理制度。

## 二、法国的法官助理制度

作为大陆法系国家,法国也有较为完备的法官助理制度。

法国推行法官精英化政策,法官具有较高的社会、政治、经济地位。法学院毕业生要想担任法官必须首先通过激烈的国家法官学院入学考试,然后在国家法官学院参加为期 31 个月的司法职业技能培训,取得合格的学业成绩后,才有可能被任命为法官。法国非常注重通过国家法官学院的司法考试优化法官结构,对于报名参加考试的考生除在资格条件上有严格的限制之外,还严格按照社会对法院司法工作的实际需要和前一年法官退休、离职的缺岗职数来控制录取的额度,每年录取的额度均控制在 150—200 名。如此严格的录取额度控制使法国法官的数量始终保持在 7000 人以下,确保了法国法官职业的精英化。少数的精英型法官再配备大量的司法助理人员来行使审判职能成为法国法官助理制度的特点。

在法国法官助理制度下,司法助理人员在司法审判工作中起着不可替代的重要作用。法国司法助理人员的分工比美国更为细致,司法辅助人员根据其所承担的职责和任务不同分为书记员、送达执行官、司法鉴定人、社会工作者和顾问律师。

书记官单独序列管理,自成体系,并为终身任职。书记官的工作职责主要是协助法官准备各种文件资料并管理办公室,领导法院内设各行政部门,并负责这些行政部门的正常运转。在审判过程中负责记录审判活动,协助法官熟悉案情,安排诉讼的所有程序,保管案卷档案并抄送判决副本。

送达执行官的主要职责是负责将各种司法文书送达给案件各方当事人,在法庭判决生效后负责执行法庭的判决,并且有强制执行的权力。相当于我国法院书记员和执行员的合并职能。

司法鉴定人即专门为法官提供多项专门技术分析及结论报告的专业人员。司法鉴定人由主审法官选定,其鉴定行为受民事上的监督法官和刑事上的预审法官监督。

社会工作者主要是指"司法保护青少年组织"与"缓刑监督和刑满释放人协助委员会"机构的工作人员。这些社会工作者帮助法官了解当事人情况、违法犯罪人尤其是青少年违法犯罪人员的有关情况,并开展相应的调查活动,借助社会力量协助法官正确审判少年犯罪和减刑案件,使法官的审判活动更加符合情理与法理,更加符合社会的需要。

顾问律师即专门在行政法院或最高法院工作的律师。顾问律师是当事人在最高审判机关的代理人,但他们不属于自由职业,而是由政府任命的有正式职务的律师。最高审判机关基本都是法律审判,对案件事实一般都不会重审,顾问律师的主要职责即是对法律适用问题或程序问题提出书面的法律意见。

法国法官助理制度具有以下优点,其一,通过对法官和司法助理人员进行分类管理来促进法官的职业化,确保法官的精英化。对于法官按照职业法官的序列来管理,而对于法官助理人员则实行单独序列的人事管理办法,既有效地保障了职业法官在司法审判过程中的核心地位,又大幅提高了司法审判的效率。其二,它对司法事务的职责分工更加细致,司法助理人员辅助性职能的再划分更加有利于提高助理人员的工作效率。其三,法国法官职位的确定具有严格的计划性,编制员额由法律确定,从根本上避免了人事管理上的人为干扰,杜绝了法院进人的随意性,也增强了法官独立于其他工作人员的地位特殊性。这与我国部分法院编制人员与实有人员差距很大、法官与其他工作人员混合管理的体制有较大的差异。[1] 其四,法国的法官培养目标是追求能力的实用性,法官制度要求培养出来的均是实用型人才。[2] 对于法官助理人员也根据分工不同而有不同的职业技能要求,以适应不同的工作需要。法国法官助理制度这些特点均值得我们借鉴。

## 三、英国的法官助理制度

英国法官的产生比较复杂,不同级别的法官按照不同的条件由不同的主体任命。[3] 英国的法官(治安法官除外)全部是从有经验的律师或法官(低级法官)中选任。[4] 担任上诉法院常任法官贵族院议员必须具有 15 年以上出庭律师经验或已任两个以上高级法官职位;担任上诉法院法官必须具有 15 年以上出庭律师经验或已任一年以上高等法院法官职位;担任地方法官(不含不领薪水的治安法官)必须具有不少于 7 年的出庭律师经验。[5] 人们认为,由于律师

---

〔1〕 何家弘、胡锦光主编:《法律人才与司法改革——中日法学家的对话》,中国检察出版社 2003 年版,第 216 页。

〔2〕 何家弘、胡锦光主编:《法律人才与司法改革——中日法学家的对话》,中国检察出版社 2003 年版,第 216 页。

〔3〕 王宏林:《国际一流法律人才培养论纲》,商务印书馆 2003 年版,第 84 页。

〔4〕 王宏林:《国际一流法律人才培养论纲》,商务印书馆 2003 年版,第 85 页。

〔5〕 王宏林:《国际一流法律人才培养论纲》,商务印书馆 2003 年版,第 84 页。

有着长期的法律工作经验,专业素质较高并且独立执法意识较强,容易胜任法官的职务。[1] 为保持法官职业的稳定和独立,英国高级法院的法官实行终身制,非经弹劾,不得被免职、撤职或令其提前退休。[2] 同时,英国实行法官高薪制以提高法官的社会地位,英国高等法院法官的年薪最低为 3200 英镑,大法官的年薪甚至高于首相,法官的工资由统一的基金支出,无须每年经议会讨论。法院的预算、法官的工资,由大法官提出经人事部门同意即可,法官的工资只能增加,不能降低。[3] 在英国,法官是法律的发现者和创造者,是一个精英化、贵族化的职业群体。正因为法官职业的精英化,法官的数量也是一个固定的少数,大量的司法辅助性事务需要由法官助理来完成。

英国法官助理的基本职责也是在法官的指导下,协助法官完成判决以外的有关法律性辅助任务。英国的法官助理制度同样是为了契合法官职业精英化而设置的一项制度。但在提供法院辅助人员的条件方面与美国相距甚远。在英国,只有肩负行政职能的级别最高的司法长官才配备个人秘书,上诉法庭的法官没有秘书,组成大不列颠最高法院的 10 名上议院法官总共只可配备 2 名秘书,不论是上议院法官还是上诉法庭法官都没有任何法官助理。[4] 所以,英国法院法官的人均结案数量明显低于美国,这就是法官助理制度设置不同对司法审判效率产生影响的一个域外例证。

## 四、德国的法官助理制度

德国的法院体系很复杂,这主要归因于法院体系组成的两个原则,即专业化原则和权力分散原则。[5] 同其他一些大陆法和普通法国家相比,德国的法院在处理案件方面专业化程度更高。德国在联邦宪法法院之下还建立了 5 个不同的法院体系,每个法院体系都有自己的专业管辖领域,包括:普通法院、行政法院、劳动法院、社会法院和财税法院。[6] 法院体系的构建尚且如此专业化,职业法官的审判业务就更是如此;且专业化程度越高,越要求有法官助理制度的配合。与德国法官的职业化相适应,法官助理制度同样也要求与法官职业化相适应。在德国,承担法官助理职责的是各级法院的司法公务员,如柏林三

〔1〕 郭成伟主编:《外国法系精神》,中国政法大学出版社 2001 年版,第 96 页。
〔2〕 郭成伟主编:《外国法系精神》,中国政法大学出版社 2001 年版,第 98 页。
〔3〕 郭成伟主编:《外国法系精神》,中国政法大学出版社 2001 年版,第 98 页。
〔4〕 毕玉谦主编:《司法审判动态与研究》(第 2 卷第 2 集),法律出版社 2004 年版,第 44 页。
〔5〕 中国(海南)法学实务研究所编:《专家谈司法改革》,南海出版公司 2001 年版,第 242—243 页。
〔6〕 中国(海南)法学实务研究所编:《专家谈司法改革》,南海出版公司 2001 年版,第 243 页。

级法院有司法公务员 700 名;慕尼黑高级法院有司法公务员 285 名;联邦最高法院有司法公务员 73 名[1]。在德国法院体系中,司法公务员的主要职责是协助法官做好判决以外的与审理案件有关的辅助性工作,也即是法官专司案件的审理与判决,由司法公务员负责审理案件的辅助性工作。

德国的法官人数约占法院总人数的 25%,司法警察为法院编制,约占 5%,[2]70% 均为司法公务员,如此大的法官助理比例,可见法官助理制度在德国法院体系中的重要地位。如此完善的法官助理制度和人力资源配置确保了德国法官的职业化和精英化。在德国,取得司法人员资格非常困难,首先要经过 5 年的法律专业学历教育;毕业之后到法院、检察机关、司法行政部门、公证处、律师事务所实习 2—3 年;实习期满后,还必须经联邦司法部主持为期 3 个月的考试,合格后颁发司法人员资格证。获得司法人员资格并非就能担任法官,德国法院法官的员额编制是法定的,只有当法官职位有缺额,才能从具有司法资格的人员中招录法官,招录方法是举行工作考试。第 1 次考试只能有 40% 的人过关;然后通过第 2 次考试再从这 40% 的人员中挑选 10%。只有在司法人员资格考试和法官缺额考试的两次考试中成绩最优秀的,才有可能成为预备法官,预备法官经过 6 个月的预备期后,才能经法官考评委员会提请司法部任命为法官。如此苛刻的选任条件和标准,使得德国法官在任命之前就已经具备了一定的司法技能,具备了成为精英型法官的基础。

正是因为法官职业的精英化,德国法官只负责案件的审理和判决,其他事务性工作均由司法公务员完成。德国法官除了庭审之外,甚至可以不坐班而直接在家里处理审判事务,而由司法公务员承担大量的事务性工作。德国法官助理的分工和分类较法国简单,包括司法公务员(即法官助理)、书记员、执行官。德国上诉法院的法官不配备法律助理,而联邦普通司法管辖区最高法院的每个分庭可以配备 1 名法律助理和 1 名行政官员(法庭书记员)。[3] 德国联邦最高法院的法官助理被称为助理法官。以德国慕尼黑高级法院为例,该院的法官数量为 214 名,而作为法官助手的司法公务员有 285 名,其他还有人数众多的书记官、执行官和秘书。[4]

---

〔1〕 蔡泽民等主编:《法官职业化建设的探索与实践》,人民法院出版社 2004 年版,第 276 页。
〔2〕 中国(海南)法学实务研究所编:《专家谈司法改革》,南海出版公司 2001 年版,第 247 页。
〔3〕 毕玉谦主编:《司法审判动态与研究》(第 2 卷第 2 集),法律出版社 2004 年版,第 44 页。
〔4〕 毕玉谦主编:《司法审判动态与研究》(第 2 卷第 2 集),法律出版社 2004 年版,第 44 页。

### 五、日本的法官助理制度

日本法院体制单一,共分四级法院。最高法院有 20 名法官,8 个高等法院共有 280 名法官,50 个地方法院和分院有 910 名法官,50 个家庭法院和分院共有 200 名法官,438 个地方法院共有约 810 名法官。[1] 以 1987 年至 1989 年的法院审结案件数的统计数为据,日本四级法院平均每年共审结 44 万—556 万起案件,人均结案 1517—1917 件。[2] 日本四级法院的法官总数共计 2800 名左右,如此少的法官人数,要应对如此庞大的案件审判任务,必须要有法官助理来辅助。日本的法官辅助人员包括法院书记员、执行员和调查官、法警、法院技术人员和最高法院各种培训中心的教员等,四级法院共有司法辅助人员 2.18 万人。如此庞大的法官助理队伍表明日本的法官助理制度较为完备。在日本,由特定机构统一调配司法辅助人员协助法官工作,司法辅助人员并不与法官形成固定的组合。在日本,法院书记官参加法院事务的部分管理,并以自己的名义行使部分的司法权,此外,书记官还负责进行相关的调查工作。

在日本,取得法官职位也是一件非常艰难的事情。由于法官职业化和精英化的程度很高,法官在担任司法职务之前就已经具备了相应的职业技能,主要是庭审和裁判技术。由于法官员额的限制,法官人数很少,大量的审判辅助性工作由司法辅助人员来完成。

日本的司法培训模式主要是针对法官司法职业技能的提高而设立。选择从事法律职业的法学院毕业生均需要在任职前到司法研修所接受实践性的司法技能培训。日本的司法研修所每年招收法律学徒 700 名,训练期共两年。入所之后,首先在所内进行四个月的初始训练,然后是十六个月的实务研修,其中在地区法院八个月,在地区检察厅和地区律师协会分别为四个月。实务研修之后,回到研修所,再进行四个月的任期训练。最后,参加由最高法院安排的严格的结业考试(包括笔试和口试两部分),合格者,就可以从事法律事务了。[3] 日本的司法考试是一道难以跳过的龙门,平均每年只有 3% 的考生能够顺利通过。但这项注重司法职业技能考核的严格的测试制度却成功地造就了一个素质精良、极受信赖的法律家阶层。

---

〔1〕 毕玉谦主编:《司法审判动态与研究》(第 2 卷第 2 集),法律出版社 2004 年版,第 35 页。
〔2〕 毕玉谦主编:《司法审判动态与研究》(第 2 卷第 2 集),法律出版社 2004 年版,第 40 页。
〔3〕 贺卫方:《司法的理念与制度》,中国政法大学出版社 1998 年版,第 221 页。

日本法院的法官助理制度其实也是其法官职业化、精英化制度的重要构成,日本四级法院大约2800名法官的审判职业技能与21800名司法辅助人员的辅助职业技能共同构成司法职业技能的内涵。我们认为,日本法官制度中最值得我国学习借鉴的就是以司法研修所为主体的司法职业培训模式。日本司法研修所为期两年的职业技能培训以案例与判例探讨为依托,让学员学会如何分析、推理、论证案件事实,如何正确解释、适用法律及撰写法律文书,并通过职业技能的训练一步一步地学习和领悟裁判的方法和艺术,最终完成"学院派"向"实践派"的转型。我国法官和法官助理的职业技能培训完全可以借鉴日本司法研修所的培训教学模式,通过专业的职业技能培训教育造就我国的精英型法官和实用型法官助理队伍。

## 第三节　国内法院较早推行法官助理制度 改革试点经验的历史回眸

法官助理制度是国外司法实践的产物:法官数量有限,而案件又不断增多,为了提高审判效率、辅助法官审判,法官助理制度在英美法系和大陆法系各国逐渐产生,并根据各国不同的情况和法系特点而发展,在各国有不同的表现形式,法官助理制度均由法律予以明确规定。

由于过去我国没有相关法律规定法官助理制度,法官助理制度在我国历次司法改革中均处于试验摸索阶段。1999年最高人民法院颁布的《人民法院第一个五年改革纲要(1999—2003)》中明确提出,人民法院可以对法官配备法官助理和取消助理审判员工作进行试点和摸索经验。此后,各地法院普遍根据自身审判特点,探索推行法官助理制度,形成了"百花齐放、百家争鸣"的局面。2005年最高人民法院颁布的《人民法院第二个五年改革纲要(2004—2008)》进一步明确提出,要制定法官助理的专门管理办法,并在总结试点经验的基础上,逐步建立法官助理制度。对于我国法官助理制度的构建,在各地各级法院探索实践的基础上,学术界和实务界都掀起研究和探讨的热潮。最高人民法院政治部在全国选定了18个法院进行法官助理制度的试点改革,积累了许多改革试点的经验。北京房山区法院于2000年2月率先实行"三二一审判机制"改革。即在审判长、独任审判员选任制的基础上,建立以审判长为中心,由3名审判员、2名法官助理和1名书记员组成的审判组。其中,3名法官负责主持庭审、居中评断、依法裁判,并对案件的审判质量承担全部责任;2名法官助理负责处理案件审理过程中的程序性事务,包括完成送达、调查取证、接待当事人和律师、采取保全措施、组织庭前证据交换、排期开庭等,2 名法官助理就其工作向整个"三二一"审判组负责;1 名书记员专门负责三名法官的庭审记录。继北京房山区法院的"三二一审判机制"改革之后,北京各基层法院和全国各地许多法院均开始试行法官助理制度,如北京市崇文区法院试行了"一一一审判机制",即审判管理模式下采取 1 名法官、1 名法官助理、1 名书记员组成一组,人员相对固定,以法官为中心,法官助理和书记员辅助法官开展审判工作,法官助理、书记员均以法官的审判工作为主导,服从法官的指导和安排,书记员在不影响法官的指挥和安排的前提下,服从法官助理的指挥和安排。此外,北京海淀区法院实行"一四二审判机制",即 1 名法官、4 名法官助理和 2 名书记员组成的审判模式;北京宣武区法院试行"一二一审判机制",即 1 名法官、2 名法官助理、1 名书记员组成的审判模式;武汉市江汉区法院推行"法官办公室"的审判模式,即法官与法官助理共同组成审判单元模式,实行"二助一"的审判机制,由 2 名法官助理辅助 1 名法官开展审判工作;山东省寿光市人民法院实行"大立案"机制,即由立案庭承担法官助理的职责,负责庭前准备工作,并进行合议庭、开庭时间、开庭地点、跟案书记员的排定;深圳市罗湖区法院试行为每个合议庭配备一名法官助理的审判模式;江苏常州中院试行"三二一审判机制";江西铅山县法院试行"二一一审判机制";浙江奉化县溪口法庭实行"三二一审判机制";等等。无论是最高人民法院确定的 18 个法官助理制度改革试点法院,还是自行探索法官助理制度改革的法院,经过试行法官助理制度之后,审判工作的效率和质量均有大幅提高,由此证明了法官助理制度在我国法院推行具有一定的可行性和潜在的生命力。通过对全国各地各级法院试行法官助理制度的成功做法和经验进行总结分析,我们认为北京市房山区法院的"三二一审判机制"和武汉市江汉区法院的"法官办公室"的成功经验最具典型性和代表性。

## 一、对北京市房山区法院较早开展的"三二一审判机制"改革再分析

北京市房山区法院是全国法院系统最早开始探索法官助理制度的基层法院。自 2000 年 2 月开始,该院根据最高人民法院颁布的《人民法院第一个五年改革纲要(1999—2003)》中提出的改变审判工作行政化管理模式,强化组织的职能,加强内部监督的改革精神,结合基层人民法院审判工作的实际需要率先创制并推行"三二一审判机制"改革试点。这项新型法官助理制度的设置和运行,改变了原来陈旧的审判管理模式,重新配置了审判资源,对于完善审判委员

会和合议庭的职责,落实审判长和独任审判员的选任制度,建立院长、庭长开庭制度,开展法官定员定编和设置法官助理制度,以及其他有关的审判组织改革和人事制度改革,均产生了积极的推动作用,特别是对于法官职业化建设与法官司法职业技能的提高起到了很大的促进作用。

### (一)"三二一审判机制"简介

"三二一审判机制",指在审判长、独任审判员选任制的基础上建立以审判长为中心,由 3 名法官,2 名法官助理和 1 名书记员组成的审判组,是一种职责明确、分工负责、监督有力的审判工作机制。[1] "三二一审判机制"中的"三"是指经选任产生 3 名法官(其中 1 名为选任审判长),他们的职责是主持庭审,居中裁判,全权负责案件的审与判,并对案件的审判质量负全部责任。[2] "二"是指负责案件庭前准备工作的 2 名法官助理,他们对整个"三二一"审判组织负责,而不是对其中某一个法官负责,其职责就是完成调查、取证、送达、组织预备庭、安排开庭日期等事务性工作。[3] "一"是指负责庭审记录工作的 1 名书记员(或记录员),该书记员仅负责 3 名法官的庭审记录。其他如收案报告、归档等工作由内勤完成,为实现书记员单独序列管理创造了条件。[4]

### (二)"三二一审判机制"的运行机制

1. "三二一审判机制"增设法官助理职务、明确其职能,改变了旧的审判组织结构和实行机制

在我国传统的审判组织运行结构模式下,审判活动几乎都是采用"审书结合"的方式,从立案审查、案件送达、调查取证、排期开庭、庭前准备、开庭审理、宣判和送达裁判文书直到最后的案卷装订和审核归档,都是由审判员和书记员共同参与完成。这种"审书结合"的组织结构和运行机制有一个最大的弊端,就是没有实现审判人力的合理配置,容易出现审判人力资源的闲置与浪费;有时甚至会出现审判员"独审独记"、书记员违法越权办案的现象。"三二一审判机制"通过设置法官助理有效地解决了这一问题。

"三二一审判机制"在审判组织形式上似与合议庭不同,但在实际的运行程

〔1〕 毕玉谦主编:《司法审判动态与研究》(第 1 卷第 1 集),法律出版社 2001 年版,第 89 页。
〔2〕 毕玉谦主编:《司法审判动态与研究》(第 1 卷第 1 集),法律出版社 2001 年版,第 89 页。
〔3〕 毕玉谦主编:《司法审判动态与研究》(第 1 卷第 1 集),法律出版社 2001 年版,第 89 页。
〔4〕 毕玉谦主编:《司法审判动态与研究》(第 1 卷第 1 集),法律出版社 2001 年版,第 89 页。

序中,其审判组织是在严格地履行合议庭和独任庭审判组织的法定职责。在简易程序中,"三二一"审判组的3名法官分别为独任审判员,各自开庭审判;在普通程序中,这3名法官又组成固定的合议庭,并由选任的审判长担任合议庭审判长,实行合议制。法官、法官助理、书记员三者之间的职责权限也得以明确,即由审判员负责庭审裁判,法官助理负责庭前准备工作,书记员负责庭审记录。一方面把法官从过去繁重的事物性工作中解脱出来,能够专心致力于主持庭审和准确适用法律裁判案件;另一方面也避免了法官"独审独记"和书记员"违法办案的现象"。

北京市房山区法院推行"三二一审判机制"的运行模式主要是:所有案件一律由立案庭统一受理,立案庭立案后送交各审判业务庭内勤,各庭内勤初审登记并经庭长授权排序确定案件的裁判法官后,于收案当日将案件移交给"三二一"中的法官助理。法官助理排定开庭日期,依法办理开庭前的各类法律手续,并于开庭3天前将案卷送交承办法官。[1] 法官按法官助理的排期时间按时开庭,依法裁判。宣判后5日内法官应将案卷退还法官助理。法官助理整理装订成卷后应于30日内把卷宗送庭内勤归档。案件收、结及审理过程均填写案件流程表,有交接方签字。每个环节均有明确的时间限制。庭长不再审批案件,主要负责行政管理及审判业务指导,并在每月固定的庭长开庭日,担任审判长支持庭审。少数重大、疑难、复杂的案件,合议庭在适用法律上有疑义或者争议较大的,提请院长提交审委会讨论。[2] 由此可以看出,增设法官助理实际上是加强和纯化了合议庭和独任审判员的审判职能,使这两种审判组织更加合乎审判工作特殊规律的需要。法官助理制度的增设使独任庭和合议庭的审判职能得以完全发挥。

2."三二一审判机制"通过增设法官助理和明确划分法官、法官助理及书记员的职责范围,彻底改变了过去审判组织人员间的"师徒式""主从式"的统属模式

法官、法官助理和书记员各自具有独立的职责范围和职能作用,将旧的"一对一"配置统属关系改变为协作、辅助和监督的关系。

在旧的审判组织运行模式中,历来都是"审书结合",审判员具有对书记员进行领导、管理和培训的职责,审判员与书记员之间实际上形成一种"师徒式"或"主从式"模式,审判员居于"老师"或"领导"的地位,书记员处于"从属""学徒"、被领导的地位,一般都是书记员听命于审判员,"审书"之间缺乏应有的监

---

〔1〕 毕玉谦主编:《司法审判动态与研究》(第1卷第1集),法律出版社2001年版,第90页。
〔2〕 毕玉谦主编:《司法审判动态与研究》(第1卷第1集),法律出版社2001年版,第90页。

督,二者各自的独立价值和职责范围也经常混淆不清。一方面审判员经常将属于自己职责范围内的事项交给书记员去做,例如,主持庭前证据交换、开庭、撰写裁判文书等,"书记员违法办案"的现象时有发生;另一方面,由于有时"审书"不能做到"一对一"配置,审判员也经常不得不做一些本属于书记员职责范围的事务性工作,如送达、装订卷宗等。而法官助理的设置则完全改变过去缺乏监督和职责范围混淆的弊端,法官助理和书记员作为审判辅助人员,不再听命于某个审判员,而是对整个"三二一"审判组织负责,合议庭全体审判员或独任审判员在审判程序方面既严格按照各自的职责范围专心履行审判职能,又受到有效的监督和制约,使审判组织处于一种良性的运行机制之中,形成既有配合又有监督的运行模式,有力地改变了过去职责不明、监督不力的状况。

3. "三二一审判机制"有助于克服法院过去的行政化管理运行模式,推进法官的职业化建设

针对目前我国法官数量虽然多但整体素质不高、权力广泛却职责混淆的现状,通过设立法官助理制度,可以充分强化法官任免制度,使《人民法院第一个五年改革纲要(1999—2003)》提出的审判长、独任审判员的选任制度得到充分的落实。推行审判长和独任审判员选任制度的宗旨,就是要按照德才兼备、公平竞争、能上能下的原则,从众多具有审判资格的人员中选出少量法学理论功底较深、审判实践经验丰富的审判人员,充分发挥他们的主观能动性,让他们从事务性的工作中解脱出来专司审判,改变过去法官职业大众化的状况,锻造一批专家型、学者型、精英型的职业法官。

"三二一审判机制"通过进一步明确法官的职责权限和范围,逐步改变过去审理案件逐级向庭长和分管院长汇报的审批制度,赋予合议庭和独任审判员完整的裁判权,由独任审判员和审判长负责签发裁判文书并对其所审理裁判的案件承担完全的法律责任,既改变了过去"审者不判,判者不审"的状况,也使错案追究制度能够在审判工作中真正得到贯彻落实。法官摆脱过去的事务性工作的烦扰,专司审判,同时受到错案责任追究制度的扼制,必然将主要精力投入到案件的审判工作中去,从而大幅度提高审判工作的质量和效率。

### (三)"三二一审判机制"与"立审分立"

由法官助理完成庭审前的准备工作与"立审分立"以及目前许多法院实行的"大立案"模式并不冲突,相反前者是对后者的一种强化和完善。

首先,"三二一审判机制"与"立审分立"和"大立案"的目的完全一样,即都是为了实现内部合理分工,加强审判流程管理和内部动态性监督制约,以确保司法公正;二者都符合《人民法院第一个五年改革纲要(1999—2003)》中提出的

"建立有效的内部制约体制"的要求。[1] 北京市房山区人民法院采用"三二一审判机制"主要是基于下列理由:[2]第一,从职能分工上确保立审分立。在"三二一审判机制"模式下,所有案件统一由立案庭负责立案,由审判业务庭负责庭前的准备工作和庭审工作,这样可以彻底实现立审分工。第二,一些基层法庭限于条件,不便推行"大立案",由法官助理来完成庭前准备工作的做法也可以满足立审分开和便民诉讼的原则要求,并能在一定程度上实现法庭内部的制约与监督。第三,由于法官和法官助理同属于一个"三二一"审判组,便于随时做好协调工作,减少庭前准备阶段与庭审阶段衔接上的误差。特别是在审理适用简易程序的案件时,当事人可能在收到起诉书副本的同时或者在交换证据时,请求开庭审理。这时,法官助理可以根据当日开庭情况,及时通知法官开庭,有利于提高诉讼效率。第四,为防止法官助理在调查取证的具体内容和深度上不能准确理解法官的意图、达到法官的要求,房山区法院采取由法官给法官助理签发"调查证据函"(其中写明调查取证的范围、程度等)的方式,帮助法官助理准确实现法官意志,保证庭审根据法官的意志顺利进行。第五,在案件的庭前环节与开庭审理环节转化次数较多(如数次开庭与调取新证据)的情况下,法官助理可以即时安排开庭时间,不需要当事人在审判业务庭与立案庭之间多次往返,缓解了当事人进行诉讼的劳顿与低效率,方便了当事人诉讼,降低了诉讼成本,较好地贯彻了最高人民法院提出的"诉讼经济原则"和"方便当事人诉讼"的要求。

因此,"三二一审判机制"的运行模式实际上是与"立审分立"相契合的,是对"立审分立"原则的具体化,在一定程度上解决了过去推行"大立案"时出现的诸多问题,推动"立审分立"原则和"诉讼效率"原则在现行审判体制内实现和谐共进。

### (四)推行"三二一审判机制"的实际效果和现实意义

"三二一审判机制"是地处北京市西南郊的一个郊区基层法院——房山区法院率先在基层法院和人民法庭推行的以法官助理制度为主线的审判组织模式改革试点。改革的现实背景蕴含了催生改革的元素:基层法院和人民法庭受理案件的数量不断增多,审判任务日趋繁重;审判人员提高自身素质的积极性不高,维护司法公正的主观能动性不强,抗外界干扰能力较差;"审书"职责混淆和行政化管理模式导致整体审判质量和效率不高,案件超审限现象时有发生。

---

〔1〕 毕玉谦主编:《司法审判动态与研究》(第1卷第1集),法律出版社2001年版,第90页。

〔2〕 毕玉谦主编:《司法审判动态与研究》(第1卷第1集),法律出版社2001年版,第90—91页。

众多的问题积聚在一起,矛盾日益尖锐,改革箭在弦上,一触即发。尽管对于改革的方式、深度、可预见的成效等,事先很难作出一个确定的评估,但改革还是在现实需要的呼唤中启动了。

"三二一审判机制"这一改革首先是在北京市房山区法院民二庭(原经济庭)试行,后逐步在全院推广。根据房山区法院干部的相关统计数据,我们可以比较分析这一审判机制改革的实际效果。[1]

2000 年 2 月 20 日至 12 月 20 日,房山区法院最早采用"三二一审判机制"审理案件的经济庭共审结经济案件 762 件,平均审限只有 28 天,没有一件案子超审限,80.5% 的案件为"一堂清";在判决结案的案件中,只有 26 件被当事人提起上诉,比前 1 年的平均上诉率下降了 91%;实施"三二一审判机制"以来,房山区法院的纪检监察部门没有当事人反映经济庭法官审判作风问题的任何登记;在法院审监庭受理的数十件申诉再审案件中,只有 2 件涉及经济庭,且最后分别以撤诉和驳回结案。

房山区法院在 2001 年 9 月全面推广"三二一审判机制"后,出现了"两升两降"的好现象:司法公正的声望上升,当庭结案率上升了,平均审限下降,当事人上诉率下降。在该法院民庭、行政庭和人民法庭审理的近 3000 件案件中,平均审限只有 31 天,平均上诉率比前 1 年同期下降了 78%,上诉案件的改判率和发回重审率明显降低。

再以房山区法院 2000 年 3—7 月审结的 300 件经济案件与 1999 年同期情况相比较:1999 年 3—7 月审结的 300 件经济案件中,当事人来院次数为 1407 次,法院外出次数为 691 次,上诉率为 8%;而 2000 年 3—7 月试行"三二一审判机制"后,审结同样数量的案件,当事人来法院的次数减少为 679 次,法院外出次数减少为 96 次,上诉率降为 3%。[2] 这两组数据表明:一方面当事人的交通费和误工损失费等诉讼成本降低了;另一方面,法院的办案成本减少了,效果却比以前更好。

在数据分析以及效益分析的基础上,我们不难得出这样的结论,"三二一审判机制"改革至少具有以下几个方面的现实意义:

一是有利于通过科学的审判运行机制确保司法审判的公正与效率。"三二一审判机制"强化法官、法官助理和书记员的职责分工,主辅职责分明,法官只负责主持庭审和裁判,庭前一切准备活动均由没有裁判权的法官助理主持办理,书记员专司记录,使三者都能在各自的职责范围内发挥主观能动性,努力尽

---

〔1〕　毕玉谦主编:《司法审判动态与研究》(第 1 卷第 1 集),法律出版社 2001 年版,第 91—93 页。

〔2〕　毕玉谦主编:《司法审判动态与研究》(第 1 卷第 1 集),法律出版社 2001 年版,第 92 页。

职尽责完成审判工作任务;更加强化了庭审的功能和效用,实现了以庭审为中心的、真正意义上的阳光审判;法官助理自然形成当事人与法官之间的隔离带,切断了法官与当事人的庭外联系,加强了审判公正性与效率;在审理程序上确保了审判的合法性,为司法公正创造了良好的审判组织运行机制;通过案件审判的流程化管理强化内部的审判监督功能,实现了对审判全过程的动态监督与管理;通过增加审判辅助人员进一步增强了司法审判的透明度,真正实现审务公开,使公开审判原则在审判工作得以贯彻落实,使立审分立、审执分立、审监分立真正得以实现;"三二一审判机制"改革突出了诉讼经济和效率的原则,使提高诉讼效率、降低诉讼成本的改革目标得以实现,有利于减少当事人诉讼成本和节约法院司法资源。

二是促进了法官职业化建设。"三二一审判机制"改革是近年来人民法院在探索审判体制创新过程中取得的一项重要改革成果,其核心即在于法官助理一职务的设置。未被选任担任审判长和独任审判员的审判人员可以转向法官助理岗位,而优秀的法官助理又成为竞选审判长和独任审判员的储备人才,审判长和独任审判员的选任始终能够在高层次的储备人才中挑选,确保了择优选任的可能性,有利于审判长和独任审判员选任制度的推行和审判人员的合理分流。

"三二一审判机制"凸显了法官职业技能的专业性和特殊性,对职业法官提出了更高的要求,法官为适应新的工作方式与工作强度,必须坚持理论学习,加强职业技能培训,不断提高素养,外在的制度压力与内在的职业自律将法官、未来的法官(法官助理)推上迅速发展的职业化、精英化道路,对壮大法官队伍、繁荣司法事业具有长远的、积极的意义。

三是"三二一审判机制"强化了合议庭和法官的职责,理顺了独任审判员、合议庭与庭长、院长、审委会的关系;逐步尝试改变过去审判工作中的行政化管理模式和管理方法以及"审者不判,判者不审"的弊端,弱化庭务会的行政管理机制,使法官真正把握审判权;同时又加强了法官的责任意识,增强了错案责任追究制度的问责功能,使法官依法独立行使审判权有望成为法院依法独立行使审判权的有益补充,以进一步深化审判体制改革和司法制度改革。

四是"三二一审判机制"推行了公开审判各项制度的落实,增强了司法审判工作的透明度,把审判方式改革进一步推向纵深发展。"三二一审判机制"增设法官助理,全面落实各项公开审判制度,扩大司法透明度,不断强化庭审功能和当事人举证责任,以限期举证通知书、调取证据函的形式完善举证制度;以计算机审限管理与业务庭审判环节管理相结合的方式完善案件的审判流程管理制度,为审判方式的进一步改革拓展了空间。

五是"三二一审判机制"改革顺应了审判工作的发展趋势,具有前瞻性的发展意义。从审判工作的特殊性质和规律来看,法院的行政化管理将不断减弱,而法院和法官的独立性将逐渐得到加强。[1] 强化合议庭职责,减少法官数量,提升法官素质,增加审判辅助人员,进一步增强审判的透明度和法院审判的独立性,加强和完善人民法院的内部监督机制是审判工作未来发展不可逆转的趋势。[2] "三二一审判机制"虽然仅仅只是基层法院从其自身审判工作实际需要出发所作出的一种个性选择的改革试点,虽然这一改革试点中还有许多需要完善的地方,但"三二一审判机制"蕴含的"精选审判人员、强化审判职责、优化资源配置、强调职能分离、加强内部监督"的精神以及贯彻这些精神的某些具体制度和措施,是具有普遍推广意义的,顺应了司法改革的趋势。[3] 因此,"三二一审判机制"的改革思路和经验在一定程度上预示了审判体制改革的发展方向,为在全国法院广泛推行法官助理制度提供了先验的探索和实践。虽然这种改革的模式并非适用于所有的基层法院和人民法庭、中级法院或高级法院,但其所蕴含的精神无疑为其他法院进一步改革、实践提供了宝贵的经验。

## 二、对武汉市江汉区人民法院较早开展的"法官办公室"改革的再分析

所谓法官办公室,是法官与法官助理共同组成的审判工作单元,它是一种审判单元模式。[4] 相对北京市房山区人民法院的"三二一审判机制"而言,武汉市江汉区人民法院实行的法官办公室也独具特色。

早自 2002 年 10 月开始,武汉市江汉区人民法院就分别在民事审判庭、刑事审判庭各确定 2 名法官助理与 1 名法官组成的"二助一"的审判单元模式,率先建立以法官名字命名的"吕瑛法官办公室"及"曾望喜法官办公室",开展审判工作。法官办公室是武汉市江汉区法院为了贯彻落实最高人民法院《人民法院第一个五年改革纲要(1999—2003)》和《最高人民法院关于加强法官队伍职业化建设的若干意见》的精神,逐步改变审判工作的行政管理模式,实现人民法院审判工作公正与效率的主题,推进法官职业化建设而实行的一种新型审判机制。施行法官办公室改革的核心是确立法官的中心地位,增设法官助理。

---

〔1〕 毕玉谦主编:《司法审判动态与研究》(第 1 卷第 1 集),法律出版社 2001 年版,第 94 页。
〔2〕 王玲:《"三二一审判机制"改革意义》,中国法院网 2003 年 2 月 8 日发布。
〔3〕 毕玉谦主编:《司法审判动态与研究》(第 1 卷第 1 集),法律出版社 2001 年版,第 94 页。
〔4〕 康均心:《法院改革研究——以一个基层法院的探索为视点》,中国政法大学出版社 2004 年版,第 336 页。

武汉市江汉区人民法院推行的法官办公室即"二助一"审判机制改革方式,实际上融合了北京市房山区人民法院的"三二一审判机制"与山东寿光人民法院的"大立案"机制这两种改革模式,充分吸收了两个模式的优势,取长补短,结合该院改革的实际情况,采取的是在统一立案的基础上配备法官助理的一种模式[1] 这一模式的突出特点是将设置法官助理与确立法官的中心地位紧密结合。

## (一)设立法官办公室的背景[2]

武汉市江汉区人民法院是武汉市的一个城区基层法院。江汉区法院和其他基层法院一样在审判工作中面临如下三种现实矛盾:一是法院受理案件数量不断上升,案件类型日趋复杂,对审判岗位的法官素质提出了更高的要求。而传统的审判机制造成法官既要从事开庭审判等工作,又要从事大量实务性工作,导致法官无暇注重审判职业技能的提高,在一定程度上影响了审判工作的质量和效率。近几年来,以江汉区法院为例,该院每年的案件收、结案数均保持在 6000 件以上,仅以该院 2004 年民商审判为例,每一名法官年结案数均在 200 件以上。法官在每个工作日要开一次庭,写一份法律文书,审结一件案件的同时,还要负责办理诉讼保全、送达、调查取证等大量事务性工作。如此繁重的审判任务和烦琐的事务性工作导致法官无暇集中精力对每一起案件进行仔细斟酌研究,案件裁判"粗制滥造"的现象时常可见。二是以往"一名审判员与一名书记员"的配置模式无法应对新形势下审判工作任务的发展需要。旧的"审书结合"模式形成审判员、书记员间的师徒关系,责任划分不明确,无法减轻审判法官的办案压力及有效保证案件质量;书记员亦不能严格履行书记员的职责;审判员、书记员二者之间的矛盾多、协调少、工作效率低下,出了问题不易确定责任主体,错案责任追究制度基本上难以落实。三是现行的审判考核评价机制不利于调动审判人员的积极性。目前法院仍然按照"书记员—助理审判员—审判员"的模式任命法官,只有审判事务性工作经历的书记员可以任命为具有案件裁量权的助理审判员,助理审判员与审判员享有同等的审判权,中间没有审判经验的积累过程,而后只能上不能下,是客观上造成法官队伍人数众多、水平参差不齐、整体素质低下的重要原因之一。这些现实存在的问题和矛盾,迫切

---

〔1〕 康均心:《法院改革研究——以一个基层法院的探索为视点》,中国政法大学出版社 2004 年版,第 338 页。

〔2〕 以下内容和统计数据均来源于武汉市江汉区人民法院办公室所提供的相关"法官办公室"改革试点综合材料,在此向该院办公室和"法官办公室"的法官、法官助理及书记员们表示诚挚的谢意。

需要通过改革加以解决。江汉区人民法院坚持在深入开展调查研究的基础上探索进行审判机制改革。一方面组织专门力量全面分析、研究旧的审判机制存在的种种弊端,明确改革的方向;另一方面,积极向法官助理制度改革取得成效的先进典型法院学习,先后到审判机制改革走在全国前列的北京市房山区、海淀区、丰台区法院和厦门市集美区、思明区法院学习考察,借鉴其成功的经验和做法。在反复调查研究和借鉴学习北京市房山区法院等地改革试点先进经验的基础上,立足江汉区人民法院的现实需要,于 2002 年 10 月开始施行"法官办公室"这一新的审判管理模式。

### (二)推行法官办公室改革的基本思路

江汉区法院建立新型审判机制改革的基本思路是:将审理裁判工作与审判事务性工作相分离,围绕法官审理裁判工作这一审判工作中心,合理配置审判辅助人员,全面强化法官的职责,形成以法官为中心,各类辅助人员分工合作、各司其职的专业化审判单元工作机制,努力提高法官的职业技能,培养精英型法官。

1. 确立法官是行使审判权的真正主体和法官在审判工作中的核心地位。改革的思路是要将法官的职责定位为专司各类案件的开庭审理和裁判,对审判单元中的法官助理和书记员负有审判业务指导和督促的义务,并对审判单元所承办的所有案件的裁判质量负责。适用简易程序审理的案件,由法官办公室的法官独任审判,并承担责任。适用普通程序的案件,由法官办公室的法官担任审判长,与其他法官组成合议庭进行审理,合议庭成员按合议制的要求参与庭审、评议并承担相应责任。

2. 确立法官助理职位,并将法官助理定位为专门从事审判事务性工作,协助法官完成案件审理和裁判的审判辅助人员。法官助理的工作与法官的裁判工作极为密切,属于形成最终裁判结果的基础性业务工作。担任法官助理必须具有较高的程序性事务处理能力与技巧,必须具有相当的法律专业知识,才能确保完成其大量审判事务性工作任务的职责要求。

法官助理的具体职责是:在收到法官分配的案件时接受法官的具体指导,负责主持办理庭前准备工作,为法官收集资料,提出建议,讨论案情及起草判决书等。

江汉区人民法院设置的法官助理是从事审判辅助事务的人员,也是完全意义上的辅助人员。这种职能和职责上的定位体现在五个方面:一是明确了法官助理不是法官,而是与法官相对应协助法官完成审判任务,具有法律专业知识的法院工作人员;二是法官助理对案件没有裁判权,不是某一法官的助理,而是法院审判工作的助理;三是法官助理对法院负责,在法官的具体指导下开展工作,负责完成与审判业务相关的辅助性工作及法官交办的工作,不参与合议庭的组成及案件的评议;四是法官助理在审判机制运行模式中,处于承上启下的地位,对上接受法官领导,对法官负责,且有权参与对法官的工作考核、评议,对下可具体对书记员进行工作指导,督促书记员完成工作;五是法官员额确定后,法官助理是将来成为法官的一个必不可少的过渡性工作岗位,将法官助理作为将来拟任法官人员的一个必要的见习和过渡阶段。

根据法官助理的职能与职责定位,江汉区法院确定法官助理的选任范围是:已被选任或任命为助理审判员或审判员的人员(法官员额确定后不在员额范围内),或者已通过国家统一司法考试取得法官资格尚未任命为法官的优秀书记员,承担从法官职能中剥离出来专门负责审判业务性辅助工作,且与法官相对应协助法官完成审判任务,具有法律专业知识的法院工作人员。

江汉区人民法院根据上述改革思路和对法官助理的职能职责定位,对法官办公室的首批法官助理采取了非常谨慎而严格的选任方式,所选任的法官助理均具有法律本科学历,并已被任命为助理审判员,具有一定的办案实际经验和审判业务能力,具有良好的政治思想素质和职业道德修养,身体健康,可以承担较为繁重的审判辅助性事务工作。

### (三)法官办公室的职责权限划分及考核、监督

1. 法官办公室工作职责和审判权限

(1)试点法官负责本法官办公室的审判工作,法官与法官助理、书记员系工作上的隶属关系,法官指派法官助理、书记员完成本职工作,承担对法官助理、书记员的管理和考核责任。

(2)试点法官审理案件对院长和审判委员会负责;相关行政事务和审判流程的管理权由审判庭行使。

(3)试点法官对所办案件具有独立裁判权,主持本法官办公室的案件庭审、裁判,负责法律文书的签发和法律规定应由法官完成的其他工作。除刑事案件拟对刑事被告人宣告无罪须经审判委员会讨论决定和民事法律明确规定应由院长签发的法律文书仍按原规定办理以外,由试点法官独立行使审判权,并对所承办的案件负责。

(4)为确保法律文书的准确性,法官助理制作的裁判文书交法官审阅签发后,由法官助理将裁判文书原本先交书记员校对(签名),再交合议庭组成人员审核(签名),最后由法官审核同意付印,并交书记员印制、盖章。

(5)法官决定法官助理的回避事项。

（6）民事案件除法律规定必须适用普通程序的，一律适用简易程序；适用简易程序的案件转普通程序的手续，按有关规定办理。

（7）刑事案件采取强制措施的，由法官决定并按规定办理审批手续，在审判庭备案。

（8）法官助理、书记员对工作责任心不强，有质量差错和违纪问题的，法官有权提请院长撤换。

2. 法官助理的工作职责和权限

法官助理辅助法官开展审判工作，对法官工作负责；法官助理有权参加对法官的工作考核、评议。法官助理受法官指派主持法庭调解和庭前证据交换，在法律文书的叙述部分表明"某法官助理受法官指派主持调解（证据交换），并经法官认可和签署制作法律文书"等内容，但不担任合议庭组成人员。

（1）民事审判庭法官助理的主要职责和权限

① 告知诉讼当事人审判组织人员情况。

② 代表法官主持庭前调解及办理撤诉。

③ 接受当事人在举证期限内的补充证据；整理当事人诉辩意见和举证情况，提出诉讼争执要点。归纳、摘录证据。

④ 审查当事人关于调查取证以及管辖权异议的申请，组织当事人进行证据交换和管辖权异议听证等事宜，并拟定意见报法官审核决定。

⑤ 办理诉讼财产保全、委托代理、鉴定、评估、审计等事宜，接待当事人及其他诉讼参加人的来访、阅卷。

⑥ 根据法官的意见草拟案件裁判文书，安排开庭宣判。

⑦ 负责当事人调解书的送达。

⑧ 办理案件信息输入和上诉案件的移送等案件管理有关事务。

⑨ 完成法官交办的其他与审判业务相关的辅助性工作。

（2）刑事审判庭法官助理的主要职责和权限

① 告知诉讼当事人审判组织人员情况。

② 代表法官主持庭前刑事附带民事诉讼的调解。

③ 办理决定和解除强制措施手续。

④ 联系被告人家属（监护人）、办理承担法律援助的律师担任辩护人、聘请翻译及追缴罚金等事宜。

⑤ 接待辩护人、当事人及其家属的来访和律师阅卷事宜。

⑥ 根据法官的意见，草拟裁判文书，安排定期宣判。

⑦ 办理案件信息输入和抗诉、上诉案件的移送等案件管理有关事务。

⑧ 办理被判处管制、缓刑罪犯的执行通知书送达及相关手续。

⑨ 完成法官交办的其他与审判业务相关的辅助性工作。

3. 书记员的工作职责

书记员的工作对法官负责,接受法官、法官助理的工作领导。

(1)负责庭审、调查、合议庭合议的记录。

(2)负责法律文书、开庭通知书的送达。

(3)下达提押票及传票。

(4)负责文书的印制和盖章。

(5)办理诉讼费及案款缴退费等事务。

(6)下达刑事案件被告人家属接见通知书和执行通知书。

(7)整理装订卷宗并经法官审核后归档。

(8)法律规定应由书记员完成的其他工作。

4. 试点法官办公室的目标考核

法官办公室的工作目标考核由法院政治处负责。刑事审判庭法官办公室月结案数不低于27件,民事审判庭法官办公室月结案数不低于45件。案件的当庭宣判(处置)率不得低于70%。审理案件必须做到事实清楚、证据充分、适用法律正确、处理结果恰当、法律文书规范、审判程序合法,确保无超审限案件。

5. 试点法官办公室的检查监督

法官办公室的法官拥有较大的审判权,如权力不受制约必将产生腐败。因此,江汉区人民法院制定了完善的检查监督和惩戒机制。试点法官办公室的日常监督工作由法院监察室具体负责,对法官和法官助理实行举报追究制,监察室有权随时调阅案卷,发现问题及时向院长报告,由院长根据情况召开审判委员会讨论决定处理意见。定期组织对试点法官办公室进行考评,并向全院公布考评结果。凡发现一次违纪行为、出现一起人为案件差错,或出现一起经审判委员会认定属于法官违反法律规定而发回重审、重大改判案件的,即取消试点法官、法官助理的资格。同时还要强化法官办公室的内部监督,法官与法官助理之间相互有监督之责,对内部监督失职的,追究相应的责任。

**(四)法官办公室改革试点的现实意义**

1. 法官办公室改革提高了审判质量和审判效率

武汉市江汉区人民法院"法官办公室"试点运行半年以来,"曾旺喜法官办公室"共审结各类刑事案件172件,比同期刑庭的3名审判员结案146件高出26件;所审结案件上诉15件,上诉率为8%,同期刑庭的3名审判员审结案件上诉 28 件,上诉率为 19%;法官办公室平均结案时间为 17 天,同期刑庭 3 名审判员平均结案时间为 21 天。民事审判员"吕瑛法官办公室"共审结各类案件 211 件,结案率为 84%;平均结案时间为 27 天,同期民庭 3 名审判员平均结案时间为 31 天;法官办公室所审结案件上诉 26 件,上诉率为 12.3%,同期民庭的 3 名审判员审结案件上诉 36 件,上诉率为 15.9%。

最为突出的成效是当庭宣判率明显提高,使案件审判过程、案件处置结果全部公之于众,较好实现了以公开审判确保司法公正的目的。其中"曾旺喜法官办公室"当庭宣判率达 63%,"吕瑛法官办公室"当庭处置率达 72%,"吕瑛法官办公室"有 40% 的案件以调解或撤诉方式结案,降低了法院和当事人的诉讼成本,同时也提高了审判质量和审判效率。

武汉市江汉区人民法院的法官办公室改革强化了法官的责任意识和质量意识,通过法官的选任,从众多具有审判职称的审判人员选出少量政治、理论功底较深,审判经验丰富的审判员担任法官,既改变了法官大众化、普通化的形象,又增强了法官的荣誉感和使命感,使法官更加珍爱法律职业。同时,法官对案件审判具有完全的裁判权,改变了过去"审者不判、判者不审"的状况,强化了法官的责任意识和对案件质量高度负责的意识。在过去传统审判运行机制中,熟人、同事、朋友的关系案,法官可以通过合议庭、庭务会和审判委员会讨论的方式来隐蔽"关系"的痕迹,把自己违法裁判的风险责任转嫁给合议庭和审委会,而合议庭和审委会一般不会也不能被追究责任,导致对有些关系案和人情案,既不能追究主审法官的责任,也不能追究合议庭、审委会的责任。而法官办公室实行法官负责制,所有案件都由法官直接裁判,法律文书由法官自己签发;相应的,所有的差错和责任也都由法官自己承担。因此,每一起案件的裁判都是对法官业务能力和廉政修养的检验,法官必须非常审慎、严格地依法裁判,不敢稍有懈怠。

法官办公室还彻底改变了过去业务审判庭的行政化管理模式,法官无须请示汇报就可以自行签发法律文书,减少了中间环节,从审判管理的层面而言,促进了审判效率的提高。从"吕瑛法官办公室"2002 年 10 月至 12 月三个月的平均结案时间与同期民庭审判员的平均结案时间相比较,10 月:32.60 天/34.60 天;11 月:19.52 天/30.75 天;12 月:34.70 天/40.50 天。从这三组数字的比较来看,法官办公室的结案时间比同期民庭审判员的结案时间大大缩短,这足以说明改革试点对于提高审判工作效率的意义。从根本上说,两个法官办公室审判工作质量和效率的提高并非因为试点法官和法官助理有超凡的能力,而是得益于这种新的审判机制赋予了法官发挥主观能动性、依法独立审判的空间。

**2. 法官办公室的改革实现了审判资源的优化配置和审判工作机制的专业化**

法官办公室试点在强化法官职责的基础上,实行法官负责制,确立了法官的审判主体地位和程序中心地位,保证了法官在整个案件审理程序中的控制权和对审判资源的支配权。同时,通过明确法官助理职责,形成了以法官为中心,法官助理分工负责的审判工作新模式,达到了改革试点目标所提出的合理配置审判资源的目的。在传统的"审书(审判员 + 书记员)组合"模式中,从案件送达、调查取证、安排开庭日期等庭前准备工作,到开庭审理、判决形成,再到审判和送达裁判文书,最后到案卷归档,审判员和书记员都参与其中,造成重复劳动和审判人力资源的浪费。法官办公室的"二助一"审判模式在审判组织的运行结构上采用"法官 + 法官助理 + 书记员"的配合设计,明确划分了三者之间的职责权限,使审判工作中的三个主体在明确各自职责的基础上,能专司自己熟悉的部分工作,研究提高工作效率的途径,通过充分发挥自身的积极性和主动性,推动技术进步。具体而言,法官承担裁判责任,将专心于事实判断与法律适用的技能研习;法官助理承担庭前准备工作,对审判事务性工作进行全盘考虑和集中办理,将潜心提高完成事务性工作的成效;书记员专司庭审记录和职责范围内的工作,将在确保记录文件的准确性、客观性等方面倾入更多的精力。

通过比较分析前述"法官办公室"办案效率的统计数据,我们可以认识到审判资源优化配置的实际效果。法官办公室内法官与法官助理职责分工的职业化和专业化,为实现审判工作每一环节规范化及审判人力资源管理的专业化奠定了基础,使审判人力资源的专业化管理和职业技能的专业化分工成为可能。同时也在审判组织运行机制内部构建了法官、法官助理、书记员之间相互协调配合与相互监督制约的新机制。

**3. 法官办公室机制改革了庭前准备程序**

法官办公室通过法官助理组织当事人交换证据,然后对证据资料进行整理,固定争点,实现举证程序的有序化、确定化和完整化,为强化庭审功能、提高庭审效率、实现庭审目的奠定了基础。

庭前准备程序由法官助理主持进行,这是法官助理学习司法职业技能的一个重要途径。庭前准备阶段工作内容复杂,程序性很强,包括:审查管辖权异议申请,对诉讼证据进行初步审查,归纳、摘录证据要点,主持证据交换、听证,主持庭前调解,整理诉讼各方当事人的诉辩意见和举证情况,提炼诉讼争议的焦点和庭审要点,办理财产保全、证据保全、委托代理、鉴定、评估、审计等事宜,接待当事人及其他诉讼参加人的来访和阅卷等。诉讼程序法和相关司法解释对这些工作均有明确程序性要求,正确完成庭前准备工作对于案件的正确审理有着非常重要的作用和意义。法官助理必须具备一定的法律知识、司法职业技能和审判工作经验才能很好地胜任。法官办公室改革旨在最大限度地将案件作庭前分解,以减少开庭的过程、时间和次数,提高庭审的效率,并以制度的力量推动法官助理充分发挥其职能作用,积极协助法官实现案件开庭"一堂清"(即一次庭审就审理核实全案事实与证据)。江汉区人民法院法官办公室较高的当庭宣判率进一步证明了分解庭前准备工作职能的积极意义。

4. 法官办公室改革促进了法官职业化建设和法官队伍职业技能的提高[1]

法官办公室改革使法官的主要时间和精力都专注于庭审和裁判,容易发现庭审与裁判中出现的问题,使法官有进行理论学习、技能培训和总结审判经验的积极要求和主观愿望,这是法官不断提高司法审判的职业技能和综合素质的内在因素;案件审理的个人负责制度又促使法官经常反思裁判的合法性、合理性与科学性,这是法官将司法审判上升到艺术层次的制度外因。两相结合形成一种培养和造就一批"品牌法官"和"精英法官"的强大的合力。

5. 法官办公室改革有利于加强法官队伍的廉政建设和职业道德修养

江汉区人民法院实行法官办公室改革试点后,通过法官助理的设置,形成了法官与当事人之间的隔离带。

在这一制度下,法官助理承担接待、调查收集证据等工作,法官承担开庭审案的工作;没有审判权的法官助理有与当事人庭下接触的机会,有审判权的法官没有与当事人庭下接触的机会。法官只能在庭审时才能公开接触当事人及其他诉讼参加人,当庭举证、质证和认证,当庭辩论,当庭调解,当庭宣判,避免先入为主,减少主观臆断。同时由于切断了法官庭前单方面会见当事人的途径,从而在一定程度上促使法官保持中立地位,居中裁判,减少因法官直接接触当事人而有可能造成的对法官司法的合理怀疑和其他不良影响,提高了各方当事人对司法的信任感,增强了司法权威。

法官办公室对法官当庭宣判率的量化要求,既减少了司法干扰,又确保了司法廉洁。新的审判模式赋予法官极大的审判权,法官审判工作只对院长和审判委员会负责,从思想观念上改变了过去以行政方式管理审判的思维模式,遵循了审判工作的特殊性质和规律,缩短了办案时间,法官开庭审理裁判案件,当庭宣判,一锤定音,避免了其他行政机关、社会团体和个人对法官依法独立审判的干扰。在江汉区人民法院法官办公室的6个月改革试点过程中,为当事人说情、打招呼和吃请送礼的情况明显比过去减少。很多案件,当事人还没有思想

---

〔1〕　此处"法官队伍"泛指法官、法官助理和书记员等从事审判工作的全体法律职业人员。

准备时,法官已经当庭宣判了。法官裁判的公正性和廉洁性得到了体现。

6. 法官办公室改革促进了审判观念和审判方式的革新

从我国法院系统目前的审判状况来分析,经过人大任命的审判员和法院自行任命的助理审判员都可以从事案件的审判,由于基层人民法院审判人员的匮乏,那些通过司法考试取得司法资格的人员,一般马上被任命为助理审判员,开始办案。对于刚刚接触审判业务的人员来说,一般也是摸索着边学边办案,难免会因为审判业务水平不高造成诉讼拖延及质量低下。法官助理制度的设置正好弥补了这一缺陷,使审判经验丰富和司法技能娴熟的审判人员担任法官职务,而让新手[1]担任法官助理从事审判辅助性工作,在这个过程中逐渐熟悉审判工作,积累审判经验,锤炼司法职业技能,成为法官的储备人才。

法官办公室改革不仅是审判体制上的改革,法院人事制度的改革,更是观念的变革。在明确法官职责的同时,对于法官助理的职责职能、职业荣誉感、主观能动性、工作积极性、团结协作及奉献精神都是一个重新塑造的革新过程。法官助理制度的设置成为推动审判方式改革深入发展的重要环节,法官助理的承上启下职能作用的发挥,促进了院长、庭长开庭审判制度的建立,使院长、庭长从过去以行政管理为主的单一角色逐步变革到兼具行政与司法双重责任的复合角色,将过去以行政管理为重点的工作方式改革为以审判管理为重点的工作方式,工作重点进一步向判断事实、认定证据和法律适用等审判事务上倾斜。使院长、庭长有更多的机会亲历审判实践,既能积极发挥对新型、复杂疑难案件的指导作用,又能为正确决策与科学管理提供必要的感性认识,同时也促使院长、庭长和法官更新审判观念,培育法治理念,推动审判方式改革的进一步深入发展。

以上对北京市房山区人民法院的"三二一审判机制"和武汉市江汉区人民法院的"法官办公室"在较早改革进程中开展法官助理制度改革的成功经验作了详尽的实证分析介绍。这两地早期的法官助理和书记员制度改革最具典型意义,基本上代表了我国各地各级法院推行法官助理制度改革的实践性特征。据了解,目前这两种早期的法官助理和书记员制度改革模式均已在这两个法院全面推行,法官助理和书记员制度改革形成的成功经验正在司法审判实践中发挥着越来越重要的作用。

--------

〔1〕 泛指已经取得司法资格考试的人员,已经任命为助理审判员的人员,尚未取得司法资格但具备法学本科学历和一定司法职业技能和经验的人员,长期从事书记员工作的优秀书记员等具有公务员身份的适合选任作为法官助理的人员。

# 第十八章
## 公信辨析：理性剖析传媒与
## 提升司法公信力的辩证关系

　　现代社会传媒与司法（法院）的冲突大部分可以归结为道德与法律的冲突，法律与道德各自都有其不同的理念、规则和思维模式，传媒以道德为基准来追求社会公正；审判以法律为基准来追求社会公正。同样是追求社会正义和公平，但各自的基准不同，道德追求的是普遍的社会正义，法律追求的是经过提炼的法律意义上的社会正义。本章从传媒与司法审判的矛盾与冲突入手，对二者之间的辩证关系进行法理分析和理性思考，探究社会主义核心价值观与传媒道德观念的沟通与融合，在价值层面对传媒和法院司法审判进行选择和判断，提出以社会主义核心价值观为价值取向，建构符合现代民主社会需要，并协调传媒与法院之间良性互动、和谐发展的相关制度，规范和促进传媒与法院关系的平衡，真正实现传媒的传媒和法院的司法审判。传媒与法院之间的矛盾和冲突既反映了二者之间存在相互依存的互动关系，也反映了传媒与法院关系之间的无序现状，二者之间的矛盾与冲突证明传媒与司法审判之间缺乏一个清晰与完整的法律制度来规范和协调。反思传媒的新闻报道和法院的司法审判在建设民主与法治社会的历史使命和社会责任，透视道德与法律两种社会规范的社会定位与互动关系，我们需要对中国的传媒与法院之间的特殊关系进行理性思考和法理分析，以社会主义核心价值观与传媒道德观念的冲突与契合为视角，澄清理念和制度上的误解，以求在二者之间关系上建构更为合理的制度安排和进行更为恰当的规范，从而促进传媒与司法审判在中国得到更广泛的发展和更切实的保障，真正实现传媒的社会功能和法院的司法公正。

## 第一节　传媒与司法审判的矛盾与冲突

　　传媒作为传达民意、宣扬民主的喉舌，自由地报道公众感兴趣的法制新闻并对法院审判活动进行舆论监督是其权利所在。然而我国传媒对审判的传媒过程中却产生了许多问题:一方面,传媒以空前的热情对法院审判活动予以采访和报道,试图充分体现大众传媒和公众舆论对审判工作的监督,进而体现公民对司法权力的监督和制约,努力促进司法改革和司法公正;另一方面,由于传媒对审判活动的公开与评价没有明确的法律界限,导致大量的新闻报道和时而偏颇的公众舆论对法院审判工作产生负面的影响,而法院对传媒接近和公开审判活动和裁判文书的过分控制又导致法院对传媒的限制。因此,传媒与法院司法审判之间的矛盾与冲突日显突出。

传媒以道德为基准,追求的是自身或受众观念上的道德意义的公正,其评判司法的标准是道德;而法院以法律为基准,追求的是法律公正,其评判司法的标准是法律。二者之间的冲突大多数可以归结为道德与法律的冲突,传媒与司法的矛盾与冲突是客观的、必然的,因为道德与法律的冲突是客观存在的。传媒和舆论监督所依据的是社会公众普遍认同的道德,同时也夹杂着一些最基本的法律常识,可以毫不夸张地说,传媒的报道和舆论可称为社会法庭或道德法庭;而司法审判本身是一个主观认识客观,从已知探求未知的活动,法律思维与独立判断是法官审判案件时正确认识法律事实和准确适用法律的基础,司法审判要求通过法官的理性判断与逻辑推理形成裁判结果,审判追求的是经过提炼的法律意义上的公正,二者之间必然存在矛盾与冲突。矛盾与冲突的根本性原因在于道德与法律的恒久冲突,追求公正的基准不同必然导致矛盾的产生,法律和道德虽然都在向一个方向努力,但毕竟是两种不同的途径,这种矛盾与冲突是客观的、必然的。首先,传媒报道的自由性原则与法院审判独立性原则的矛盾导致传媒与司法审判之间的矛盾和冲突。传媒报道注重的是记者所见所闻或采访所得的新闻事实,更多的是从客观事实和社会公众情理出发进行传媒和评判;法院审判必须以法律为准绳,注重的是经过审理查明有确凿证据证明的法律事实,并通过法律事实的逻辑推理和判断作出公正裁判。传媒缺乏明确的法律定位,而法院的司法审判代表着国家强制力与终局裁量权。其次,新闻的特性要求传媒从社会公众心理考虑,抓住新颖、奇特、典型、重大、疑难、复杂案件进行报道,引起公众关注与参与,形成舆论热点。在片面追求轰动效应、提高发行量和收视率的利益驱动下,传媒可能会对某些案件或事件的情节过于渲染、炒作或妄加评论,从而对法官判案形成强大的舆论压力和心理负担。传媒的职业特征就是报道动态的东西、超常的事情;而司法对待纠纷的态度是消极的,严格按照法律规定的管辖权限和程序去消弭纠纷[1]。传媒报道的新闻和评论在语言上力求通俗易懂、标新立异、扣人心弦;而法院裁判文书讲求用词严谨,法言法语,前后一致。司法裁判不考虑社会公众的心理因素,只服从于法律,只注重是否符合法理;而传媒是民意的呼声和表达[2] 再次,新闻报道的及时性原则要求尽可能在第一时间内以最快的速度完成报道,新闻报道不仅要及时,而且最好在现场报道,才能反映新闻的应有价值;而审判活动的过程和程序具有很强的特殊性,对时效性的要求要宽松得多,以经得起时间的考验。不合时宜的新闻报道和评论可能会对审判的公正性造成消极影响[3],从而影响司法公正。最后,在传媒报道和评论的舆论监督之下,作为被监督对象的审判人员对传媒有一种本能的排斥心理,传媒的舆论监督有时被认为是对他们的不信任,于是法院以妨碍程序公正为由,对于传媒的报道进行过分的控制和打压,导致传媒和司法审判之间的矛盾和冲突。一方面传媒不断地通过一种对个案的渲染,使得司法的公正性受到伤害,侵犯了审判的独立性;另一方面是法院对传媒接近和公开审判活动以及裁判文书的过分限制和控制又影响了传媒社会功能的实现。

# 第二节　关于传媒与法院关系的三维思考

要找出传媒与法院司法审判之间的矛盾与冲突问题的求解答案和对策,首先需要对传媒与法院的关系进行理性分析和法理思考。从不同的维度对传媒与法院之间的关系进行分析,可以发现二者之间在体制上存在融合,在运行程序中存在互动,在制度安排上存在无序。

## 一、传媒与法院关系在体制上的融合

在分析与思考中国传媒与法院的关系时,应从二者之间关系的基础和根本

---

[1]　马闻理:《舆论监督与司法公正——对〈人民日报〉"社会观察"专栏的观察》,发表于《新闻与传播评论》(2001年卷),武汉大学出版社2002年版,第238页。

[2]　民意虽然可以告诉我们民众在想些什么、支持什么、反对什么,但民意毕竟不是法律,民意可以随时改变,民众也不必对民意负责,民意的准确性和正义性有时也值得商榷,因此,有"民意如流水"的谚语之说。

[3]　如审判前对案件事实和相关证据及线索的大量披露,审判过程中对诉(控)辩双方举证和辩论的轻率表态,都可能对诉讼当事人的合法权益造成伤害,可能对法官依法独立行使审判权裁判案件造成负面影响和形成心理压力。

的体制角度来考察,而不应仅仅只局限于传媒对法院的舆论监督这一层面。在我国,传媒与法院之间固然存在一种监督与被监督的关系,但最根本的还是一种相容与互补的关系,二者之间的融合和互补性远远超过两者之间的排异性和冲突性。

　　社会统治存在权威、交换、说服三大基本要素,传媒属于"说服"范畴,司法属于"权威"范畴,都是主流社会统治阶层掌握的,为统治阶级利益服务的社会组织形态。我国传媒与法院司法审判追求的终极目标相同,传媒在社会总的发展趋势要求下,将民主与法治作为自己主要价值目标;法院从司法审判的职能出发,对民主与法治的目标更是格外关心。法院以执行法律、维护法治为己任,传媒以弘扬道德、宣传法治为其重要任务,法律与道德在大部分场合都是相容的,二者发生矛盾和冲突的场合相对较少。[1] 传媒与法院都具有共同的社会理念和价值观念,理念上的一致性决定了二者之间的融合大于冲突。传媒以社会公众代言人的身份自许,为公众求得社会公正是其宗旨;法院以追求司法公正为其奋斗目标,社会公正与司法公正具有理念最终的趋同性和一致性。传媒与法院在公开和透明原则上也存在一致性,法院审判公开原则要求审判活动必须依法"公开",合乎正义的司法诉讼程序对审判的透明度有着越来越严格的要求;传媒也要求审判活动的公开与透明,传媒的新闻传播还可以大大增加司法活动的公开性和透明度,二者对审判活动都有着"公开"的共同期盼和共同的内在动力。

## 二、传媒与法院关系在运行程序中的互动

　　传媒与法院之间在运行程序上具有极强的互动,传媒与法院在民主与法治的进程中都有各自漫长的路要走,双方在各自发展壮大和成熟的进程中需要相互帮助、相互依赖和相互提携之处很多。首先,法院的审判工作和司法判决要让社会公众知晓,法院要扩大判决的震慑力和法制宣传的效果,离不开传媒和评论的帮助。法院判决追求法律效果和社会效果的统一,必然要借助传媒的社会功能的发挥。[2] 现代社会已经进入信息时代,大众传媒正在以前所未有的速度迅猛发展,从手抄传媒到印刷传媒再到广播电视等电信传媒,直到今天

---

　　〔1〕 以体现公众意志为其存在的主要理由的传媒与密切关注人民利益和社会利益的法院在对待人民的态度上也是一致的,二者在主要价值层面上并无大的矛盾和冲突。

　　〔2〕 由于道德与法律的差距、法律本身的局限性、司法活动的局限性和法律自身的逻辑性,使判决的法律效果与社会效果常常出现差距,法院要追求审判工作法律效果的最大化,要追求法律效果与社会效果的统一,需要依靠传媒的传播和宣传功能的辅助。

的网络传媒,人类的传播方式已经经历了四次革命。在信息时代里,信息的传播功能非常重要,法院审判工作离不开信息传播,更离不开传媒的法制宣传和舆论宣传。"徒法不足以自行",条文中的法律变成生活中活生生的法律,除了要有高素质的法官之外,还应当借助传媒的传播和舆论宣传功能大力弘扬法制。把法律规范变成公众的信念和普遍遵守的规则,需要传播媒介的宣传、引导和教化。法院审判案件只能对涉案当事人有所影响,而如果借助传媒传播,宣传功能则可以将案件审判的效果几倍、几百倍甚至几千几万倍地扩大,法律的精神才能在全社会彰显。其次,法院审判工作是传媒新闻报道和评论的重要新闻线索和内容。迈向民主与法治的社会,社会的治理手段已经由过去的行政治理方式转变为法律治理方式,现代社会的变革实际上是法律逐渐作用于全社会的变革过程。新闻是新近发生事实的报道,法院审判涉及社会生活的方方面面,大到社会的稳定和安宁,小到公民的家庭生活等都是法律调整的范畴,这些都是新闻报道的重要内容,法制类新闻是整个新闻报道中不可或缺的重要部分,如何把法制类新闻报道好是传媒面临的重要课题。现实情况是具有新闻价值的司法资源被不合适地封锁,法院对传媒的过分封锁和管制,影响了传媒业的进一步发展和壮大。法制类新闻是社会公众历来最为关注的新闻内容,作为重要的新闻来源,传媒非常需要法院的大力支持和协助。怎样既符合新闻报道的规律,又不超越法律界限把法制类新闻报道好,在实现传媒传播最新信息功能的同时又彰显法律的精神非常值得传媒和法院来共同研究。再次,传媒的报道被各类新闻侵权官司所苦,直接影响和阻碍了传媒的发展。宪法确立的名誉权保护原则与言论自由原则如何平衡与协调?传媒如何在不侵犯公民或法人名誉权的前提下实现新闻的公开自由报道?我国确立了公民的名誉权受法律保护,但对于传媒在何种情况下的新闻报道构成侵权则没有规定统一的标准,由此新闻报道一不小心就构成了侵权,[1]传媒被诉名誉权侵权案件已非常普遍,大量的名誉权侵权纠纷案件使传媒在报道法制类新闻时变得心惊胆战,而对于此类案件的公正裁判则是传媒能否实现其社会功能的重要保障。言论权与名誉权之间如何平衡也是传媒与法院互动关系的重要内容。由于现阶段没有新闻法规对于传媒设定明确的法律界限,使得新闻传媒侵权成为时有发生的事实。最后,传媒与法院审判独立的相互作用和影响。新闻自由是指宪法和法律赋予公民所享有的从事、利用新闻活动而不受非法干涉的民主权利,是宪法规定的公民的言论自由、出

---

〔1〕　新闻机构在传播新闻的过程中由于主客观条件的限制造成对他人民事权利的损害就是新闻侵权。

版自由在新闻活动中的体现。[1] 新闻自由已几乎是当今所有国家所保障的基本人权,新闻自由保障了媒体为了满足人民"知"的需要,和发觉、采访以及批评一个事件的权利。而除了保障法官可以依据法律独立审判,不受行政或立法权力的干涉,使法官可依据自己的良知与法律素养,就审理案件做公正裁判外,也包括建立相关的配套制度。在此,必然会产生新闻行为与司法行为发生"交集"的情形[2]。新闻自由与程序公正如何能够达到"双赢"的效果是传媒与法院互动关系中最为关键性的问题。传媒的报道与法院的司法审判活动都同时发挥着惩恶扬善、匡扶正义的功能,但二者毕竟是性质迥异的两种价值评价体系,传媒与法院分别以道德和法律为中心来发挥自身的功能,二者在社会中所起的作用以及各自的运行规律都表现出明显的差异,传媒的报道与法院的司法审判之间不可避免地会产生冲突和对抗。一方面,传媒的舆论监督功能可能超过法律界限干扰法院公正审判,可能导致公众对司法的不信任,从而损害司法的权威性,最终使人们丧失对法律的信仰;另一方面,如果传媒的报道受到过多的限制,又将影响人们对权力的监督,包括对司法权的监督,如果司法权力得不到必要的监督,则容易导致司法权的滥用,这更加危险。如何平衡传媒的舆论监督功能与法院依法独立行使审判权的互动关系,促进司法公正和实现社会正义,成为亟待解决的现实问题。

## 三、传媒与法院关系在制度安排上的无序

我们思考传媒与法院关系中存在的融合和互动的同时,还应当清醒地看到传媒与法院之间目前最值得去调整和规范的无序。从目前的现实状况来看,传媒与法院司法审判之间存在大量的无序关系亟待解决。在法院的审判实践中,由于现行法律和相关规范对于传媒关于诉讼的报道和舆论缺乏有效的限制,传媒自律机制也难以发挥作用,造成了传媒和舆论经常就未决案件发表不受约束、不负责任的评论,出现"舆论干扰司法"的现象。为什么传媒在行使舆论监督的过程中会出现"舆论干扰司法"的现象?究其原因无非是两个方面:一是政法系统内部职能划分不合理、不科学所致;二是传媒缺乏必要的法律规制所致。传媒对司法监督问题是在中国司法体制改革的大环境中提出,并且作为司法体制改革的一项具体措施来认识和讨论的。传媒对司法监督的目

---

〔1〕 董炳和:《新闻侵权与赔偿》,中国海洋大学出版社 1998 年版,第 11 页。

〔2〕 北京大学法学院人权研究中心编:《司法公正与权利保障》,中国法制出版社 2001 年版,第 175 页。

的在于加强和保证司法的公正性、民主性,更为广泛、有效地保障社会成员的权利[1]。但传媒的舆论监督是一把"双刃剑",在有助于实现审判公开的同时,又可能对审判独立构成威胁。审判本身是一个以主观认识客观,从已知探求未知的活动,法官的理性思维与独立判断是正确认识案件事实和适用法律的基础。法官在理性判断与逻辑推理的过程中,排除各种形式的干扰和影响,包括来自传媒的渲染和影响,对于公正裁判是十分重要和必需的。由于传媒对法院司法表现的公开与评价没有明确的法律界限,而传媒新闻报道所遵循的自由性原则、典型性原则以及及时性原则又对审判独立具有天然的侵犯性,导致在实践中,传媒因过多地强调新闻自由,而对法院审判活动的报道和评价往往超越了法律的界限,从而对审判独立和司法公正造成侵害。由于审判活动的严肃性、程序性和法院判决在社会上的重要影响,传媒的报道和评价的范围和程度应当受到一定的限制。不仅新闻的采集、发布和传送要遵照有关法律规定进行,而且对案件的评价意见和批评更应该慎重。从事司法新闻报道和监督的记者应当具有社会主义核心价值观,应当持有对法律负责和对法律事实的真实性负责的谨慎态度,应比一般的社会新闻承担更重的法律责任。传媒与法院关系在现实状况下的无序必须通过合理的制度建构来规范和调整。

## 第三节　社会主义核心价值观与传媒道德观念的沟通与融合

我们把传媒与法院司法审判之间的矛盾和冲突的主要原因最终归结为道德与法律之间的冲突,是基于对社会主义核心价值观与传媒道德观念存在的差异和冲突的理性分析。富强、民主、文明、和谐、自由、平等、公正、法治、爱国、敬业、诚信、友善作为社会主义核心价值观传导的法治理念就是社会主义司法文明和司法公平正义的理念。所谓司法理念是指导司法制度设计和司法实际运作的理论基础和主导的价值观,也是基于不同的价值观(意识形态或文化传统)对司法的功能、性质和应然模式的系统思考。社会主义核心价值观、司法公正理念与传媒道德观念之间的矛盾与冲突,构成了法院司法审判与传媒的矛盾和冲突;法律与道德作为社会调整的基本规范,数千年来,交融与制约并存,互补与互动同在,矛盾与冲突始终交织其中,传媒与法院之间的冲突实质上也就是

---

〔1〕　顾培东:《论对司法的传媒监督》,载《法学研究》1999 年第 6 期,第 17 页。

道德与法律的冲突。[1] 透视法律与道德存在矛盾的内在原因和根据,探索二者之间不断冲突的机理,我们可以准确把握这两种规范的社会定位,探求社会主义核心价值观与传媒道德观念的沟通与融合,缓解和平衡传媒与法院司法审判之间的矛盾和冲突;通过社会主义核心价值观贯彻始终的制度建构建立传媒与法院之间的协调互动关系,促进传媒与法院司法审判的"双赢"。

## 一、社会主义核心价值观与传媒道德观念矛盾与冲突的理性分析

社会主义核心价值观与传媒道德观念作为法院司法审判与传媒各自特有的基本价值观念,虽然在一定的范畴和程度上具有一致性、共同性和交融性,但毕竟是分属于两种不同的社会规范系统的价值观念,两种价值观的价值层次、价值内容和价值实现均存在较多的差异和矛盾。对两种价值现有的矛盾和冲突进行理性分析和思考是实现二者沟通和融合的基础和前提。

1. 社会主义核心价值观与传媒道德观念在价值层次上的矛盾与冲突

法律是社会公众道德的最低底线,两种价值观的价值层次是不一样的。在法院的审判中,只能依据最低的道德标准——法律来裁判案件,而不能依据更高层次的道德观念来裁判。有时法律价值观与道德价值观在价值层次上是重合的,此时司法与传媒的标准也会重合;而有时道德价值观的层次则高于法律价值观,在此情况下,只能牺牲较高层次的道德观而以法律维护最基本的道德和秩序。此时传媒与法院的司法审判在价值层次上必然会出现一定程度的冲突和错位。法律追求经过提炼后的社会正义,是最低的道德标准,目的在于维系整个社会秩序的稳定和安全。道德追求理想和高尚的社会正义,体现着社会公众对美好生活的向往和追求。法律可以也应当成为公民普遍遵守的义务,高

---

[1] 传媒以社会公众道德为基准来追求社会正义。道德是调整人与人、人与社会关系的行为规范的总和,道德理念在传媒公开报道的总体思维中占据了主导地位,传媒信奉的社会公众道德理念是以善与恶、正义与非正义、公正与偏私、诚实与虚伪、高尚与卑劣、光荣与耻辱等价值评价标准为基准的思维观念,并以此标准来评价、判断和约束人们的思想和行为,从而达到调整社会关系,维持一定的社会秩序,保障正常的社会生活的目的。道德是有别于法律的社会行为准则,它对人们思想和行为的调整,从范围上讲更宽泛,其本身所具有的特点使得对它的遵守往往依赖于行为人的内心自律,传媒道德观念是凭借公开报道的舆论功能来影响和调整人们的思想和行为的。法律是以国家意志形式表达的对公民行为的最低要求,其所保证和体现的是基本的和最低限度的德,即法律本身内含的德,层次比较单一,着眼点在于社会基本的安全、秩序、稳定、效率和公平。法律的国家强制性要求法院在审判案件时只能按照社会道德和秩序的最低标准——法律规则来作出公正裁判,法院审判是以法律为基准来追求社会正义的,司法理念在法院的司法审判活动中占据主导地位。

尚的道德则不能也不应成为公民普遍的法律义务。在司法审判和传媒报道中,我们可以倡导扶危济难、公而忘私、见义勇为等利他行为和有利于社会的行为,却无法将此规定为公民的法律义务,此类行为虽有助于道德文明和社会进步,但毕竟是层次较高的道德要求,脱离实际的过高道德要求有悖于法律的性质、功能以及公民自由的维护与发展[1]。正如富勒所言:"法律没有办法可以用以强迫一个人做到他力所能及的优良程度。"在高尚的道德观念与法律的价值观感价值层次上出现冲突和错位的情况下,社会主义核心价值观与传媒的道德观念也必然会产生冲突和矛盾。

2. 社会主义核心价值观与传媒道德观念在价值观内容上的矛盾与冲突

社会主义核心价值观与传媒的道德观念在各自价值观的内容构成上存在着一定的差异和距离,由不同的价值内容所形成的道德价值观和法律价值观必然会出现思想上的混乱和多元,以及行为上的错位和矛盾。法院审判依据的是法律规则,法律强调权利与义务的平衡,对公益和私利并重,鼓励竞争和对利益的正当追求,法律以权利为本位,以权利背后的利益为利导机制,关注行为合法和利益的平衡,法律关于权利与义务的规定是双向并对立统一的。法律规则以国家强制力作后盾是通过利益导向影响和调整的意识和行为;传媒报道依据的是道德规范,道德以义务为本位,强调奉献和义务,追求忠义至上和公共利益,忽视权利和利益,要求人们从思想到行为上的自律、纯洁和不断完善,强化个人对社会、集体和他人的责任,道德规范缺乏利导机制,宣扬的是对利益的舍弃和牺牲。道德与法律在价值内容上的差异使传媒与司法审判之间自然产生矛盾和冲突。

3. 社会主义核心价值观与传媒道德观念在施行上的矛盾与冲突

传媒报道和法院审判各自的依据和诉求不同,功利选择不同,二者在实践中的冲突也就在所难免。"道德作用的有效发挥更多地依赖于熟人的社会","一个熟人社会以及形成熟人社会的许多社会组织(如,单位、街道、村落)都实际构成了对人们的不道德、不轨行为的一种下意识的制约"[2]。而法律的有效作用范围不仅是"熟人社会",而且包括"陌生人社会",法律稳定社会秩序和公平的强制效果远甚于道德。道德实施的标准是不确定的,很难统

---

〔1〕　我国《公民道德建设实施纲要》中规定:"积极鼓励一切有利于国家统一、民族团结、经济发展、社会进步的思想道德,大力倡导共产党员和各级干部带头实践社会主义、共产主义道德,引导人们在遵守基本道德规范的基础上,不断追求更高层次的道德目标。"这项规定只是鼓励和倡导,并没有任何的强制。

〔2〕　苏力:《阅读秩序》,山东教育出版社 1999 年版,第 50 页。

一;而法律实施的标准是统一和明确的,并且是强制的、理性的和程序化的[1]。法律的发展与道德发展并非时时都是同步和协调的,因而二者的实施和协调也并非易事,法律与道德在实施过程中的互相冲突和矛盾,必然造成两种理念上的冲突,也必然使传媒与法院司法审判在各自实现其价值功能的过程中产生矛盾和冲突。

## 二、社会主义核心价值观与传媒道德观念的沟通与融合

社会主义核心价值观与传媒道德观念之间的矛盾与冲突难以避免,但在传媒与法院关系的协调与平衡方面,两种理念的沟通与融合不仅是必要的,而且是必需的。

1. 促进社会主义核心价值观与传媒道德观念在价值层次上的沟通与融合

在道德观念的基本价值层面推进二者的渗透与互动,使道德规范与法律规则在更大的价值层面上获得同一,以法律规则保障道德规范的实现,以道德规范充实和发展法律规则,从而使两种价值观念在更多的层次上面趋同,进而促进传媒与法院司法审判的沟通与融合。法律促进道德建设的实际方式有两种:一是法律确认或吸收道义标准,使之成为法定标准而直接促进道德目标;二是法律借助于自身机制和内在准则,以间接促进道德目标。社会主义核心价值观与传媒道德观念之间的沟通与融合首先应是在价值层次上的沟通与融合,社会主义核心价值观的形成就是法的精神的转化,而法的精神的转化在一定价值层次来看实质上就是道德观念和精神的推广。道德观念的推行需要司法理念将其转化为具体的法律原则、规则、概念和技术,才能在更大价值层面上来彰显道德的精神价值,正如博登海默所言:"那些被视为是社会交往的基本而必要的道德原则,在一切社会中都被赋予了具有强大力量的强制性质。这些道德原则的约束力的增强,是通过将它们转化为法律规则而实现的。"[2]道德观念在很大的价值层次上应当与法律观念是相重合的,法律是维系社会运转和发展的最低和最基本的道德要求,道德观的基本要求不仅是法律构成的基础,而且在很多层面上直接表现为具体的法律规范。在这一价值层次上,

---

[1] 法律具有强制性,追求的是权利与权利之间、权利与义务之间、利益与利益之间的平衡与协调,以公平为目标,以利益为手段;道德则缺乏强制性,追求的是内心的纯洁与思想境界的高尚,以内心信念、认同和舆论为实施的手段,二者在实施手段上的差异也必然使传媒的公开报道与法院的公平审判在实施过程产生矛盾和冲突。

[2] [美]E.博登海默:《法理学——法律哲学与法律方法》,邓正来译,中国政法大学出版社2004年版,第368页。

道德与法律一脉相承,司法理念与道德观念趋于融合。传媒与法院的司法审判在价值层次上是相互促进,相得益彰的,传媒对审判的报道就是在传播和普及现代法的精神,也同时是在传播和普及道德精神,使之成为民众精神和社会理想。传媒报道要在对基本道德纳入法律之中的价值层次上作出自己的贡献。

2. 促进社会主义核心价值观与传媒道德观念在价值内容上的沟通与融合

道德与法律在价值内容上虽然有所区别,但仍然具有同质同向性,这是两种理念在价值内容上能够沟通和融合的基础。从社会需求和发展的角度来看,司法理念需要道德观念在价值内容上的不断充实才能满足司法审判的需求和获得可持续发展,社会主义核心价值观的形成实际上也是源于现代社会道德观念的不断发展,道德是立法的基础并引导着法律进步和发展。道德与法律的沟通与融合,必须立足于二者价值内容上的相互交融和区别。既不能将道德与法律的内容完全合一,不分彼此;也不能将道德与法律的内容完全隔离开来。而应该充分发挥德与法的同质同向性,在二者的价值内容上以道德融入法律的指导性和先进性,引导和推进法律的完善与发展。社会主义核心价值观首先应确立宪法至上的理念,在二者价值内容的融合上,把理想的道德通过立法表现为宪法中的原则性、指导性和倡导性规范,从宪法这一根本法角度来确认和宣告理想道德的地位、性质和目标;同时,通过道德的导入来完善法律的形式和实质内容,完成理想道德从应然到实然的跃进。中国古代"道之以政,齐之以刑,民免而无耻;道之以德,齐之以礼,有耻且格"的思想与行为,就是法与德在价值内容上的融合。理想道德所主张和倡导的价值观,往往会融合为法律价值所追求的内容。社会主义核心价值观不仅表现于外在的司法审判制度的运行,而且更代表了一种内在的价值追求和价值评判。社会主义核心价值观主导下的法院司法审判是以法律和诉讼制度来扶植正气、压制邪气,使社会公众切身感受到国家法律以具体审判活动对高尚道德的推崇和推行,从而弘扬理想道德观念。

3. 促进社会主义核心价值观与传媒道德观念在实施过程中的协调与融合

在两种理念主导下的传媒报道与法院审判实践中,应严格区分法律与道德的界限,确立法律至上的理念维护司法权威,通过公正司法弘扬道德风尚,尽可能缓解和平衡传媒与法院关系上的矛盾与冲突。首先,要警惕泛道德主义对传媒和司法的侵蚀与影响。[1] 道德的问题应通过道德自治解决,法律无须也不

---

〔1〕　目前,司法审判的道德化倾向和传媒法制新闻报道将道德凌驾于法律之上的倾向均在不同程度有所显现,这种倾向混淆了法律与道德的界限,扩大了法律的调整范围。

应干预;法律的问题应通过法律途径解决,导入过多的道德因素,同样是背离法治精神和道德本质的,让道德的事归道德,法律的事归法律,这是处理好传媒与司法审判之间矛盾和冲突最好的良方。其次,法官在行使自由裁量权和新闻工作者在行使自主报道和自由评价的过程中应注意区分法律的道德裁量和道德的法律裁量。立法者为了尽量使法律在调整社会关系时具有较大的适应性,便有意采用一些模糊性的条款,让司法者拥有一定幅度的自由裁量权,能够具体问题具体分析、处理[1]。言论自由原则也使新闻工作者有自主报道和自由评论的自由。[2] 但法律的道德裁量并不表明道德可以替代法律,道德的法律裁量也不表明法律可以替代道德,德与法之间的界限必须明确,公正的审判和公开的报道应当明确道德与法律之间的界限。最后,法律观念与道德观念在实践中的相互促进有利于两种理念主导下的传媒与法院之间关系的更加协调与平衡。在法与德的冲突与矛盾的现实中,以法律为基准,以道德为进退,将道德问题转化成技术问题、转化成法律问题,运用法律解释的方法对法律事实进行重构和剪裁;对某些法律无法调整的领域,将道德调整作为法律的充实和补充。社会主义核心价值观与传媒道德观念既界限明确又相互作用和补充,才能推动法与德的共同进步,缓解和协调传媒与法院之间的矛盾和冲突,从而达到传媒与司法审判真正意义上的平衡。

## 第四节　传媒与法院之间良性互动并和谐发展的制度建构

当传媒的舆论监督被人们认定是与立法、司法、行政三大权力相提并论的第四种权力的时候,在社会公众的意识之中,传媒的报道和舆论已被视作一种力量——一种捍卫社会公正、推动社会进步的力量[3]。如何发挥这种力量对法院司法审判的促进作用,如何建构传媒与法院之间良性互动并和谐发展的制

---

〔1〕 公丕祥主编:《法理学》,复旦大学出版社 2002 年版,第 254 页。
〔2〕 社会转型和时代变迁使道德与法律相互间的渗透和制约不断加剧,在司法审判和传媒报道实践之中皆有各自自由裁量的范畴。
〔3〕 张文显主编:《新视野 新思维 新概念——法学理论前沿论坛》,吉林大学出版社 2001 年版,第308—309 页。

度和规范,是目前新闻法制尚不完善的条件下亟待研究和解决的现实问题。[1]要真正实现传媒与法院司法审判关系的有效协调与平衡,关键在于从制度层面建构一个良性互动、和谐发展的平衡机制。

## 一、建构传媒与法院审判活动的制度保障规范

现代意义上的审判既是独立性的审判,也是回应性的审判,不同的声音是公众保持理性的前提,法院判决应当适度考虑社会公众的意见,法院的司法审判不应拒绝传媒的报道。法院凡公开审理的案件均应允许传媒采访和报道;依法应予公开的法律文书和相关案卷材料均应允许传媒为报道而查阅;传媒报道对于社会有重大影响的案件时,法院应当提供必要的便利条件和配合,如查阅案卷、采访当事人等;法院的新闻宣传部门应通过建立新闻发言人制度等方式,保持与传媒的双向沟通与交流;确立法院对其作出的判决以及所采取的法律措施的解释与说明责任,通过正当渠道的解释与说明满足公众的知情权,便于传媒正确引导公众的舆论导向,以更加宽容的态度对待传媒机构及其从业人员。在当代法学思潮中,总的趋势是加强对于人权的保障,在传媒与司法的关系上,更加重视言论自由、新闻自由的保护,并在传统法中对于这些自由的限制的合理性和可取性,进行自我检讨和反思,从而建构一个更符合现代民主开放社会需要的法律体系。[2]

## 二、建构传媒与正常法律监督渠道的衔接制度

传媒不断强化道德代言人的形象,强化传媒是正义的化身,实际上是一种误区,混淆了道德与法律的实现途径。应当从制度上畅通传媒向权力机关、检察机关反映舆论的渠道,建立传媒的舆论监督向人大的监督和检察机关法律监督正常转化的机制。通过传媒机构的报道将舆论所代表的民意反馈给人大和检察机关,转而通过法律的监督机制进行深层次的合乎法律和程序的追究和处理。不能将问题的解决寄希望于某某领导的重视和批示,更不能官司输了找记者解决,因为,新闻与法律的解决途径是不同的。必须形成全社会依法办事的

---

〔1〕  对于传媒与司法的关系的协调与平衡除了理念层面的思考之外,还必须着手从制度层面上建构一套协调传媒公开报道与法院公平审判的平衡机制,才能有效保证宪法赋予的言论自由原则和独立行使审判权原则这两大不可偏废的价值理念在传媒报道与司法审判中得以实现。

〔2〕  陈弘毅:《法理学的世界》,中国政法大学出版社 2003 年版,第 149 页。

理念和制度,只有这种制度的建构才是传媒和舆论监督的正道所在。

## 三、建构新型传媒管理体制

传媒作为"第四种权力",要真正发挥对公权力的制约作用,应尽快形成传媒作为人民喉舌的社会权力制度建构。我们应逐渐建立以各级党委和政府的机关报刊为主,以社会各团体报刊为辅,以民营报刊为补充的多元体系的传媒新格局,调动社会公众参与舆论监督的积极性和主动性,拓宽信息源,通过传媒将一切腐败现象都暴露在光天化日之下,将法律的精神根植于民心,将高尚的道德风尚和社会理想在全社会推崇,充分发挥传媒的报道和舆论监督的社会功能。

# 第十九章
## 公信联通:新媒体时代的舆论监督与司法公信力提升

随着"大数据""云计算"概念的出现,以互联网为主体的现代信息技术呈现出不断迅猛发展的趋势,当今的信息社会媒体已经步入传统媒体、网络媒体与自媒体并驾齐驱的新媒体时代。所谓"新媒体就是利用电脑、手机、网络等数字化信息技术,进行多对多或所有人对所有人传播的媒体"[1]"传播方式和传播的领域已经发生翻天覆地的发展和改变。新媒体(New Media)一词最早出现在 1967 年,由美国哥伦比亚广播电视网技术研究所负责人 F. Godmark,在一份关于开发 EVR(电子录像)产品的项目计划书中提出,后经美国传播政策总统特别委员会主席 E. 罗托斯,通过向尼克松总统提交报告时多处使用该词而开始自美国社会推广,并逐步扩展到全世界。"[2]新媒体已经成为人类社会生活方式的一个重要标志和社会生活的主要领域,现代社会新媒体信息资讯网络的发达已经在逐渐地影响并改变着整个人类社会生活方式及人类生活的方式,新媒体网络舆论所反映的社情民意不知不觉已经主导着整个社会生活的方方面面,无论是政治、经济、社会生产和生活,抑或是道德、宗教、文化、传媒,司法审判也都概莫能外。自媒体作为新媒体时代的代表形态,其概念是美国新闻学者在 2003 年 7 月提出的,对自媒体的定义是:"自媒体是普通大众经由数字科技强化、与全球知识体系相连之后,一种开始理解普通大众如何提供与分享他们本身的事实、他们本身的新闻的途径。"[3]十几年前,有冤无处诉的老百姓首先想到的就是去找媒体曝光,例如:广州的《南方周末》报纸、中央电视台的《焦点访谈》栏目、北京的《新京报》等。现如今,他们可能就会直接去发博客、微博或

---

[1] 展江、吴薇主编:《开放与博弈——新媒体语境下的言论界限与司法规制》,北京大学出版社 2013 年版,第 8 页。

[2] 展江、吴薇主编:《开放与博弈——新媒体语境下的言论界限与司法规制》,北京大学出版社 2013 年版,第 3 页。

[3] 王文军:《法治新闻报道的传播学分析》,载于《法学》2011 年第 9 期,第 54 页。

微信。微信是一款通过互联网快速发送语音、视频、图片和文字,支持多人群聊的手机聊天软件,同时,还有实时对讲系统软件也几乎取代了移动通信电话和短信的基本功能,相对于微博的开放性、公众性,微信作为一个社交工具,信息传播形式有其隐蔽性和针对性。当每个人都有了平等快速的发言渠道,微博与微信从单纯的社交工具到舆论监督利器,就这样悄悄地完成了一次华丽的转身。

法国思想家狄德罗曾说过:质疑是迈向哲理的第一步。尽管发端于微博和微信的质疑声可能有些只是误解,但接受公众的监督是人民法院管理者的天职,回应社会公众的疑问更是他们应尽的责任和义务。在任何实行民主政治和法治的社会中,言论自由和公平审判皆为国家和社会生活中不可缺少的基本价值[1]。新媒体网络舆论所代表的民意、思潮、对司法公正价值的评价和监督,对法院审判工作和裁判结果的影响作用越来越大,除对国家机器、社会组织、党派团体等的司法监督,以及上级司法机关的审级监督、检察机关的法律监督和人民群众的社会监督之外,在对司法审判的诸多监督之中,新媒体网络传媒的舆论监督已经悄无声息地发展成为一种至关重要的司法监督形式。过去的"传媒舆论审判"演化为当今的"新媒体网络舆论审判和整个司法",新媒体网络传媒开始逐渐侵蚀司法审判的权力界域,并有愈演愈烈的发展趋势。诸如大家曾经热议的"上海高院法官集体招嫖事件""李将军公子涉嫌轮奸案""薄熙来三宗罪济南中院公审案""一言不合摔死幼童案",等等,哪一个不是被新媒体爆炒。从河南"张金柱案"的网上喊杀声一片,到沈阳"刘涌案"网民每天十万人跟帖监督司法公正,两颗人头的落地无一例外与网络传导的民意和民愤息息相关!广州"孙志刚案"通过网络传媒终结了侵犯人权的收容遣送行政法规,重庆"最牛钉子户拆迁案"通过网络传媒的持续报道牵动并点燃了老百姓的物权法情结,广东"许霆案"由无期徒刑改判为五年有期徒刑缘于网络舆论对过于重刑裁判的一片哗然,杭州"富二代飙车交通肇事案"、成都"孙伟铭无证驾车构成以危险方法危害公共安全案"等通过网络传媒掀起"罪与非罪""轻罪与重罪"的刑法学思考及全国严查酒后驾车的执法浪潮,网络"人肉搜索"对社会正义的维护与侵犯公民个人隐私权的价值冲突,还有一些"民间维权"组织和个人专门针对法院审判工作和法官行为规范开办所谓的"监督网"网站进行监督,诸如此类一个又一个网络舆论对法院审判工作和结果影响的实例,不得不引发我们开始认真思考当前的新媒体网络舆论与人民法院司法公正的冲突与平衡的诸多问题:法院审判如何应对无孔不入的新媒体舆论监督?新媒体网络舆论所代表的

---

〔1〕 [美]T.巴顿·卡特等:《大众传播法概要》,黄列译,中国社会科学出版社1997年版,第4页。

社会公正与司法审判所维系的社会公正究竟是不是一回事? 司法审判作为社会公正的最后一道防线是否需要网络舆论的评判与矫正? 法院审判如何既合理采纳网络舆论传导的民意又适当避免网络舆论对司法的不当干预? 二者之间的正确界限、价值判断与追求究竟达到一种什么样的平衡关系状态,才符合司法公正、法的精神和社会正义的内涵?

本章从网络舆论监督与法院审判的矛盾与冲突入手,以社会主义法治思维为价值取向在价值层面对网络舆论监督和法院司法公正进行选择和判断,对新媒体网络舆论与法院审判关系之间的平衡进行法理分析和理性思考,探究司法审判法治理念与新媒体网络舆论道德观念的沟通与融合,进而提出:新媒体网络舆论监督必须加强法律政策规制、网络自律和正确的舆论引导,应在现行法律制度和社会发展现实需要的框架内对法院审判活动进行正面有益的报道和监督;法院审判一方面对于网络传媒涉及司法审判案件及审判工作报道和监督应当及时构建法院的快速反应机制和机构,另一方面对于网络舆论应在保持必要的宽容克制和理性对待的基础上及时依法采取法院适当的应对策略、处置方法和舆论正确引导措施,防止"新媒体舆论审判"现象,建构符合现代民主法治需要,并协调新媒体网络舆论与人民法院司法公正之间良性互动、和谐发展的相关制度,建构和完善人民法院审判工作积极应对新媒体网络舆论的组织机构人员设置和处置引导程序制度设计,规范和促进新媒体网络舆论的公正报道与人民法院司法审判工作的公正性,真正实现网络舆论监督和法院审判关系的平衡,维护司法公正和社会正义,提升司法公信力。

## 第一节　新媒体时代的舆论监督

"以大众为传播对象的新媒体至今已走过了约五百年漫长历程。"[1] 当今社会已经步入信息时代,传媒与现代社会是紧密联系在一起的,由于传媒业的发展和发达,人们的日常生活已经习惯于从报纸、广播、电视和国际互联网等各类纸质、电子、网络媒体所构成的庞大传媒体系中获取各种传播的政治、经济、文化等信息,新媒体已经成为当代社会生活中不可或缺的生活必需品和生活方式。新闻和各类信息的迅速传播将地球演化为"地球村",人类社会因为信息的快速传播而变得更加现代和文明。现代生活可以缺乏其他的物质,但绝对不能

---

〔1〕　康为民主编:《传媒与司法》,人民法院出版社 2004 年版,第 6 页。

没有新闻舆论信息的传播,信息传播的迅捷和全面,已经成为衡量现代社会文明进步的主要标志。信息在现代社会变得如此重要,以至于人们将现代社会称之为"信息社会"。生活在当今信息社会,我们的生活与新媒体息息相关,生活中的每件事情都与信息传播紧密相联系,司法审判同样也与新媒体紧密联系在一起。

当今社会传统媒体、网络新技术和自媒体一体化整合构建的新型媒体,特别是当今热门的微博和微信两种新网络技术产生所引发的媒体传播功能的拓展,让整个社会不经意间已经驶入"微时代"。微博,这一网络驱动型的公民参与,让滥用权力和违背公正的人更加难以藏身,一条微博在半天之内可以传到国内各地及十多个国家;而微博"前浪"方兴未艾,"后浪"微信更是以迅雷不及掩耳之势崭露头角,作为移动互联网时代一种全新的沟通交流方式,如今微信在中国已拥有超过 8 亿用户,是个极具发展潜力的公共与私密兼容的信息共通平台。自媒体的高速发展渐渐演变成为一种新型的舆论监督,参与到司法讨论中便呈现出一种舆论审判的趋势。新媒体是"在一定的社会历史条件下产生、存在和发展的,因而其社会功能在不同的社会体制下、在不同的社会历史时期中会有不同的表现,会不断发展变化,人民对它的看法有着十分鲜明的时代烙印,并且也在不断更新和深化"。[1] 随着现代社会传播技术发展的日新月异,新媒体业也随之不断发展,新媒体在国家社会政治文化生活中的作用越来越重要。在现代法治社会,传媒甚至被称之为立法、司法、行政之外的"第四种权力"。这种"权力"实际上就是指新媒体的舆论监督权。当代社会,新媒体的各种社会功能同样体现为传播信息、代表舆论、创造舆论、引导舆论和实施舆论监督。中国传统传媒功能观念中实际上是缺乏舆论监督功能的,长期儒家历史文化传统的传媒观念主要是指"下情上达"的传媒功能,而缺乏监督的功能意识。而当今社会的新媒体功能观念则主要是指舆论监督功能。"舆论监督作为一种社会政治现象,在现实中早已存在,并随着舆论载体的形式的发展变化,在不同时期呈现出不同的表现形态,发挥着不同的政治作用。"[2] "从历史上看,舆论监督一开始就是作为一种社会控制手段而出现的。在人类创造法律制度之前,舆论就是调控社会的'司法行为'。所'司'之'法'就是人类在共同生活中形成的习惯与道德。"[3] 随着现代社会法治化进程的加快和新媒体传播功能的拓展,舆论的社会控制功能已经逐渐让位于司法,司法通过法的社会控制已经成

---

〔1〕 康为民主编:《传媒与司法》,人民法院出版社 2004 年版,第 23 页。

〔2〕 周甲禄:《舆论监督权论》,山东人民出版社 2006 年版,第 2 页。

〔3〕 周甲禄:《舆论监督权论》,山东人民出版社 2006 年版,第 2 页。

为当今社会管理的主要治理方法,而新媒体舆论监督则逐渐演化成为监督司法的主要形式之一,是以监督手段确保司法公正的重要监督方式。现代社会,新媒体已经演化成为社会公众舆论监督最有效的载体,舆论对司法的监督主要表现为新媒体对司法的监督。传媒与司法是现代法治社会的标志,作为两种不同的社会评价体系,新媒体的舆论报道与司法审判的公正裁判相互影响,媒体报道的新闻舆论监督在促进司法公正的同时,又具有对人民法院依法独立行使审判权的天然侵犯性。当今社会新媒体舆论监督与人民法院司法公正的冲突大部分可以归结为习惯、道德与法律的冲突,以及不同利益之间和正义观之间的冲突,法律与习惯、道德各自都有其不同的理念、规则和思维模式,新媒体以习惯、道德和自身利益为基准进行舆论监督来追求社会的基本公正;人民法院以法律精神和原则为基准进行司法裁判来追求社会的基本公正。同样是追求社会正义和公平,但各自的基准不同,习惯、道德追求的是普遍的社会正义,法律追求的是经过提炼的法律意义上的社会正义。

关于"舆论监督"的概念和含义有多种解释,主要包括:第一种解释观念认为,"舆论监督是指新闻媒体运用舆论的独特力量,帮助公众了解政府事务、社会事务和一切涉及公共利益的事务,并促使其沿着法制和社会生活共同准则的方向运作的一种社会行为"[1]。第二种解释观念认为,"舆论监督是运用新媒体干预社会的政治现象,是生产力和民主政治发展的产物"[2]。第三种解释观念认为,"舆论监督是公众通过舆论的意见形态表达对社会的看法"[3]。第四种解释观念认为,"舆论监督是指公众利用大众传播媒介对国家机关、国家机关工作人员和公众人物的与公共利益有关的事务进行揭露、批评和提出建议的行为。是通过舆论行使监督,是公民言论自由权利的体现,是人民参政议政的一种形式"[4]。由此可见,所谓舆论监督,实际上就是指社会公众通过大众传媒对于国家立法、司法和行政管理等公益事务,以及社会公共事务的如实报道、批评、评价或表达意见、建议的一种言论自由的权利。

所谓舆论监督权,是指"公众或新闻媒体有权利用大众传播媒介披露应当公开的与公众利益相关的事务并对公共事务和某些社会现象提出批评、建议,不受非法干涉"[5]。新媒体对司法的舆论监督,也就是特指新闻媒体通过对各类司法新闻舆论信息的公开报道传播来监督人民法院司法审判工作,并对司法

---

〔1〕　顾理平:《新闻法学》,中国广播电视出版社 1999 年版,第 39 页。

〔2〕　唐惠虎:《舆论监督论》,湖北教育出版社 1999 年版,第 178 页。

〔3〕　田大宪:《新闻舆论监督研究》,中国社会科学出版社 2002 年版,第 1 页。

〔4〕　周甲禄:《舆论监督权论》,山东人民出版社 2006 年版,第 25—26 页。

〔5〕　周甲禄:《舆论监督权论》,山东人民出版社 2006 年版,第 27 页。

公正与否进行如实公开报道、评价和监督。舆论监督是司法监督中必不可少的监督方式,新媒体在此具有不可替代的作用和功能。新媒体能够通过对司法审判工作中的新闻报道和新闻评论及时反映民意对司法的意见和建议,反映社会公众对司法审判的呼声,监督可能发生的司法腐败现象,监督徇私枉法的司法官员,从而保障司法审判沿着公正与效率的主题发展。舆论监督代表了民意,发展了民意,彰显了民意,是民意的一种表达方式,具有正义性、神圣性、权利性的特点,因而成为司法监督的主要形式之一。人民法院依法独立行使审判权是现代法治国家对司法权力配置及运行的基本要求,其目的是:实现司法公正,定分止争,维持社会生活秩序的和谐、稳定。新闻媒体对司法审判活动的如实公开报道有助于实现司法公正,防止司法审判权走向司法专横。但若司法审判权的合法行使屈从于新媒体的舆论压力,则不仅丧失司法体制自身的独立性,还会产生新媒体的"舆论审判",即由新闻媒体的报道而非司法机关的审判判定社会的是非善恶。在近几年来发生的几起著名的法治事件中,司法公正均与舆论监督紧紧联系在一起,诸如著名的"张金柱案""沈阳黑社会犯罪集团首犯刘涌案""广州孙志刚被殴致死案""宝马车撞人案",等等,曾经在微博、微信热议的"李将军公子参与轮奸案""薄熙来三宗罪济南中院公审案"等新媒体关注的案件,我们都能从中发现媒体的舆论报道对司法审判的深刻影响。如何处理新媒体的舆论监督与人民法院的司法审判之间的关系,实现司法公正与公开报道的平衡,最终促进司法公正,是值得我们现代司法审判工作者认真深入思考的现实问题。

## 第二节　舆论监督与司法公正的冲突

"正义如果有声音的话,裁判才是正义的声音。"司法公正作为人类普遍公认和追求的、至高无上的价值理念,体现在社会纠纷的司法解决机制上就是司法对纷争各方权利、义务的分配具有公正性。现代社会,司法不仅具有解决各种冲突和纠纷的权威地位,而且司法审判作为解决社会矛盾与纠纷的最终手段,法律精神的公平与正义价值在很大程度上需要司法公正来具体体现,因此,人民法院司法审判活动最终就是为了实现司法公正,司法公正既是司法机关恒久追求的价值目标,也是法治国家社会治理方式的衡量标准。只有实现司法公正才能引导社会公众通过司法审判途径寻求公平正义,而被诉的一方也能够减少应诉的心理障碍,积极运用法律维护自己的合法权益。司法制度必须保障在全社会实现公平和正义才是良好的司法制度。能否在全社会实现公平和正义,在于司法审判是否做到"公正与效率",在于社会公众的合法利益在司法审判活动中是否能够得到有效的保护。法谚云:"正义不仅应得到实现,而且要以人们看得见的方式加以实现。"意指司法审判中实体正义与程序正义的关系。其实,新闻传媒的舆论监督与人民法院的司法公正之间的关系也正如这句法谚所述:如果说司法审判是让公平正义得以实现的途径,那么新闻传媒对司法审判活动的公开报道和舆论监督就是让社会公众看见公平正义得以实现的方式。同时,新闻传媒对司法审判活动的公开报道和舆论监督不仅仅是简单地报道司法审判的结果,而且也通过新闻信息传播功能和评价功能对社会公平正义及法律精神予以表达和彰显,并推动社会公平正义和法意的实现。因此,在现代法治国家,舆论监督与司法公正是如影相随,相伴而存的。正如美国电子新闻业的巨头爱德华·罗斯科·默罗所说:"只有独立的司法和自由的出版才是识别自由社会和所有其他社会的标准。"[1]新闻传媒作为传达民意、宣扬民主的喉舌,自由地公开报道社会公众感兴趣的法制新闻并对人民法院司法审判活动进行舆论监督是其权利所在。

　　然而,在我国新闻传媒对司法审判进行的舆论监督过程中却产生了一些现实难题:一方面,新闻传媒以空前的热情对人民法院的司法审判活动予以采访和报道,试图充分体现大众传媒和公众舆论对司法审判工作的监督,进而体现社会公众对司法权力的监督和制约,努力促进司法公正;另一方面,由于新闻传媒对司法审判活动的公开报道与新闻评论没有明确的法律界限,导致大量的法制新闻报道和新闻评论的时而偏颇和时而失实,使得社会公众舆论对人民法院的司法审判工作产生诸多负面的影响,而人民法院对新闻传媒的采访和公开报道司法审判活动及裁判文书的过分控制又导致司法对传媒舆论监督权的限制。因此,新闻传媒的舆论监督与人民法院司法公正之间的矛盾与冲突日显突出。

　　新闻传媒以习惯和道德为基准,追求的是自身或受众观念上的道德意义的社会公正,其评判司法公正的标准是习惯和道德;而人民法院以法律为基准,追求的是法律公正,其评判司法公正的标准是法律精神。二者之间的冲突大多数可以归结为习惯、道德与法律的冲突,传媒与司法的矛盾与冲突是客观的、必然的,因为习惯、道德与法律的冲突是客观存在的。新闻传媒的舆论监督所依据的是社会公众普遍认同的习惯、道德标准,同时,也夹杂着一些最基本的法律常识和法律原则,例如,公平原则。可以毫不夸张地说,新闻传媒的公开报道和舆论监督可称之为"社会习惯和社会良心法庭"或"道德法庭";而司法审判本身

─────────

〔1〕　〔美〕T.巴顿·卡特:《大众传媒法概要》,黄列译,中国社会科学出版社1997年版,第4页。

是一个主观认识客观,从已知探求未知的法律推理和逻辑判断思辨活动,法律思维与独立判断是法官审判案件时正确认识法律事实和准确适用法律的基础,司法审判要求通过法官的理性判断与逻辑推理形成裁判结果,司法审判追求的是经过提炼的法律意义上的公正,二者之间必然存在矛盾与冲突。新闻媒体的评价标准是习惯、道德而非法律。法学是一门规范、严谨的科学,有着自己独特的法律术语和法律思维。司法则是这门学科的具体运用,烦琐的司法诉讼程序,枯燥的法律概念,缜密的法律思维和逻辑推理,对于从未受过法律专门知识和司法审判技能训练的人而言,是陌生而遥远的。新闻媒体的受众是普通社会公众,这一特点决定了新闻媒体不可能将司法审判程序的全过程全部公开报道再现于媒体。出于迎合社会公众的目的,媒体的评价标准是习惯、道德而绝非法律。司法审判通过依靠社会公众认同的公共准则——法律来解决纠纷,保障当事人的合法权益,以追求法律上的公正;传媒则通过激发公众内心的价值标准——习惯、道德来评判是非,批评不法行为,以追求习惯、道德上的公正。新闻媒体有时很难理解司法审判机关依据法律事实所做的与习惯、道德情感或社会公众情绪不一致的司法裁判结果。而且,相对司法而言,传媒在表述某种认识和见解时,更缺乏事实基础、程序性制约、技术性证实或证伪手段。[1] 司法审判权在权力属性上来说是一种判断权,而法庭是一个进行司法救济和实现法律公正的场所,作为公平和正义化身的法官要避免来自新闻媒体的舆论强势力量的牵引和干涉。当媒体所宣扬的习惯、道德"舆论审判"铺天盖地而来时,法官得出的事实结论很难如康德所言的"发自内心的道德命令",而是迫于社会舆论压力的结果。新闻传媒与司法公正的矛盾与冲突的根本性原因在于习惯、道德与法律的恒久冲突,追求公正的基准不同必然导致矛盾的产生,法律和习惯、道德虽然都在向一个方向努力,但毕竟是两种不同的途径,这种矛盾与冲突是客观的、必然的。

首先,新闻传媒报道的自由性原则与人民法院司法审判独立性原则的矛盾导致新闻舆论监督与司法公正之间的矛盾和冲突。传媒报道注重的是记者所见所闻或采访所得的新闻事实,更多的是从客观事实和社会公众情理思维角度出发进行舆论监督和评判;法院审判必须以法律为准绳,注重的是经过审理查明有确凿证据证明的法律事实,并通过法律事实的逻辑推理和判断作出公正裁判。新闻传媒的舆论监督缺乏明确的法律定位,而法院的司法公正代表着国家强制力与终局裁量权。

其次,新闻的特性要求传媒从社会公众心理考虑,抓住新颖、奇特、典型、重

---

〔1〕 顾培东:《论对司法的传媒监督》,载《法学研究》1999 年第 6 期,第 25 页。

大、疑难、复杂案件进行报道,引起社会公众关注与参与,形成舆论热点。在片面追求轰动效应、提高发行量、收视率、点击率的利益驱动下,新闻传媒可能会对某些案件或法律事件的情节过于渲染、炒作或妄加评论,从而对法官判案形成强大的舆论压力和心理负担。新闻传媒的职业特征就是:报道动态的东西、超常的事情;而司法对待纠纷的态度是消极的,严格按照法律规定的管辖权限和程序消弭纠纷[1]。新闻传媒报道的新闻和评论在语言上力求通俗易懂、标新立异、扣人心弦;而法院裁判文书讲求用词严谨,法言法语,前后一致。司法裁判不考虑社会公众的心理因素,只服从于法律,只注重是否符合法理;而新闻传媒舆论监督是民意的呼声和表达。民意虽然可以告诉我们民众在想些什么、支持什么、反对什么,但民意毕竟不是法律,民意可以随时改变,民众也不必对民意负责,民意的准确性和正义性有时也值得商榷,因此,有"民意如流水"的谚语之说,法律与民意之间有时候还是有一定的距离。

再次,新闻传媒公开报道的及时性原则要求尽可能在第一时间内以最快的速度完成报道,新闻报道不仅要及时,而且最好在现场报道,才能反映新闻的应有价值;而司法审判活动的过程和程序具有很强的特殊性,对时效性的要求要宽松得多,以经得起时间和历史的考验。不合时宜的新闻报道和评论可能会对审判的公正性造成消极影响,如审判前对案件事实和相关证据及线索的大量披露,审判过程中对诉(控)辩双方举证和辩论的轻率表态,都可能对诉讼当事人的合法权益造成伤害,可能对法官依法独立行使审判权裁判案件造成负面影响和形成心理压力,从而影响司法公正。

最后,在传媒报道和评论的舆论监督之下,作为被监督对象的司法审判人员对舆论监督有一种本能的排斥心理,传媒的舆论监督有时被认为是对他们的不信任,于是,人民法院以妨碍程序公正为由,对于新闻传媒的舆论监督进行过分的控制和打压,导致舆论监督和司法公正之间的矛盾和冲突。一方面,新闻传媒和自媒体不断地通过一种对个案的渲染,使得司法的公正性受到伤害,侵犯了审判的独立性;另一方面,人民法院对新闻传媒采访和公开报道司法审判活动及裁判文书的过分限制和控制又影响了新闻传媒舆论监督政治社会功能的实现。

---

〔1〕　马闻理:《舆论监督与司法公正——对〈人民日报〉"社会观察"专栏的观察》,载《新闻与传播评论》(2001 年卷),武汉大学出版社 2002 年版,第 238 页。

## 第三节　舆论监督与司法公正的价值分析

在我国,新闻传媒的舆论监督与人民法院司法审判在终极价值追求上具有同一性。传媒与司法的最终价值都在于追求社会公正。新闻媒体主要是通过激发公众内心的价值标准——习惯、道德来评判是非,批评侵权者的侵权行为,以追求社会习惯、道德上的公正;随着新媒体功能的发展,这种标准更加体现出习惯和道德的力量;而人民法院司法审判则通过依靠社会公众认同的公共准则——法律来解决矛盾纠纷,保障诉讼当事人的合法权益,以追求法律意义上的公正;正是由于传媒与司法的价值追求统一于社会公正这样一个共同的终极价值目标,因而现代法治国家均将程序公正与新闻自由作为社会基本价值来予以推崇。在我国,新闻传媒被视为党和人民的"喉舌",维护社会公正是其必然的功能和职责。

新闻传媒舆论监督与人民法院司法审判之间固然存在一种监督与被监督的关系,但最根本的还是一种相容与互补的关系,二者之间在终极价值追求上的同一性和功能职责上的相容性、互补性远远超过两者之间的排异性和冲突性。

新闻传媒以社会公众代言人的身份自许,为社会公众求得社会公正是其宗旨;人民法院以追求司法公正为其奋斗目标,社会公正与司法公正具有理念最终的趋同性和一致性。新闻传媒与法院司法在公开和透明原则上也存在一致性,法院审判公开原则要求审判活动必须依法"公开",合乎正义的司法诉讼程序对审判的透明度有着越来越严格的要求;新闻传媒舆论监督也要求审判活动的公开与透明,传媒的新闻传播还可以大大增加司法活动的公开性和透明度,二者对审判活动都有着"公开"的共同期盼和共同的内在动力。

## 第四节　舆论监督与司法公正的关联性

新闻传媒的舆论监督与法院司法审判之间在运行程序上具有极强的关联性和互动性,舆论监督与司法公正是一种关联与互动的相辅相成的博弈关系。

第一,新闻传媒恰当的舆论监督有助于促进司法审判的程序公正和实体公正。司法公正可分为实体公正与程序公正,实体公正是目的,程序公正是手段。鉴于新闻媒体在促进司法公正,进而促进社会公正的职能作用,学者们对新闻传媒的舆论监督给予了很高评价。杰弗逊指出,"人民是其统治者的唯一监督者——民意是政府行为的根据——如果让我在没有报纸的政府和没有政府的报纸之间作选择,我会毫不犹豫地选择后者"。[1] 1994 年在西班牙马德里制定的《关于新闻媒体与司法独立关系的基本原则》第 1 条规定:"媒体有职责和权利收集情况,向公众传达信息,并在不违反无罪推定原则之前提下,对司法活动进行评论,包括对庭审前、庭审中和庭审后的案件。"我国是一个最为强调追求实体公正的国度,对实体公正的追求成为司法审判的终极价值追求,甚至可以为此牺牲程序公正。新闻传媒的舆论监督有助于促进司法审判的两种公正价值的实现。法律为公民提供一体的法律保护,公民在法律面前人人平等。但不同当事人因为财产、地位、职业、学识、能力、家庭背景等差异,在司法审判中实际上很难做到法律面前人人平等,即使勉强做到了程序意义上的法律面前人人平等,也难以真正做到实质意义上的法律之内的人人平等。有钱有势的当事人,可以聘请优秀的律师为其提供法律服务,甚至贿赂法官或者管法官的官员以迫使法官作出对当事人有利的司法裁判结果。新闻传媒的社会功能之一就是为贫困民众和弱者撑起法律保护的一片天,通过广泛的公开报道,形成强有力的社会舆论,表达贫困者和弱势群体的正义呼声,约束富人和强者的恣意行为,推动司法审判实体公正的实现。新闻媒体的舆论监督可以为弱势群体提供道义和舆论上的帮助,从而推动司法审判实体公正的实现。虽然新闻传媒也有被有钱人收买贿赂或屈从于强权的可能,但毕竟有这样一个为贫困者和弱势群体讲话的渠道和途径;再者,案件事实一经公开报道,收买舆论和强制舆论都是非常困难的事情,因为,社会公众的良心和习惯、道德就是抑制贿赂和强权的最好途径。

第二,传媒舆论监督与法院审判独立的相互产生作用和影响。现代司法审判作为一种解决社会矛盾纠纷的最终手段能够得以正常有效地运行,程序正义和程序公正功不可没。这是因为现代社会一般都将司法审判作为公民权利行使及社会公正实现的最后一道防线,因而也就必然要求"司法机关应不偏不倚、以事实为依据并依法律规定来裁决其所受理的案件,而不应有任何约束,也不应为任何直接或间接不当的影响、怂惠、压力、威胁或干涉所左右,不论来自何方或出自何种理由"。而法官则应"除了法律就没有别的上司"。而且从政治治理的角度来看,程序公正也是现代法治国家政治体制正常运作的基本要求。新

---

〔1〕　Elder Witt(ed.), Guide to the U. S. Supreme Court, Congressional Quarterly Inc., 1979, p. 423.

闻自由是指法律赋予公民所享有的从事、利用新闻活动而不受非法干涉的民主权利,是公民的言论自由、出版自由在新闻活动中的体现。[1] 新闻自由已是当今几乎所有国家所保障的基本人权,新闻自由保障了媒体为了满足人民"知"的需要,发觉、采访以及批评一个事件的权利。而同样是被现代法治国家视为不可不备的"程序公正"的宪法理念,除了保障法官可以依据法律独立审判,不受行政或立法权力的干涉,使法官可依据自己的良知与法律素养,就承审案件作公正的裁判外,也包括建立相关的配套制度。在此,必然会产生新闻行为与司法行为发生"交集"的情形。[2] 新闻自由与程序公正如何能够达到"双赢"的效果是传媒与法院互动关系中最为关键性的问题。传媒的舆论监督与法院的司法审判活动都同时发挥着惩恶扬善、匡扶正义的功能,但二者毕竟是性质迥异的两种价值评价体系,传媒与司法分别以习惯道德与法律为中心来发挥自身的功能,二者在社会中所起的作用以及各自的运行规律都表现出明显的差异,传媒的舆论监督与法院的司法公正之间不可避免地会产生冲突和对抗。一方面,传媒舆论监督的监督功能可能超过法律界限干扰法院公正审判,可能导致社会公众对司法的不信任,从而损害司法的权威性,最终使人们丧失对法律的信仰;另一方面,如果传媒的舆论监督受到过多的限制,又将影响社会公众对公共权力的监督,包括对司法权的监督,如果司法权力得不到必要的监督,则容易导致司法权的滥用,这更加危险。如何平衡传媒新闻报道的舆论监督功能与人民法院依法独立行使审判权的互动关系,促进司法公正和实现社会正义,成为新闻传媒和司法审判亟待解决的现实问题,这也是最高人民法院新近司法改革力推三大信息公开平台举措的真实动因。[3]

## 第五节　舆论监督与司法公正的无序性

新闻传媒的舆论监督与人民法院的司法公正之间矛盾与冲突问题的提出,要找出求解答案和对策,不仅需要对舆论监督与司法公正的关联性进行理性分析和法理思考,还应当从不同的维度全面分析新闻传媒舆论监督与人民法院司

---

〔1〕 董炳和:《新闻侵权与赔偿》,青岛海洋大学出版社 1998 年版,第 11 页。
〔2〕 北京大学法学院人权研究中心编:《司法公正与权利保障》中国法制出版社 2001 年版,第 175 页。
〔3〕 所谓"三大信息公开平台",是指审判管理流程信息公开平台、生效裁判文书信息公开平台、执行信息公开平台。

法审判之间在制度设计安排上存在的无序性和相互制约性。当我们思考新闻传媒舆论监督与人民法院司法公正辩证关系中存在的关联性和互动性的同时,还应当清醒地看到传媒与司法之间目前最值得调整和规范的无序性。

从目前的现实状况来看,新闻传媒舆论监督与人民法院司法公正之间存在大量的无序性及相互制约性关系问题亟待研究解决。在人民法院的司法审判实践中,由于现行法律和相关规范对于新闻传媒关于诉讼的公开报道和舆论监督缺乏有效的合法性限制,新闻传媒的自律机制也难以发挥作用,造成了新闻传媒和舆论经常就未决案件发表不受约束、不负责任的评论,出现"舆论干扰司法"的"舆论审判"现象,当传媒舆论监督的舆论功能有意无意对审判的干扰行为具有一定的普遍性时,就必然对宪法赋予法院的独立审判权造成一定的侵害,给法院审判工作造成一定的负面影响,这是目前传媒舆论监督与法院司法审判关系无序性的普遍表现形式。

司法审判本身是一个以主观认识客观,从已知探求未知的活动,法官的理性思维与独立判断是正确认识案件事实和适用法律的基础。法官在理性判断与逻辑推理的过程中,排除各种形式的干扰和影响,包括来自传媒的渲染和影响,对于公正裁判是十分重要和必需的。由于新闻传媒舆论监督对法院司法审判表现的公开报道与评价没有明确的法律界限,而传媒新闻公开报道所遵循的自由性原则、典型性原则以及及时性原则又对司法审判权的独立行使具有天然的侵犯性;而且,由于价值评价标准与评价体系的不同,在促进司法公正的同时,新闻传媒的舆论监督同样也对人民法院司法审判权的依法独立行使具有天然的侵犯性。导致在实践中,新闻传媒因过多地强调新闻自由,而对法院司法审判活动的公开报道和评论往往超越了法律的界限,从而对审判独立和司法公正造成侵害。正如有的学者所言:"现代大众传播工具如新闻报道、无线电与电视之发达,往往对于法官独立性构成威胁,由于大众传播工具对于司法领域之报道,而对司法的影响程度亦日渐上增,因为整个社会舆论,均为大众传播工具所控制,有些法官之审判,就可能受此等组织之传播系统控制之舆论所左右,而失去独立审判之立场。"[1]

新闻传媒的舆论监督对人民法院依法独立行使审判权的侵犯性主要体现在以下几个方面:

一是新闻传媒的新闻舆论监督追求新闻的轰动效应以及新闻的及时性行业要求对人民法院依法独立行使审判权构成的侵犯。新闻传媒的舆论监督具有两个最为显著的新闻行业特征:其一是新闻的轰动性效应,"狗咬人不是新

---

〔1〕 卞建林:《媒体监督与司法公正》,载《政法论坛》2000 年第 6 期,第 124 页。

闻,人咬狗才是新闻"的新闻判断标准使新闻传媒在报道司法审判时注重"新、奇、怪"的案例,注重首例案例,注重案件的新闻性和故事性。人们之间的纷争具有内在的冲突性与司法裁判的不确定性,一些大案要案的敏感性往往把司法活动推向社会关注的焦点。为了追求新闻报道的轰动性,新闻媒体对案件的细枝末节大肆渲染,把一些与案件定性无关联的事实无限夸大,把犯罪嫌疑人描写得无恶不作,以达到众人皆曰可杀的程度;其二是时效性。新闻报道重在一个"新"字,没有时效性的法律事件是不具备新闻价值的。在查明事实真相,核对案件事实上,司法审判程序与媒体新闻报道程序有着天壤之别。媒体在短时间内不可能遵循严格而烦琐的司法审查的调查程序,对所有相关证据和细节一一调查举证质证认证核实,这样,新闻传媒的舆论监督的新闻报道事实与司法审判认定的法律事实之间就会存在一定的差距或者出入,不可能完全一致,有时甚至出现完全相反的结论。但新闻媒体对案件事实的公开报道已经给社会公众造成了先入为主的印象,当司法审判最终作出的司法裁判与社会公众的价值和事实判断标准不一致时,社会公众就会误认为司法裁判不公正。新闻传媒的舆论监督所追求的轰动性与时效性的行业特别要求,在一定程度上扭曲了案件的事实真相,人为地造成社会公众与司法审判机关在认定案件事实上的差异。而社会公众先入为主的事实和价值判断无疑给法官审判造成巨大的舆论压力,影响法官依法独立审判作出公正裁判。

二是新闻传媒因为自身的利益需求而造成对司法公正的侵犯。"媒体的本质,不是维护正义的组织而是传播信息的组织。换言之,正义不是媒体的目的,信息才是它的目的。"[1]媒体在追逐、传播信息的同时也会产生维护社会公正的效果,但这并非舆论监督的本质,媒体绝非社会正义的化身。因而,"用低调的眼光来看,传媒对司法的监督只是传媒追求自我目标的副产品,传媒实施监督的内在动因包含在传媒对自身利益的追求之中"[2] 我国社会公众有从报纸、广播、电视了解政策文件的习惯,在许多人的心目中,新闻媒体的报道就是官方的声音,是毋庸置疑的。当新闻媒体具备司法机关才拥有的权威性时,程序公正就不复存在了。现实中,新闻传媒也往往以社会正义的化身自居而凌驾于司法之上。因为社会公众更容易相信舆论监督的道德正义,而不是司法裁判的法律正义,即使这种新闻报道是有报道者的私利因素的。

由于审判活动的严肃性、程序性和法院判决在社会上的重要影响,新闻传

---

〔1〕 李咏:《媒体与司法的紧张与冲突——制度与理念的再分析》,载《中外法学》2001 年第 2 期,第 178 页。

〔2〕 顾培东:《论对司法的传媒监督》,载《法学研究》1999 年第 6 期,第 22 页。

媒的公开报道和评论的范围和程度应当受到一定的限制。不仅新闻的采集、发布和传送要遵照有关法律规定进行，而且对案件的评价意见和批评更应该慎重。从事司法新闻报道和舆论监督的记者应当具有社会主义核心价值观和司法程序意识，以及对法律精神的理解和对法律的信仰，应当持有对法律负责和对法律事实的真实性负责的谨慎态度，应比一般的社会新闻承担更重的法律责任。新闻传媒与司法公正之间的关系在现实状况下的无序性以及新闻传媒的舆论监督对司法公正的侵犯必须通过合理的制度建构来规范和调整。

## 第六节　习惯、道德观念与法治思维价值矛盾的理性分析

新闻传媒的舆论监督与人民法院司法审判之间的矛盾和冲突既反映了二者之间存在相互依存的互动关系，也反映了传媒与司法关系之间的无序现状，二者之间的矛盾与冲突证明传媒舆论监督与法院司法公正之间缺乏一个清晰与完整的法律制度来规范和协调。反思传媒的新闻报道和法院的司法审判在建设民主与法治社会的历史使命和社会责任，透视习惯道德与法律两种社会规范的社会定位与互动关系，我们需要对中国的传媒与法院之间的特殊关系进行理性思考和法理分析，以社会主义核心价值观与传媒习惯道德观念的冲突与契合为视角，澄清理念和制度上的误解，以求在二者关系上建构更为合理的制度安排和进行更为恰当的规范，从而促进舆论监督与司法公正在中国得到更广泛的发展和更切实的保障，真正实现新闻传媒的舆论监督社会功能和人民法院的司法公正。

我们把新闻传媒舆论监督与人民法院司法公正之间的矛盾和冲突的主要原因最终归结为习惯道德与法律之间的冲突，是基于对社会主义核心价值观及司法理念与传媒道德观念存在的差异和冲突的理性分析。所谓司法理念是指导司法制度设计和司法实际运作的理论基础和主导的价值观，也是基于不同的价值观（意识形态或文化传统）对司法的功能、性质和应然模式的系统思考。现代社会法治理念及司法理念与传媒习惯道德观念之间的矛盾与冲突，构成了人民法院司法公正与新闻传媒舆论监督的矛盾和冲突；法律与习惯道德作为社会调整的基本规范，数千年来，交融与制约并存，互补与互动同在，矛盾与冲突始终交织其中，传媒与司法之间的冲突实质上也就是习惯道德与法律的冲突。传媒以社会公众习惯道德为基准来追求社会正义。习惯道德是调整人与人、人与

社会关系的行为规范的总和,习惯道德理念在新闻传媒舆论监督的总体思维中占据了主导地位,新闻传媒信奉的社会公众习惯道德理念是以善与恶、正义与非正义、公正与偏私、诚实与虚伪、高尚与卑劣、光荣与耻辱等价值评价标准为基准的思维观念,并以此标准来评价、判断和约束人们的思想和行为,从而达到调整社会关系,维持一定的社会秩序和社会公正,保障正常的社会生活秩序的目的。习惯道德有别于法律的社会行为准则,它对人们思想和行为的调整,从范围上讲更宽泛,其本身所具有的特点使得对它的遵守往往依赖于行为人的内心自律,新闻传媒习惯道德观念是凭借舆论监督的舆论功能来影响和调整人们的思想和行为的。而法律是以国家意志形式表达的对公民行为的最低要求,其所保证和体现的是基本的和最低限度的道德,即法律本身内含的道德底线,层次比较单一,着眼点在于社会基本的安全、秩序、稳定、效率和公平。法律的国家强制性要求法院在审判案件时只能按照社会道德和秩序的最低标准——法律规则来作出公正裁判,法院审判是以法律为基准来追求社会正义的,法治理念及司法理念在法院的司法审判活动中占据主导地位。透视法律与道德存在矛盾的内在原因和根据,探索二者之间不断冲突的机理,我们可以准确把握这两种规范的社会定位,探求当代社会主义核心价值观与传媒习惯道德观念的沟通与融合,缓解和平衡传媒舆论监督与法院司法公正之间的矛盾和冲突;通过当代社会主义核心价值观贯彻始终的制度建构,建立传媒与司法之间的协调互动关系,促进新闻传媒舆论监督与人民法院司法公正的"双赢"。当代社会主义核心价值观与传媒习惯、道德观念作为人民法院司法公正与新闻传媒舆论监督各自特有的基本价值观念,虽然在一定的范畴和程度上具有一致性、共同性和交融性,但毕竟是分属于两种不同的社会规范系统的价值观念,两种价值观的价值层次、价值内容和价值实现均存在较多的差异和矛盾。对两种价值现有的矛盾和冲突进行理性分析和思考是实现二者沟通和融合的基础和前提。

首先,当代社会主义核心价值观及司法理念与传媒习惯、道德观念在价值层次上的矛盾与冲突。法律是社会公众道德的最低底线,两种价值观的价值层次是不一样的。法律追求经过提炼后的社会正义,是最低的道德标准,目的在于维系整个社会秩序的稳定和安全。习惯、道德追求理想和高尚的社会正义,体现着社会公众对美好生活的向往和追求。法律可以也应当成为公民普遍遵守的法律义务,高尚的道德则不能也不应成为公民普遍的法律义务。

其次,当代社会主义核心价值观及司法理念与新闻传媒习惯道德观念在价值观内容上的矛盾与冲突。法律规则以国家强制力作后盾是通过利益导向影响和调整的意识和行为;新闻传媒报道依据的是习惯、道德规范,习惯、道德以义务为本位,强调奉献和义务,追求忠义至上和公共利益,忽视权利和利益,要求人们从思想到行为上的自律、纯洁和不断完善,强化个人对社会、集体和他人的责任,习惯、道德规范缺乏利导机制,宣扬的是对利益的舍弃和牺牲。

最后,当代社会主义核心价值观及司法理念与传媒道德观念在施行上的矛盾与冲突。法律具有强制性,追求的是权利与权利之间、权利与义务之间、利益与利益之间的平衡与协调,以公平为目标,以利益为手段;道德则缺乏强制性,追求的是内心的纯洁与思想境界的高尚,以内心信念、认同和舆论为实施的手段,二者在实施手段上的差异也必然使传媒的舆论监督与法院的司法公正在实施过程产生矛盾和冲突。

## 第七节　舆论监督与司法公正价值观念的沟通与融合

虽然当代社会主义法治思维及司法理念与新闻传媒习惯道德观念之间的矛盾与冲突难以避免,但在新闻传媒与人民法院司法关系的协调与平衡方面,两种理念价值观的沟通与融合不仅是必要的,而且是必需的。

首先,应当促进当代社会主义法治思维及司法理念与新闻传媒习惯、道德观念在价值观念层次上的沟通与融合。人民法院依法独立行使审判权及审判中立是现代司法审判活动自身必不可少的特点之一,否则司法审判难以正常运行。审判权的独立和中立从本质上来说,是当事人在司法审判中获得公平对待的最基本要求,也是司法审判公正原则的根本保证。因此,舆论监督应当致力于维护审判权的独立和中立,而不能侵犯审判权的依法独立正当行使,否则,它也会因失去其基础公平正义价值观的支撑而失去其监督的意义。具体而言,则是要求新闻传媒的舆论监督应当遵守程序公正性的要求,按照戈尔丁的标准,即要求:"任何人不能作为自己案件的法官;冲突的解决结果中不含有解决者个人的利益;冲突的解决者不应有对当事人一方的好恶偏见。"司法审判活动自身的特点和法定程序可以说是司法审判正常运行的最基本的要求,很难想象效率十分低下的司法审判能够适应现代经济社会生活的迅速发展。因此,司法审判要维持其正常有效的运行,就必须追求公正和效率,而新闻舆论监督就应努力做到公开报道和评论等舆论监督行为不致侵害人民法院司法审判的公正与效率价值追求的实现。所谓"迟来的正义非正义",在市场经济条件下,经济主体将纠纷的解决视为交易关系的延续,其目的是:通过法院使自己的正当合法利益尽快地回归,使之更好地投入市场领域,获取效益。而且如果效率十分低下,审判是很难获得当事人的信任并亲近的。因此,新闻传媒的舆论监督必须特别注意对司法效率的价值追求。司法裁判只有具有权威性和公信力,才有现实意义。很显然,如果司法审判没有权威性和公信力,社会公众是不会尊重并执行它的,而司法审判作为公民权利行使和社会公正实现的最后保障也是难以实现的,更为重要的是,司法审判在市场经济体制下创立用以引导社会成员遵从的行为模式和社会秩序也必然落空。因此,司法审判的正常运行,没有司法裁判的权威性和公信力是不行的。故而,新闻传媒的舆论监督也应当维护并不致侵犯司法裁判的权威性和公信力。这就要求新闻传媒在进行舆论监督时,不仅要注重维护人民法院司法裁判的即判力和稳定性,而且还要求舆论监督注重对司法公正性和权威性的维护,从而使司法审判获得社会公众的普遍信任与尊重。因为,没有社会公众普遍信任与尊重的司法裁判是没有权威和强制力的。

其次,应当促进当代社会主义法治思维及司法理念与新闻传媒习惯、道德观念在价值观念内容上的沟通与融合。司法审判的价值观念实际上是追求代表人民的利益,司法审判最终要以代表人民利益为依归,这一点非常重要,是司法审判获得人民信任的关键。正如美国学者 E. 博登海默所指出的:"一个法律制度之实效的首要保障必须是它能为社会所接受,而强制性的制裁只能是作为次要的和辅助性的保障。否则,这种制度的存在也不可能期望维持多久,因为要少数政府官员将一个不为人们接受的法律制度强加给广大人民实是极为困难的。因此,审判要得到社会大多成员的信任与遵从,也要求它服务于他们的利益、为他们所尊重、或至少不会在他们心中激起敌视或仇恨的情感。"

最后,应当促进当代社会主义法治思维及司法理念与传媒道德习惯价值观念在实施过程中的协调与融合。一是要警惕泛道德主义对传媒和司法的侵蚀与影响。目前,司法审判的道德化倾向和传媒法制新闻报道将道德凌驾于法律之上的倾向均在不同程度有所显现,这种倾向混淆了法律与道德的界限,扩大了法律的调整范围。从事司法审判工作的法官把个人的道德情感上升为法律,以"法律的名义"推行个人道德,施加于人乃至社会,在目前法官队伍整体素质偏低和监督制约不力的背景下,极有可能演化成司法的专横与独断。从事新闻工作的记者、编辑把对法律的价值判断与评价上升到道德价值层面,以传媒理想中的道德评判法律调整的范畴,一方面会干扰和影响司法审判的公正与权威;另一方面则会形成在道德的旗帜下对个人自由和权利的粗暴强制与侵犯。二是法官在行使自由裁量权和新闻工作者在行使自主报道和自由评价的过程中,要注意区分法律的道德裁量和道德的法律裁量。三是要注重协调与平衡法律价值观念与道德习惯价值观念两种价值理念主导下的传媒与司法之间的关系,保障社会实践中两者的相互促进和互动。在法与德的冲突与矛盾的现实中,将道德问题转化成技术问题、转化成法律问题,运用法律解释的方法对法律事实进行重构和剪裁;对某些无法为法律调整的领域,将道德习惯调整作为法律的充实和补充,使当代社会主义核心价值观及司法理念与传媒道德习惯价值观念既有明确的界限又相互促进、相互作用和相互补充。

## 第八节　舆论监督与司法公正之合理制度建构

新闻媒体和自媒体在现代社会中已经成为一把"双刃剑",正面可以刺伤邪恶犯罪,反面又可能会误伤公平正义。新闻传媒的舆论监督适当,有助于维护司法公正,弘扬社会正义。反之,则会影响司法公正,为正常的司法审判活动制造障碍。托克维尔说得很深刻:"在出版问题上,屈从和许可之间没有中庸之道。为了能够享用出版自由提供的莫大好处,必须忍受它所造成的不可避免的痛苦。思得好处而又要逃避痛苦,这是国家患病时常有的幻想之一。"[1]"报刊是把善与恶混在一起获得一种奇特的力量,没有它自由就不能生存,而有了它秩序才得以维持。"[2]新闻媒体舆论监督对于司法公正的负作用在于,当其公开报道不当或过度,就会侵犯人民法院依法独立行使审判权和司法公正。司法公正是人类历史长期发展过程中所筛淘出来的社会治理良方,为现代法治国家普遍的价值追求。司法审判权必须由司法审判机构按照严格的法律程序行使,并得到全社会的遵从。而新闻媒体所行使的大众传播权来源于公众的知情权,新闻媒体的社会功能应限为社会学家所概括的告知、启迪、监督,它仅是社会正义的守望者,新闻媒体本身并不具有裁判是非、解决纠纷的社会治理功能,新闻媒体在化解社会纠纷中所起的作用应限于如实公开报道和恰当评论,以引起社会公众和国家政府的关注,促使正常的社会机制来解决,包括最终由司法部门裁决。新闻媒体不能也不应该将自己定位为社会正义的裁判者,对未决案件恣意发表评论。为此,要充分发挥好舆论监督与司法裁判在维护社会公平与正义中的作用,必须合理建构二者有序互动的制度协调关系。对于传媒与司法关系的协调与平衡除了理念层面的思考之外,还必须着手从制度层面上建构一套协调传媒舆论监督与法院司法公正的平衡机制,才能有效保证言论自由原则和依法独立行使审判权原则这两大不可偏废的价值观理念在传媒报道与司法审判中得以实现。

---

〔1〕 ［法］托克维尔:《论美国的民主》,董果良译,商务印书馆 2017 年版,第 206—207 页。

〔2〕 ［法］托克维尔:《论美国的民主》,董果良译,商务印书馆 2017 年版,第 206—207 页。

## 一、建构传媒舆论监督法院审判活动的制度保障规范

现代意义上的审判既是独立性的审判,也是回应性的公开审判,不同的声音是公众保持理性的前提,人民法院判决应当适度考虑社会公众的意见,人民法院的司法公正不应拒绝也无法拒绝新闻传媒和自媒体的报道传播,比如,"'药家鑫杀人案——民众投票审判'的微博民意调查""长沙中院执曾某死刑未及时通知家属引发的媒体风波"。法院凡公开审理的案件均应允许传媒采访和报道;依法应予公开的法律文书和相关案卷材料均应允许传媒为报道而查阅;传媒报道对于社会有重大影响的案件时,人民法院应当提供必要的便利条件和配合。此外,司法审判机关对舆论监督应当予以必要的容忍与克制。近几年来,我国发生多起司法机关状告媒体事件,大多以媒体败诉告终。这一方面说明了我国法治的进步,媒体与司法机关能够对簿公堂;另一方面也反映了媒体与司法的紧张关系。笔者认为,司法机关即使胜诉,也不能提高自身的权威性,司法机关应对舆论监督保持必要的容忍与克制,原因如下:一是无论从新闻自由还是从维护司法公正的角度来看,媒体与司法之间并非平等主体的民事关系。司法的目的是定分止争,维护社会稳定与秩序,而舆论监督是满足人民的知情权,是社会监督的一种形式。"这些都不是私法,而是公法。"[1] 二是法院起诉媒体侵犯名誉权,等于把自己已经审结的案件是否正确和合法交由另一法院重新审理,这就从根本上否定了法院对生效判决的确定力。三是在媒体与司法的诉讼中,法院作为一方当事人,无论裁判结果如何,都会给人一种裁判员作运动员的印象,这就使司法原本意义上的功能发生畸变,公众认为其作为正义之象征的普遍心理认同将发生动摇。在国外,尽管有藐视法庭罪,但真正以此罪来追究媒体责任的少之又少。以英国为例,"只有在有关报道或评论产生严重的风险,可能对公平审讯造成真正和严重的危害时,才会构成藐视法庭……不过案件一经判决后,公众的批评不论多尖锐,一般也不会构成藐视法庭"。[2] 据考证,这项罪名的使用在普通法系十分罕见,"英国已有 70 年没提出中伤法庭的检控,澳洲、加拿大和新西兰在过往 100 年也只有寥寥数宗检控,美国则不允许这类检控,而我国香港地区开埠以来至今仅有一宗检控"。[3]

---

〔1〕 魏永征:《法官告媒介侵害名誉权:这场官司打了白打》,载《检察日报》2000 年 8 月 2 日。
〔2〕 陈文敏:《司法公正与制度保障》,中国法制出版社 2001 年版,第 230 页。
〔3〕 陈文敏:《司法公正与制度保障》,中国法制出版社 2001 年版,第 233 页。

## 二、建构传媒舆论监督与正常法律监督渠道的衔接制度

在一个法治国家,如果说法院是法律帝国的首都,法官则是法律帝国的王侯,应成为法律的化身,再没有比司法更具有权威性和正义性。所以,不应当允许有司法之外的"司法",司法必须具有公正性。程序公正性意味着法官依照自己对事实的认定及对法律的理解,独立自主地作出裁判。在司法过程中,排除任何形式的干预和影响,包括来自媒体的渲染和影响对于法官而言是必需的。德国学者曾将程序公正具体化为八个方面,其中一项即明确规定"独立于新闻舆论"。[1] 美国学者本杰明,在考察了中国媒体与司法的关系后,写了一本书,书名叫《中国的媒体与争议解决》。在书中,他认为,中国媒体影响司法的基本模式是媒体影响领导,领导影响司法。由于我国司法机关在人、财、物上受制于当地党委及政府,司法与其说受到舆论监督的影响,不如说受到党政部门的干涉。一旦媒体曝光,各级领导层层批示,司法机关不可能不受其制约。媒体借助于领导批示介入司法,左右司法进程。要合理构建司法与媒体的关系,最根本的出路在于减少司法对党政机关的依赖。同时,法官也应加强自身修养,以事实为根据,以法律为准绳,避免受到舆论监督的干扰。在 Craig v. Harrey 案中,美国最高法院指出:"有关藐视法庭罪之法律的创设目的并非在于保护可能对公共舆论潮流敏感的法官。法官应当是意志坚强、有能力在逆境中前进的人。"[2]传媒舆论监督和舆论监督的终极关怀应当是制约权力的腐化与滥用,维护社会正义与公平,维护公民的合法权利不受侵犯,为社会公众谋取更大的福祉,而不是滥用舆论监督权利为私利服务。建构传媒的自律机制,明确界定传媒舆论监督法院审判活动的合理界限,就是要求传媒不能侵犯和干扰法院的独立审判,不能侵犯司法审判的独立性,尤其是法官审理案件的自主性,不能误导舆论或者向法院施加负面影响和压力,防止"传媒审判"对法院司法公正的干扰。因此,应明确界定传媒舆论监督和舆论监督的权限、范围和原则,明确大众传媒对受众承担的底线责任与义务,[3]从而对传媒的舆论监督和舆论监督行为进行规范和引导。第一,传媒舆论监督必须遵循维护司法权威与程序公正的原则。记者对司法审判活动应予充分尊重,避免因采访、报道而干扰审判,新闻

---

〔1〕　卞建林:《媒体监督与司法公正》,载《政法论坛》2000 年第 6 期,第 124 页。

〔2〕　Craig v. Harrey,331 U. S. 392(1947).

〔3〕　宋小卫:《媒介消费的法律保障——兼论媒体对受众的底限责任》,中国广播电视出版社 2004 年版。

自主报道不能侵犯司法权威和程序公正。对审判过程的报道要慎重和严谨,要遵循审判程序和审判的特殊规律客观报道审理的进程及相关新闻背景;对正在审理中的案件不得作倾向性报道,对案件的新闻报道应不偏不倚,不得带任何道德方面的倾向性,更不得充当一方当事人的代言人。第二,要遵循客观真实原则。法院审判案件关注的是法律事实,讲求证据和司法程序,传媒在舆论监督法院审判活动内容时要遵循客观和法律真实的原则,在舆论监督中严肃报道符合法律真实的客观事实和审判过程,绝不允许有新闻炒作的成分,更不得为追求轰动效应而编造或变造新闻。第三,是要遵循无罪推定原则,对于刑事案件在法院作出有罪判决之前,不得在舆论监督中作出有罪或无罪的确定性表述或暗示。对民事案件在法院作出判决之前,也不宜在舆论监督中先予明确、预测或推定判决结果。第四,传媒舆论监督必须遵循与程序同步的原则。司法审判有严格的程序性规范要求,传媒舆论监督必须树立程序正义的当代社会主义核心价值观及司法理念,所有报道必须严格与司法审判程序相一致,避免"传媒审判"的发生,维护司法的尊严。

## 三、建构新闻传媒和新媒体传播报道的自律机制和他律机制

在目前新闻法制尚不健全的情况下,新闻传媒和自媒体应通过自律规范自身的报道和舆论监督行为。严格地说,新闻自律属于新闻道德的范畴,传媒以道德代言人地位自居,就更应该强调新闻报道的自律性。[1] 传媒虽有自主报道和监督的自由,但这种自由不能滥用,不得与其他宪法原则相冲突。通过自律规范传媒自身的行为,主要是针对传媒报道与舆论监督不规范、不到位及滥用监督权的情况。传媒要通过自律机制提高舆论监督和舆论监督的水平,提高传媒的职业化程度,提高传媒从业人员的法律素质,树立当代社会主义核心价值观及司法理念,提升舆论监督的质量和水平。传媒还应该引进和配备法律专业人才,便于与法院沟通配合,避免对审判活动产生不必要的重大误解;同时,也可以对即将刊发的文章进行审查,防止可能影响程序公正与权威,干扰公正审判,防患于未然。从事法制新闻报道的记者、编辑必须既懂新闻又懂法律,必须牢固树立当代社会主义核心价值观及司法理念来开展法制类的新闻报道和涉法舆论监督活动。

首先,新闻媒体和自媒体均应加强自律,将新闻传播控制在法律允许的范围内。英国丹宁勋爵在谈及媒体与司法关系时,有一段著名的论述:"新闻自由

---

〔1〕 顾理平:《新闻法学》,中国广播电视出版社 1999 年版,第 59 页。

是宪法规定的自由，报纸有——应该有——对公众感兴趣的问题发表公正意见的权利，但是这种权利必须受诽谤法和蔑视法的限制。报纸绝不可发表损害公平审判的意见，如果发表了就会自找麻烦。"[1]没有任何一种权力能凌驾于法律之上，媒体也不能例外。媒体在满足人民知情权的同时，要将报道控制在法律许可的范围内。正如美国学者韦尔伯·施拉姆所言："如同国家发展的其他方面一样，大众传播媒介发展只有在适当的法律和制度范围内才会最合理、最有秩序地进行。"[2]各个国家或地区对舆论监督的限制程度差异很大。英国法院严格禁止新闻媒体对于法院尚未审结的案件作出带有暗示或明显倾向性的报道或评论。黑格先生因涉嫌杀人被捕，除了遵守法律的限制外，新闻媒体所要做的还应加强自律，提高对司法活动报道的质量。在我国频频发生媒体审判，舆论监督侵犯程序公正性的一个重要原因即在于记者缺乏基本的法律知识或偏听偏信，对尚未审结的案件妄加评论，误导公众舆论，自媒体的传播更加剧了这一现象。我国的新闻媒体可以借鉴美国做法，在不影响程序公正的前提下，配备专职的法律事务人员，充当类似"法院之友"的角色，对即将发表的文章和自媒体已经在传播热议的文章进行审查和纠偏，防止可能妨碍司法机关独立行使审判权的文章影响社会公众的理性思维，影响人民法院的公正判决。

其次，设计防止新媒体舆论监督侵犯司法审判独立性的程序。司法裁判与舆论监督是两种不同的社会评价体系，为了让司法免受舆论监督的干扰与影响，有必要设计一套完整的程序，让程序公正于媒体，这些程序包括：(1)延期审理。舆论监督具有轰动性与时效性，在一段时间内如某一案件成为媒体关注的焦点，有关的评论铺天盖地，势如潮水。法官面临着巨大的社会压力。为了免受媒体的非理性影响，不妨延期审理，采取冷处理。待舆论监督的风头过后，慎重裁判。(2)变更案件管辖。一般而言，媒体对本地发生的案件较为关心，因为本地案件与媒体受众联系密切，领导机关对案件的批示也仅针对其辖区内。将案件移送到尚未受到舆论压力的其他法院管辖，不失为保持程序公正性的良策。易地审判的目的是让被告远离媒体，远离渲染的案发地，以便使被告得到一个相对公正的审判。(3)隔离或变更法官。为了防止法官受到舆论监督的不利影响，让法官远离媒体，可以有效地保证程序公正性。被称为"世纪审判"的辛普森案，十二名陪审员和几十名候补陪审员被封闭隔离达半年之久，直到案件审结后才与外界接触。法官在裁判前已经接触舆论监督，可能会受到舆论影

---

〔1〕　［英］丹宁勋爵：《法律的正当程序》，群众出版社1984年版，第39页。

〔2〕　［美］韦尔伯·施拉姆：《大众传播媒介与社会发展》，金燕宁等译，华夏出版社1990年版，第240页。

响时,变更法官,让位于一个中立、无偏私的法官继续审理,就不得已而为之了。(4)赋予司法限制舆论监督的权力。这在美国被称为"限制令"。它是法院签署的旨在限制某种信息流通的命令。限制令有针对诉讼参与人和针对大众传媒两类。前者旨在限制诉讼参与人向外界泄露有关案情,后者则旨在禁止媒体传播有关信息。

总之,新媒体时代的舆情对人民法院司法审判和司法公信力都产生了前所未有的冲击力,恪守法律的精神和原则要求我们不能让狂热的网络情绪替代法律的理性思考,我们应充分发挥新媒体网络舆论监督对于司法的正能量,及时有效地防范其对于司法公正和公信力的负能量,使二者在互动中交融,在博弈中和谐,理想状态便是:富有理性和建设性的新媒体舆论不仅不会妨碍司法公正,而且能够通过正当的民意表达渠道保障司法公正。人民法院可以通过审判管理流程公开查询信息系统、热点案件网络庭审直播公开、生效判决书上网信息公开查阅系统、执行信息系统等诸多信息化平台的司法公开方式,增强审判工作的透明度,提高司法公信力,获得社会公众的真正信赖。新闻传媒的新闻报道与法院的司法审判都有其行使权利的明确地界,没有绝对的言论自由和新闻报道自由,也没有绝对的程序公正,平衡传媒舆论监督与法院司法公正的关系是不断调整的过程。对于传媒舆论监督和司法公正之间的矛盾,究竟应如何协调、平衡和解决,最终来说还是一个道德价值判断的问题,各个国家都要根据自己的历史、社会和文化情况,作出自己的抉择。在这方面,似乎并不存在放之四海而皆准的标准。[1] 在道德与法律的冲突与碰撞中,作为社会调整的基本规范,法律与道德冲突与互补同在,矛盾与互动并行,致力于以道德为基准的传媒道德观念与以法律为基准的当代社会主义核心价值观及司法理念之间的沟通与融合,是缓解及部分消除传媒舆论监督与法院司法公正的矛盾与冲突,建立两者之间良性协调互动关系的关键所在。新媒体时代舆论监督与司法公正的关系说到底还是司法与社会的互动问题,不过切入的角度换成了新媒体网络舆论。事实上,新媒体网络舆论并不能作为民意的代名词,因为新媒体网络舆论既包括大多数无名网友的表达和自媒体的无数个人的自由表达,又涵盖了各类专家对于各种事件的评论。无论是网友、个人还是专家,都可能与司法权的行使发生互动。前者汇聚了不特定甚至一般匿名的网民意见,被认为是民意的一种表达方式。但是实际上,微博、微信个人或网民意见只能代表具备上网经济和技术条件的一小部分人中间的更小部分,在整个有权参与民主意见形成的人民整体中微乎其微。由他们的言论推及民意,必须要注意到其中类似案件选择

---

[1] 陈弘毅:《法理学的世界》,中国政法大学出版社 2003 年版,第 149 页。

的效果,即样本本身(网民)的某些特性可能极大减损了对于研究对象母体(人民)的代表性。后者彰显着具有专门知识的人对于事件的看法,但是也要注意到,我国不少专家习惯于对自己不熟悉的领域很有自信地发表观点,此时所谓专家与普通人无异。即使是真正的专门领域的专家,其发表的意见也只能成为法官专门知识的补足手段,而不可能僭越司法权的边界,"分享"法官对于案件的裁判权。司法机关尽其所能试图关注人民的呼声固然是一个好的开始,但是就谨慎的科学态度而言,司法与社会互动的稳定基石在于对社会意见常态化、科学化的吸纳。这也是为什么司法民主中的讨论多集中在民意的法定代表(人民代表或议员)和随机产生的陪审人员(人民陪审员或陪审团)的部分原因。

# 第二十章
# 公信指引:新媒体时代司法以公开促公正之路径选择

　　新媒体时代更加全面深刻的网络舆论监督,使人民法院面对如何改变过去惊慌失措和无法应对的被动局面,在网络舆论一浪高过一浪的司法监督"钱塘潮"中如何坚守司法公正的底线,如何坚守司法的社会责任和法治理性,如何积极正确面对新闻媒体和自媒体的双向监督,如何在自媒体舆论监督与寻求司法公正之间寻求良性的平衡等诸多问题。济南中院以极大的勇气和智慧对公审薄熙来案件采取微博直播的公开方式对我们思考上述问题有启发性意义。济南中院对社会高度关注的薄熙来受贿、贪污、滥用职权案件庭审采取微博直播方式向全社会公开,允许被告人五名亲属旁听庭审,法院新闻发言人每天及时向社会发布案件审理情况通报。这一举措让司法公信力显著提升。济南中院这一适应新媒体时代的司法公开举措颠覆了传统的司法理念,传递给我们一个重要的信息:推进司法公开是促进司法公正和提升司法公信力的最佳路径选择。在全国高级法院院长会议上,周强院长提出法官队伍要着力提升新媒体时代社会沟通能力。在新媒体信息技术蓬勃发展下的当今中国社会,司法公正的实现面临很大的困境和挑战,各类新闻媒体和自媒体形成的负面网络舆情对司法公正形成较大的冲击,社会舆论与司法公正之间的冲突和矛盾日益加剧,如何创造性运用新媒体功能和效用推进司法公开,以司法公开促进司法公正是一个亟待研究解决的现实问题。本章试图论证新媒体时代人民法院以司法公开促进司法公正路径选择的正确性、可行性与可操作性。

# 第一节　开放与博弈:新媒体时代对司法
# 公正与司法公信的影响

　　几年前,诉讼案件当事人及其代理人若认为司法不公不廉可能首先想到的是找记者、媒体曝光;现如今,他们直接发条微博就可能产生大于找记者和媒体的传播效果。因为,微博与微信已经从单纯的社交工具转变成网络舆论监督的利器,当每个公民都有了平等快速的发言渠道,监督渠道也就同步拓展,让任何强者都必须顾虑社会公众的反应,新媒体时代新信息技术所引发的变革就是全社会对司法的公正性问题更加关注,司法将直面更多的监督和制约,无论是案件还是案件中的事实,只要是触及社会公众普遍关注点的神经,必将在网络和社会上引发轩然大波,形成强大的网络舆论的民意压力,也必将对司法的公正性和司法公信力产生巨大的影响。

## 一、新媒体对司法公正和司法公信力的影响力分析

　　随着中国社会网络化的飞速发展,传媒传播方式随之发生深刻变化,公民个人通过论坛、博客、微博、播客、微信等信息平台爆料事实或发表观点更为便利,微博和微信等新信息技术使人们可以通过网络、电脑、手机等载体就某一事件进行快捷传播、跟踪报道、引发讨论和自由发表评论意见,任何人只要能够实现联网,就能制作与发表新闻。"媒介技术的演化,衍生新的传播渠道与传播功能,从而改变传播渠道、传播功能、传播效果与传播成本。"[1]自媒体时代实际上是全民参与社会治理的时代,是"人人拥有麦克风""人人都是记者""人人都是通讯社"的时代,是社会公众个体和集体话语主导权的时代。

　　由于在聚合社会舆论方面具有其他媒体无可比拟的巨大影响力,自媒体已经成为司法公共事件最主要的发酵场和爆发地。由于司法活动关系到社会公众的切身利益,以新信息技术传播更广泛、更深入,基于微博用户规模已经达到3亿多的用户信息客户端,单一信息的定点公开可能以光速扩散的方式迅速传播到上亿受众。当前,通过微博爆料的迅捷传播方式及自媒体信息传播的巨大

---

　　[1]　展江、吴薇主编:《开放与博弈——新媒体语境下的言论界限与司法规制》,北京大学出版社2013年版,第167页。

辐射范围,使微博等自媒体信息平台已经成为对司法公正影响最大的社会舆论形成的信息来源渠道。

通过与司法公正相关的 10 个社会舆论热点关键词在新浪微博中的搜索结果为研究对象来进行比较分析,以法院为关键词的微博搜索为 58270731 条结果,以法官为关键词的微博搜索为 20739590 条结果,以检察官为关键词的微博搜索为 4792358 条结果,以律师为关键词的微博搜索为 124803424 条结果,以庭审为关键词的微博搜索为 1014660 条结果,以司法公正为关键词的微博搜索为 1411747 条结果,以司法公开为关键词的微博搜索为 92315 条结果,以济南中院为关键词的微博搜索为 228634 条结果,以薄熙来案件庭审为关键词的微博搜索为 491769 条结果,以上海高院法官违纪事件为关键词的微博搜索为 220899 条结果(数据统计以热点问题较近时间段的微博搜索关键词为准),以上 10 个关键词在新浪微博受到如此高的关注度数据表明,社会公众对人民法院司法的公开与公正非常关注。"在任何社会司法公正都要反映民意,因为在绝大多数案件中,公众对是与非、善与恶都存在着一些基本的判断,如果司法的裁判与民意完全背离,则很难说是完全公正的"[1]。

新媒体时代的网络舆论在推进司法公开、提升司法公信、促进司法公正等方面日益发挥着重要作用。但是,新媒体网络舆论也给司法公正的实现带来一系列的负面影响,"在那里,只要语言相通,高山流水也无所阻拦,没有国界,不分人种,不分老幼,良莠共处,真假难分"[2]。在司法不公开的前提下,自媒体所带来的网络虚假信息、负面情绪任意宣泄、恶意变造传播负面消息等行为通过网络信息平台在短时间内形成强大的负面舆论效应,给司法审判工作带来巨大压力,极易引起社会矛盾激化,影响社会和谐建设。

## 二、新媒体对司法公正的负作用分析

当前,社会公众对司法的新需求、新期待日益提升,对司法质量的要求也日益提高,司法总体水平虽然也在日趋提高,但不排除因为司法水平和廉政问题引起负面舆论。群众路线教育活动中暴露出来的司法作风不佳和司法不公开透明问题,部分法官司法宗旨意识不强,对人民群众诉求关心不够,执法过程中对待当事人"冷、硬、横、推",损害群众感情;阳光执法力度不大,司法过程不公

---

〔1〕 王利明:《司法改革研究》,法律出版社 2001 年版,第 151 页。
〔2〕 乔天庆、陶笑眉:《计算机与世界——时代的春意和哲学新意》,武汉出版社 2002 年第 1 版,第 25 页。

开,司法结果不透明,尤其是对有重大社会影响的诉讼案件不敢公开,担心引起负面网络舆情,便试图以"保密"的方式实现正义,一旦被媒体知晓,容易引起公众和媒体的负面猜疑。法院在自身出现了不公正或错误案件,出于面子或是绩效考核的考虑,不去正视和纠正自身办案错误,反而一味遮掩,让案件将错就错。

自媒体时代的网络舆情跟过去比较发生了很大的变化,网络媒体门槛低,网络的广泛普及,使得稍微懂点电脑可以上网的人都可以通过媒体发声,"大众以平民精神反叛原本严肃、呆板、无法触及的政治生活"[1];自媒体时代舆情传播速度迅速,几乎和新闻事件同步,且来势凶猛,一条微博可能点燃一阵舆论风潮;网络舆情的匿名性,使得网民发表言论的时候可以隐蔽身份,造成网友发声时不顾及社会影响及他人感受,任意宣泄情绪,甚至会夸大、虚构事实。

唯物辩证法的规律性表明一切事物都存在两面性。近几年来,新媒体与司法公正的冲突日趋明显,新闻媒体与自媒体交相呼应对司法公正的侵蚀和影响亦日趋频繁,其功能已由过去的新闻媒体审判演绎为全民网络舆论审判。"西方把新闻媒介通过报道和评论影响审判的现象称为'媒介审判',反对'媒介审判'是两大法系共同的原则"[2] 以网络爆炒的"李天一涉嫌轮奸案"为例,各不同利益主体从自己的利益出发,充分运用新媒体进行炒作,试图以舆论影响司法的丑态百出,在公安机关未侦查终结、检察机关未提起公诉、人民法院未审判之前的每一个环节都通过微博、博客、报纸、电视、网络等信息平台妄下定论,给司法的正当程序施加社会舆论压力影响。网络舆论"打破了传统媒体对舆论的控制和对信息的垄断,传播方式体现出很强的开放性、快捷性、交互性、隐匿性和海量性"[3] 这种有明显倾向性的舆论导向和社会压力可能对合议庭法官、辩护律师和证人均产生不良影响,使得司法的公正性受到社会舆论的负面影响,新媒体制造的舆论压力也明显妨碍了司法的正当程序。我们全社会都应当反思这场由新媒体引发的闹剧式舆论审判对司法公正的影响。

司法作为维护社会公平正义的最后一道防线,司法的特性决定了其容易成为新媒体和网络舆论关注的焦点。当前,中国社会正处在经济社会发展的重要战略机遇期和社会矛盾凸显期,大量的社会矛盾纠纷通过诉讼程序进入法院之后,法院自然成为社会舆论的焦点,由于各类社会矛盾纠纷呈现出日益复杂、难

---

〔1〕 陈婴虹:《网络舆论与司法》,知识产权出版社 2013 年第 1 版,第 112 页。

〔2〕 魏永征、张咏华、林琳:《西方传媒的法制、管理和自律》,中国人民大学出版社 2003 年第 1 版,第 133 页。

〔3〕 广东省高级人民法院:《司法公正与网络舆情——广东法院网络舆情白皮书》,法律出版社 2013 年版,第 8 页。

处理、易激化的发展趋势,一旦司法审判的结果不能满足当事人的心理预期,当事人必然会通过自媒体网络信息平台制造舆论压力,稍微处理不当就会迅速蔓延形成负面网络舆情,所以,新媒体引发的网络舆论审判对司法公正的负面影响较之传统媒体更加严重。

新媒体代表的民意具有很大的不确定性和流动性,不同的利益主体处于不同的立场和角度而得出不同的结论,这种随意性和自由性势必对司法正当程序造成一种明显的波动。不仅破坏了国家法制的统一,损害了司法的神圣性,也不利于民众法律至上观念的树立,不利于国家法治的进程。新媒体的传播主体由于缺少法律常识,自由胡乱解释法律,往往会误导社会公众。由于新媒体与司法的评判标准不同,新媒体对司法的评价标准通常是道德性和社会性的,这就造成新媒体对司法的评价标准常常产生误差,给法院和法官造成压力,将司法的正当程序异化成政治和道德的附属品,不仅会对社会公众产生误导,而且影响司法公信和权威。

## 三、新媒体时代司法公开的困境分析

近几年来,最高人民法院陆续出台了一些关于司法公开的规范性文件,各地各级法院都在积极推进司法公开示范工作。但司法公开的现状与社会公众对司法公开的现实需求仍然差距较大,由此产生了不少困难和问题。新媒体时代如何破解司法公开的现实困境,更好地促进司法公开? 如何通过自媒体回应公众对司法公开的需求? 如何规范司法公开的程序、内容、对象、方式,打造可持续发展的自媒体话语平台以适应时代要求? 这些问题值得我们深思。新媒体环境之下信息技术的工具特性决定了信息传播载体的重要程度,社会公众日益高涨的参与司法活动的能动性让我们必须正视新媒体对司法公正的影响,为平衡舆论监督与司法公正奠定基础。

目前,由于全国各地各级法院司法公开的程度尚未规范统一,关于司法公开的启动条件、时限、批准、监督等重大事项均无明确细致的规定。一些司法公开示范法院开始尝试利用新媒体对案件进行微博录播或微博直播,但是对于社会关注度较高的热点案件还是相对较为谨慎小心,在司法公开上一般是选择经过严格审查且认为对司法有利的内容,司法公开示范法院并不是完整意义上的司法公开,"犹抱琵琶半遮面"的现状不仅不能让社会公众满意,反而适得其反,带来负面效果。

司法公开在司法改革中占据着重要位置,然而,随着社会公众参与度的不断增强、现实社会中司法信息的不当公开,使得司法话题不恰当地演变成公众话题,导致在新媒体信息技术日趋发展的今天,一旦微博爆料在网络上出现对司法公正不利的话题,就可能会引发网民大量的围观、跟帖与参与。例如,被网络热议的长沙中院执行死刑未及时通知家属事件,由于法院缺乏针对网络舆论的应急机制和应对策略,在数量庞大的当事人及其关系人和社会公众普遍质疑面前,司法活动的任何自我辩解和阐释都显得力不从心和无法自圆其说,直接导致社会公众对司法公正的误解和偏见。公众意见干预司法公正的情况客观存在,产生这些问题的关键不在于司法公开,而在于司法信息被不当公开,新媒体时代司法公开机制的缺失,使司法公开陷入了制度和功能性的困境。

舆论是规模公众的信念、态度、意见和情绪的总和。[1] 旧的司法公开模式中已经不能适应新媒体时代的需求,自媒体时代通过新兴信息化平台对社会各层面的渗透潜移默化地改变着社会公众对信息的接收方式、渠道及思维方式。社会公众的法治意识有待增强,但在新媒体时代的网络舆论环境之下,信息辐射呈网状式,传播主体为网结点,司法公开稍有停滞、堵塞就会造成司法信息不对称,信息不对称就必然造成信息传播的负面影响,新闻媒体、当事人及其代理人甚至毫不相关的人都会注入自己的主观偏向进行独立的信息发布再传播、扩散,而事实上,在一些以当事人为主的自媒体信息采访中,对法院而言,无疑就是一次次的"缺席审判"。[2] 司法机关应积极面对司法公开的制度和功能性困境,以化被动为主动的司法公开方式来破解困境,提升司法公信力。

## 第二节　正视与均衡:新媒体时代社会发展对司法公开的现实需求

司法公开是一项极其重要的司法权运行机制,在新媒体时代,司法公信如何走出"塔西佗陷阱"[3]？我们认为,以推行司法公开来促进司法公正是在现行政治体制框架内,人民法院自身在司法权合法合理运行机制里能够大有作为地促进司法公正的最佳路径选择。通过司法公开将审判工作置于阳光之下也

---

〔1〕　陈力丹:《舆论学——舆论导向研究》,中国广播电视出版社 1999 年版,第 90 页。

〔2〕　倪寿明:《新媒体时代司法公信力提升之道》,载《人民法院报》2013 年 5 月 17 日,第 2 版。

〔3〕　"塔西佗陷阱"是一个政治学术语,得名于古罗马学者和官员塔西佗,意指当政府不受欢迎时,无论好的政策或坏的政策均会遭致老百姓的不满,司法失去公信时也是如此,即使是公正的司法也会让老百姓怀疑或质疑。参见王晨:《司法公信与"塔西佗陷阱"》,载《人民法院报》2013 年 9 月 14 日,第 2 版。

是贯彻群众路线、满足群众获悉诉讼信息需求的根本要求。只有法院主动推行司法公开,社会公众对人民法院的审判程序和整体工作才能作出正确的价值判断。司法公开与司法公正而言是前提也是保障,司法公开做得好了,司法公正才更有利于得到实现,而司法公正是法院工作的重点,是法院确立司法公信的关键。

## 一、以司法公开直面网络舆情的积极意义

我国公民有提出批评建议的权利、言论自由权利以及知情的权利。"发表意见的自由是一切自由中最神圣的,因为它是一切的基础"[1] 司法公开是公民知情权与自由表达权的体现,代表着公民权利对公权力的制衡。而司法权是公权力的重要组成部分,司法权必须接受人民的监督。不受监督的司法程序与审判结果,有可能导致司法不公,因此,司法公开理应是通过新媒体的监督推进司法公正的最佳途径。自媒体和新闻媒体对司法进行独立合法的报道和监督,有助于实现司法权的正当行使,将司法权置于阳光下的公开运行可以尽量减少各种行政、经济等司法外力量对司法公正的影响,能够有效地避免司法受行政干预和人情影响的现象,因此,法院应"高度重视传媒监督的积极意义,正确理解传媒与司法的辩证关系,以包容和欢迎的态度对待传媒"[2]。

司法公开能够最大限度地杜绝司法程序中的暗箱操作和腐败现象,随着社会公众对司法审判执行过程和结果的知情程度的进一步透明,任何司法不公不廉的企图和行为都将得到有效的控制,从而促进司法公正。新媒体时代的网络舆论对司法过程和判决结果的迅捷传播和评论,在一定程度上是有助于宣传和促进司法审判执行法律效果和社会效果的。相对自由的网络舆论可以及时地纠正司法中的偏差,揭露司法过程中的腐败行为,维护司法公正。所以,以司法公开直面网络舆论监督能在一定程度上促进司法公正。新媒体时代的网络舆论具有传播信息、形成公意、造就舆论,帮助公众实现知情权的功能,网络舆论监督是促进司法公正的强大动力。

当前,司法过程和结果均得不到社会公众的普遍认同和认可,很大程度上是由于司法公开力度不够所造成的。虽然经过"六五"普法,但过去普法宣传的方式方法并没有让法律精神和司法公正真正深入人心,社会公众对法律和司法

---

〔1〕 陈力丹:《马克思主义新闻思想概论》,复旦大学出版社 2006 年版,第 71 页。
〔2〕 景汉朝:《从大局出发——正确把握司法与传媒的关系》,载《人民法院报》2009 年 10 月 13 日,第 5 版。

的认同和认知仍然有限,司法审判执行的过程和结果的依据透明度不够,引发社会公众的误解和质疑。被网络舆论炒作许久一波三折的"彭宇案"就是最好的例证,虽然事后经过曲折的过程妥善解决了纠纷,但是司法过程的程序正义和司法裁判的结果正义都因为司法的不公开而引发社会公众的广泛质疑和误解,年轻的主审法官原本公正的判决因此而承担了网络舆论的深度误解和误会。由此可见,司法公开实际上是有利于社会公众对司法公正的认同和认知的。

河南省高级人民法院张立勇院长在河南省高院积极倡导和试点推行的裁判文书上网公开也是一个较好的例证。目前,河南省法院已陆续在网上公开了几十万余件裁判文书,如此大幅度上网公开全省三级法院的生效裁判文书,并没有像当初各级法院所担心的那样出现副作用,相反,较好地促进了全省三级法院裁判文书的制作水平,并在全省初步形成网络舆论对司法公正的倒逼机制。河南省法院的这项司法公开改革实践证明了司法公开对于促进司法公正和提升司法公信方面有着举足轻重的作用,值得各地各级法院反思和借鉴。

司法公开是人民法院在审理执行案件时必须遵守的一项重要原则,是人民法院行使审判权这项公权力应该推行的一项制度。2009 年 12 月 8 日,最高人民法院印发了《最高人民法院关于司法公开的六项规定》,要求法院在审理案件时要做到立案公开、庭审公开、执行公开、听证公开、文书公开、审务公开。同时,在全国各地各级法院选择司法公开示范法院进行改革试点,然而,现实中人民法院的司法公开示范和改革试点始终还是选择性公开。主要表现为:社会公众普遍关注的司法热点案件和问题,人民法院反而不愿或不能及时公开,社会公众不关注的,人民法院却积极公开;司法公开的范围选择性主动权在人民法院,司法公开只在人民法院审理案件的部分环节中得到实施,并没有在审理案件全过程中得到贯彻;司法公开的责任机制没有健全,还未形成一套行之有效的机制去强力保障司法公开;就目前而言,司法公开的载体还是比较单一的,在人民法院的官方网站上的公开做得比较好,但是在其他新媒体上的公开还有很多的不足之处。

在新媒体时代,司法如何以更加开放的心态来正视和面对网络舆论是我们推行司法公开首先要解决的理念问题。全国几十家司法公开示范法院改革试点的实践经验表明,网络舆论并非洪水猛兽,在很多的时候它可以起到促进司法公正和推动国家民主法治水平不断提高的作用。对于人民法院来讲,有些看似"负面"的网络舆情却真实反映出人民法院和法官工作中的问题,从另一个角度来看,也是对人民法院工作的批评与监督。新媒体以其开放性、自由性、互动性等先天优势,能够成为强有力的监督力量,对于司法工作科学发展起着积极的影响作用。

自媒体对案件的曝光和关注有利于增强司法活动的透明度,为司法机关抵御非法干预、保障司法公正提供坚实的舆论环境和群众基础。同时,自媒体也是司法机关依法独立办案的有益补充,有利于增强司法工作的透明度和司法队伍的纯洁性,促进公正廉洁司法。

新媒体时代下,自媒体扩大了社会公众的知情权、话语权等系列民主权利,人人都有机会向司法机关提出自己的意见或诉求,"网民在网络中的各种舆论表达往往是对现实社会的情绪、意见、愿望和主张的延伸和重构"[1] 因为在"知情"的前提下才可能积极地参与法律法规的制定以及对司法工作形成有效的监督,自媒体打破了传统媒体中话语权的集中和垄断现象,传统媒体在话语权威方面的强势地位逐渐弱化,普通公民的话语权利得到了进一步的强化,从而改变了过去由新闻媒体独享话语霸权的状况,司法的民主化得到进一步推进。

自媒体与新闻媒体之间的传播形成一种新的制约与平衡关系。一些大媒体频频被指报道假新闻的现象,从一个侧面提醒人们媒体有的时候并不是值得信任的,对媒体的监督也是有必要的。在现代法治国家,司法是大众解决矛盾和争议的最后救济途径。司法的权威来自于法律法规的规定,并有国家强制力保证实施。司法活动是司法机关工作人员代表公共权力按照法定程序解决纠纷。司法活动不可能去追求经济利益,可以说,司法追求的是平息纠纷并最终实现社会的公平和正义。

## 二、现代司法公正对司法公开的现实需求

"没有传媒监督的司法公正行而不远,没有司法保障的传媒监督更是海市蜃楼。"[2] 新媒体时代传播力决定影响力,人民法院要实现司法公正就必须正视和研究现代信息技术环境条件下对司法公开的现实需求,必须平衡司法与网络舆情的互动关系,必须通过现代司法公开手段努力扩大司法宣传的覆盖面和影响力。

首先,现代司法环境需要人民法院通过司法公开积极主动地出击占据舆情引导权和话语权。自媒体时代网络舆论的无序与混乱现象,决定了司法必须紧紧围绕党和国家以及新时期人民法院的中心工作主动加强对网络舆论的积极

---

〔1〕 刘毅:《网络舆情研究概论》,天津人民出版社 2007 年版,第 144 页。
〔2〕 王中伟:《司法宣传与传媒沟通的"三部曲"》,载《人民法院报》2013 年 8 月 28 日,第 2 版。

正面引导,必须有针对性地对司法工作的重大主题宣传、司法案件报道和司法理论宣传进行卓有成效的公开报道及评论,必须努力提升并充分利用新媒体影响力坚持积极的正面引导,充分保障社会公众的知情权和参与权,充分满足新闻媒体的报道权和监督权。网络时代的司法话语权需要正向引导,人民法院推行司法公开需要培养一批思想政治坚定,新闻素质很高,文字功底深厚,思维敏捷灵活,善于民众沟通的网络评论员,通过加强网络舆论的正向评论积极处置和应对负面网络舆情,积极掌控网络舆论话语权,努力营造人民法院科学发展的良好社会舆论氛围。需要贴近生活、贴近实际、贴近实践来树立正面典型,深入挖掘法院系统内优秀人物和先进事迹,通过各种渠道加强宣传,提升法官形象,传递正能量。

其次,现代司法环境需要人民法院通过司法公开积极主动地应对建立舆情监测预警和快速反应管理机制。人民法院必须深入研究新媒体时代网络舆论环境和媒体格局的深刻变化,积极适应现代信息技术发展的新趋势,提高与新媒体特别是自媒体打交道的能力,形成正面舆论强势,努力掌握宣传工作主导权[1]。运用专业信息技术手段时刻关注媒体和舆论中对人民法院的信息和评论,及时掌握涉法舆情动态和社会反应。做好网络舆情信息分析研判,将网络舆情事件的处理由即时处置型转为事前预警型,提升对舆情认识的高度,提高司法决策和审判执行工作舆情风险的风险预测和评估能力,做出科学的研判和预警。对于网络负面舆情发生后能够迅速并恰当地通过媒体表明态度和立场。及时把社会重点关注的热点难点司法事件向公众理性释明,满足公众渴望了解司法审判信息的心理需求,打消社会公众的怀疑和质疑。准确把握网络舆情应对时机,及时回应网络舆论对司法过程和判决结果的关注,做好网络舆论的引导疏导工作。对于负面网络舆论需要以司法信息披露机制积极应对。当前,负面网络舆论较多是因为信息不对称造成的,因此,不能继续沿用过去封锁和遮掩的方式阻止真实信息传播,防止事实真相被恶意歪曲而引发社会矛盾激化。通过司法公开的信息化平台对事件信息进行及时披露,积极回应社会对司法的信息需求。关注社会公众的情绪变化,对于社会公众心理预期反差较大的信息发布,注意站在社会公众的立场用符合民意的语境和法律解释方法予以释明。

再次,现代司法环境需要人民法院通过司法公开积极开展源头治理预防和避免负面网络舆情。加强审判管理体制机制创新,通过审判流程信息公开进一步规范审判流程管理,用信息公开倒逼司法的公正与效率。通过司法信息化公开平台进一步提升沟通交流能力和畅通表达渠道,充分发挥法院网站沟通平台

---

〔1〕 罗书臻:《遵循新闻传播规律 提高传播效果》,载《人民法院报》2010 年 7 月 8 日,理论版。

作用,及时公开法院相关工作动态信息,随时让社会公众了解审判执行工作信息,关注群众意见及建议并实时进行反馈,切实构建民意对接平台。进一步加强与新闻媒体的良性互动,主动打开媒体监督大门,举办媒体开放日、法院开放日活动,把新闻媒体监督引进来,为媒体监督创造一切便利条件。及时、准确、真实地向媒体发布权威信息,有效引导网络舆论,化解公众疑虑,消除炒作空间、杜绝流言传播,树立法官的良好形象,全面提升人民法院的社会公信力。

最后,现代司法环境需要人民法院通过司法公开努力实现网络舆论与司法公正的平衡。现有司法制度和环境下,无论处于弱势或强势地位的诉讼当事人都希冀凭借网络舆论对司法施加压力,都希望法院或法官更多地偏袒或关照自己,都把网络舆论当作一种诉讼博弈的方式。"法官并不是法律世界中的孤独者,而是位于具体社会政治环境中的多面角色"[1] 在这种情况下,网络舆论则既可能成为司法的最佳监督者,又可能成为妨碍司法公正的干涉者,因此,如何实现网络舆论与司法公正的平衡是推进司法公开的重要职责。长期以来,社会公众没有表达自己司法诉求的有效平台,随着自由无序的网络参与的不断扩张,很多公民利用网络这一平台,肆意宣泄自己对整个司法环境及法官不满的情绪,不仅没有达到参与的正当目的,反而扰乱了整个公民参与的秩序。因此,需要通过建立网络平台架起网络舆论与司法机关之间的互动桥梁。及时将一些社会普遍关注的个案的庭审过程在网站上予以公布,有利于广大网民及时了解司法裁判的具体形成过程。舆论监督与依法独立审判本身就是一对矛盾体,尤其是在中国的语境下,这对矛盾关系在现实中表现得尤为复杂。面对日新月异的网络舆论,从严格限制报道,到司法民主化思潮下的主动开放接受监督,再到社会民主化思潮下的司法危机管理,司法对网络舆论越来越趋向于自由和开放。

# 第三节　公开与公正:新媒体时代司法公开机制构建的探索与完善

孟德斯鸠曾说过:"一切有权力的人都容易滥用权力,这是一条万古不变的真理。"[2] 在新媒体时代新信息技术迅猛发展的今天,人人可以参与自主媒体,

---

〔1〕 陈婴虹:《网络舆论与司法》,知识产权出版社 2013 年第 1 版,第 116 页。

〔2〕 [法]孟德斯鸠:《论法的精神》(上),孙立坚等译,陕西人民出版社 2001 年版,第 154 页。

将过去几十年政治学者认为需要很长时间才能解决的问题简单攻克了。技术可以改变政治,科学可以改变民主。[1] 最高人民法院在《最高人民法院关于进一步加强民意沟通工作的意见》中也将"改进完善网络民意沟通机制"作为法院倾听民意、了解民情、关注民声的重要途径。新媒体时代是社会发展出现的一个新阶段,人民法院的审判执行工作不可能脱离这个时代而独立存在。"信息刺激的方向和公众预期之间的反差越大,公共舆论形成的可能性就越大。"[2]唯有正确认识和把握新媒体时代的特点,积极、理性分析应对自媒体时代舆情的科学方法,人民法院才能最终实现自身科学发展,实现司法服务群众、服务社会发展的目的和宗旨。通过新媒体促进审判执行工作的公开与公正的重心在于司法公开机制建构。

## 一、构建新媒体时代司法公开机制的体系内容

一是建构司法信息公开基本制度和网络舆情监测研判机制。明确司法公开接受网络舆论监督的条件和对象。通过体制机制建构将司法信息公开正当化、合理化,使司法信息公开的救济有法可依,将人民法院的审判执行信息公开纳入法制化,建议将司法信息公开及其救济机制纳入《中华人民共和国政府信息公开条例》之中,并且在条件成熟时提高《中华人民共和国政府信息公开条例》的法律位阶,将其上升为法律,通过向其上诉法院上诉或者向专门法院起诉,让法院不公开司法信息也可以成为被告,只有这样,才能从根本上解决司法信息公开的立法与实施问题,才能更好地维护相对人的知情权,才能为司法信息公开救济机制提供法律保障。新媒体时代互联网呈现开放的空间和海量的信息,从海量信息中及时监测和研判负面网络舆情,有助于防止网络舆论监督的异化,从而防止对司法形成压力。因此,建立舆论收集研判机制至关重要。这种机制主要包括以下内容:(1)组建专门的网络舆论收集研判队伍,以专职网络舆论收集研判人员为主,再在相关部门配备一定兼职工作人员,从组织机构上保障网络舆论及时被掌握。(2)全面收集涉法信息,坚持全面原则,既要注重收集赞成意见,也要收集反对意见,以保证舆情的客观性、全面性。(3)及时分类整理,对收集到的舆情信息要分类列出,提供给相关部门。(4)科学分析研判。对同一事件,不同网民会有不同的立场和观点,要及时对网络信息进行综合分析,增强信息的广度和深度,尽可能

---

〔1〕　高一飞、龙飞等:《司法公开基本原理》,中国法制出版社 2012 年版,第 38 页。
〔2〕　程世寿:《公共舆论学》,华中科技大学出版社 2003 年版,第 159 页。

全面揭示舆情的状况和走向。

二是建构网络舆论理性回应和正面引导机制。坚持司法公开原则,通过法院网站、相关论坛等及时将案件的真实情况向网民公布,以公开方式积极回应网络民主。坚持实事求是原则,对负面网络舆论涉及的案件或事件积极正面回应,实事求是地向网民公布客观事实,不能遮遮掩掩,对事实暂时还不清楚的,先行澄清已经查清的事实,并责成相关人员及时进行调查核实,以客观事实回应网络舆论的异化。坚持及时回应原则,尽量在最快的时间内,在还没有形成强大的负面网络舆论之前及时作出回应,以快速回应防止网络舆论的异化。建构负面网络舆论的正向引导机制,通过过滤方式人为地引导网络舆论。坚持正向引导当事人通过官方网络渠道反映问题,坚持以正向和理性引导为主。"媒体的本质,不是维护正义的组织而是传播信息的组织。换言之,正义不是媒体的目的,信息才是它的目的。"[1]一旦网络就个案形成有影响的舆论,就应当通过官方网络渠道、主流媒体、网站,以及相关领域的专家学者的意见,引导网民理性地看待问题,从而引导网络舆论由感性向理性发展。坚持利用官方网络渠道、主流媒体、网站等载体积极开展案例宣传,提高网民法律意识,引导网民依法、理性发表网络言论。坚持构建和推行法院新闻发言人制度,及时披露重大敏感信息,坚持合理建构法院工作人员、警察、检察机关、律师等不同司法职业在司法中的言论规则,坚持判后释疑制度的完善。

三是建构司法公正对网络舆论的依法吸纳机制。"用低调的眼光来看,传媒对司法的监督只是传媒追求自我目标的副产品,传媒实施监督的内在动因包含在传媒对自身利益的追求之中。"[2]新媒体时代,司法无法排除网络舆论对司法公正的影响,司法必须正视网络舆论的影响力,通过司法公开信息化平台建构依法吸纳网络舆论的机制,防止网络舆论对司法公正产生影响的随意性。审判执行工作应当尊重民意,但不能不加分析地顺从民意。"在司法过程中对体现为民意的网络舆论的吸纳应当通过正当的程序进行。"[3]司法吸纳网络舆论必须坚守合法底线,即坚守法律的精神和法律的基本原则,不能突破法律规定的底线去顺从网络民意。吸纳网络舆论可以构建法律评价机制,邀请网民、法律工作者、法律专家共同参加,对个案形成的网络舆论进行理性分析、法律评析,并对个案网络舆论作出法律评价意见,并及时将

---

〔1〕 李咏:《媒体与司法的紧张与冲突——制度与理念的在分析》,《中外法学》2001 年第 2 期,第 178 页。

〔2〕 顾培东:《论对司法的传媒监督》,载《法学研究》1999 年第 6 期,第 58 页。

〔3〕 王怡:《网络民意与"失控的陪审团"》,载《新闻周刊》2004 年第 1 期。

法律评价意见反馈给网民。进一步建构和完善民众和媒体参与旁听庭审机制,通过听取旁听庭审,公民对审判的评论合理吸纳舆论监督意见。进一步建构和完善人大代表、政协委员联络工作机制,通过特邀咨询员、社会法庭、人民评审员参审、听证等形式广泛吸纳舆论中合理理性的民意。进一步建构符合法治精神的新媒体网络舆论监督司法的特殊规则和相关保障机制,包括:(1)司法不公开的救济机制。(2)"过问""说情"公开机制。(3)人民法院网络平台建设。(4)人民法院信访接待与处理机制。(5)媒体违法行为的责任追究机制。

## 二、建构新媒体时代司法公开四大信息化平台

最高人民法院在全国法院系统提出构建审判流程、裁判文书、执行信息四大信息化平台司法公开综合改革试点,这是人民法院回应大数据时代的新要求,适应新媒体发展的新形势,满足人民群众对司法公开的新需要的重要战略举措。建构司法公开四大平台的总体目标就是通过打造司法公开四大信息化平台,借助现代信息技术,创造和利用好政务网站、语音系统、触摸屏、微博、微信、手机、短信、客户端等司法公开载体,构建全方位、多元化、实时性和互动性的司法公开信息化平台,着力实现司法过程的公开透明,为社会公众和当事人及时、全面、便捷地了解司法、参与司法、监督司法提供服务与保障,努力让人民群众在每一个司法案件中感受到公平正义。"审判已经今非昔比。现在法官变得更为重要,受到的批评也越来越多。"[1]司法公开四大信息化平台有助于摈弃"司法神秘主义",杜绝"暗箱操作",全面拓展司法公开的广度与深度,将推进司法公开四大平台建设作为提升法官素质、确立司法自信、强化司法公信、确保法律适用统一的重要途径。

一是建构审判流程公开信息化平台。目前,最高人民法院建立的中国法院裁判文书网已经具备海量的文书信息化平台存储发布功能。具体包括以下内容:(1)以政务网站、电子显示屏、触摸屏为基础平台,整合挖掘各类审判执行信息数据资源,建立并完善审判流程公开平台。通过审判流程公开平台向社会公众公布以下信息:审判委员会成员、立案、审判、执行部门成员的姓名、法官等级、职务等基本信息、各业务部门的职能范围、人民陪审员名册、司法鉴定、评估机构名册、立案条件、举证要求及各类案件举证指导、办理流程、诉讼文书样式、诉讼费用标准、缓减免交诉讼费用的程序和条件、当事人的诉讼权利和义务、诉

---

〔1〕　怀效锋主编:《法院与媒体》,法律出版社2006年版,第267页。

讼风险提示、可供选择的非诉讼纠纷解决方式、开庭时间和旁听方式、各类审判指导意见和与诉讼业务相关的规范性文件等。(2)及时将案件信息录入审判流程公开平台,方便当事人自案件受理之日起,凭密码随时查询案件进度,并能够获取以下信息:案件名称、案号、案由、当事人的姓名或名称、承办法官及合议庭组成人员的姓名和联系方式、程序变更、审限变更、是否提交审判委员会讨论等审判流程节点信息。(3)积极推进诉讼档案电子化工程,制定动态诉讼档案电子化管理办法和操作流程规范,及时将诉讼材料转化为电子卷宗,同步录入审判流程公开平台,方便当事人、律师及相关部门通过互联网或触摸屏查阅。(4)积极创新庭审公开的方式,依法选择一些公众关注度高、社会影响力大、具有法制宣传教育意义的案件,以图文、音频、视频等多种方式公开庭审过程。有条件的人民法院应当建立庭审同步视频直播室,方便媒体报道和公众旁听。(5)加强科技法庭建设,对庭审活动全程进行同步录音录像,并以光盘等形式存入案件卷宗和以备份数据存入人民法院数据库。除巡回审判等不在法庭进行的庭审活动,不具备录音录像条件的,原则上应当做到"每庭必录"。当事人申请调阅庭审音像记录的,人民法院应当提供。(6)全面推行庭审笔录和书记员记录电子化,不断提高庭审笔录的记录水平和笔录数据的查阅、分析功能。

二是建构裁判文书公开信息化平台。目前,最高人民法院建立的中国法院裁判文书网已经具备海量的文书信息化平台存储发布功能。具体包括以下内容:(1)最高人民法院建立中国裁判文书网,作为全国法院统一的裁判文书公开平台。各高级人民法院应当依托政务网站,建立辖区内三级法院联网的省级裁判文书网,并向中国裁判文书网传送数据。各级人民法院均应根据实际情况逐步建立完备的裁判文书和各类审判信息数据库,存储整合所有裁判文书数据和各类审判信息数据。各级人民法院应当严格按照《最高人民法院关于人民法院在互联网公布裁判文书的规定》,依法、及时、规范地将已发生法律效力的判决书、裁定书和决定书上网。已经建立政务微博的人民法院,在将裁判文书上网的同时,应当通过微博发布裁判文书的案件名称、链接地址;案件在法律适用上具有普遍指导意义的并附裁判要旨。(2)各级人民法院在决定裁判文书是否上网时,已经确立以公开为原则,不公开为例外的原则。当事人以案件涉及个人隐私或商业秘密为由,请求不将生效裁判文书上网的,人民法院应当严格把握,依法界定,不得进行扩张性解释,更不得在法律规定之外为裁判文书上网设置障碍。除刑事案件被害人外,裁判文书上网时应当保留当事人的姓名或者名称。(3)各级人民法院应当逐步实现依法可以公开的生效法律文书全部上网。(4)对上网裁判文书进行科学分类,设置操作便捷的查询、检索系统,方便社会公众根据当事人的姓名或名称、案由、案号、案件类型、文书类型、法院名称、审理年份、援引法条等关键词进行初级检索和高级检索,确保裁判文书的有效获取性。

三是建构推进执行信息公开信息化平台。具体包括以下内容:(1)进一步加强执行信息化建设,整合全国法院执行案件信息系统、全国法院被执行人信息查询平台等数据资源,建立并完善执行信息公开平台。通过执行信息公开平台,向社会公众公布以下信息:执行案件的立案标准、收费标准、执行风险、执行规范和执行程序;评估、拍卖机构名册、限制出境名单、限制高消费被执行人名单、失信被执行人名单、悬赏公告、拍卖公告等。(2)全面、精确、及时地将执行信息录入执行信息公开平台,方便当事人凭密码查询执行进度和已经完成的执行环节,并获取以下信息:执行案件立案信息、当事人的姓名或名称、执行人员的姓名和联系方式、执行措施信息、执行财产处置信息、案款收支信息、执行变更信息、执行过程中形成的法律文书、执行结案信息;执行异议案件还应当公布立案时间、异议人的姓名或名称、异议理由、处理结果等。(3)积极推进执行信息公开平台与社会征信体系对接,为社会征信体系完善提供科学、可靠的信息。积极与人民银行及其他金融机构、保险公司、社会保障机构、相关行政管理机关协调建立便捷快速高效的执行协助查控信息化平台,利用现代信息技术助推执行工作。

四是建立庭审公开信息化平台。最高人民法院的中国庭审公开网于2016年7月1日起开通,全国四级法院所有公开开庭案件的庭审原则上都要求通过互联网直播,大多数法院开始积极推行庭审公开网络与视频直播,基本实现庭审直播的常态化。庭审公开信息化平台的推广与应用有助于发现制约审判质效和影响司法公信力的深层次问题,促进解决影响司法公信力的现实问题,努力提升司法公信力。

新媒体时代网络舆情对司法公正的影响引起全社会的广泛关注,法学界、媒介和司法实务界均展开了一系列研究,立足于解决中国社会的现实问题。网络舆论的产生与利益、阶层、社会意识、情绪、信息导向等密切关联,因而网络舆论与司法公正的关系必须更多置身于社会学语境中来理解。一方面,以司法权在纠纷解决过程中的超然性和中立性为基础准确把握司法权的终局性;另一方面,正确认识多元网络话语背后的当代中国的多元法律文化特点,积极主动地让网络舆论在司法公开四大平台的正确引导下发挥出对于司法的良性功能。基于司法权运行规律和制度保障,司法权在与网络舆论的互动过程虽然具有优势地位,但人民法院应对新媒体网络舆论的最佳路径选择应当是现代意义上的司法公开,经过司法公开正向引导的网络舆论不仅不会影响司法公正,而且通过司法公开保障司法公正。人民法院通过司法公开四大信息化平台的建构和完善,将会不断增强审判执行工作的透明度,促进网络舆论与审判执行工作良性互动发展趋势的平衡,促进审判执行工作更加高质量、高效率地开展,维护和促进司法公正,进而赢得社会公众的普遍信赖,进一步提升人民法院司法公信力,推进中国社会的法治化进程。

# 第二十一章

# 公信评鉴:现代审判管理理论
# 体系的建构与创新

自最高人民法院在全国法院系统广泛推行审判管理制度以来,全国各地各级人民法院审判管理工作的体制机制创新实践产出了较多的理论创新成果,"审判的规范化、合法化程度有较大提高,质效指标持续向好",[1]但迄今为止,审判管理的系统化理论体系还没有完全形成,整个审判管理工作仍然处于探索实践阶段。审判管理与人事管理、政务管理共同构成了人民法院的三大管理体系,较之后两者,审判管理更为直接地强调司法职能的发挥,其主要依托于人民法院的审判活动,宗旨是促进审判工作公正、高效地得以运行。审判管理工作归根结底是人民法院审判执行工作的客观需要。审判管理必须尊重审判执行工作的特殊规律,决不能干扰甚至干涉法官依法独立办案,其发挥的是一种服务、制约、优化和规范的作用,管理才能出效率,出质量,如果人民法院不能与时俱进强化审判管理理论体系,审判管理工作将越来越不能满足社会公众对司法审判的新需求、新期待,司法公正和效率的主题也将难以实现。因此,科学的审判管理理论体系建构与创新是建立现代型法院的关键和核心。本章立足于中基层法院审判管理工作的实践和创新经验探索理论体系建构,试图初步构建现代审判管理理论的基本理论架构体系模型。

## 第一节 审判管理理论体系之建构

管理是管理人员为了有效实现组织目标,利用专门的知识、技术和方法对

---

〔1〕 沈德咏:《在全国法院案件质量评估工作电视电话会议上的讲话(代序)》,载张军主编、最高人民法院研究室编著:《人民法院案件质量评估体系理解与适用》,人民法院出版社2011年版。

组织活动进行策划、组织、指导与调控的过程。要发挥管理效能,达到整体力量大于部分之和的合力,必须有成熟的理论指导和制度保障。即使是内部管理十分淡化的西方法院,其自身的管理也是实现国家司法职能的重要条件。[1] 因此,建构科学的审判管理制度需要科学、扎实的理论作基础。但是,审判管理理论绝不是纯粹的法哲学思辨,而是政治理论、法治理论与社会实践和司法实践的结合。通过从实践到理论、从理论到实践的互动,不仅加强了司法机关彼此之间的沟通交流,而且也促进了司法和民意的互动。审判管理改革需要实践家,也呼唤理论家。唯有弘扬司法公正这一价值追求,审判管理制度才能契合人们的法治理想,形成不懈的精神动力。审判管理理论与审判实践是融为一体的,最终积淀为司法人员的内在信仰、思维和人文素养。波斯纳曾说:"许多思考,包括必须在不确定下作出决定的繁忙法官的思考,都是压缩了的思考,情感的、直觉的或常识性的思考,而不是从明确前提一步步推进的,这就为无意识的前见发挥作用提供了广大的空间。"这种"无意识的前见"显然是实现司法公正的正能量,而它的积蓄和生成需要在漫长的审判及其管理中逐渐积累酝酿。

## 一、审判管理的发展历程

我国法院是多主体、多层级的体制及组织结构。对于一件案子,主审法官、合议庭、副庭长、庭长、副院长、院长,直至审判委员会都有可能参与其中,享有发言权。"在政治系统缺乏自治性、结构分化程度较低的背景下,人民法院的司法职能并不凸显,独立性不强,表现出对行政机构的依附性特征"。[2] 在这众多主体中,从合议庭—庭长—院长—审委会有一个明显的行政层级制,其对案件的裁判均有不同程度的影响。多主体、多层级、复合式的体制和组织结构直接导致主审法官无法主导案件,一件案件从立案到审判再到执行,要历经多个主体和多个层级的把关、评价,最终才算尘埃落定,严重影响了司法效率。

从司法改革的发展历程来看,我国也认识到了审判管理中存在的问题。早在"一五改革"期间,就明确指出"审判工作的行政管理模式,不适应审判工作的特点和规律,严重影响人民法院职能作用的发挥",认识到"还权于合议庭"的重要性,开始提出"强化合议庭和法官职责",其例外情况仅限于"除合议庭提请院

---

〔1〕 李玉杰:《审判管理学》,法律出版社 2003 年版,第 7 页。

〔2〕 梁三利:《论法院的组织属性》,载《边缘法学论坛》2007 年第 2 期。

长提交审委会讨论决定的重大、疑难案件外,其他案件一律由合议庭审理并作出裁决"。明确改革审委会的方向是"逐步做到只讨论合议庭提请院长提交的少数重大、疑难、复杂案件的法律适用问题"。虽然"重大、疑难、复杂"的抽象性规定使审委会遭到了诸多诟病,但是无论如何这一改革举措限制了审委会审判管理的范围,并将其发言权局限在法律适用方面,使得审委会借由审判管理干预案件实体裁判的机会大大减弱。

"二五改革纲要"继续突出合议庭的作用与功能,为减弱行政级别高的法官利用管理职权干预案件的审执,要求"建立并细化与案件审理、审判权行使直接相关事项的管理方法,改善管理方式"。"二五改革纲要"还明确提出"司法管理"的概念,将司法管理分为审判管理、司法政务管理、司法人事管理三大部分,这是一个具有划时代意义的创举。[1]

一五、二五改革以来,合议庭的职权确实得到了加强,但是与此同时审判管理由于未得以细化和明确规定,导致现实中操作无规范可循,职责不清、监督失范,出现了不同程度的边缘化。

于是,"三五改革纲要"明确提出:"改革和完善审判管理制度,健全权责明确、相互配合、高效运转的审判管理工作机制。研究制订符合审判工作规律的案件质量评查标准和适用于全国同一级法院的统一的审判流程管理办法。规范审判管理部门的职能和工作程序"。在此基础上,2011 年 1 月 6 日,最高人民法院下发《最高人民法院关于加强人民法院审判管理工作的若干意见》,要求"各级人民法院要本着对党和人民高度负责、对宪法法律高度负责、对审判事业高度负责的精神,强化管理意识,加大工作力度,充分发挥审判管理规范、保障、促进、服务审判的作用"。审判管理在现代法院的审判运行机制中发挥着越来越重要的作用。

我国现有审判管理体系形成于 2004—2008 年第二个法院五年改革期间。在此期间,随着办公自动化引入到审判管理工作中,技术手段在流程管理、庭审记录、文书制作、档案管理、统计数据信息处理等方面开始广泛使用。历经多年的发展,各级法院在审判管理制度的形成、改革与创新方面进行了大量探索和实践,为审判管理模式日益步入规范化和制度化积累了宝贵的经验,为建立符合人民法院审判工作管理需要的、具有快速反应和宏观分析能力的审判管理体系奠定了基础,初步确立了以统一指标体系为向导,案件审判流程管理、审判质量管理、绩效评估为主要内容的审判管理工作格局。"四五改革纲要"明确提出:"健全审判权力运行机制,健全法官、合议庭办案机

---

〔1〕 蒋惠岭:《关于二五改革纲要的几个问题》,载《法律适用》2006 年第 8 期。

制;完善主审法官、合议庭办案责任制;健全院庭长审判管理机制;健全审判管理制度;改革审判委员会工作机制;推动人民陪审员制度改革;推动裁判文书说理改革;完善司法监督机制;改革诉讼信访制度。"审判管理体制机制和理论体系面临许多新的问题。

## 二、审判管理理论体系构建的思考

构建我国审判管理理论体系要以明确审判管理权的性质即厘清审判管理权和审判权的关系为起点,以配置审判管理权为基础,以审判流程管理、指标考核和案件质量管理为手段,以法官绩效考评机制、审判公开、诉讼服务中心、调审适度分离为辅助性制度,依托于现代信息化技术和专门化的审判管理机构,建立起权责清晰、配置合理、全方位、多角度、立体化的审判管理模式。

1. 审判管理权的性质

审判活动无疑是我国法院审判机制运行的核心环节,而要实现司法公正,审判权必须接受管理、配合管理,但是必须理顺审判权和审判管理权之间的关系。审判管理权是与审判权相伴而生的,从属于审判权,因为其对审判发挥着监督和制约的作用,所以,对审判行为具有服务和约束的双重功能。审判管理权作用于审判权是附条件、规范化的,其必须服务于法官办案,决不能代替和否定审判权。

2. 审判管理权的构成

(1)审判管理权的主体。审判管理需要全员参与,具体包括:

第一,审判管理的微观主体——法官。"审判管理的目的在于保障审判工作高效运行,促进审判工作良性循环,而法官作为法院第一生产力,法院诉讼职能的实现依赖法官的法律智慧、职业技能和社会良知"[1]。审判管理"管"的是法院的司法行为,而法院的司法权是由法官个人来行使的,所以,如果无法调动法官在审判管理中的积极性和主动性,审判管理将不能顺利运行下去,也无法实现建立审判管理的初衷——在提高法官素质的基础上提高法院的司法公信力。法官主要通过对自己参与审理的个案的微观管理成为审判管理中不可或缺的一环,因为"从长远来看,除了法官的人格外,没有任何东西可以保证实现正义。"[2]

---

〔1〕 胡昌明、杨兵、王耀承:《构建科学的审判管理机制》,载《人民司法》2011 年第 1 期。

〔2〕 [美]本杰明·卡多佐:《司法过程的性质》,苏力译,商务印书馆 1998 年版,第 6 页。

第二,审判管理的中观主体——合议庭。"一五改革"以来,合议庭的职权在不断得到强化,合议庭对审判管理的权限表现为两大方面:其一,案件是否交由审委会讨论,取决于合议庭是否提请院长予以提交;其二,除了那些"重大、疑难、复杂"案件由审委会决定外,其他案件的裁判均由合议庭自行决定。

第三,审判管理的纽带主体——院庭长。"作为审管主体的法院院长,法院类行政化的'首长负责制'要求其对整个审判管理活动负责,并需要在《人民法院组织法》的规范下对具有审判管理职责的人员予以授权"[1]。院庭长上呈合议庭,下启审委会,是审判管理中的桥梁和纽带。院庭长一方面应当参加合议庭审理案件,一方面也是审委会的成员。院庭长直接指导办案,直接管理法官,是审判管理的纽带主体。院庭长作为审判管理的重要力量,除了以听取汇报、参加案件研究、审签法律文书等方式进行个案把关外,主要在审判质量效率控制、法官业务素质以及法官审判绩效考评等方面承担审判管理职责。

第四,审判管理的宏观主体——审判委员会。审判委员会是法律明确规定的人民法院内部的最高审判组织,兼具审判权与审判管理权,在整个审判管理工作中应处于核心地位。其负责研究具有普遍性的法律问题和审判管理宏观决策。通过听取审判运行态势分析报告、案件质效评查报告、专题问题探讨等方式,加大其对审判管理有关事务的研究力度,准确深入把握审判运行中存在的新情况、新问题、新趋势,及时分析成因,总结经验,查找不足,并作出相应的决策,从而维护审判机体的正常运行。

(2)审判管理权的客体。审判管理权的客体即审判管理权作用的对象。从表面上看,审判管理督促、指导审判执行活动严格按照法定程序和法定内容推进,而审判执行活动是由法官进行的,管的似乎是人,是对法官的监督和制约;实际上,审判管理权真正的着力点在于"案",如对案件进行质量评查,对案件的各个流程节点进行监控和管理,对案件的质效进行评价。当然,管案最终促使法官加强业务学习,提高司法能力,提高司法效率,不断改进司法作风,也达到了管人的功效。

(3)审判管理权的内容。从总体上看,我国形成了由审判流程管理、指标体系和案件质量管理"三位一体"的审判管理工作格局。

(4)审判管理权行使的方式。审判管理在点上主要行使对案件实体的审核权,管住重点案件、重点环节和重点人员;在线上把握对案件流程的监督,及时

———————————

〔1〕　钱锋:《审判管理的理论与实践》,法律出版社 2012 年版,第 33 页。

消除瓶颈,保证审判流程的顺畅进行;在面上行使对案件的综合指导,庭级以审判长联席会、案件通报分析会、案例评析会等会议,院级以审判质效分析调度会、审判指导内部刊物等形式不断总结审判经验,提升审判质效。可见,审查审核、复议建议、签署文书、旁听庭审、列席合议、查阅卷宗和听取报告等均是行使审判管理权的方式。

3. 审判管理权的辅助性制度

以法官在审判工作中形成的质效数据为主要内容建立起来的法官绩效考评机制,以立案信息、开庭信息、裁判文书、庭审视频、执行案件和评估鉴定拍卖信息为内容,实现法院和社会主体互动交流的审判公开体系,以提供一站式服务、全方位惠及当事人的诉讼服务中心,以实现案件立审环节的繁简分流科学管理,竭力提升调解质效的调审适度分离机制为审判管理的辅助性举措,强化审判管理的成效,为社会提供公正、高效、便民和廉洁的司法服务。

## 三、审判管理理论体系建构之解析

1. 审判管理机构

审判管理机构在性质上隶属于审判委员会的办事机构,主要是协助审判委员会具体实施审判管理工作。其职能包括:第一,运用司法统计和审判管理数据,分析审判运行态势。审判管理部门依托于收集的数据,定期分析全院审判组织和审判机构履行职责的状况和效果,进行总结,提出改进审判工作和审判管理工作的建议和意见。第二,进行案件质量评查,按照《案件质量评查办法》开展常规评查、重点评查和专项评查。第三,以通报、分析报告等作为审判工作和审判管理工作的载体,规范指导方式。第四,履行案件质效评估、案件流程管理、案件质量评查等职责,检查和分析审判工作和审判管理的效果,并针对性地提出建议。总之,案件信息管理、审判流程管理、案件质效评估、案件质量评查、法律文书评查、审判运行态势分析、审判绩效考核、司法统计等都应归于审判管理机构统一管理。

2. 审判管理内容

(1)审判流程管理。审判流程管理是审判管理改革之初率先建立的一项审判管理制度。案件流程的设置是根据审判运行的特征,将审判全程分化为若干个阶段,再根据具体审判活动,将各个阶段进一步细化为若干个节点,由专门机构和人员对这些节点进行监督和控制,然后遵循程序法的规定,将硬性的审限规定分解和配置到各个阶段和各个节点上,以时限管理为核心,以时限警示、时限通报和节点冻结为内容,以计算机管理为手段,对案件审判、执行各环节运行情况进行规范有序的动态跟踪、提示,旨在提高审判质量和效率。这样,审判主体整个审判行为中的每一个步骤都呈现在管理主体面前,便于管理主体及时全面了解和掌握审理状况,进而作出整体规划。案件流程管理并不局限于立案审查、自动分案、督办催办,还会根据案件在审理过程中的不同阶段,对案件的立案、排期、送达、开庭、委托鉴定、结案、上诉、移送等环节进行统一协调,对重要节点采取多样化的方式为法官和辅助人员提供最为便利和快捷的信息提示。

(2)考核指标体系。目前,最高人民法院确定的指标体系共有三级,其中一级指标 1 个,二级指标 3 个,三级指标 26 个。各地法院结合本地域特色,对二级指标和三级指标进行了细化,例如,将 26 项三级指标扩展为 31 项,并对某些指标的权重和分值作了些微调整,等等。指标体系的设置和考核通常以法院为基本单位,通过软件系统把指标直接植进具体的审判流程中去,通过数据的实时填报或相关情况的实时记录,自动生成审判行为和审判管理行为的具体分值,对审判工作及其效果作出量化的分析和评价。但是,指标体系不仅仅是定量化描述审判工作业绩的一种工具或手段,还能对审判行为进行事前的引导、事中的参照和事后的评价。根据"四五改革纲要",新设立的指标体系必须能对审判行为和审判管理行为进行合理的激励和导向。

(3)案件质量评查。案件质量评查是指上级法院对下级法院,各级法院对本院所审(执)结的各类案件的实体、程序、法律文书、案卷归档等情况进行的内部检查,并进行评价。一般来说,上级法院可以直接评查下级法院,也可以指定下级法院交叉评查,上级法院有权对下级法院的案件质量评查结果进行复查,并以规范性文件明确重点评查的案件范围,将案件质量划分为案件事实认定是否清楚、采信证据是否恰当、案件定性是否准确、适用法律是否正确、裁判结果是否公正、诉讼程序是否合法、审执期限是否遵守、裁判文书是否严谨、装卷归档是否规范等各个方面,逐一进行评查计分。

案件质量评查分为常规评查、重点评查和专项评查。常规评查以程序运行作为评查内容,对审判业务庭的每个审判人员(包括审判长、合议庭成员、执行法官)近期已经归档的案件进行评查;重点评查以实体处理情况作为评查内容,对改判、发挥重审、被确认职权行为违法、被决定予以国家赔偿的原因进行评查及对裁判结果的正确性进行具体检查分析,最终作出该案是否属于差错案件的评价;专项评查针对的是上级法院要求专项评查的案件,法院要求专项评查的案件和为推进执法统一所确定的案件。

3. 审判管理权辅助性制度

(1)法官、法官助理、书记员审判工作绩效考评机制。法官、法官助理、书记员审判工作绩效考评以多个数据系统为后台支撑,辅以人工主观评价,有效对接公务员考核规定的总体模式,将考评项目放在"德、能、勤、绩、廉"五个关键点上,根据不同审判类别、不同岗位法官的工作特性,依据职能划分,采取不同考核模式,对不同序列人员进行分类考核,做到考核结果实时公开、档案同步生成。在法官业绩考评中所依据的相关数据自动提取于审判管理系统等后台支撑软件,是考核法官业绩的刚性数据和铁证。而考评机制中涉及人为掌握情况的业绩,如"德""廉"等,则通过民主测评、职能部门评价的方式进行,"电脑 + 人脑"与"客观 + 主观"的考评方式能对法官、法官助理、书记员作出全面、综合的评价。

(2)司法审判公开机制。审判公开以公开为原则,不公开为例外,充分体现了对公众知情权、参与权、表达权和监督权的保障。公开的信息属于法院审判工作的主要信息,这些信息能基本反映一个案件诉讼流程的主要环节,展现案件的整个审理过程。立案信息、开庭信息、庭审视频、裁判文书、执行信息和评估拍卖信息都是审判公开的内容。"法院裁判既非物质产品也非能源产品,而是属于信息产品的范畴"[1] 此外,审判公开还能实现法院和社会之间的良性互动,改变传统信息单项公开的方式,通过审判信息公开平台,专设网民留言栏等方式,专门用以收集社会公众对法院工作特别是诉讼的意见和建议,并积极作出回应。在现代社会中,审判公开的载体呈现出多样化特征,互联网、触摸屏、电话、短信等现代载体结合宣传栏、公告牌、宣传手册等传统载体,能全面、及时告知、提示当事人和公众相关诉讼事宜和诉讼知识。

(3)诉讼服务中心机制。根据审判活动中处理事项性质的不同,将审判工作合理分割为"前台"和"后台"。这些前台性事务属于审判工作以外的辅助性事务,如收转材料、领取文书、判后释疑等,由诉讼服务中心直接面向当事人进行接待和提供服务。因此,诉讼服务中心有三大功能:受理——由中心窗口直接受理诉讼群众向业务庭提交的申请(诉讼保全、调查取证、变更追诉、回避延期、鉴定评估、司法救助、各类复议)和异议(管辖异议、支付令异议、保全异议),并转交各业务庭限期办理;办理——包括收转(递交材料、领取文书)、查询(案件证据、案件进度、诉讼档案、工商查询)、联系(联系法官、公告办理、法律咨询、信访预约)、判后(判后释疑、上诉办理、生效证明)、执行相关事务、支付结算(诉讼交费、减免缓交、缴纳罚金)等;引导分流——包括诉前调解、诉调对接等。诉讼服务中心设有六大区域和九类窗口。六大区域包括诉讼引导区、当事人自助服务区、第三方服务区、窗口集中服务区、诉讼

---

[1] 李玉杰:《审判管理学》,法律出版社 2003 年版,第 20 页。

立案调解对接区和投诉区。九类窗口是诉前服务窗口、收转材料窗口、查询事项窗口、联系事项窗口、判后事务窗口、执行事务窗口、执行结算窗口、申请事项窗口和异议事项窗口。

（4）调审适度分离机制。"调解热的再起源于社会转型期的诉讼爆炸、司法生态的脆弱、息讼的政治压力等诸多原因,是人治社会需求的表现"[1] 调审适度分离是在法律规范框架内,将诉前、立案、庭前、庭中及庭后等各个环节中的调解工作相对分离出来,由专门配备的调解人员负责庭前准备与调解工作,做到庭前准备、调解与庭审、裁判适度分离。调审适度分离在本质上是在法院内部对调解的具体操作方式进行改革,其由法官主持,属于诉讼内的调解,只是主持过调解的法官不参与同一案件的审理,以此规范和加强调解工作,使对案件的调解和审判都能充分发挥各自的最佳效用,达到民事诉讼调解的科学化、规范化和理性化目标。

4.司法大数据信息化平台技术

"信息之于民主,就如货币之于经济。"[2]提高审判管理水平,必须与时俱进,借助现代司法大数据信息技术,引进现代管理理念,对落后的管理方式、僵化的组织结构、低效的审判流程等进行全面而深刻的变革。"如果我们能够创新,互联网对我们就是最好的时代;如果我们不能够创新,互联网对我们就是最坏的时代"[3] 我们应充分利用计算机网络、审判管理软件,将各诉讼环节的操作过程、审判流程、统计分析、结案归档等司法大数据均纳入计算机信息系统,实现审判管理工作流程与计算机软件运行流程全程对接,确保各类司法大数据信息实时登记录入或转换存储。信息技术的使用提高了审判管理的透明度,能将所有案件的纸质档案全部电子化,各个主体借助于网络平台可以查阅到具体案件的每一份材料和其历经的每一个审理环节和进展,便于相关主体全面了解审判运行的具体情况;大大提高了审判效率,通过审判流程的自动转接、各审判环节的自动催促和提示、部分法律文书的格式化处理、各种文书资料的网上流转,节省了人力消耗,加快了案件流转;在一定程度上保证了管理的规范化,不可变更的软件系统程序的开发和运用强化了审判管理的刚性和严肃性。

---

〔1〕 周永坤:《论强制性调解对法治和公平的冲击》,载《法律科学》2007 年第 3 期。

〔2〕 涂子沛:《大数据》,广西师范大学出版社 2013 年版,第 15 页。

〔3〕 中国管理模式杰出奖理事会:《云管理时代——解码中国管理模式》,机械工业出版社 2013 年版,第 9 页。

# 第二节　审判管理理论体系创新的思考

## 一、现有审判管理存在的问题

1. 从纵向来看,各级法院之间审判管理工作模式的行政化(上级法院对下级法院的逐级考核)和指标化,使得基层法院的审判管理工作,在一定程度上处于被动迎合状态。虽然各类管理者的管理目的,总体来说还是提高办案能力,促进司法公正、司法效率,但就专门的审判管理部门而言,其为达到考核要求,往往更加侧重于评估体系研究,将其关注的重点放到如何完成上级法院设立的各项绩效管理指标之上,忽视了审判管理服务司法审判工作的这个核心内容。同时,基层法院之所以处于这种被动状态,还在于其无法参与指标的设立,对于考核体系,没有发言权。这就导致大部分基层法院的审判管理工作活力不够,在工作体制和机制的创新上,缺乏积极性。并且也因为这种被动适应,使得管理者无法依据案件的实际情况来调整管理的走向,而是根据管理要求的目标,强制性地调整案件办理情况(如要求法官限期结案等),这不仅不是科学的管理,而且也会挫伤法官、法官助理、书记员办案的积极性。

2. 从横向来看,过去基层人民法院的审判管理工作,要么处于一种结案之前的强行介入状态,重视把握实体;要么处于一种结案后的被动评估状态,侧重信息化考核,现有审判管理内容中的流程管理、质效评定、态势分析、质量监督、绩效激励等,基本上都是侧重于这个方面(即总结分析案件审理情况)。其对于司法审判的管理,处于一种传统模式下的流程化节点控制,同时这种控制非常机械,只能在一定程度上起到规范司法程序的作用,其效果也往往只是集中于个案管理之中,根本无法实现司法资源的动态化整体配置,也达不到审判管理应有的宏观调控作用。同时,这种管理也主要是一种事后的总结性管理,不能实现对司法审判工作的实时化分析和调整。

3. "审判管理作为特殊的管理,其要义是使审判质效信息在各级审判机构、审判组织、法官等主体间实现合理分布,使各自获取和拥有双方所掌握的信息,实现信息对称。"〔1〕目前的审判管理体制机制,是建立在原有的司法考核制度基础上的,其改革和发展,仍然是围绕着如何考核以及考核指标中的核心问题应当怎样分析等具体问题而展开的,其由于缺乏对管理权性质的界定、管理理论体系的建立,而显得盲目和无所适从。实践中,对于审判管理是什么、管什么和要管成什么样,没有依据,也没有明确的标准和方向。

4. 就目前审判管理工作中的突出矛盾来看,现行绩效考核指标的设置,并不根本依据于法院司法职能发挥及司法宣示功能的客观要求,而是一种人为的对于个案定性基础上的理想化思考,这就使得指标的设置,存在脱离实际并且可能形成错误导向的问题,使得上级法院和下级法院之间的绩效考核工作目标,甚至是审判管理工作目标存在分歧,从而导致这项工作的整体效果不好。如果不加以完善,极有可能导致某些层面上司法权威和司法公信力的下降。例如,目前对于中级法院的绩效考核指标中,有一项是"纠错率",这个指数对于中级法院而言是一个正向指标,也就是说,中级法院在二审审理程序中,改判和发回重审的案件越多,其在这个指标上的分数就越高。这就使得司法实践中,对于某些本来没有明确的法律依据,一审法院可以自由裁量的部分,被二审法院依据其自身的认识和绩效考核的需要,进行了改判。这种改判、发回,也许在一定程度上更加符合司法公正的要求,但却牺牲了基层法院的司法公信力。

5. 从司法审判的客观状况来看,案件质量的提高、办案效率的提升、司法社会效果的实现和司法资源的优化配置,都离不开司法能力的提高,而司法能力的提高需要有系统、合理的审判保障机制来促使其实现。现有的审判管理机制,主要侧重于管理,对于司法审判工作的服务和保障,涉及的不多,甚至没有被归入系统的审判管理之中。同时,目前对于审判工作的服务和保障,基本上只是零星的培训、教育、讲座等,结合审判管理评估结果分析的针对性保障服务工作不多,也没有相对成熟的固定模式。

6. 最高人民法院已经制定和下发的审判质量评估体系,主要是对相同级别法院的审判质量进行评估,其体系指标综合了法院内部各审判业务部门的审判要素,是对法院审判质量的综合评估,其指标值适用于相同级别法院之间审判

---

〔1〕　孙海龙:《实现审判信息对称——审判管理性质及功能的再认识》,载《人民法院报》2010 年 8 月 25 日。

质量的比较,而不适用于不同级别法院之间进行比较,更不适用于法院内部各业务部门之间进行评估比较。例如,开庭率。新修改的《刑事诉讼法》及相关司法解释既明确规定了应当开庭审理的案件范围,也规定了可以不开庭审理的案件范围。"从有利的方面看,评估为准确预见司法表现提供了某种凭据,且量化标准也更经济,因为统计数据可以压缩大量信息,而话语批评做不到"[1]。从审判实践看,应当开庭审理的案件并没有占到多数,且二审中不能、不宜或不便开庭审理的案件总数逾二成。此时,如果在开庭率上采取与民事审判庭一样的权重显然无法反映审判的客观性。

7. "审判管理权不仅是控制权或监督权,实际上应对审判组织行使审判权予以支持,提供服务。"[2]目前,虽然有专门的审判管理部门,但审判管理工作实际上还是处于多头化状态。这种情况,一定程度上能够满足法院内部各部门之间的职责分工要求,但又会因为管理体制的不协调,增加办案人员的工作负担。也就是说,管理本身的效率、效果可能存在问题。同时,多头管理中的部分管理者,既是运动员,也是裁判员(如某些法院的审监庭,负责案件评查工作,实际上履行了案件质量管理的职能),其管理的科学性可能存在问题,并且也存在地位上的尴尬。此外,对于管理者本身,缺乏有效的制度约束,如何让其更好地发挥管理职能,也是目前尚未解决的问题。(这就好比在我国现有法律体系中,政府的某些职能部门,负责管理社会生活的某一方面,而这些职能部门的行为,同样需要经济法的调整。)

## 二、审判管理理论体系创新之解析

1. 创新审判管理的原则

(1)合法性原则。审判管理不能突破法律的规定和宪法精神,必须在法律框架内将审判管理运行规则化,并涵盖审前、审中和审后,不可为了管理而管理,甚至为了提高某个指标违背审判活动中立、被动的特征。要从制度上保证审判组织的裁决行为处于超然的地位;要根据人员分工和数量,加强组织协调,填补制度漏洞,使审判主体在审判中彼此独立、自我判断、独立负责,又通力合作、相互制约,逐渐形成审判环节协调、审判质效控制、审判行为监督的基本模

---

〔1〕 [美]理查德·波斯纳:《法官如何思考》,苏力译,北京大学出版社 2009 年版,第 138 页。

〔2〕 孙海龙、高翔:《深化审判管理若干问题的思考》,载《人民司法》2011 年第 1 期。

式。"审判管理的正当性关键在于审判管理的过程和结果是否提升了当事人和社会公众对司法的接受、认同和信任的程度"。[1]

(2)遵循审判活动规律原则。审判管理固然重要,但是必须符合审判活动规律。"由于社会总会有因不测因素引发的,人们无法事先控制的案件数量突增,为保证有效且高质量地应对,法院系统不仅要避免长期满负荷,而且必须始终保持有一定的余力"。[2] 审判规律从横向上看,各业务部门受理的案件类型不同,繁简不同;从纵向上看,各地法院存在地域差异性,经济、社会、文化等发展不同,导致案件量、案件类型等不同。针对这些不同、在坚持最高人民法院统一口径和考虑各地实际灵活情况下设计的审判管理模式才能真正反映审判活动的状况,切实发挥管理对审判行为的服务和监督功能。

(3)时效性原则。审判管理的范围不是一成不变的,应根据审判工作态势进行适时调整。可以根据一段时期内审判质效指标的变化态势,对质量不好、效率不高的类型案件或承办法官办理的案件纳入相应管理层级进行审核,以保证纳入管理的案件契合法院在一定时期与阶段的自身工作特点,并回应法院所辖地域经济发展、社会管理的重点问题,与时俱进,在不同时期,设置不同的审判管理目标,推动管理最终走上科学发展的道路。

(4)效率性原则。"绩效管理的作用在于强调对结果的导向,落实责任,追求个人绩效和组织绩的'双赢'"。[3] 审判管理的宗旨是通过监管全过程的审判行为,促进司法公正,提高司法效率。司法效率的提高表现在两个方面,从当事人角度看,必须便民,减轻公众的讼累;从法官角度来看,也要方便法官,解决案多人少的瓶颈,避免法官在从事专职性审判活动之外,还要分出一定精力来迎接监管,加重主审法官的工作量。

2. 审判管理之创新举措

"现在改革实践为将来合理设置审判部门、集中法院行政管理部门,为构建更好的组织结构提供素材和经验,是最终形成中国法院管理模式的雏形。"[4]

---

〔1〕 钱锋:《审判管理的理论与实践》,法律出版社 2012 年版,第 91 页。
〔2〕 苏力:《审判管理与社会管理——法院如何有效回应"案多人少"》,载《中国法学》2010 年第 6 期。
〔3〕 姚正陆、吴春峰:《谈法院绩效管理》,载《人民司法》2006 年第 11 期。
〔4〕 张柏峰:《中国的司法制度》,法律出版社 2000 年版,第 29 页。

（1）审判管理权的内容

① 审判流程管理的创新举措

第一，在从内部加强审判管理服务审判的同时，要把司法便民的理念纳入审判管理中，从当事人的角度审视审判管理能不能真正实现高效、公正。一方面，不能仅仅只是提高了审判效率，但是并未真正惠及当事人，减轻当事人的讼累，所以要把那些程序法中没有规定的期限但会影响诉讼周期的事项，例如，下级法院与上级法院之间有关移卷、缴费、移交上诉状等事务纳入审判流程的节点之中，设置合理的期间；此外，将涉及当事人诉益的节点延伸至裁判文书送达完毕为止。另一方面，不能提高了效率，但牺牲了公正，即在案件质量上大打折扣。

第二，从实际情况看，审判流程主要是对一线审判人员的制约，对院庭长的约束很少，但是，某些环节仍少不了院庭长的审批，因此，要将这一审核和批准行为也纳入流程之中，使其成为特定的节点，给予时间上的限制，避免成为一线审判人员行为中的干扰。

② 指标体系的创新举措

第一，在纯粹的由上而下式的现有指标考核体系中，增加基层法院参与的制度内容，通过设立个别机动的考核指标，由基层法院结合工作实际、法院审判工作特色，进行浮动参评，从而增加基层法院审判管理工作的积极性。例如：将绩效考核指标分为基础指标和机动指标，基础指标为各法院均需参评的指标，而机动指标可以下设几个具体方面，由各级法院根据具体情况，选择参与，这样既可以保证绩效考核结果在总体上能够反映司法审判的公正、效率、效果状况，又能够客观上做到具体区分，这对同一考核层级不同法院（案件数量不同、法官年龄结构不同、审判压力不同等）更为公平。

第二，探索横向指标体系的设置。在审判管理工作中，法院审判组织存在按照刑事、民事、商事、行政等案件类型划定专业庭，审判工作具有复杂性，案件性质、数量、难易程度等区别。对各审判业务庭质效指标的满意值和不满意值的配置方式可以纵向对比指标值为主，辅助参考横向对比指标值。其中纵向指标值是各审判庭近年评估指标的平均值、最大值和最小值的整理和选择，横向指标值是近年评估指标的平均值、最大值和最小值的归类和选择。

第三，三级指标采用幂函数功效系数法以克服"极大值"和"极小值"对指标最后分值的极端影响；采取三级指标合成二级指标，二级指标合成一级指标以实现各单项指标值之间等量补偿的算术平均合成法,使得指标间能够取长补短。

第四,加大绩效数据核查力度。"案件质量精细化管理的基础是对涉及审判信息的各种基础数据的采集、整理、核查和分析处理。"[1]单独或结合个案评查,逐案核查重点数据,并根据各业务庭数据上报情况,对指标数据排名靠前、异常数据、明显存在虚假可能性的数据等进行重点检查,并及时排查异常数据。

③ 案件质量评查的创新举措

第一,按照审判工作的性质,细化评查标准,民事、刑事、行政、执行、减刑假释、国家赔偿确认及国家赔偿案件、非诉行政案件都有各自的评查标准。将评查标准的视域扩大化,从立案、诉前权利保障开始,直至诉讼权利保障、审理程序、实体处理、执行法定审限、报批手续、裁判文书、笔录、卷宗装订。

第二,严格划分案件质量责任,针对常规评查案件、重点评查案件和专项评查案件的不同,明晰相关人员的不同责任。"现代社会的管理,越来越从原来的模糊化、抽象化转变为精细化、具体化的管理,越来越注重对管理的目标、内容、阶段、程序、责任进行细分,越来越注重对各种细节的管理。"[2]

第三,开发完全不同于传统方式的计算机支持系统,包括案卷卷宗、评查标准和所有评查资料的一体无纸化以及评查信息综合储存、查询等功能,随时向管理者和办案法官提供各种所需的评查和研究信息。

(2)审判管理的辅助制度

① 法官绩效考核机制的创新举措

评价中,对依据业绩评价项目综合生成的法官个人业绩结果,在比较方式上,要充分考虑不同审判类别、不同岗位法官的工作特性,根据职能划分,设置不同的考核模式,对法官进行分类考核、分序评价,使考评对象之间具有同类可比性;按不同类型案件的审判质效指标,设置与法官所从事审判工作相匹配的考评项目和分值,加强针对性和专业性。

② 审判公开体系的创新举措

"如果所有人的信息本来都已经在数据库里,那么,有意识地避免某些信息

---

〔1〕　钱锋:《审判管理的理论与实践》,法律出版社 2012 年版,第 123 页。

〔2〕　李浩:《司法统计的精细化与审判管理——以民事案件平均审理期间为对象的考察》,载《法律适用》2010 年第 12 期。

就是此地无银三百两。"[1]

第一,积极运用法院信息化建设成果,实现办案系统与互联网的自动对接,减轻任务繁重的法官为完成审判信息公开所付出的精力。在公开审判信息时,由电脑自动判断是否公开,自动上传至互联网;对裁判文书、证据材料等需要编辑或选择的信息,通过设计便捷的操作程序来进行提交,对于一些不宜公开的隐私信息,通过系统软件采用自动方式进行屏蔽。

第二,在审判公开的范围、程度、公开的程序上,要明确界定各类审判信息公开的原则和边界,遵守相关法律、保密规定,注重保护国家秘密、商业秘密和个人隐私。

③ 全面拓展诉讼服务中心服务功能的创新举措

"审判管理的走向,就是要进一步发挥其服务功能。审判管理也是服务,服务审判、服务法官、服务当事人。"[2]

第一,优化中心软件功能,明确事务时间节点,授权窗口操作权限,简化办事环节;延伸办事空间,拓展办事平台,向当事人提供内外网两种办事途径,网上办事与窗口管理职能完全相对应;支撑前后台法官处理事务,同步录入、瞬间流转、同步显示、无缝对接,明确事务办理时限责任,自动生成"接件通知单"。

第二,在不影响法院中立地位又能切实解决当事人需求的前提下,积极引进第三方提供低成本和便捷的服务,如文印、传真、电话等服务项目。同时,第三方能对窗口人员进行专业评价,克服内部监督机制的不足。

④ 调审适度分离机制的创新举措

在我国,"尧舜时期就已出现了调解制度的萌芽"。[3] 在当事人看来,自己能接受的结果对他来说无论是在程序上还是实体上都是公平的。[4]

第一,调审分离程序大致有以下几个阶段:甄别案件(包括阅卷和询问)、调解(当事人双方在法官主持下进行的调解,最后达成正式的调解协议书)、制作与送达调解书、裁定书。从甄别到调解书的制作和送达,均应设定相应的期限,以防案件"久甄不别""久拖不调""久调不果"的现象发生,影响案件正常的审

---

〔1〕 [英]维克托·迈尔—舍恩伯格、肯尼思·库克耶:《大数据时代:生活、工作与思维的大变革》,周涛等译,浙江人民出版社 2013 年版,第 198 页。

〔2〕 钱锋:《遵循司法规律创新审判管理》,载《重庆法院简报》2002 年第 110 期。

〔3〕 曾宪义:《关于中国传统调解制度的若干问题研究》,载《中国法学》2009 年第 4 期。

〔4〕 强世功编:《调解、法制与现代性:中国调解制度研究》,中国法制出版社 2001 年版,第 42 页。

理期限和办案效率。

第二,对调审适度分离的案件案号的设立、案件在流转中的交接、案件流转中各时间节点的控制、审前程序中可调案件调解期限可批延环节、归档环节等进行明确规定,予以规范。

第三,做好调审适度分离下的分类考评工作,充分考虑调解和审判在工作内容、工作重点上的差异性,在工作性质上的趋同性,结合法院实际情况,建立有针对性、科学合理的分类考核制度。

(3)司法大数据应用和信息化技术的创新举措

第一,规范信息化系统的研发流程,坚持以法院业务需求为主导,对任何一个信息化系统的增加,都要经过周密的调研论证,指定懂业务、懂技术的法官和技术人员,全程参与到系统软件的研发中,确立法院在研发中的主导地位,确保每一个信息化系统都能有用、能用、好用。

第二,突破目前法院信息化的主体范围与服务对象主要局限于对法院内部工作的现状,拓展对外提供支撑服务的渠道,为社会公众提供全面的共享平台,提高跨系统司法协查效率和法院工作人员外出执行公务指挥保障力度,通过信息化技术实现法院与社会的无缝对接、资源共享。

第三,通过对数据的结构化、流程的规范化,利用计算机预先设定的软件程序,发挥计算机的智能运算能力,在不需要人工干预的情况下,自动完成一些相对简单的工作,最大限度地减轻法官及法院工作人员的工作负担,探索计算机人工智能化与法院工作的结合点。

在当今世界各国的司法改革中,不论是厉行职权主义的大陆法系国家,还是强调当事人主义的英美法系国家,司法改革的基本理念和方向都是"管理型司法"。我国积极探索审判管理制度的行为无疑顺应了这股时代潮流。审判管理是现代管理学在审判中的运用,必须符合审判自身的规律,这是一个逐步探索和渐进的过程,通过构建审判管理制度能够促进法院审判活动的规范化、制度化和科学化,提高审判公正和效率。目前,我国尚未形成成熟完善的审判管理制度,存在很多不足,但是,并不意味着我们要全部否定过去,审判管理的创新需要在继承传统好做法、总结过去好经验的基础上进行创新,理顺审判权与管理权之间的关系,设置科学、合理的制度,是今后各级法院任重而道远的长期工作。

审判管理理论体系构架示意图

审判管理权

审判管理权的主体

审判管理权的客体

审判管理权的内容

审判管理权的主体
合议庭
审委会
法官
院庭长

审判管理权的客体
案件

审判管理权的内容
审判流程管理
指标体系
案件质量管理
司法大数据体系管理
辅助性制度
调审分离
诉讼服务中心
审判公开

法官绩效考评机制
书记员绩效考评机制
法官助理绩效考评机制

信息化技术

# 第二十二章

# 公信构建:审判管理理论体系
# 构架与机制创新

　　自全国法院系统开始初步探索审判管理改革以来,四级法院根据最高人民法院不同时期颁布的四个"人民法院五年改革纲要",[1]结合各自职能定位和审判工作需要不断开展审判管理改革创新实践,经过十几年来的全面探索,"对全国法院审判工作产生了十分明显的激励、引导、规范和监督管理效应"[2]。审判管理与人事管理、政务管理共同构成了人民法院的三大管理制度体系,较之后两者,审判管理更为直接地强调司法职能的发挥,其主要依托于人民法院的审判执行活动,宗旨是促进司法公正、高效和权威。只有遵循司法审判工作的客观规律,充分发挥服务、辅助、制约、优化和规范的管理效能和作用,管理才会出效率和质量。虽然目前形成了较多的审判管理改革实践理论创新成果,但迄今为止,审判管理系统化的法学理论体系还没有完全形成,整个审判管理工作仍处于改革探索实践阶段。如果我们不能构建科学的审判管理理论体系来指导实践,就难以适应新时期司法审判工作发展的现实需要,也难以满足社会公众对司法审判的新需求、新期待,更难以实现司法公正的内涵。因此,初步建立科学的审判管理理论体系法理架构和不断创新审判管理体制机制是建立现代智慧型法院的关键和核心。本章立足于中基层人民法院审判管理改革实践和理论创新经验展开理论体系建构的法理思辨,试图初步构建符合司法规律的

---

　　〔1〕　最高人民法院于1999年出台《人民法院第一个五年改革纲要(1999—2003)》,提出建立科学的案件流程管理制度;于2005年颁布《人民法院第二个五年改革纲要(2004—2008)》,提出审判管理组织、司法统计制度改革构想和进一步改革完善审判流程管理制度;于2009年推出《人民法院第三个五年改革纲要(2009—2013)》,提出全面深化审判管理改革和健全完善审判管理工作机制;于2014年出台《人民法院第四个五年改革纲要(2014—2018)》,提出建立以审判为中心的诉讼制度、优化人民法院内部职权配置、健全审判权运行机制。

　　〔2〕　沈德咏:《在全国法院案件质量评估工作电视电话会议上的讲话(代序)》,载张军主编、最高人民法院研究室编著:《人民法院案件质量评估体系理解与适用》,人民法院出版社2011年版,第1—2页。

现代审判管理理论体系法理架构模型,同时,结合审判权运行机制,改革探究审判管理体制机制创新的路径与方法。

## 第一节　概念:内涵与外延的法理析构

自有审判以来就必然会有审判管理,审判管理与审判是一个相对应着的概念,我国古代历朝历代司法体制运行中实际上也有审判管理,只是因为不同历史时期司法体制不同而使得审判管理概念的内涵与外延各不相同。本节主要基于现阶段具有中国特色司法体制框架内和审判权运行机制中审判管理改革实践这一特殊语境展开。

对于审判管理的概念如何定义,以及审判管理概念的内涵与外延如何准确界定,目前在我国法学理论界和司法实务界都还没有达成较为统一的共识,甚至在一些通识性的问题和未来发展方向上也还存在较多的分歧和争论。归纳我国现阶段审判管理概念的定义学说,主要包括:行为说、过程说、程序控制说、事务辅助说、职能说、运行机制说、体制说、体系说等。[1] 如此多的定义学说证明审判管理是一个在司法审判实践和司法体制改革中不断变化和发展着的概念,审判管理概念的内涵与外延也必然会随着审判运行机制改革和司法体制改革的发展而不断变化。在不同的社会发展历史时期,甚至在同一时期的不同发展阶段,对于审判管理的概念必然会有不同的内涵和外延,各种不同的审判管理定义学说实际上就是对于概念的内涵与外延不断发展变化过程的动态解释。因此,我们应当学会从法社会学的视角来正确认知不同社会发展时期审判管理动态发展的概念内涵与外延。

在现有审判管理理论研究成果中,原江苏高院公丕祥大法官、原上海高院沈志先高级法官、原重庆高院钱锋大法官和重庆四中院孙海龙高级法官、武汉中院王晨高级法官以及成都中院关于审判管理理论著述中的概念定义较为契合中国现代社会发展中法院审判权运行机制和审判管理体制机制改革实践的时代特征。上述成果分别在审判管理实践与理论的"江苏模式""上海模式""重庆模式""武汉模式"和"成都模式"实证研究的基础上,从体系、运行、过程、制约、职能等视角和维度开启了研究审判管理概念内涵与外延的窗口,引导

---

〔1〕 钱锋:《审判管理的理论与实践》,法律出版社 2012 年版,第 9—11 页。沈志先:《法院管理》,法律出版社 2013 年版,第 48 页。

我们从法社会学、法理学、法哲学、法经济学和管理科学的多维理论视域展开更加深入的理论研究和思考。

公丕祥大法官认为，"审判管理是围绕案件审判展开的、以审判决策、程序控制、质量督查、行为激励等为主要内容的管理制度体系及其管理实践活动"。[1] 这个定义是体系说的解释方法，在全面总结江苏省三级法院自2003—2013 年审判管理体制机制改革创新的"江苏模式"实践经验基础上，着重强调审判管理是有司法实践价值意义的围绕案件审判的管理制度体系，侧重以案件审判的公正与效率价值需求为视角来解构审判管理作为管理制度体系的概念内涵与外延，有助于从现代审判管理制度体系建构的路径选择展开体系化法学理论研究。江苏省高级人民法院是在全国法院系统中较早开展审判管理改革实践的探索者，也是较早在江苏全省三级法院全面推行和建构审判管理制度体系的法院。该院 2003 年开始研究制定并经审判委员会讨论通过出台《江苏省高级人民法院关于建立全省法院审判质量效率统一指标体系和考评机制的实施意见（试行）》，这个于 2004 年 1 月 1 日开始试行的实施意见具体包括《全省法院审判质量效率指标体系实施办法（试行）》《全省法院案件质量监督评查实施办法（试行）》《全省法院法官审判业绩考评管理实施办法（试行）》三项主要内容，初步形成了以高级法院为主体统一指导下的以案件审判质量效率考评为主题的中基层法院审判管理质量与效率指标考评制度体系的雏形。

"江苏模式"审判管理制度体系建构的内涵与外延主要包括审判质量效率考评、案件质量监督评查、法官审判业绩考评三项核心内容，始终围绕案件审判这个主题建构审判管理制度体系。"江苏模式"突出的样本分析特点就是在全国法院系统审判管理改革实践中率先尝试建立并推行案件审判质量效率统一指标体系，率先成立审判委员会办公室等审判管理专门机构。在最高人民法院审判管理改革试点整体调研工作统筹指导下，江苏法院结合全省中基层法院案件审判的主要特点和法院内部院庭长层级管理过程的基本规律，通过初步设定考评指标体系形成体系化的常规审判管理模式，运用这一指标体系进行案件审判的质量和效率管理考评考核工作，并结合指标体系与相关科技公司研发相关审判管理指标体系配套软件系统。

在全省三级法院推行审判质量效率统一指标体系和考评机制进行审判管理的改革实践过程中，江苏高院根据案件审理程序规律和审判运行机制规律逐步完善统一指标体系和拓展审判管理的内容，2006 年出台《关于修改全省法院

---

〔1〕 公丕祥：《当代中国的审判管理——以江苏法院为视域的思考与探索》，法律出版社 2012 年版，第 2 页。

审判质量效率统一指标体系的意见》对原指标体系作了较大幅度修改,并制定推行案件审判流程管理制度,2008 年出台案件质量监督评查管理制度,2009 年出台审判绩效综合考评办法,2010 年出台加强均衡结案、进行审判运行态势分析、加强基层法院指导和加强司法统计等相关管理制度,2011 年又根据最高人民法院指导意见再次修订出台《全省法院审判质量效率统一指标体系》,对指标体系作进一步完善。之后,还出台了《江苏法院审判管理工作五年规划(2011—2015)》,规划共提出了 19 项审判管理体制机制创新的内容。无论"江苏模式"现在发展的境况以及对制度体系改革实践褒贬如何,其制度体系的内涵与外延变化发展的路径是理论研究的标志性样本。

沈志先高级法官认为:"审判管理是指人民法院基于对审判活动规律的认识与把握,以提高审判质量、效率和效果为直接目标,以指导、规范、服务和保障审判权依法独立顺畅运行行为准则,通过设计和运行一套科学合理的综合管理体制,运用体制内各种管理机制和措施,对审判活动及其赖以展开的审判资源进行配置、评价、组织、指导、协调和控制的过程。"[1]这个定义是活动说和过程说的解释方法,在全面总结上海三级法院自 2003 年以来审判管理体制机制改革创新的"上海模式"实践经验基础上,着重强调审判管理过程中所展现的内涵与外延的价值功能,侧重以审判权运行的行为和过程两个视角来解构审判管理体制机制建构的作用,既有助于社会公众对审判管理改革实践的直观理解,也有助于审判管理体制机制改革理论研究的进一步深化。上海法院也是较早参与最高人民法院主导下案件质量评估改革试点的法院之一。上海三级法院自 2003 年就开始在各级法院内部启动案件质量评估与管理工作。"上海模式"主要体现的特点是更加注重内涵的精细化管理原则确定和外延流程、质量、效率、绩效、信息化等内容的明确界定。其内涵明确审判管理的目标、功能、原则和方法等一般理论,强调审判管理的多元多层格局的合理性;"其外延包括案件流程管理与控制、审判行为规范与引导、审判质量评查与监督、审判资源优化与配置、司法绩效评估与考核、审判信息分析与处理及其他与法院审判工作直接相关事项的宏观决策与微观调控活动"[2]"上海模式"较为注重与法院其他管理的整体性、关联性、系统性、协调性的紧密结合,把审判管理提升到法院管理的更高境界。

钱锋大法官认为:"审判管理是指人民法院负有审判管理职责的机构和人员以审判活动及与审判活动相关的事务为对象,按照司法规律或原则的要求,

---

〔1〕 沈志先:《法院管理》,法律出版社 2013 年版,第 49 页。

〔2〕 沈志先:《法院管理》,法律出版社 2013 年版,第 49 页。

通过对审判权及审判权运行方式的监督和制约,实现对审判公正、高效、廉洁保障的一系列活动的总称。"[1]孙海龙高级法官认为:"审判管理是指人民法院负有审判管理职责的机构和人员以审判活动及与审判活动相关的事务为对象,按照司法规律或原则的要求,通过对审判权及审判权运行方式的监督和制约,实现对审判公正、高效、廉洁保障的一系列活动的总称。"[2]这两个定义是综合运用活动说、程序控制说和运行机制说的解释方法,在全面总结重庆三级法院审判管理体制机制改革创新的"重庆模式"实践经验基础上,着重从程序控制说和运行机制说的视角描述审判管理的校正职能,强调审判管理的监督制约机制和事务辅助功能等价值目标,与《人民法院第三个五年改革纲要(2009—2013)》提出的深化审判管理目标相契合。

王晨高级法官认为:"审判管理是在遵循审判客观规律基础上服务于审判权运行体制机制的服务型管理、调研型管理和公正性管理。"[3]这个定义是职能说的解释方法,在全面总结武汉两级法院审判管理体制机制改革创新的"武汉模式"实践经验基础上,重点强调审判管理的对应性深度研究职责和智慧辅助功能的发挥,侧重以遵循审判权运行特殊规律为前提的深层次调查研究和促进实体公正性的智慧辅助管理模式来解构审判管理对于审判运行的职能作用,认为调研才是高层次的审判管理,审判管理最终的价值追求还是促进实质意义上的司法公正。"武汉模式"将审判管理的内涵与外延进一步拓展,在现有审判管理的基础之上深入调研,通过审判管理真正实现实质意义上司法公正的价值追求。

成都中院认为:"我国法院审判运行的主要问题与矛盾集中在法院司法裁判的生成方式,即定案方式之上。多主体、层级化、复合式的定案方式决定了我国审判运行的轨迹与其他任何国家的制度和实践都具有重大差异。"这个定义是运行机制说的解释方法,在全面总结成都两级法院自2002年以来审判管理体制机制改革创新的"成都模式"实践经验基础上,着重强调审判管理是审判运行机制的管理制度体系,侧重以审判权运行机制和整个审判活动运行机制的程序规律为视角来解构审判管理作为管理制度体系概念的内涵与外延,有助于从审判权运行机制改革探索实践的路径选择展开体系化法学理论研究。"成都模式"审判管理概念的内涵与外延理论创新在于突破了过去"两权改革"的局限,所谓"两权改革"是指成都中院在审判管理改革实践中关于审判权和审判管理

---

[1]　钱锋:《审判管理的理论与实践》,法律出版社2012年版,第8页。

[2]　孙海龙:《深化审判管理》,人民法院出版社2013年版,第2页。

[3]　王晨编著:《审判管理体制机制创新研究》,知识产权出版社2013年版,第2—5页。

权的一项改革试点。改革曾经在全国法院系统引起较大关注,其核心是解决还权审判组织后院庭长的审判管理权边缘化,其特点是着力构建审判权与审判管理权的有效运行与制约机制。从审判运行机制的视角进一步拓展了审判管理概念的内涵与外延,找到了更加符合司法规律的审判管理体制机制改革理论创新的路径与方法。

由于审判管理的学术理论研究必须立足于法院司法审判实务,对研究对象的实操性和实证性要求较高,对这一领域目前能够展开深入研究者主要还是集中在司法实务部门,主要是以法官个体研究、法官团队研究和法院课题研究为主,以高等院校及科研院所学者参与或联合研究为辅。以目前出版的审判管理代表性专著为例证,主要有:沈德咏主编的《审判管理改革的路径与成效》,张军主编的《人民法院案件质量评估体系理解与适用》,公丕祥编著的《当代中国的审判管理——以江苏法院为视域的思考与探索》,钱锋主编的《审判管理的理论与实践》,沈志先主编的《法院管理》,王晨编著的《审判管理体制机制创新研究》,孙海龙编著的《深化审判管理》及李玉杰编著的《审判管理学》。从相关专著出版、论文发表、课题研究和软件研发来看,高校学者目前对于审判管理理论体系开展深入研究比较有代表性和前瞻性的成果主要有:四川大学顾培东教授和龙宗智教授结合成都中院、重庆高院的审判管理工作展开的实证研究成果;北京大学吴志攀教授和白建军教授结合武汉法院及其他地方法院审判管理工作展开的实证研究成果;北京大学朱苏力教授结合地方法院审判管理工作展开的实证法理学研究成果。学者囿于审判管理统计数据获取困难和审判管理实际操作流程难以深度介入等客观原因,而难以进行深入的理论研究。因此,关于现代审判管理概念的内涵与外延需要从法理学、法哲学和法社会学的多维视角展开深入法理分析和解构,法院关于审判管理改革实践理论研究成果的社会认同度和认知度还需要进一步提升,学术研究模式还有待于进一步规范,理论研究领域、研究方法和交叉学科研究也还需要进一步拓展。

## 第二节　规律:体制与机制的法理同构

当前,在审判管理改革实践中存在的问题是现行审判运行体制机制中的案件审判决定权的"多层级、多主体、复合式"管理模式,尊重当事人诉权不足和司法公开模式不符合司法规律。

目前,法院传统的审判权运行管理模式基本上还是多层级、多主体、复合式的行政管理定案模式,对于一起案子,从主审法官、合议庭审判长及成员、副庭长、参与庭务会(或称审判长联席会议)讨论案件的法官、庭长、分管副院长、参与讨论案件的审判委员会委员、院长都有可能参与审判权运行和审判管理的不同环节。在现行法律明确规定的审判组织中,除独任庭、合议庭、审判委员会之外,事实上在合议庭与审判委员会之间还有庭务会这样一个隐形的审判组织,主要以审判业务庭为单位行使庭务管理,是庭长和副庭长在庭务管理模式下行使审判管理权的组织形式。有的法院将其改革为"审判长联席会议",还有的法院进一步改革为"法官会议"。在法院行政化层级管理体制下,无论怎样改革还是难以改变行政化管理的倾向。案件的决定权需要多个层级、多个主体的复合交互评价才能最终形成裁判结果。这种多层级、多主体和复合式的审判管理模式导致主审法官只是一个案件具体承办人。一起案件从立案到审判再到执行,要历经多个层级、多个主体和多个复合评价的审批把关。

现代法院审判运行机制和审判管理改革实践中的法理学基础问题,就在于如何妥善消弭遵循司法规律基本原则与科层级行政管理体制的结构张力。由于我国现行法律框架体系结构规定的不是以法官为主体而是以法院为主体依法独立行使审判权,因此,法院内部现行的审判权与审判管理权、审判监督权和审判决策审批权行政化运行模式仍有一定的制度合理性。然而,在制度合理性的掩盖之下,法官职业的科层级行政化管理结构必然导致审判运行机制异化为行政化色彩的管理模式。

在法院内部干部管理体制不作根本性改革的前提下,审判管理难以褪去较强的行政化管理色彩,审判管理改革发展在遵循审判工作特殊规律与沿用科层级行政化管理结构之间的张力博弈中举步维艰,审判权运行体制中行政管理与审判管理二元异合结构并存必然造成司法权行政化趋势愈演愈烈,这也是十八届三中全会将"去行政化"列为司法改革的重点之一的主要缘由。如何遵循司法规律推进审判权运行机制改革和审判管理改革,合理消弭层级化行政管理结构与审判权运行之间的结构张力,还需要作进一步深入的理论研究。十八届三中全会确立司法改革的重点之一就是司法责任制和司法人员分类管理,通过开展符合司法规律的审判权运行机制改革,进一步理顺审判权与审判管理、监督、协调权的关系,逐步做到"让审理者裁判、由裁判者负责",构建"有权必有责、用权受监督、失职要问责、违法要追究"的审判管理运行体制机制。司法改革"去行政化"重要的改革内容之一就是"审判管理去行政化",《人民法院第四个五年改革纲要(2014—2018)》中关于审判管理的改革内容便是一个能突破现行体制机制障碍和回归司法规律的全新的螺旋式上升的改革轮回。

诉权是审判权赖以存在的基础和前提,在审判管理改革实践中,我们普遍忽略了尊重当事人诉权这样一个基础性内容。"正确认识诉权的人权性质,有助于我们正确确定诉权的地位,厘清诉权与审判权的关系。首先,诉权具有主动性,审判权具有被动性。其次,审判权对于诉权具有应答性——对于诉权有求必应、有问必答。最后,诉权与审判权相互制衡"[1] 当前,我们的审判管理改革实践主要是围绕着如何提高案件审判的质量和效率展开,主要以实现法院内部不同管理层级之间、上下级法院之间的审判流程管理信息的通畅便捷为主要内容,很少从尊重当事人诉权的视角来展开审判管理改革实践的理论体系研究。现行的审判管理理论体系研究实际上也主要是围绕着审判权运行本位来建构和展开的,现代诉权理论的先进理论研究成果并没有引入到审判管理体制机制建构之中。

当前,我们在审判管理改革实践中更多考量的是对审判权运行的体制机制建构,却没有从诉权保护思维来进行一体化设计,重点强调的是内部管理、层级管理、上下级管理内容的考评考核,没有将尊重和保护当事人诉权的正当行使作为指标体系设计和考核评估的主要内容。实际上,推行审判管理的核心价值目标就是要让当事人在每一起司法案件中都感受到司法公正,如果当事人能够作为审判管理的主体加入到对应的管理之中,则能更加体现司法的亲民、公开与公正,也能够真正起到保护当事人诉权正当行使的监督制约作用。审判权来源于诉权,审判权运行的管理也同样应当尊重和保护诉权。

现在的认识误区是审判权本位主义导致忽略诉权行使的加入,现在推行的审判管理制度过于强调审判权的监督制约机制,使审判权运行的主导地位和决定权在诉讼过程中显现得更加主动和强势,而当事人的诉权更加趋向被动和弱势。当前,诉权保护主要是解决诉讼过程中法院审判权和审判管理运行信息与当事人诉讼知情权的对应问题。如何解决尊重当事人诉权与审判管理信息不对称的现实困难,应当成为当前审判管理改革实践和体制机制创新亟待研究和思考的一个重大理论问题。考量信息时代社会公众对司法审判工作的新需求、新期待,推进司法公开和深化审判管理更为现实的改革目标,不仅是要实现包括审判流程信息公开、裁判文书公开、执行信息公开在内的审判信息全面公开,更重要的是在审判程序全过程真正实现尊重当事人的诉讼知情权,实现人民法院与社会公众全面充分的司法审判信息沟通交流。审判管理信息不仅应当服务上下级法院之间和法院内部的管理服务需求,更应当服务当事人和社会大众的知情权需求。

---

〔1〕 章武生:《司法公正的路径选择:从体制到程序》,中国法制出版社 2010 年版,第 251—253 页。

## 第三节　现状:问题与困难的法理解构

自 2001 年最高人民法院开展构建案件质量评估体系课题研究开始,成都中院、江苏高院、上海高院等参与课题研究的法院相继启动案件质量与效率评估改革实践,结合各自法院的审判工作实际构建对案件质量与效率的指标体系、评估模型、统计方法、考评办法和考评机制,并在机制建构的探索实践基础上进一步自行研发或合作研发审判管理软件系统。"2008 年,最高人民法院在总结地方法院审判实践的基础上,制定下发了《关于开展案件质量评估工作的指导意见(试行)》,并在上海、江苏、四川等 11 个高级法院率先开展案件质量评估工作"[1]"建立科学、统一的人民法院案件质量评估体系是《人民法院第二个五年改革纲要(2004—2008)》中的一项重要内容"[2]建立和推行案件质量评估体系的初衷本来是适应大数据时代审判管理变革的现实需要,借鉴统计学、管理学和经济学等交叉学科的研究方法,通过综合运用评价指标体系、量化模型、数据挖掘、质量管理、绩效管理等知识,丰富、完善和创新人民法院的审判管理模式。但是,在探索和推行审判管理制度的改革实践中,出现了一些既违背司法规律,又违背管理科学客观规律的"改革乱象"。

就目前审判管理工作中的突出矛盾来看,现行案件质量评估体系指标和审判综合绩效考核指标设置的理论基础,并不是依据法院审判职能和司法规律的客观要求,而是建构在数理统计学、司法统计学、绩效管理学等管理科学的理论基础之上,是一种建立在对个案定性基础之上的理想化审判绩效考评指标模式设计。过去的 26 项指标和现行的 31 项审判绩效考评指标体系设置与中基层法院审判运行特殊规律实际上都有一定的误差和距离。最高人民法院制定和下发这一审判质量评估体系的初衷是对相同审级法院的审判质量进行评估分析,其体系指标综合了法院内部各审判业务部门的审判要素,是对法院审判质量的综合评估,其指标值只是"体检表"而不是"诊断书",即指标评估体系的评估结果是检查结果而不是诊断结果。考评结果可供审判工作基本情况和审级

---

〔1〕 沈德咏:《在全国法院案件质量评估工作电视电话会议上的讲话(代序)》,载张军主编、最高人民法院研究室编著:《人民法院案件质量评估体系理解与适用》,人民法院出版社 2011 年版,第 1 页。
〔2〕 张军主编、最高人民法院研究室编著:《人民法院案件质量评估体系理解与适用》,人民法院出版社 2011 年版,第 7 页。

均相同的中基层法院之间制定审判决策时进行评估分析和参考性比较研究。

由于受到不正确的司法政绩观的影响,一些法院在运用案件质量评估体系进行审判管理的实践中出现认识上偏差和方法上的误导,错把案件质量评估体系中的绩效指标考核排名当成调度和指挥审判工作的指挥棒,把供审判管理深入研究和进行数据挖掘调研分析的评估指标统计数据当成评价审判工作的重要评价标准。过分注重绩效考核指标名次,甚至下达不切合实际的绩效目标考核指标,造成日常审判运行和审判管理工作中的舍本求末,中基层法院的院庭长和一线审判法官整日为绩效考核指标排名所累而苦不堪言。由于建立在错误导向基础之上的审判管理机制在很大程度上都是围绕着如何进行指标体系考核为中心来展开,以及围绕考核指标中的核心问题应当怎样分析等具体问题而展开,因而,在实际审判运行机制中并不能真正发挥审判管理的职能作用。实践中,对于审判管理的概念、性质、功能、地位和作用都没有从法理层面进行明确定位,对于审判管理究竟要管什么、怎么管、管出什么效果,既没有方法论指导,也没有提出明确的价值目标和发展方向,仍然是在"摸着石头过河"。

以"开庭率"指标为例,民商事案件与行政案件、刑事案件对于庭审的程序法规定不一致,简易程序和普通程序案件关于开庭的规定不一致,一审程序与二审程序中对于是否需要开庭的实际情况不一致,有的二审案件开庭完全没有必要,有的法律明确规定了不同审理程序中可以不开庭审理的案件范围。但是,简单的开庭率考评指标设计和行政命令式的绩效考核管理模式,强势地改变了不同审级法院审判中原有的开庭规律,有的中院盲目追求二审开庭率指标达到100%,忽略了二审程序中确实存在不能、不宜或不便开庭审理案件的实际情况和法律规定。行政化管理的绩效排名导向可能会纠正一些开庭不合法的情况,但更多的是让一线办案法官倍感开庭的烦琐和负累,一部分时间和精力耗费在毫无意义和价值的开庭之中。

再以"结案均衡度"指标为例,这一考评指标设定的初衷是针对案件审理过程中的超审限问题、拖延办案和消极办案问题、年底抢结案等弊端进行考核评估,但设定这一考核指标时没有考虑到对诉前保全、立案、审案和结案的间接影响,结案均衡必然要求立案均衡,而要做到立案均衡必然造成一系列的连锁反应和负面效应,立案均衡的前提是收案均衡,但现实社会中当事人何时来法院起诉从来就不会是一个均衡的概念,也没有均衡的规律,更不可能按照法院均衡结案度的衍生考评指标来规范当事人的诉权行使。例如,按照法律规定原本可以办理的诉前保全,很多中基层法院立案庭有时候就是拖延不办或拒绝办理,究其原因,不是不能办,而是为均衡结案考核指标所限。因为,采取诉前保全措施后必须在十五日内立案,如果本月立案庭受理案件超过了均衡结案度对应的均衡立案数量,立案庭是不敢多收案件的;但办理了诉前保全后又必须在规定时间内立案,立案庭只有以各种借口拒之门外。立案必须对应均衡结案度已经成为当前造成"立案难"的一项重要原因。结案均衡度指标同时还要求审案和结案也必须对应均衡,中基层法院许多法官为了完成均衡结案度分解指标,不得不按计划确定的件数报结案,有时候多审结了案件也不能报结案,而只能留到下个月再报,人为造成案件审理进度放慢。这种因审判管理绩效考评指标人为造成的违反司法规律和管理科学规律的事例和弊端不胜枚举。

在过去相当长的一段时期内,"各中基层法院的工作目标考核结果,都是评比表彰优秀基层人民法院和优秀中级人民法院的直接依据"[1] 上下级法院之间的考核、地方法院之间的竞争、地方党委的绩效目标考核等多重考核评价标准共同铸成错误的司法政绩观,法院的审判管理和业务庭的庭务管理工作由于缺乏正确的方向引领而徘徊在思想认识的误区之中。一些中基层法院形成过分追求绩效目标考核排名的司法政绩观错误导向,有的法院和业务庭想方设法在数据填报和审判工作指标统计报送中弄虚作假,现行案件质量评估体系中的陪审率、调撤率等指标统计数据中或多或少都会有一定的水分,形成审判管理违背基本规律的管理乱象,出现"两本账"和"三级骗"的现实笑话。所谓"两本账"是目前审判管理工作在基层法院较为普遍存在的一种现象,即按照上级法院审判管理指标体系考评需要填报一部分虚假信息,由此生成的统计指标数据是一本账;另外,还有一本人工统计或不与上级法院考评管理系统连接的计算机统计的真实数据账本。所谓"三级骗"也是目前审判管理绩效考评工作中四级法院都心知肚明且较为普遍存在的一种现象,即指基层法院报送中级法院、中级法院报送高级法院、高级法院报送最高人民法院的绩效考评指标和司法统计数据中存在一定的水分问题。这也是"个别法院目标考核虽然排名比较靠前,但社会评价却并不理想"的真正原因。[2] 根据带有水分的绩效考核指标排名而得出的审判管理评比结果不仅难以让人信服,而且也使社会公众对人民法院司法公信力产生质疑。

审判管理绩效目标考评考核机制的功能超越法律规定,促使上下级法院之间的审判运行机制和审判管理机制都背离法律的基本精神和基本原则,中基层法院审判运行中明显呈现出被压制下的消极无奈或隐形违法状态。下级法院对上级法院的审判管理绩效考评只能被动迎合,为达到绩效考核的要求,往往

---

〔1〕　陈小康等:《重庆中基层人民法院全面取消考核排名》,载《人民法院报》2014 年 4 月 9 日,第 1 版。

〔2〕　钱锋:《审判管理的理论与实践》,法律出版社 2012 年版,第 2 页。

更加注重于审判质效评估指标体系的研究,将其审判管理工作的重点放到如何完成上级法院设立的各项绩效管理指标之上,本末倒置,忽视了审判管理的服务和调研职能,也忽视了审判管理促进实质意义上司法公正的作用。无法依据案件审判的实际情况来调整审判管理的走向,而是根据绩效考评要求的具体指标来强制性地调整案件办理情况,这是不科学的管理方法,也会挫伤法官办案的积极性。

从法院审判工作对审判管理的客观需求来看,案件审判质量的提高、审判效率的提升、审判社会效果的实现和审判资源的优化配置,都离不开司法能力的提高,而司法能力的提高需要有系统、合理的审判运行服务保障机制来促使其实现。在现有的审判管理体制机制改革实践中,比较重视发挥审判管理的控制和监督制约功能,而对于审判管理的服务、调研和保障功能重视不够,甚或完全没有涉及这些应有的重要功能。对审判工作结合审判管理评估结果进行数据比较分析和有针对性地开展深度调查研究不够,考核评估的方法和分析运用数据的能力不足,提供的智慧型保障服务也不多,更没有形成科学合理的服务型的成熟管理模式。

基于审判体制这一深层次原因的影响,在推进审判管理改革实践和进行理论创新研究的过程中,也有种与其他司法改革项目一样的似曾相识的轮回之感。"《一五改革纲要》提出还权合议庭,建立符合审判规律的审判管理机制;但《二五改革纲要》《三五改革纲要》再次将审判管理提升到一个新的高度,把原来一五改革从窗户扔出去的科层级行政管理模式又从正门请了回来"。[1]《人民法院第四个五年改革纲要(2014—2018)》明确提出健全审判权力运行机制。由于法院内部通行的干部管理体制及组织结构继续延续科层级行政化管理模式,必然导致四级法院审判权运行机制的主流审判管理模式实质上还是行政层级管理模式。科层的行政管理已经深入中国司法运行的方方面面,审判管理的根本性质仍难以突破行政层级管理的藩篱,反而更加强化行政层级管理模式对审判权运行机制的束缚。法院内部科层级管理的体制性原因是造成审判运行和审判管理违背司法规律的根源,必须从司法体制上来进行深层次改革。

孟建柱同志曾在中央政法工作会议上的讲话中指出:"要严格遵循司法规律,科学设置办案考评标准,不提不切实际的口号和要求,严禁下达不合理、不科学的考核指标,有效引导司法人员既多办案更办好案,确保公正司法。"在推行审判管理改革实践中,许多法院经过深入调查研究已经逐步认识到作为参考性的案件质量评估体系的绩效考核数据,不适用于审判工作情况不同或审级不

---

〔1〕 蒋安杰:《"两权"改革:中国审判运行机制的微观样本》,载《法制资讯》2010 年第 12 期,第 9 版。

同的法院之间进行横向考核排名比较,也不适合法院内部不同业务庭之间进行横向的考核排名比较。"重庆高院经过深入调研,并在广泛听取人大代表、政协委员以及中基层法院的意见后,于2013年底取消了中基层法院工作目标考核排名,2014年年初正式取消了目标考核,并制订了《重庆市中基层人民法院工作评估办法》,对中基层法院工作完成情况实施工作评估,而且不再对评估结果进行排名通报"。[1]"审判管理涵盖法院核心业务,必须有正确的司法政绩观来引路导航"。[2] 只有遵循审判工作的特殊规律和法律的基本原则来推行审判管理,才能真正实现管理的方法手段与管理的价值目标相一致。目前,对法官、法官助理、书记员的科学化办案绩效考评已经成为审判管理的重点工作,对办案工作的考评一定要从遵循司法审判规律的原则出发,唯有如此,才能从审判管理的视角为司法公信力的全面提升提供管理服务和管理制度的助推效果。

## 第四节　发展:体系与模式的法理建构

现代审判管理理论体系的法理构架,应当以审判权力运行机制改革和司法责任制改革的价值目标为逻辑起点,以依法科学合理设置法院审判权、审判管理权和审判监督权一体化有效运行体制机制为基础,以建构审判案件流程管理、案件质量和效率评估体系、案件质量评价检查、诉讼服务中心、诉讼综合服务平台、案例数据中心研判体系、司法公开信息平台、法官业绩考评等制度建设为主体,以审判管理信息化技术和数据信息分析研判技术为手段,以权责清晰、管理科学、配置合理、多维度、立体化为目标,从理论与实证两个思维路径进行建构。通过认真总结研究中基层法院审判管理改革实践的成功经验,并深刻反思存在的突出问题和现实困难,具有中国特色审判管理理论体系可作如下法理学的基本构架。

一是以法治思维为基础建构现代审判管理理论体系的核心价值。当前人民法院审判工作最需要提升的司法能力,就是运用法治思维和法治方式妥善化解社会矛盾纠纷的能力。"法治的核心是严格依法办事。依法办事是法治的最基本准则。法治的关键在于制约权力。法治是一种社会管理机制。法治状态

---

〔1〕　陈小康等:《重庆中基层人民法院全面取消考核排名》,载《人民法院报》2014年4月9日,第1版。

〔2〕　钱锋:《审判管理的理论与实践》,法律出版社2012年版。

中的法律不仅仅是机械的律条,而是有机的架构和法律化的现实。"〔1〕法治思维体现的法治精神就是现代审判管理体制机制法理架构的基础和灵魂。在人民法院审判管理体制机制中根植法治思维的基本原理和基本原则,就是通过审判管理制度建构培养整个职业法官群体崇尚法治精神的最佳路径与方法。"正确认识我国社会现在所处的历史阶段、社会性质和基本国情是正确认识当代中国法的本质和目的的前提。"〔2〕在当前复杂的社会环境中,职业法官群体的思维方式和模式呈现多元和扭曲的特征,突出表现为法律思维缺乏与社会大众思维的融合,法官职业群体与社会公众之间的思维方式冲突日益凸显,法律思维与政治思维、道德思维、行政思维、经济思维、文化思维之间矛盾重重。我们需要用法治思维来完成审判管理体制机制的法理架构,只有"把我们这个时代最精致、最宝贵和最神圣的精髓都融入法哲学思想之中,使之成为我们所处时代的法律问题的理性认识系统,进而成为这个时代的真正的法哲学"〔3〕。我们提出借助社会力量支持法院审判管理工作,就是在法哲学视域寻求社会公众的核心价值认同,实质上也是想得到社会主流思维模式对审判管理体制机制改革实践的认同。推进法院审判管理改革实践,只有通过建构法治思维模式才能增强与社会大众思维的沟通交流,才能逐步克服法院内部行政化层级审批管理思维模式的思想根源。

二是以司法公正为评价标准建构现代审判管理理论体系的底线思维。公正是司法的永恒价值追求,评价法院审判工作和审判管理改革实践的首要价值判断标准就是司法公正。建构和创新现代审判管理理论体系,应当以司法公正的内涵为理论基准,指导建构科学合理的审判管理体制机制,通过这一体制机制的有效运行,真正实现实质意义上的司法公正,让人民群众在每一个司法案件中都感受到公平正义。法律不外乎人情,"除开人情,就无真理可言。情即是理,理即是情,能入情便能入理了。王道不外乎人情,这是千古不能改易的话"〔4〕。基于中国历史儒家传统文化的浸润和传承,当今社会公众对司法公正的评价标准还是追求实质正义上的公正,更为看重司法决定结果在人情事理上的平等这个千古不易的底线标准。"司法的内核是公正,而公正的内核是平等——公正就在于平等,司法公正就在于司法平等,司法平等就是司法公正的底线。"〔5〕现代审判管理必须恪守这个人情事理平等的良心底线才能赢得民

---

〔1〕 张文显主编:《法理学》(第四版),高等教育出版社、北京大学出版社 2011 年版,第 396 页。

〔2〕 沈宗灵主编:《法理学》,高等教育出版社 1994 年版,第 36 页。

〔3〕 公丕祥:《法制现代化的理论逻辑》,中国政法大学 1999 年版,第 3 页。

〔4〕 吴经熊:《法律哲学研究》,清华大学出版社 2005 年版,第 6—9 页。

〔5〕 白建军:《公正底线——形式司法公正性实证研究》,北京大学出版社 2008 年版,第 23—24 页。

心。"法的确定性与公正性之间具有高度的相容性。公正性检验的理论基础是法的确定性问题,其实践形式就是审判质量管理,而审判质量管理的科学性应体现在定性与定量的全面检验"[1] 审判管理就是司法公正的校准仪,"审判管理的根本任务就在于通过寻找最科学的途径,以实现审判行为以最少的人财物,在最短的时间界域内,妥当、公正、迅速、廉价地解决纠纷"[2]。建构审判管理理论体系必须以司法公正为底线思维,只有通过司法公正底线思维不断创新审判管理体制机制,才能从司法程序运行中真正破除审判权运行中的潜规则,以司法实质正义理论保证审判权运行机制和审判管理对司法规律的遵循。

三是以司法公开为手段建构现代审判管理理论体系的信息化平台。过去较长一段时间,法院立案庭窗口建设中大量采用类似银行营业柜台模式的窗口设计,实际上并不符合司法规律和审判管理的现实需求,窗口应当是法院审判信息与诉讼当事人诉讼需求信息双向沟通交流的交互平台,尊重诉权的审判管理需要一个审判信息的互动沟通交流平台,各地法院建立诉讼服务中心正好契合了这一需求。诉讼服务中心建设应当成为今后审判管理体制机制创新的重要内容,通过这样一个信息化前台更好地连接和拓展审判管理信息化后台以人民群众和诉讼参与人为中心,更好地满足诉讼当事人的诉讼知情权。最高人民法院自 2013 年以来推行的司法公开四大平台建设综合改革试点工作,为现代审判管理理论体系建构提供了具有里程碑意义的方法论。"我国审判公开有待加强,其缺陷主要表现在对审判公开的范围认识不清,法律规定比较抽象、原则"[3] 以公开促公正,以透明保廉洁,通过阳光司法建设审判管理的最佳信息化平台,让审判运行机制全程沐浴在阳光里。"审判是应该公开的,即法律在处理特殊案件的时候,其步骤和手续要让公众知晓。另外,公开的审判,也使得公众更加信服法院的审判是公正的"[4] 司法公开原则基于诉权理论,现代审判运行机制应当充分尊重当事人的诉讼知情权,实现法院与当事人之间审判信息对称与互动交流,防止因信息不对称造成的司法不公不廉行为发生。公正司法不仅需要法官的道德良知,也需要外在的制度机制来约束和推动。世界上没有哪一个国家的法院和法官是完全独立不受约束的。"美国法官其实都是实用主义者,但不是怎么都行的,而是受约束的实用主义者。游戏的规则要求法官无偏私,理解法律可预测并足以指导人们行为的意义,整体上关注和理解制定

---

〔1〕　白建军:《公正底线——形式司法公正性实证研究》,北京大学出版社 2008 年版,第 365—369 页。

〔2〕　王晨编著:《审判管理体制机制创新研究》,知识产权出版社 2013 年版,第 5 页。

〔3〕　王晨:《司法公正的内涵及其实现路径选择》,载《中国法学》2013 年第 3 期。

〔4〕　[德]黑格尔:《法哲学原理》,杨东柱等编译,北京出版社 2007 年版,第 105 页。

法的文字。实用主义法官会高度关注并评估一个司法决定的系统、长远后果"〔1〕阳光和制度约束是最好的监督方法,通过司法公开向全社会公开审判管理制度,能够把审判权放进审判管理制度的笼子,以内部分权制衡为主线的审判管理机制建构防止行政干预司法,使审判管理理论体系和审判管理制度体系均得到进一步完善。建构审判管理体制机制理论体系还应当注重研究中华法系司法传统中关于司法公开和审判管理理论的传承研究,注重现代司法实践中与司法公开与审判管理相关的司法智慧、司法经验和司法改革经验的理论总结研究,注重本土资源中法院司法公开和审判管理改革实践的实证研究,将司法公开改革实践作为审判管理理论创新的源泉。"马锡五审判方式"强调:"认真贯彻群众路线,依靠群众讲理说法,实行审判与调解相结合,司法人员与人民群众共同断案。就是要在审判工作中贯彻民主的精神。群众路线是党的根本路线,也是指导一切工作的基本方法。"〔2〕推进司法公开实际上就是探索推行新时期人民司法群众路线。

四是以机构职能设定建构审判管理理论体系的主体和运作模式。四级法院目前设置的审判管理办公室的权力和职能来源,追根溯源实际上就是原来研究室下属司法统计机构职能的拓展。审判管理办公室作为审判管理的牵头主体,其职责和管理权能与办公室、研究室、信息中心、立案一庭、立案二庭、执行局的职责范围均有交集、交叉、重合的内容。结合正在探索实践的司法体制改革,有必要对审判管理的主体和机构的职能合理设定进行理论研究。根据审判管理改革实践经验总结调研,审判管理机构在性质上是审判委员会的办事机构,主要是协助审判委员会具体实施审判管理工作。其职能包括:关系全院审判执行业务的综合性工作,协助院庭长进行审判管理及审委会决定的贯彻落实,审判流程管理、程序管理及实体管理,案件督查、督办、评查、审判质效评估,司法调研、司法统计,法律适用研究咨询,案例指导,关于审判管理的其他事宜。审判管理办公室应当承担的一项重要职责是司法调研和案例指导工作,"实现司法正义必须要求同案同判,但同案同判,更多的是一种过程和法学方法上的指引,案例指导制度正好可以担当此功能"〔3〕 "案例指导有利于适应公正处理各类案件的具体需要,有利于坚持法律的原则性和灵活性的统一,有利于实现裁判尺度的统一和司法个案的公正"〔4〕 这是审判管理体制机制法理架构

---

〔1〕 [美]理查德·波斯纳:《法官如何思考》,苏力译,北京大学出版社 2009 年版,第 5 页。

〔2〕 张希坡:《马锡五与马锡五审判方式》,法律出版社 2013 年版,第 198—199 页。

〔3〕 江勇等:《案例指导制度的理论与实践探索》,中国法制出版社 2013 年版,第 209 页。

〔4〕 胡云腾:《人民法院案例指导制度的构建》,载苏泽林:《中国案例指导制度的构建和应用》,法律出版社 2012 年版,第 20 页。

中最核心的审判管理功能的价值体现。"法官司法的创造性不是表现在通过推翻先例来制定法律,而是像科学家一样通过艰辛的探索,透过判例的现象,求得对法律的真正理解,揭示过去的错误并加以纠正"[1]"案例要想成为演绎的起点,首先要成为归纳的起点。怎样借助案例指导制度去贯彻、推行某种被认为是正确的司法理念呢? 一个可行的选择就是,从大规模实践中挖掘正确的理论取向,然后,再用这种挖出来的取向,进一步反哺更大规模的司法实践。在广义案例指导中,用案例归纳的规律性取向指导进一步案例生产制作,可以起到法律本身起不到的作用"[2] 由于审判管理办公室暂不具备研究室的审判综合调研的职责和研究功能,如果能够将审判管理办公室的管理职能与研究室的调研职能高效率合并集成,不仅能创建出一个全新的综合管理研究型机构,而且将会进一步丰富和完善中国法院特色的审判管理理论体系构建,实现法律平等适用的法治理想。

五是以大数据云计算管理方式建构现代审判管理理论体系的运行模式。现代审判管理理论体系建构应当特别注重与大数据、云计算等信息化新理论知识的结合,"大数据运动就像互联网一样,将会在世界和社会的运行方式上带来跨越式的变革"[3] 注重管理学、司法统计学、审判管理学等交叉学科理论的借鉴研究。根据上述理论体系和遵循司法规律进一步规范审判管理信息化系统的研发,坚持以审判运行机制改革需求为主导,对任何一个审判管理信息化系统的增加或审判管理软件的升级改造,都要经过全面征集审判业务部门的审判管理工作需求和进行全方位的调研论证,指定懂审判业务、懂信息化技术的法官和技术人员,共同参与审判管理信息化系统软件研发全过程,确立法院在审判管理信息化软件研发中的主导地位,确保每一个审判管理信息化软件系统都真正有用、能用、管用。"云计算的出现,把数据存储和数据分析变成一个可以更加方便获得的网络服务,毫无疑问,这是一个巨大的变革。随着它的普及,全世界政府、企业和个人使用消费信息技术的模式正在改写。大数据时代还在催生更多的变革"[4] 我们需要结合司法公开四大平台建设改革试点工作,突破目前法院审判管理信息化的主体范围与服务对象仅仅局限于服务上下级法院之间和法院内部之间审判管理工作的现状,拓展对社会公众提供审判管理信

---

[1]　秦策等:《司法方法与法学流派》,人民出版社 2011 年版,第 64 页。

[2]　白建军:《刑法规律与量刑实践——刑法现象的大样本考察》,北京大学出版社 2011 年版,第 288 页。

[3]　[英]维克托·迈尔—舍恩伯格:《删除——大数据取舍之道》,袁杰译,浙江人民出版社 2013 年版,序言第 7 页。

[4]　涂子沛:《大数据》,广西师范大学出版社 2013 年版,第 284 页。

息化的开放式服务内容,为社会公众提供全面的审判信息共享平台,提高跨系统司法协查查控效率和法院工作人员外出执行公务信息化指挥保障力度,通过信息化技术实现法院与社会的无缝对接、资源共享,加强对审判管理信息统计数据的深度挖掘和全样本分析研判能力,建构法院审判权机制的智慧管理理论体系,充分发挥司法大数据在审判体系和审判能力现代化建设中的突出作用和基础性作用。

　　强化审判管理是现代世界各国法治建设与司法发展的总体趋势。现代审判管理理论体系建构与转型时期社会发展现实需求密切相关。伴随着国家与社会治理现代化的发展和人民群众日益增长的法治需求的发展,审判管理体制机制的发展历经了一个由传统到现代、由压制到服务、由通识到智慧、由单一到多元、由简单到复杂、由守成到创新、由机制到体制的较长的嬗变过程。审判管理体制机制理论的法理构架就是一个典型的发展模型。"发展模型在社会研究中的一个关键作用就是帮助诊断机构的能力和弱点,并对它们的实现价值的潜能作出评估。"[1]审判管理是审判管理学在审判运行中的运用,其必须符合审判工作自身的规律,这是一个逐步探索和渐进的过程。对此,我们只有立足于法理学的视域才能真正发现审判管理发展历程与社会发展流变相关联的客观规律,从而对符合审判工作特殊规律的审判管理理论体系建构和管理模式创新进行法理学的思考与研究。具有中国特色的法院审判管理理论体系的建构,应当是建立在改革实践、理论创新与制度建设同步发展、良性互动的基础之上,通过不断推进改革实践,充分发挥审判管理承上启下的信息沟通枢纽和交互平台作用,调研总结和积累经验,深化理论创新研究,逐步建立健全相关制度,形成符合司法规律的有实践指导意义的科学的法理学理论体系构架,并以此来指导真正解决法院内部审判运行中不符合司法规律的现实问题。

---

〔1〕 [美]P. 诺内特、P. 塞尔兹尼克:《转变中的法律与社会:迈向回应型法》,张志铭译,中国政法大学出版社 2004 年版,第 28 页。

# 后　记

人生有时需要一次转折，才可能演进到更高的精神境界；

时空有时需要一次转换，才可能调剂到更好的生活品质；

思想有时需要一次颠覆，才能更加深邃地贴近真理真实。

近七年以来，经历了太多的人和事，对人性和世俗又有了更新的认知和体验，曾经的执念渐渐都已释然和放下，曾经的抱怨情结和愤青情怀都已安然释怀，唯愿每一天的生活更健康、更自在、更平静，只想静心做一点自己喜欢的事。

七年之痒，跨界之旅，倾城之恋，折桂之绩，皆为过眼云烟。

回眸悄悄溜走的近七年美好时光，忽然发现几乎都是在申报课题、准备开题报告、应对中期检查、努力完成课题调研报告、参加结项评审验收等课题研究的过程中悄然度过的。感谢生活能如此安排我做自己喜欢的事，也感谢课题主持人对我的完全信任，能够让我实际执行主持了五项最高人民法院审判理论重大课题和另外多项国家社科基金重大项目、教育部重大课题、中国法学会重大课题、最高人民法院调研重大课题等项目的子课题研究工作。经历这样一个长时间段的高强度、高密度、高硬度的课题研究痛苦过程的磨砺，才发现自己来到科研为王的高校竟然亦能从容应对。世上没有白走的路，每一步艰辛都是有回报的。只不过回报不同而已。

收到本课题（《"新四化"背景下提升司法公信力研究》）顺利通过最高人民法院专家组评审的通知，这已经是我连续五年实际执行主持最高人民法院审判理论重大课题的第五次顺利结项。在前四次有课题结项成果评比中，我执行主持的课题结项成果亦均为优秀。关于司法公信力的提升，我始终认为更重要的还是法官和审判辅助人员司法职业技能的提升，这个是新时代提升司法公信力的基础和前提，课题研究也主要聚焦于此。

终于在调走后用近一年业余时间自己独自全部完成了在老东家临走时承诺的最后一项审判理论重大课题科研任务，心情很轻松、很平静，也很坦然。虽然调走了，但承诺的责任还是要有一个圆满的交代为好。一个人承担一个课题组的全部任务，虽然累一点、苦一点，但用儒家文化倡导的担当、圆满和豁达，努力去书写好一个大写的人字，会让自己很安心的。别人是别人的修养，旁人是旁人的说道，我秉持我的修为。生活难道不就是求一个心安理得吗？

看过影片《集结号》的朋友们都说我与那个傻等永远也不会吹响的集结号的主演张涵予长相很相似。其实,我以为是故事很相似,我是用另一种方式真实地演绎了类似这部电影的故事情节和故事结局。而唯一不同的,就是我自己在战场上缴获了一只号角,在自己新开辟的主阵地上真的重新吹响了集结号。

离开曾经二十余载春秋韶华奉献的老东家,没有淡淡的忧伤,只有满心的喜悦。因为,所有的经历和磨砺都是生活给予你最好的馈赠。在新的岗位和环境工作生活近一年时间,我已经体验到生活的馈赠实际上已经非常丰厚了。感恩在中基层法院的工作经历赋予我的勤勉、坚韧、智识、经验和能力。

人生就是一场相遇。在执行主持诸多课题项目的过程中有幸带过很多青年法官调研骨干,如今大多都已经成长为各级法院不同庭室的中坚和骨干了,看到他们的茁壮成长就仿佛看到年轻时的自己,异常亲切。从事课题研究过程中曾经得到很多专家学者和资深法官们的帮助和指导,感恩人生路上有缘相遇的良师和益友。同样也感恩生活中遭遇的磨难。我的每一步成长都是你们的襄与而成或砥砺而成。艰难困苦、逆境磨难、夹缝求生毕竟也是一种成就人的方式。

时间老人总是把美好时光悄悄地偷走,转眼间转行到学校教书已经快满一个年轮了。三百六十五个日子就像一首首小诗清新而来,又欢喜而去。每天在宁静的桂子山校园里体验另一种生活情调,如同读着美妙的诗歌前行。正所谓:象牙塔内好修行。

初冬已至,桂树余香。赋打油诗一首为记:

硕果满枝深秋季,
丹桂飘香结项喜;
曲径通幽学禅艺,
落叶缤纷金满地;
蓦然回首微醺意,
灯火阑珊品诗句;
博雅柔情情义真,
回眸百媚满园春。

杨 凯

2017 年 11 月 11 日于桂子山麓